UNA EXCURSIÓN
A LOS INDIOS RANQUELES

Lucio V. Mansilla

Una excursión a los indios ranqueles

AGEBE

© Agebe
Av. San Juan 3337
Tel.: 4932-4335
Buenos Aires, Argentina

Diseño interior: Cutral
Diseño de tapa: Agustín Blanco

ISBN: 987-20562-0-X

Queda hecho el depósito que marca la ley 11.723
Impreso en la Argentina

I

Dedicatoria. Aspiraciones de un tourist. *Los gustos con el tiempo. Por qué se pelea un padre con un hijo. Quiénes son los ranqueles. Un tratado internacional con los indios. Teoría de los extremos. Dónde están las fronteras de Córdoba y campos entre los ríos Cuarto y Quinto. De dónde parte el camino del Cuero.*

No sé dónde te hallas, ni dónde te encontrará esta carta y las que le seguirán, si Dios me da vida y salud[1]. Hace bastante tiempo que ignoro tu paradero, que nada sé de ti; y sólo porque el corazón me dice que vives, creo que continúas tu peregrinación por este mundo, y no pierdo la esperanza de comer contigo, a la sombra de un viejo y carcomido algarrobo, o entre las pajas al borde de una laguna, o en la costa de un arroyo, un churrasco de guanaco, o de gama, o de yegua, o de gato montés, o una picana de avestruz, boleado por mí, que siempre me ha parecido la más sabrosa.

A propósito de avestruz, después de haber recorrido la Europa y la América, de haber vivido como un marqués en París y como un guaraní en el Paraguay; de haber comido *mazamorra* en el Río de la Plata, *charquicán* en Chile, ostras en Nueva York, *macarroni* en Nápoles, trufas en el Périgord, *chipá* en la Asunción, recuerdo que una de las grandes aspiraciones de tu vida era comer una tortilla de huevos de aquella ave pampeana en *Nagüel Mapo*, que quiere decir "Lugar del Tigre".

Los gustos se simplifican con el tiempo, y un curioso fenómeno social se viene cumpliendo desde que el mundo es mundo. El *macrocosmo*; o sea el hombre colectivo, vive inventando placeres, manjares, necesidades, y el *microcosmo*, o sea el hombre individual, pugnando por emanciparse de las tiranías de la moda y de la civilización.

A los veinticinco años, somos víctimas de un sinnúmero de superfluidades. No tener guantes blancos, frescos como una lechuga, es una gran contrariedad, y puede ser causa de que el mancebo más cumplido pierda casamiento. ¡Cuántos dejaron de comer muchas veces, y sacrificaron su estómago en aras del buen tono!

A los cuarenta años, cuando el cierzo y el hielo del invierno de la vida han comenzado a marchitar la tez y a blanquear los cabellos, las necesidades crecen, y por un bote de *cold cream*, o por un paquete de cosmético, ¿qué no se hace?

Más tarde, todo es lo mismo; con guantes o sin guantes, con retoques o sin ellos "la mona aunque se vista de seda mona se queda".

Lo más sencillo, lo más simple, lo más inocente es lo mejor: nada de picantes, nada de trufas. El *puchero* es lo único que no hace daño, que no se indigesta, que no irrita.

En otro orden de ideas, también se verifica el fenómeno. Hay razas y naciones creadoras, razas y naciones destructoras. Y, sin embargo, en el irresistible *corso e ricorso* de los tiempos y de la humanidad, el mundo marcha; y una inquietud febril mece incesantemente a los mortales de perspectiva en perspectiva, sin que el ideal jamás muera.

Pues, cortando aquí el exordio, te diré, Santiago amigo, que te he ganado de mano.

Supongo que no reñirás por esto conmigo, dejándote dominar por un sentimiento de envidia.

Ten presente que una vez me dijiste, censurando a tu padre, con quien estabas peleado:

–¿Sabes por qué razón el viejo está mal conmigo? Porque tiene envidia de que yo haya estado en el Paraguay, y él no.

Es el caso que mi estrella militar me ha deparado el mando de las fronteras de Córdoba, que eran las más asoladas por los ranqueles.

Ya sabes que los ranqueles son esas tribus de indios araucanos, que habiendo emigrado en distintas épocas de la falda occidental de la cordillera de los Andes a la oriental, y pasado los ríos Negro y Colorado, han venido a establecerse entre el río Quinto y el río Colorado, al naciente del río Chalileo.

Últimamente celebré un tratado de paz con ellos, que el Presidente aprobó, con cargo de someterlo al Congreso.

Yo creía que siendo un acto administrativo no era necesario.

¿Qué sabe un pobre coronel de trotes constitucionales? Aprobado el tratado en esa forma, surgieron ciertas dificultades relativas a su ejecución inmediata.

Esta circunstancia por un lado, por otro cierta inclinación a las correrías azarosas y lejanas; el deseo de ver con mis propios ojos ese mundo que llaman Tierra Adentro, para estudiar sus usos y costumbres, sus necesidades, sus ideas, su religión, su lengua, e inspeccionar yo mismo el terreno por donde alguna vez, quizá, tendrán que marchar las fuerzas que están bajo mis órdenes –he aquí lo que me decidió no ha mucho y contra el torrente de algunos hombres que se decían conocedores de los indios, a penetrar hasta sus tolderías, y a comer primero que tú en Nagüel Mapo una tortilla de huevo de avestruz.

Nuestro inolvidable amigo Emilio Quevedo, solía decirme cuando vivía-

8

mos juntos en el Paraguay, vistiendo el ligero traje de los criollos e imitándolos en cuanto nos lo permitían nuestra sencillez y facultades imitativas: –¡Lucio, después de París, la Asunción! Yo digo: –Santiago, después de una tortilla de huevos de gallina frescos, en el Club del Progreso, una de avestruz en el toldo de mi compadre el cacique Baigorrita.

Digan lo que quieran, si la felicidad existe, si la podemos concretar y definir, ella está en los extremos. Yo comprendo las satisfacciones del rico y las del pobre; las satisfacciones del amor y del odio; las satisfacciones de la oscuridad y las de la gloria. Pero ¿quién comprende las satisfacciones de los términos medios; las satisfacciones de la indiferencia; las satisfacciones de ser *cualquier cosa?*

Yo comprendo que haya quien diga: –Me gustaría ser Leonardo Pereira, potentado del dinero.

Pero que haya quien diga: –Me gustaría ser el almacenero de enfrente, don Juan o don Pedro, un nombre de pila cualquiera, sin apellido notorio –eso no.

Y comprendo que haya quien diga: –Yo quiero ser limpiabotas o vendedor de billetes de lotería.

Yo comprendo el amor de Julieta y Romeo, como comprendo el odio de Silvia por Hernani, y comprendo también la grandeza del perdón.

Pero no comprendo esos sentimientos que no responden a nada enérgico, ni fuerte, a nada terrible o tierno. Yo comprendo que haya en esta tierra quien diga: –Yo quisiera ser Mitre, el hijo mimado de la fortuna y de la gloria, o sacristán de San Juan.

Pero que haya quien diga: –Yo quisiera ser el coronel Mansilla –eso no lo entiendo, porque al fin, ese mozo ¿*quién es?*

Al general Arredondo, mi jefe inmediato entonces, le debo, querido Santiago, el placer inmenso de haber comido una tortilla de huevos de avestruz en Nagüel Mapo, de haber tocado los extremos una vez más. Si él me niega la licencia, me quedo con las ganas, y no te gano la delantera.

Siempre le agradeceré que haya tenido conmigo esa deferencia, y que me manifestara que creía muy arriesgada mi empresa, probándome así que mi suerte no le era indiferente. Sólo los que no son amigos pueden conformarse con que otro muera estérilmente y en la oscuridad.

La nueva línea de fronteras de la provincia de Córdoba[2] no está ya donde tú la dejaste cuando pasaste para San Luis, en donde tuviste la fortuna de conocer aquel tipo que te decía un día en el Morro: –¡Yo no deseo, señor don Santiago, visitar la Europa por conocer el Cristal Palais, ni el Buckingham Palace, ni las Tullerías, ni el London Tunnel, sino por ver ese Septentrión, ¡ese Septentrión!

Está la nueva línea sobre el río Quinto, es decir, que ha avanzado veinticinco leguas, y que al fin se puede cruzar del río Cuarto a Achiras sin hacer testamento y confesarse.

Muchos miles de leguas cuadradas se han conquistado. ¡Qué hermosos campos para cría de ganados son los que se hallan encerrados entre el río Cuarto y río Quinto! La cebadilla, el porotillo, el trébol, la gramilla, crecen frescos y frondosos entre el pasto fuerte; grandes cañadas como la del Gato, arroyos caudalosos y de largo curso como Santa Catalina y Sampacho, lagunas inagotables y profundas como Chemeco, Tarapendá y Santo Tomé, constituyen una fuente de riqueza de inestimable valor. Tengo en borrador el *croquis topográfico,* levantado por mí, de ese territorio inmenso, desierto, que convida a la labor, y no tardaré en publicarlo, ofreciéndoselo con una memoria a la industria rural.

Más de seis mil leguas he galopado en año y medio para conocerlo y estudiarlo.

No hay un arroyo, no hay un manantial, no hay una laguna, no hay un monte, no hay un médano donde no haya estado personalmente para determinar yo mismo su posición aproximada y hacerme baquiano, comprendiendo que el primer deber de un soldado es conocer palmo a palmo el terreno donde algún día ha de tener necesidad de operar.

¿Puede haber papel más triste que el de un jefe con responsabilidad, librado a un pobre paisano, que lo guiará bien, pero que no le sugerirá pensamiento estratégico alguno?

La nueva frontera de Córdoba comienza en la raya de San Luis, casi en el meridiano que pasa por Achiras, situado en los últimos dobleces de la sierra, y costeando el río Quinto se prolonga hasta la Ramada Nueva, llamada así por mí, y por los ranqueles *Trapalcó,* que quiere decir agua de Totora, *Trapal* es Totora y *co,* agua.

La Ramada Nueva son los desagües del río Quinto, vulgarmente denominados la Amarga.

De la Ramada Nueva, y buscando la derecha de la frontera sur de Santa Fe, sigue la línea por la Laguna N° 7, llamada así por los cristianos, y por los ranqueles *Potálauquen,* es decir, laguna grande: *potá* es grande y *lauquén,* laguna.

Siguiendo el juicioso plan de los españoles, yo establecí esta frontera colocando los fuertes principales en la banda sur del río Quinto.

En una frontera internacional esto habría sido un error militar, pues los obstáculos deben siempre dejarse a vanguardia para que el enemigo sea quien los supere primero.

Pero en la guerra con los indios el problema cambia de aspecto, lo que hay que aumentarle a este enemigo no son los obstáculos para entrar, sino los obstáculos para salir.

El punto fuerte principal de la nueva línea de frontera sobre el río Quinto se llama Sarmiento. De allí arranca el camino que, por Laguna del Cuero, famosa para los cristianos, conduce a Leubucó, centro de las tolderías ranquelinas.

De allí emprendí mi marcha. Mañana continuaré.

Hoy he perdido tiempo en ciertos detalles creyendo que para ti no carecerían de interés.

Si al público a quien le estoy mostrando mi carta le sucediese lo mismo, me podría acostar a dormir tranquilo y contento como un colegial que ha estudiado bien su lección y la sabe.

¿Cómo saberlo?

Tantas veces creemos hacer reír con un chiste y el auditorio no hace ni un gesto.

Por eso toda la sabiduría humana está encerrada en la inscripción del templo de Delfos.

II

Deseos de un viaje a los ranqueles. Una china y un bautismo. Peligros de la diplomacia militar con los indios. El indio Linconao. Mañas de los indios. Efectos del deber sobre el temperamento. ¿Qué es un parlamento? Desconfianza de los indios para beber y fumar. Sus preocupaciones al comer y beber. Un lenguaraz. Cuánto dura un parlamento y qué se hace en él. Linconao atacado de las viruelas. Efecto de la viruela en los indios. Gratitud de Linconao. Reserva de un fraile.

Hacía ya mucho tiempo que yo rumiaba el pensamiento de ir a Tierra Adentro.

El trato con los indios que iban y venían al río Cuarto, con motivo de las negociaciones de paz entabladas[3], había despertado en mí una indecible curiosidad.

Es menester haber pasado por ciertas cosas, haberse hallado en ciertas posiciones, para comprender con qué vigor se apoderan ciertas ideas de ciertos hombres; para comprender que una misión a los ranqueles puede llegar a ser para un hombre como yo, medianamente civilizado, un deseo tan vehemente, como puede ser para cualquier ministril una secretaría en la embajada de París.

El tiempo, ese gran instrumento de las empresas buenas y malas, cuyo curso quisiéramos precipitar, anticipándonos a los sucesos para que éstos nos devoren o nos hundan, me había hecho contraer ya varias relaciones, que puedo llamar íntimas.

La china Carmen, mujer de veinticinco años, hermosa y astuta, adscrita a una comisión de las últimas que anduvieron en negociados conmigo, se había

11

hecho mi confidente y amiga, estrechándose estos vínculos con el bautismo de una hijita mal habida que la acompañaba y cuya ceremonia se hizo en el río Cuarto con toda pompa, asistiendo un gentío considerable y dejando entre los muchachos un recuerdo indeleble de mi magnificencia, a causa de unos veinte pesos bolivianos que, cambiados en medios y reales, arrojé a la *manchancha* esa noche inolvidable, al son de los infalibles gritos: ¡padrino pelado!

Sólo quien haya tenido ya el gusto de ser padrino, comprenderá que noches de ese género pueden ser realmente inolvidables para un triste mortal sin antecedentes históricos, sin títulos para que su nombre pase a la posteridad, grabándose con caracteres de fuego en el libro de oro de la historia.

¡Ah!, tú has sido padrino pelado alguna vez, y me comprenderás.

Carmen no fue agregada sin objeto a la comisión o embajada ranquelina en calidad de *lenguaraz,* que vale tanto como secretario de un ministro plenipotenciario.

Mariano Rosas ha estudiado bastante el corazón humano, como que no es un muchacho; conoce a fondo las inclinaciones y gustos de los cristianos, y por un instinto que es de los pueblos civilizados y de los salvajes, tiene mucha confianza en la acción de la mujer sobre el hombre, siquiera esté ésta reducida a una triste condición.

Carmen fue despachada, pues, con su pliego de instrucciones oficiales y confidenciales por el Talleyrand del desierto, y durante algún tiempo se ingenió con bastante habilidad y maña. Pero no con tanta que yo no me apercibiese, a pesar de mi natural candor, de lo complicado de su misión, que a haber dado con otro Hernán Cortés habría podido llegar a ser peligrosa y fatal para mí, desacreditando gravemente mi *gobierno fronterizo.*

Pasaré por alto una infinidad de detalles, que te probarían hasta la evidencia todas las seducciones a que está expuesta la diplomacia de un jefe de fronteras, teniendo que habérselas con secretarios como mi comadre; y te diré solamente que esta vez se le quemaron los libros de su experiencia a Mariano, siendo Carmen misma la que me inició en los secretos de su misión.

El hecho es que nos hicimos muy amigos, y que a sus buenos informes del compadre debo yo en parte el crédito de que llegué precedido cuando hice mi entrada triunfal en Leubucó.

Otra conexión íntima contraje también durante las últimas negociaciones.

El cacique Ramón, jefe de las indiadas del Rincón, me había enviado su hermano menor, como muestra de su deseo de ser mi amigo.

Linconao, que así se llama, es un indiecito de unos veintidós años, alto, vigoroso, de rostro simpático, de continente airoso, de carácter dulce, y que se distingue de los demás indios en que no es *pedigüeño.*

Los indios viven entre los cristianos fingiendo pobrezas y necesidades, pidiendo todos los días; y con los mismos preámbulos y ceremonias piden una ración de sal, que un poncho fino o un par de espuelas de plata.

Tener que habérselas con una comisión de estos sujetos, para un jefe de frontera, presupone tener que perder todos los días unas cuatro horas en escucharlos.

Yo, que por mi temperamento sanguíneo-bilioso no soy muy pacienzudo que digamos, he descubierto con este motivo que el deber puede modificar fundamentalmente la naturaleza humana.

En algunos *parlamentos* de los celebrados en el río Cuarto, más de una vez derroté a mis interlocutores, cuyo exordio sacramental era:

—Para tratar con los indios se necesita mucha paciencia, hermano.

No sé si tenéis idea de lo que es un parlamento en tierra de cristianos; y digo en tierra de cristianos, porque en tierra de indios el ritual es diferente.

Un parlamento es una conferencia diplomática.

La comisión se manda anunciar anticipadamente con el lenguaraz. Si la componen veinte individuos, los veinte se presentan.

Comienzan por dar la mano por turno de jerarquía, y en esa forma se sientan, con bastante aplomo, en las sillas o sofás que se les ofrecen.

El lenguaraz, es decir, el intérprete secretario, ocupa la derecha del que hace cabeza.

Habla éste y el lenguaraz traduce, siendo de advertir que aunque el plenipotenciario entienda el castellano y lo hable con facilidad, no se altera la regla.

Mientras se parlamenta hay que obsequiar a la comisión con licores y cigarros.

Los indios no rehúsan jamás beber, y cigarros, aunque no los fumen sobre tablas, reciben mientras les den.

Pero no beben, ni fuman cuando no tienen confianza plena en la buena fe del que les obsequia, hasta que éste no lo haya hecho primero.

Una vez que la confianza se ha establecido cesan las precauciones, y echan al estómago el vaso de licor que se les brinda, sin más preámbulos que el de sus preocupaciones.

Una de ellas estriba en no comer ni beber cosa alguna, sin antes ofrecerle las primicias al genio misterioso en que creen y al que adoran sin tributarle culto exterior.

Consiste esta costumbre en tomar con el índice y el pulgar un poco de la cosa que deben tragar o beber y en arrojarla a un lado, elevando la vista al cielo y exclamando: ¡Para Dios!

Es una especie de conjuro. Ellos creen que el diablo, *Gualicho*, está en todas partes, y que dándole lo primero a Dios, que puede más que aquél, se hace el exorcismo.

El parlamento se inicia con una serie inacabable de salutaciones y preguntas,

13

como verbigracia: –¿Cómo está usted? ¿Cómo están sus jefes, oficiales y soldados? ¿Cómo le ha ido a usted desde la última vez que nos vimos? ¿No ha habido alguna novedad en la frontera? ¿No se le han perdido algunos caballos?

Después siguen los mensajes, como por ejemplo: –Mi hermano, o mi padre, o mi primo, me han encargado le diga a usted que se alegrará que esté usted bueno en compañía de todos sus jefes, oficiales y soldados; que desea mucho conocerle; que tiene muy buenas noticias de usted; que ha sabido que desea usted la paz y que eso prueba que cree en Dios y que tiene un excelente corazón.

A veces cada interlocutor tiene su lenguaraz, otras es común.

El trabajo del lenguaraz es ímprobo en el parlamento más insignificante. Necesita tener una gran memoria, una garganta de privilegio y muchísima calma y paciencia.

¡Pues es nada antes de llegar al grano tener que repetir diez o veinte veces lo mismo!

Después que pasan los saludos, cumplimientos y mensajes, se entra a ventilar los negocios de importancia, y una vez terminados éstos, entra el capítulo quejas y pedidos, que es el más fecundo.

Cualquier parlamento dura un par de horas, y suele suceder al rato de estar en él, que varios de los interlocutores están roncando. Como el único que tiene responsabilidad en lo que se ventila es el que hace cabeza, después que cada uno de los que le acompañan ha sacado su piltrafa, ya la cosa ni le interesa ni le importa y, no pudiendo retirarse, comienza a bostezar y acaba por dormirse, hasta que el plenipotenciario, apercibiéndose del ridículo, pide permiso para terminar y retirarse, prometiendo volver muy pronto, pues tiene muchas cosas más que decir aún.

Linconao fue atacado fuertemente de las viruelas, al mismo tiempo que otros indios.

Trajéronme el aviso, y siendo un indio de importancia, que me estaba muy recomendado y que por sus prendas y carácter me había caído en gracia, fuime en el acto a verle.

Los indios habían acampado en tiendas de campaña que yo les había dado, sobre la costa de un lindo arroyo tributario del río Cuarto.

En un albardón verde y fresco, pintado de flores silvestres, estaban colocadas las tiendas en dos filas, blanqueando risueñamente sobre el campestre tapete.

Todos ellos me esperaban mustios, silenciosos y aterrados, contrastando el cuadro humano con el de la riente naturaleza y la galanura del paisaje.

Linconao y otros indios yacían en sus tiendas revolcándose en el suelo con la desesperación de la fiebre; sus compañeros permanecían a la distancia, en un grupo, sin ser osados a acercarse a los virulentos y mucho menos a tocarles.

Detrás de mí iba una carretilla exprofeso.

Acerquéme primero a Linconao y después a los otros enfermos; habléles a todos animándolos, llamé algunos de sus compañeros para que me ayudaran a subirlo al carro; pero ninguno de ellos obedeció, y tuve que hacerlo yo mismo con el soldado que lo tiraba.

Linconao estaba desnudo y su cuerpo invadido de la peste con una virulencia horrible.

Confieso que al tocarle sentía un estremecimiento semejante al que conmueve la frágil y cobarde naturaleza cuando acometemos un peligro cualquiera.

Aquella piel granulenta al ponerse en contacto con mis manos, me hizo el efecto de una lima envenenada.

Pero el primer paso estaba dado y no era noble, ni digno, ni humano, ni cristiano, retroceder, y Linconao fue alzado a la carretilla por mí, rozando su cuerpo mi cara.

Aquel fue un verdadero triunfo de la civilización sobre la barbarie; del cristianismo sobre la idolatría.

Los indios quedaron profundamente impresionados; se hicieron lenguas alabando mi audacia y llamáronme su padre.

Ellos tienen un verdadero terror pánico a la viruela, que sea por circunstancias cutáneas o por la clase de su sangre, los ataca con furia mortífera.

Cuando en Tierra Adentro aparece la viruela, los toldos se mudan de un lado a otro, huyendo las familias despavoridas a largas distancias de los lugares infectados.

El padre, el hijo, la madre, las personas más queridas son abandonadas a su triste suerte, sin hacer más en favor de ellas que ponerles alrededor del lecho agua y alimentos para muchos días.

Los pobres salvajes ven en la viruela un azote del cielo, que Dios les manda por sus pecados.

He visto numerosos casos y son rarísimos los que se han salvado, a pesar de los esfuerzos de un excelente facultativo, el doctor Michaut, cirujano de mi División.

Linconao fue asistido en mi casa, cuidándolo una enfermera muy paciente y cariñosa, interesándose todos en su salvación, que felizmente conseguimos.

El cacique Ramón me ha manifestado el más ardiente agradecimiento por los cuidados tributados a su hermano, y éste dice que después de Dios, su padre soy yo, porque a mí me debe la vida.

Todas estas circunstancias, pues, agregadas a las consideraciones mentadas en mi carta anterior, me empujaban al desierto.

Cuando resolví mi expedición, guardé el mayor sigilo sobre ella.

Todos vieron los preparativos, todos hacían conjeturas, nadie acertó.

Sólo un fraile amigo conocía mi secreto.

Y esta vez no sucedió lo que debiera haber sucedido a ser cierto el dicho del moralista: Lo que uno no quiere que se sepa no debe decirse.

Es que la humanidad, por más que digan, tiene muchas buenas cualidades, entre ellas, la reserva y la lealtad.

Supongo que será de mi opinión, y con esto me despido hasta mañana.

III

Quién conocía mi secreto. El río Quinto. El paso del Lechuzo. Defecto de un fraile. Compromiso recíproco. Preparativos para la marcha. Resistencia de los gauchos. Cambio de opiniones sobre la fatalidad histórica de las razas humanas. Sorpresa de Achauentrú al saber que me iba a los indios. Pensamiento que me preocupaba. Ofrecimientos y pedidos de Achauentrú. Fray Moisés Álvarez. Temores de los indios. Seguridades que les di. Efectos de la digestión sobre el humor. Las mujeres del fuerte Sarmiento. Un simulacro.

Sólo el franciscano fray Marcos Donatti, mi amigo íntimo, conocía mi secreto.

Se lo había comunicado yendo con él del fuerte Sarmiento al "Tres de Febrero", otro fuerte de la extrema derecha de la línea de frontera sobre el río Quinto.

Este sacerdote, que a sus virtudes evangélicas reúne un carácter dulcísimo, recorría las dos fronteras de mi mando, diciendo misa en improvisados altares, bautizando y haciendo escuchar con agrado su palabra a las pobres mujeres de los pobres soldados. La que le oía se confesaba.

Era una noche hermosa, de esas en que el mundo estelar brilla con todo el esplendor de su magnificencia. La luna no se ocultaba tras ningún celaje, y de vez en cuando al acercarnos a las barrancas del río Quinto, que corre tortuoso costeándolo el camino, la veíamos retratarse radiante en el espejo móvil de ese río, que nace en las cumbres de la sierra de la Carolina, y que, corriendo en una curva de poniente a naciente, fecunda con sus aguas, ricas como las del Segundo de Córdoba, los grandes potreros de la villa de Mercedes, hasta perderse en las impasables cañadas de la Amarga.

Llegábamos al paso del Lechuzo, famoso por ser uno de los más frecuentados por los indios en la época tristemente memorable de sus depredaciones.

Hay allí un montoncito de árboles, corpulentos y tupidos, que tendrá como

16

una media milla de ancho y que de noche el fantástico caminante se apresura a cruzar por un instinto racional que nos inclina a acortar el peligro.

El paso del Lechuzo, con su nombre de mal agüero, es una excelente emboscada y cuentan sobre él las más extrañas historias de fechorías hechas allí por los indios.

Lo cruzamos al trote, azotando las ramas caballos y jinetes; al salir de la espesura, piqué yo el mío con las espuelas, y diciéndole a Fray Marcos "Oiga, padre", me puse al galope seguido por el buen franciscano, que no tenía entonces, como no tiene ahora, para mí más defecto que haberme maltratado un excelente caballo moro que le presté.

El ayudante y los tres soldados que me acompañaban quedáronse un poco atrás y nada pudieron oír de nuestra conversación.

El padre tenía su imaginación llena de las ideas de los gauchos que han solido ir a los indios por su gusto o vivir cautivos entre ellos.

Consideraba mi empresa la más arriesgada, no tanto por el peligro de la vida, sino por la fe púnica de los indígenas. Me hizo sobre el particular las más benévolas reflexiones, y por último, dándome una muestra de cariño, me dijo: "Bien, coronel: pero cuando usted se vaya, no me deje a mí. Usted sabe que soy misionero".

Yo he cumplido mi promesa y él su palabra.

Los preparativos para la marcha se hicieron en el fuerte Sarmiento, donde a la sazón se hallaba una comisión de indios presidida por Achauentrú, diplomático de monta entre los ranqueles, y cuyos servicios me han sido relatados por él mismo.

Ya calcularás que los preparativos debían reducirse a muy poca cosa. En las correrías por la pampa lo esencial son los caballos. Yendo uno bien montado, se tiene todo; porque jamás faltan bichos que bolear, avestruces, gamas, guanacos, liebres, gatos monteses, o peludos, o mulitas, o piches o matacos que cazar.

Eso es tener *todo* andando por los campos: tener qué comer.

A pesar de esto yo hice preparativos más formales. Tuve que arreglar dos cargas de regalos y otra de *charqui* riquísimo, azúcar, sal, yerba y café. Si alguien llevó otras golosinas debió comérselas en la primera jornada, porque no se vieron.

Los demás aprestos consistieron en arreglar debidamente las monturas y arreos de todos los que debían acompañarme para que a nadie faltara maneador, bozal con cabestro, manea y demás útiles indispensables, y en preparar los caballos, componiéndoles los vasos con la mayor prolijidad.

Cuando yo me dispongo a una correría sólo una cosa me preocupa grandemente: los caballos.

De lo demás, se ocupa el que quiere de los acompañantes.

Por supuesto, que un par de buenos chifles no han de faltarle a ninguno que quiera tener paz conmigo. Y con razón, el agua suele ser escasa en la pampa y nada desalienta y desmoraliza más que la sed. Yo he resistido setenta y dos horas sin comer, pero sin beber no he podido estar sino treinta y dos. Nuestros paisanos, los acostumbrados a cierto género de vida, tienen al respecto una resistencia pasmosa. Verdad que, ¡qué fatiga no resisten ellos!

Sufren todas las intemperies, lo mismo el sol que la lluvia, el calor que el frío, sin que jamás se les oiga una murmuración, una queja. Cuando más tristes parecen, entonan un airecito cualquiera.

Somos una raza privilegiada, sana y sólida, susceptible de todas las enseñanzas útiles y de todos los progresos adaptables a nuestro genio y a nuestra índole.

Sobre este tópico, Santiago amigo, mis opiniones han cambiado mucho desde la época en que con tanto *furor* discutíamos, a tres mil leguas, la unidad de la especie humana y la fatalidad histórica de las razas.

Yo creía entonces que los pueblos greco-latinos no habían venido al mundo para practicar la libertad y enseñarla con sus instituciones, su literatura y sus progresos en las ciencias y en las artes, sino para batallar perpetuamente por ella. Y, si mal no recuerdo, te citaba a la noble España luchando desde el tiempo de los romanos por ser libre de la dominación extranjera unas veces, por darse instituciones libres otras.

Hoy pienso de distinta manera. Creo en la unidad de la especie humana y en la influencia de los *malos* gobiernos. La política cría y modifica insensiblemente las costumbres, es un resorte poderoso de las acciones de los hombres, prepara y consuma las grandes revoluciones que levantan el edificio con cimientos perdurables o lo minan por su base. Las fuerzas morales dominan constantemente las físicas y dan la explicación y la clave de los fenómenos sociales.

Terminados los aprestos, recién anuncié a los que formaban mi comitiva que al día siguiente partiríamos para el sur, por el camino del Cuero, y que no era difícil fuéramos a sujetar el pingo en Leubucó.

Más tarde hice llamar al indio Achauentrú y le comuniqué mi idea.

Manifestóse muy sorprendido de mi resolución, preguntóme si la había transmitido de antemano a Mariano Rosas y pretendió disuadirme, diciéndome que podía sucederme algo, que los indios eran muy buenos, que me querían mucho, pero que cuando se embriagaban no respetaban a nadie.

Le hice mis observaciones, le pinté la necesidad de hablar yo mismo sobre la paz con los caciques y el bien inmenso que podía resultar de darles una muestra de confianza tan clásica como la que les iba a dar.

Sobre todos los pensamientos el que más me dominaba era éste: probarles a los indios, con un acto de arrojo, que los cristianos somos más audaces que ellos, y más confiados cuando hemos empeñado nuestro honor.

Los indios nos acusan de ser gentes de muy mala fe, y es inacabable el capítulo de cuentos con que pretenden demostrar que vivimos desconfiando de ellos y engañándolos.

Achauentrú es entendido, y comprendió no sólo que mi resolución era irrevocable, que decididamente me iba al día siguiente, sino algunos de los motivos que le expuse.

Entonces, me ofreció muchas cartas de recomendación, y como favor especial me pidió que del Cuero adelantara un chasqui avisando mi ida; primero para que no se alarmasen los indios y segundo para que me recibieran como era debido.

Le pedí para el efecto un indio, y me dio uno llamado Angelito, sin tener nada de tal. Positivamente, los nombres no son el hombre.

Después de hablar Achauentrú conmigo, fue a conversar con el padre Marcos y su compañero fray Moisés Álvarez, joven franciscano, natural de Córdoba, lleno de bellas prendas, que respeto por su carácter y quiero por su buen corazón.

Al rato vinieron todos muy alarmados, diciéndome que los indios todos, lo mismo que los lenguaraces, conceptuaban mi expedición muy atrevida, erizada de inconvenientes y de peligros, y que lo que más atormentaba su imaginación era lo que sería de ellos si por alguna casualidad me trataban mal en Tierra Adentro o no me dejaban salir.

Híceles decir, porque quedaban en rehenes, que no tuvieran cuidado, que si los indios me trataban mal, ellos no serían maltratados; que si me mataban, ellos no serían sacrificados; que sólo en el caso de que no me dejasen volver, ellos no regresarían tampoco a su tierra, quedando en cambio mío, de mis oficiales y soldados. Ellos eran unos ocho, me parece, y los que íbamos a internarnos, diecinueve.

Y les pedí encarecidamente a los padres, les hicieran comprender que aquellas ideas eran justas y morales. Tranquilizáronse; después de muchos meses de estar en negocios conmigo, no habiéndolos engañado jamás ni tratado con disimulo, sino así tal cual Dios me ha hecho: bien unas veces, mal otras, porque mi humor depende de mi estómago y de mis digestiones, habían adquirido una confianza plena en mi palabra.

¡Cuántas veces no llegaron a mis oídos en el río Cuarto estas palabras proferidas por los indios en sus conversaciones de pulpería: "Ese coronel Mansilla, bueno, no mintiendo, no engañando nunca pobre indio"!

Llegó por fin el día y el momento de partir. El fuerte Sarmiento estaba en revolución. Soldados y mujeres rodeaban mi casa, para darme un adiós, *sans adieu!*, y desearme feliz viaje. Ellas creían quizá interiormente que no volvería. El cariño, la simpatía, el respeto exageran el peligro que corren o deben correr las personas que no nos son indiferentes. Hay más miedo en la imaginación que en las cosas que deben suceder.

Cuando todos esperaban ver arrimar mis tropillas y las mulas para tomar caballos, aparejar las cargas y que me pusiera en marcha, oyóse un toque de corneta inusitado a esa hora: llamada redoblada.

En el acto cundió la voz: ¡los indios!

Y una agitación momentánea era visible en todos los semblantes.

Los soldados corrían con sus armas a las cuadras.

Poco tardó en oírse el toque de tropa, y poco también en estar todas las fuerzas de la guarnición formadas, el batallón 12 de línea mentado en sus hermosas mulas, y el 7 de caballería de línea en buenos caballos, con el de tiro correspondiente.

Al mismo tiempo que la tropa había estado aprestándose para formar, los vivanderos recibieron orden de armarse, las mujeres de reconcentrarse al club "El Progreso en la Pampa", que estaban edificando los jefes y oficiales de la guarnición, que tiene su hermoso billar y otras comodidades. A los indios se les ordenó no se movieran del rancho en que estaban alojados y a los vivanderos que sirvieran de custodia de unos y otras.

Mientras esto pasaba en el recinto del fuerte, en sus alrededores reinaba también grande animación: las caballadas, el ganado, todo, todo cuanto tenía cuatro patas era sacado de sus comederos habituales y reconcentrado.

Decididamente los indios han invadido por alguna parte, eran las conjeturas. Achauentrú estaba estupefacto, vacilando entre si era una invasión que venía o una que iba.

Cuando todo estaba listo, mi segundo jefe recibió orden de salir con las fuerzas, de marchar una legua rumbo al sur y se pasó allí una *revista general*.

Yo quise antes de marcharme ver en cuánto tiempo se aprestaba la guarnición, fingiendo una alarma y reírme un poco de los indios, que tuvieron un rato de verdadera amargura, no sabiendo ni lo que pasaba, ni qué creer.

Y tuve la satisfacción militar de que todo se hiciera con calma y prontitud, sea dicho en elogio de cuantos guarnecían el fuerte Sarmiento en aquel entonces.

¡Que Dios ayude mientras estoy lejos a mis compañeros de armas, esos hermanos del peligro, del sacrificio y de la gloria; lo mismo que deseo te ayude a ti, Santiago amigo, conservándote siempre con humor placentero, y un estómago como los desea Brillat-Savarin!

IV

Idea a que no nos resignamos. La partida. Lenguaje de los paisanos. Qué es una rastrillada. El público sabe muchas mentiras e ignora muchas verdades. Qué es un guadal. El caballo y la mula. Una despedida militar. La Laguna Alegre.

A las cinco de la tarde estaba todo listo, y mi gente recibió orden de entregar sus armas, excepto el sable, que sin vaina debía ser colocado entre las caronas. Mis ayudantes y yo llevábamos *revólvers* y una escopeta. Por más grande que fuese mi deseo de presentarme ante los indígenas sin aparato, ni ostentación, no pude resolverme a hacerlo completamente desarmado. Podía llegar el caso de tener que perder la vida, y era menester ir preparado a venderla cara. Hay una idea a la que el hombre no se resigna sino cuando es santo, y es a morir sacrificado con la mansedumbre de un cordero.

Entregadas las armas, hice arrimar las tropillas y las mulas; formé cuatro pelotones de la gente, dile a cada uno una tropilla, dejando otra de reserva; mandé ensillar y aparejar, y a la media hora, cuando el sol del último día de marzo se perdía radiante en el lejano horizonte, puse pie en el estribo.

Varios jefes y oficiales habían ensillado para acompañarme hasta cierta distancia.

Salí del fuerte entre las salutaciones cariñosas y las sonrisas amables y expresivas de los soldados, dejando a todos inquietos, particularmente a Achauentrú, que, al subir a caballo, vino a darme un abrazo, a hacerme su retahíla de recomendaciones, y a repetirme por la milésima vez, que no dejara de adelantar un chasqui anunciando mi ida.

El camino del Cuero pasa por el mismo fuerte Sarmiento que le ha robado su nombre al antiguo y conocido Paso de las Arganas.

Este camino consiste en una gran rastrillada, y su rumbo es sudeste, o lo que en lenguaje comprensivo de los paisanos de Córdoba llamamos *sudabajo.*

Ellos tienen un modo peculiar de denominar ciertas cosas y sólo en la práctica se comprende la ventaja de la sustitución.

Al oeste le llaman *arriba.* Al este, *abajo.* Estos dos vocablos sustituidos a los vientos cardinales, permiten expresarse con más facilidad y más claridad, en razón de la similitud de las palabras este y oeste y de su composición vocal.

Un ejemplo lo demostrará.

Si queriendo ir del punto A al punto B o, para ser más claro, de la Villa del Río Cuarto al fuerte Sarmiento, cortando el campo, se ocurriese a un baquiano por las señas, las daría así:

Miraría al sur, y haciendo una indicación con la mano derecha diría: se

21

sale en estas dereceras, sur, y se camina rumbeando medio abajo; pero muy poco abajo.

Con estas señas, el que tiene la costumbre de andar por los campos, va derecho como un huso a su destino. Si queriendo ir de la Villa del Río Cuarto a las Achiras, en el mes de noviembre, verbigracia, en que el sol se pone inclinándose al sur, se preguntasen las señas, la contestación sería:

–Salga derecho arriba, medio rumbeando al lado en que se pone el sol y ahí, en aquella punta de sierra, ahí está Achiras.

Con esas señas cualquiera va derecho.

De esta costumbre cordobesa de llamarle abajo al naciente y arriba al poniente, viene la denominación de provincias de arriba y de abajo; la de arribeños y abajeños.

A las facilidades que este modo de expresarse ofrece, reúne una circunstancia que responde a un hecho geográfico.

Ir de Córdoba para el poniente o para el naciente es, en efecto, ir para arriba o para abajo, porque el nivel de la tierra es más elevado que el del mar a medida que se camina del litoral de nuestra patria para la cordillera; la tierra se dobla visiblemente, de manera que el que va sube y el que viene baja.

He dicho que el camino del Cuero consiste en una gran *rastrillada,* y voy a explicar lo que significa esta palabra, que en buen castellano tiene una significación distinta de la que le damos en la jerga de la tierra.

Si en lugar de estar conversando contigo públicamente lo hiciera en reserva, no me detendría en estos detalles y explicaciones. Todos los que hemos sido público alguna vez sabemos que este monstruo de múltiple cabeza, sabe muchas cosas que debiera ignorar e ignora muchas otras que debiera saber. ¿Quién sabe, por ejemplo, más mentiras que el público?

Pero preguntadle algo sobre las cosas de la tierra, sobre el estado moral y político de nuestros moradores fronterizos de La Rioja o de Santiago del Estero, y ya veréis lo que sabe.

Preguntadle dónde queda el río Chalileo o el cerro Nevado, y ya veréis qué sabe el respetable público sobre las cosas que pueden interesarle mañana, distraído como vive por las cosas de actualidad.

Hasta cierto punto yo le hallo razón. ¿No paga su dinero para que cotidianamente le den noticias de las cinco partes del mundo, le enteren de la política internacional de las naciones, le tengan al cabo de los descubrimientos científicos, de los progresos del vapor, de la electricidad y de la pesca de la ballena?

Pues entonces ¿por qué se ha de afanar tanto?

Una rastrillada, son los surcos paralelos y tortuosos que con sus constantes idas y venidas han dejado los indios en los campos.

Estos surcos, parecidos a la huella que hace una carreta la primera vez que cruza por un terreno virgen, suelen ser profundos y constituyen un verdadero camino ancho y sólido.

En plena pampa, no hay más caminos. Apartarse de ellos un palmo, salirse de la senda, es muchas veces un peligro real; porque no es difícil que ahí mismo, al lado de la rastrillada, haya un *guadal* en el que se entierren caballo y jinete enteros.

Guadal se llama un terreno blando y movedizo que no habiendo sido pisado con frecuencia, no ha podido solidificarse.

Es una palabra que no está en el diccionario de la lengua castellana, aunque la hemos tomado de nuestros antepasados, que viene del árabe y significa agua o río. La pampa está llena de estos obstáculos.

¡Cuántas veces en una operación militar, yendo en persecución de los indios, una columna entera no ha desaparecido en medio del ímpetu de la carrera! ¡Cuántas veces un trecho de pocas varas ha sido causa de que jefes muy intrépidos se viesen burlados por el enemigo, en esas pampas sin fin! ¡Cuántas veces los mismos indios no han perecido bajo el filo del sable de nuestros valientes soldados fronterizos por haber caído en un guadal!

Las pampas son tan vastas, que los hombres más conocedores de los campos se pierden a veces en ellas. El caballo de los indios es una especialidad en las pampas.

Corre por los campos guadalosos, cayendo y levantando, y resiste a esa fatiga hercúlea asombrosamente, como que está educado al efecto y acostumbrado a ello.

El guadal suele ser húmedo y suele ser seco, pantanoso y pegajoso, o simplemente arenoso.

Es necesario que el ojo esté sumamente acostumbrado para conocer el terreno guadaloso. Unas veces el pasto; otras veces el color de la tierra son indicios seguros. Las más, el guadal es un emboscada para indios y cristianos.

Los caballos que entran en él, cuando no están acostumbrados, pugnan un instante por salir, y el esfuerzo que hacen es tan grande, que en los días más fríos no tardan en cubrirse de sudor y en caer postrados, sin que haya espuela ni rebenque que los haga levantar. Y llegan a acobardarse tanto, que a veces no hay poder que los haga dar un paso adelante cuando pisan el borde movedizo de la tierra. Y eso que es de todos los cuadrúpedos destinados al servicio del hombre el más valiente. Picado con las espuelas parte como el rayo y salva el mayor precipicio.

¡Cuán diferente de la mula!

Jamás pierde ella su sangre fría.

Ora vaya por los caminos pampeanos o por las laderas vertiginosas de la cordillera, el híbrido animal es siempre cauteloso. El caballo se lanza como el rayo; la mula tantea antes de ir adelante. Saca una mano, después otra, y es tan precavida, que en donde puso éstas, pone las patas. Cuando hay peligro no hay que advertirla; a nada obedece, ni a la rienda, ni al rebenque, ni a la espuela. Sólo su instinto de conservación la mueve. Es excusado querer dirigirla. Ella va por donde quiera. Morirá despeñada; pero no ciegamente como el caballo, sino por haberse equivocado.

Estando los campos cubiertos de agua, es más necesario que nunca seguir rectamente la dirección de la rastrillada; porque reblandecida la tierra por la humedad, el peligro del guadal es inminente a cada paso.

Cuando salimos de Sarmiento había llovido mucho. A una media legua de allí el terreno tiene un doblez y se cae a una cañada muy guadalosa; así fue que allí hice alto, me despedí y separé de los camaradas que me acompañaban, y después de algunas prevenciones generales a los que me seguían, tomé la dirección llevando el baquiano a mi izquierda, yendo él por una huella, por otra yo.

¡Con qué pena se despidieron de mí mis leales compañeros! Yo lo leí en sus caras, por más que con afables sonrisas y afectuosos apretones de manos, quisieran disimularlo.

¡Ah!, sólo los que somos soldados, sabemos lo que es ver partir a los amigos al peligro en que se cae o se muere, y quedarnos... ¡Y sólo los que somos soldados, sabemos lo que es ver volver del combate, sanos e ilesos, a los hermanos cuya suerte no hemos compartido ese día! Hay tales misterios en el corazón humano; abismos tan profundos, de amor, de abnegación, de generosidad, que la palabra no conseguirá jamás explicarlos.

Hay que sentir y callar. Por eso una mirada, un abrazo, un ademán con la mano, dicen más que todo cuanto la pluma más hábilmente manejada pueda describir.

La noche nos sorprendió sin haber alcanzado a cruzar la cañada.

La luna salía tarde, el cielo estaba cubierto de nubes, no se veían las estrellas. Durante un largo rato caminamos, pues, en medio de una completa oscuridad, cayendo y levantando, porque en cuanto nos desviábamos de la rastrillada pisábamos el borde del guadal.

Las mulas que llevaban las cargas de charqui y regalos para los caciques daban muchísimo trabajo. Por huir del peligro caían a cada paso en él. Una de ellas llevaba los ornamentos sagrados de mis amigos los franciscanos, y ellos y yo íbamos con el Jesús en la boca, esperando el momento en que gritaran: –Cayó la mula de los *padrecitos*, que así llamaban los paisanos cordobeses a los frailes.

Fue menester ponerles a todas bozal y llevarlas tirando del cabestro.

Perdióse tiempo en esta operación, así fue que era tarde cuando llegamos a la Laguna Alegre.

Estaban las cabalgaduras tan fatigadas de cuatro leguas más o menos de marcha nocturna por la oscuridad y entre el agua, que resolví hacer una parada esperando que se despeje el cielo o saliera la luna.

Campamos... el fogón no tardó en brillar, haciéndose una rueda, en torno de él, de todos los que me acompañaban.

Entre mate y mate cada cual contó una historia más o menos soporífera. En todo pensábamos, menos en los indios.

Yo conté la mía, y un cabo Gómez, muerto en la gloriosa guerra del Paraguay[4], fue el asunto de mi cuento. Tiene algo de fantástico y maravilloso. Si estoy de humor mañana y no te vas fastidiando de las digresiones y no te urge llegar a Leubucó, te la contaré.

V

El fogón. Calixto Oyarzábal. El cabo Gómez. De qué fue a la guerra del Paraguay. Por qué lo hicieron soldado de línea. José Ignacio Garmendia y Maximio Alcorta. Predisposiciones mías en favor de Gómez. Su conducta en el batallón 12 de línea. Primera entrevista con él. Su figura en el asalto de Curupaití. La lista después del combate. El cabo Gómez muerto.

El fogón es la delicia del pobre soldado, después de la fatiga. Alrededor de sus resplandores desaparecen las jerarquías militares. Jefes superiores y oficiales subalternos conversan fraternalmente y ríen a sus anchas. Y hasta los asistentes que cocinan el puchero y el asado, y los que ceban el mate, meten, de vez en cuando, su cuchara en la charla general, apoyando o contradiciendo a sus jefes y oficiales, diciendo alguna agudeza o alguna patochada.

Cuando Calixto Oyarzábal, mi asistente, dejó la palabra, con sentimiento de los que lo escuchaban, pues es un pillo de siete suelas, capaz de hacer reír a carcajadas a un inglés, pidiéronme mis circunstantes mi cuentito.

Yo estaba de buen humor, así fue que después de dirigirle algunas bromas a Calixto, que con su aire de zonzo estudiado, ha hecho ya una revolución en las provincias, para que veas lo que es el país, tomé a mi turno la palabra.

Y este cuento me permitirás que se lo dedique a un mi amigo que ha hecho la guerra en el Paraguay como oficial de un batallón de Guardia Nacional.

Se llama Eduardo Dimet, y como lo quiero, me permitirás no te haga la pintura de su carácter y cualidades; porque los colores de la paleta del cariño son siempre lisonjeros y sospechosos.

Voy a mi cuento.

25

El cabo Gómez era un correntino que se quedó en Buenos Aires cuando la primera invasión de Urquiza, que dio en tierra con la dictadura de Rosas.

Tendría Gómez así como unos treinta y cinco años; era alto, fornido, y columpiábase con cierta gracia al caminar; su tez era entre blanca y amarilla, tenía ese tinte peculiar a las razas tropicales; hablaba con la tonada guaranítica, mezclando, como es costumbre entre los correntinos y entre los paraguayos vulgares, la segunda y la tercera persona; en una palabra, era un tipo varonil simpático.

Marchó Gómez a la guerra del Paraguay, en el Primer Batallón del Primer Regimiento de G. N. que salió de Buenos Aires bajo las órdenes del comandante Cobo, si mal no recuerdo, y perteneció a la compañía de granaderos.

El capitán de ésta era otro amigo mío, José Ignacio Garmendia, que después de haber hecho con distinción toda la campaña del Paraguay, anda ahora por Entre Ríos al mando de un batallón.

Un día leíase en la Orden General del 2º Cuerpo de Ejército del Paraguay, al que yo pertenecía: "Destínase por insubordinación, por el término de cuatro años, a un cuerpo de línea al soldado de G. N. Manuel Gómez".

Más tarde presentóse un oficial en el reducto que yo mandaba, que lo guarnecía el batallón 12 de línea, creado y disciplinado por mí, con esta orden: "Vengo a entregar a usted una alta personal".

Llamé a un ayudante y el alta personal fue recibida y conducida a la Guardia de Prevención.

Luego que me desocupé de ciertos quehaceres, hice traer a mi presencia al nuevo destinado para conocerlo e interrogarlo sobre su falta, amonestarlo, cartabonearlo y ver a qué compañía había de ir.

Era Gómez, y por su talla esbelta fue a la compañía de granaderos.

José Ignacio Garmendia comía frecuentemente conmigo en el Paraguay, así era que después de la lista de tarde casi siempre se lo hallaba en mi reducto, junto con otro amigo muy querido de él y mío, Maximio Alcorta, aunque este excelente camarada, que lo mismo se apasiona del sexo hermoso que feo, tiene el raro y desgraciado talento de recomendar de vez en cuando a las personas que más estima, unos tipos que no tardan en mostrar sus malas mañas.

¡Cosas de Maximio Alcorta!

La misma tarde que destinaron a Gómez, Garmendia comió conmigo.

Durante la charla de la mesa –ya que en campaña a un tronco de yatay se llama así– me dijo que Gómez había sido cabo de su compañía: que era un buen hombre, de carácter humilde, subordinado, y que su falta era efecto de una borrachera.

Me añadió que cuando Gómez se embriagaba, perdía la cabeza, hasta el extremo de ponerse frenético si lo contradecían, y que en ese estado lo mejor era tratarlo con dulzura, que así lo había hecho él, siempre con el mejor éxito.

En una palabra, Garmendia me lo recomendó con esa vehemencia propia de los corazones calientes, que así es el suyo, y por eso cuantos lo tratan con intimidad le quieren.

La varonil figura de Gómez y las recomendaciones de Garmendia predispusieron desde luego, mi ánimo en favor del nuevo destinado.

A mi turno, pues, se lo recomendé al capitán de la compañía de granaderos, diciéndole todo lo que me había prevenido Garmendia.

El tiempo corrió...

Gómez cumplía estrictamente sus obligaciones, circunspecto y callado, con nadie se metía, a nadie incomodaba. Los oficiales lo estimaban y los soldados lo respetaban por su porte. De vez en cuando lo buscaban para tirarle la lengua y arrancarle tal cual agudeza correntina.

En ese tiempo yo era mayor y jefe interino del batallón 12 de línea. Todos los sábados pasaba personalmente una revista general.

Me parece que lo estoy viendo a Gómez, en las filas, cuadrado a plomo, inmóvil como una estatua, serio, melancólico, con su fusil reluciente, con su correaje lustroso, con todo su equipo tan aseado que daba gusto.

Gómez no tardó en volver a ser cabo.

Habrían pasado cinco meses.

Un día, paseábame yo a lo largo de la sombra que proyectaba mi alojamiento, que era una hermosa carreta.

Esto era en el célebre campamento de Tuyutí, allá por el mes de agosto.

¡En qué pensaba, cómo saberlo ahora! Pensaría en lo que amaba o en la gloria, que son los dos grandes pensamientos que dominan al soldado. Recuerdo tan sólo que en una de las vueltas que di una voz conocida me sacó de la abstracción en que estaba sumergido.

Di media vuelta, y como a unos seis pasos a retaguardia, vi al cabo Gómez, cuadrado, haciendo la venia militar, doblándose para adelante, para atrás, a derecha e izquierda así como amenazando perder su centro de gravedad.

Sus ojos brillaban con un fuego que no les había visto jamás.

En el acto conocí que estaba ebrio.

Era la primera vez desde que había entrado en el batallón.

Por cariño y por las prevenciones que me había hecho Garmendia, le dirigí la palabra así:

—¿Qué quiere, amigo?

—Aquí te vengo a ver, ché comandante, pa que me des licencia usted.

—¿Y para qué quieres licencia?

—Para ir a Itapirú a visitar a una hermanita que me vino de la Esquina.

—Pero hijo, si no estás bueno de la cabeza.

—No, ché comandante, no tengo nada.

—Bien, entonces, dentro de un rato, te daré la licencia, ¿no te parece?

—Sí, sí.

Y esto diciendo, y haciendo un gran esfuerzo para dar militarmente la media vuelta y hacer como era debido la venia, Gómez giró sobre los talones y se retiró.

Pasó ese día, o mejor dicho llegó la tarde, y junto con ella Garmendia. Contéle que Gómez se había embriagado por primera vez, y me dijo que debía haberlo hecho para perder el miedo de hablar con el jefe, que cuando estaba en su batallón así solía hacer algunas veces.

Como él y yo nos interesábamos en el hombre, sobre tablas entramos a averiguar cuánto tiempo hacía que estaba ebrio cuando habló conmigo.

Llamé al capitán de granaderos, le hicimos varias preguntas y de ellas resultó exactamente lo que me acababa de decir Garmendia: que Gómez había tomado para atreverse a llegar hasta mí.

Empezando por el sargento primero de su compañía y acabando por el capitán, a todos los que debía les había pedido la venia para hablar conmigo, estando en perfecto estado; de lo contrario, no sé la habrían concedido.

Al otro día de este incidente, Gómez estaba ya bueno de la cabeza. Iba a llamarlo, mas entraba de guardia, según vi al formar la parada, y no quise hacerlo.

Terminado su servicio, lo llamé, y recordándole que tres días antes me había pedido una licencia, le pregunté si ya no la quería.

Su contestación fue callarse y ponerse rojo de vergüenza.

—¿Por cuántos días quiere usted licencia, cabo?

—Por dos días, mi comandante.

—Está bien; vaya usted, y pasado mañana, al toque de asamblea, está usted aquí.

—Está bien, mi comandante.

Y esto diciendo, saludó respetuosamente, y más tarde se puso en marcha para Itapirú, y a los dos días, cuando tocaban asamblea, la alegre asamblea, el cabo Gómez entraba en el reducto, de regreso de visitar a su hermana, bastante picado de aguardiente, cargado de tortas, queso y cigarros que no tardó en repartir con sus hermanos de armas.

Yo también tuve mi parte, tocándome un excelente queso de Goya, que me mandaba su hermana, a quien no conocía.

¡En el mundo no hay nada más bueno, más puro, más generoso que un soldado!

El tiempo siguió corriendo.

Marchamos de los campos de Tuyutí a los de Curuzú para dar el famoso asalto de Curupaití.

Llegó el memorable día, y tarde ya, mi batallón recibió orden de avanzar sobre las trincheras.

Se cumplió con lo ordenado.

Aquello era un infierno de fuego. El que no caía muerto, caía herido y el que sobrevivía a sus compañeros contaba por minutos la vida. De todas partes llovían balas. Y lo que completaba la grandeza de aquel cuadro solemne y terrible de sangre, era que estábamos como envueltos en un trueno prolongado, porque las detonaciones del cañón no cesaban.

A los cinco minutos de estar mi batallón en el fuego sus pérdidas eran ya serias: muchos muertos y heridos yacían envueltos en su sangre, intrépidamente derramada por la bandera de la patria.

Recorriendo de un extremo a otro hallé al cabo Gómez, herido en una rodilla, pero haciendo fuego hincado.

–Retírese, cabo –le dije.

–No, mi comandante –me contestó–, todavía estoy bueno –y siguió cargando su fusil y yo mi camino.

Al regresar de la extrema derecha del batallón a la izquierda, volví a pasar por donde estaba Gómez.

Ya no hacía fuego hincado, sino echado de barriga, porque acababa de recibir otro balazo en la otra pierna.

–Pero, cabo, retírese, hombre, se lo ordeno –le dije.

–Cuando usted retire, mi comandante, me retiraré –repuso, y echando un voto, agregó–: ¡paraguayos, ahora verán!

Y ebrio con el olor de la pólvora y de la sangre, hacía fuego y cargaba su fusil con la rapidez del rayo, como si estuviese ileso.

Aquel hombre era bravo y sereno como un león.

Ordené a algunos heridos leves que se retiraban que lo sacaran de allí, y seguí para la izquierda.

El asalto se prolongaba...

Yendo yo con una orden, recibí un casco de metralla en un hombro, y no volví al fuego de la trinchera. Pocos minutos después, el ejército se retiraba salpicado con la sangre de sus héroes, pero cubierto de gloria. Para pasar el parte, fue menester averiguar la suerte que le había cabido a cada uno de los compañeros.

Esta ceremonia militar es una de las más tristes.

Es una revista en que los vivos contestan por los muertos, los sanos por los heridos.

¿Quién no ha sentido oprimirse su pecho después de un combate, durante ese acto solemne?

–¡Juan Paredes!

–¡Presente! ...

–¡Pedro Torres!

–¡Herido!...

29

—¡Luis Corro!

—¡Muerto! ...

¡Ah! ese "¡muerto!" hace un efecto que es necesario sentirlo para comprender toda su amargura.

Según la revista que se pasó en el 12 de línea por el teniente primero don Juan Pencienati, que fue el oficial más caracterizado que regresó sano y salvo del asalto de Curupaití, y según otras averiguaciones que se tomaron, conforme a la práctica, resultó que el cabo Gómez había muerto y por muerto se le dio.

En la visita que se mandó pasar a los hospitales de sangre no se halló al cabo Gómez.

Para mí no cabía duda de que Gómez, si no había muerto, había caído prisionero herido.

Los soldados decían: —No, señor, el cabo Gómez ha muerto. Nosotros lo hemos visto echado boca abajo al retirarnos de la trinchera con la bandera.

Yo sentía la muerte de todos mis soldados como se siente la separación eterna de objetos queridos.

Pero, lo confieso, sobre todos los soldados que sucumbieron en esa jornada de recuerdo imperecedero, el que más echaba de menos era el cabo Gómez.

La actitud de ese hombre oscuro, tendido de barriga, herido en las dos piernas y haciendo fuego con el ardor sagrado del guerrero, estaba impresa en mí con indelebles caracteres.

Esta visión no se borrará jamás de mi memoria. Perderé el recuerdo de ella cuando los años me hayan hecho olvidar todo.

Y por hoy termino aquí, y mañana proseguiré mi cuento. Hoy te he narrado sencillamente la muerte de un vivo. Mañana te contaré la vida de un muerto.

Si lo de hoy te ha interesado, lo de mañana también te interesará.

A los del fogón que me escucharon les sucedió así.

VI

Regreso de Curupaití. Resurrección del cabo Gómez. Cómo se salvó. Sencillo relato. Posibilidad de que un pensamiento se realice. Dos escuelas filosóficas. Un asesinato que nadie había visto. Sospechas.

El ejército volvió a ocupar sus posiciones de Tuyutí: mi batallón, su antiguo reducto.

Durante algún tiempo fue pan de cada día conversar del asalto de Curupaití, ora para hacer su crítica, ora para recordar los héroes que cayeron mortalmente heridos aquel día de luto.

La sucesión del tiempo, nuevos combates, otros peligros, iban haciendo olvidar las nobles víctimas.

Sólo persistía en el espíritu el recuerdo de los predilectos; de esos predilectos del corazón, cuya imagen querida no desvanecen ni el dolor ni la alegría.

De cuando en cuando, los hospitales de Itapirú, de Corrientes y de Buenos Aires, nos remitían pelotones de valientes curados de sus gloriosas y mortales heridas.

La humanidad y la ciencia hacían en esa época de lucha diaria y cruenta, verdaderos milagros.

¡Cuántos que salieron horriblemente mutilados del campo de batalla, no volvieron a los pocos días a empuñar con mano vigorosa el acero vengador!

Los que mandaban cuerpos, enviaban de tiempo en tiempo oficiales de confianza a revisar los hospitales, tomar buena nota de sus enfermos o heridos respectivos y socorrerlos en cuanto cabía.

Yo tenía frecuentes noticias de los hospitales de Itapirú y de Corrientes. Los enfermos seguían bien. Día a día esperaba algunas altas.

Pensaba en esto quizá, cierta mañana, paseándome, según mi costumbre, por el parapeto de la batería, cuyos cañones tenían constantemente dirigidas sus elocuentes y fatídicas bocas al montecido de Yataytí-Corá, cuando un ayudante vino a anunciarme:

—Señor, una alta del hospital.

Su fisonomía traicionaba una sorpresa. —¿Y quién, hombre?

—Un muerto.

—¿Cuál de ellos?

—El cabo Gómez.

Al oírlo salté impaciente y alegre del parapeto a la explanada, corriendo en dirección al rancho de la Mayoría. La noticia de la aparición del cabo Gómez, ya había cundido por las cuadras.

Cuando llegué a la puerta de la Mayoría, un grupo de curiosos la obstruía. Me abrieron paso y entré.

El cabo Gómez estaba de pie, apoyado en su fusil y llevaba la mochila terciada. Sus vestiduras estaban destrozadas, su rostro pálido, habíase adelgazado mucho y costaba reconocerlo.

Realmente, parecía un resucitado.

Le di un abrazo, y ordené en el acto que prepararan un baile para celebrar esa noche la resurrección de un compañero y el regreso del primer herido.

El batallón era un barullo. Todos querían ver a un tiempo al cabo; los unos le hacían señas con la cabeza, los otros con las manos, los que no podían verlo

31

bien, se trepaban sobre el mojinete de los ranchos; nadie se atrevía a dirigirle la palabra interrumpiéndome a mí.

–¿Y cómo te ha ido, hombre? –Bien, mi comandante.

–¿Dónde está la alta? –pregunté al oficial encargado de la Mayoría.

Diómela, y notando que era de un hospital brasilero, me dirigí al cabo.

–¿Qué, has estado en un hospital brasilero?

–Sí, mi comandante.

–¿Y cómo te salvaste de Curupaití? Cuando yo te ordené salieras de la trinchera ya estabas herido de las dos piernas, no te podías mover.

–Mi comandante, cuando los demás se retiraron con la bandera, viendo yo que nadie me recogía, porque no me oían o no me veían, me arrastré como pude, y me escondí en unas pajas a ver si en la noche me podía escapar.

–¿Y cómo te escapaste?

–Cuando los nuestros se retiraron, los paraguayos salieron de la trinchera y comenzaron a desnudar los heridos y los muertos. Yo estaba vivo; pero muy mal herido, y como vi que mataban a algunos que estaban *penando,* me acabé de hacer el muerto a ver si me dejaban. No me tocaron, anduvieron dando vueltas cerca de mí y no me vieron. Luego que la noche se puso oscura, hice fuerzas para levantarme y me levanté y caminé agarrándome del fusil, que es este mismo, mi comandante.

Un silencio profundo reinaba en aquel momento. Todos contenían hasta la respiración, para no perder una palabra de las del cabo.

–¿Y por dónde saliste?

–Esa noche no pude salir, porque no era baquiano, y me perdí varias veces, y me costaba mucho caminar, porque me dolían los balazos. Pero así que vino la mañanita, ya supe dónde debía de ir, porque oía la diana de los brasileros. Seguí el rumbo y el humo de un vapor, y salí a Curuzú. Allí había muchos heridos, que estaban embarcando; a mí me embarcaron con ellos y me llevaron a Corrientes, y allí he estado en el hospital, y ya estoy muy mejor, mi comandante, y me he venido porque ya no podía aguantar las ganas de ver el batallón.

–¡Viva el cabo Gómez, muchachos! –grité yo.

–¡Viva! –contestaron los muy bribones, que nunca son más felices que cuando se les incita al desorden y se les deja la libertad de retozar.

Y se lo llevaron al cabo Gómez en triunfo, dándole mil bromas, y siendo su venida inesperada un motivo de general animación y contento durante muchas horas. Estas escenas de la vida militar, aunque frecuentes, son indescriptibles.

Garmendia vino esa tarde a compartir mi pucherete, mi asado flaco y mi fariña, sabiendo ya por uno de los asistentes que el cabo Gómez había resucitado.

Garmendia tiene fibra de soldado y estaba infantilmente alegre del suceso; así fue que la primera cosa que me dijo al verme, fue:

32

—Conque el cabo Gómez no había muerto en Curupaití, ¡cuánto me alegro! ¿Y dónde está, llámelo, vamos a preguntarle cómo se escapó?

Contéle entonces todo lo que acababa de referirme el cabo, pero como se empeñase en verle la cara, lo hice venir. Interrogado por Garmendia, repitió lo que ya sabemos, con algunos agregados, como por ejemplo, que la noche que estuvo oculto, él mismo se ligó las heridas, haciendo hilas y vendas de la ropa de un muerto.

Contónos también que estaba muy triste y avergonzado, porque en los primeros momentos del fuego, el día de Curupaití, el alférez Guevara le había pegado un bofetón, creyendo que estaba asustado y diciéndole:

—¡Eh!, haga fuego, déjese de mirar el oído del fusil. Que él no había estado asustado ese día, que cuando el alférez le pegó, estaba limpiando la chimenea de su arma, que recién se asustó un poco cuando los paraguayos salieron de sus posiciones desnudando y matando, porque no tenía fuerzas para defenderse, y le dio miedo que lo ultimaran sin poder hacerles cara.

Y todo esto era dicho con una ingenuidad que cautivaba, dando la medida del temple de ese corazón de acero.

Garmendia gozaba como en el día de sus primeras revelaciones. Yo me sentía orgulloso de contar en mis filas con un nene como aquél.

Confieso que lo amaba.

Esa misma noche, y con motivo de las interminables preguntas de Garmendia, supe que Gómez había padecido en otro tiempo de alucinaciones.

Explicónos en su media lengua, lo mejor que pudo, que en Buenos Aires, siendo más joven, había tenido una querida. Que esta mujer le había sido infiel y que había estado preso por una puñalada que le diera.

Al recordarla, una especie de celaje sombrío envolvió su rostro, al mismo tiempo que cierta sonrisa tierna vagó por sus labios.

La curiosidad aumentaba el interés de este tipo, crudo, enérgico y fuerte, tan común en nuestro país. Inquiriendo las causas que armaron el brazo de este Otelo correntino, sacamos en limpio que su querida no había faltado a los compromisos contraídos o a la fe jurada.

Que en sueños, mientras dormían juntos, la había visto en brazos de un rival, que él aborrecía mucho, que cuando se despertó, el hombre no estaba allí, pero que él lo veía patente; que lo hirió en el corazón, y que, a un grito de su querida, volvió en sí, despertándose del todo, y viendo recién que estaban los dos solos y que su cuchillo se había clavado en el pecho de su bien amada.

Este relato debe conservarse indeleble en la memoria de Garmendia, porque esa noche, después, me dijo varias veces que si no pensaba escribir aquello.

Yo entonces tenía mi espíritu en otra línea de tendencia y no lo hice nunca.

A no ser mi excursión a Tierra Adentro, la historia de Gómez queda inédita, en el archivo de mis recuerdos. Creerán algunos que a medida que corre la pluma voy fraguando cosas imaginarias, por llenar papel y aumentar el efecto artificial de estas mal zurcidas cartas.

Y sin embargo todo es cierto.

Los abismos entre el mundo real y el mundo imaginario no son tan profundos.

La visión puede convertirse en una amable o en una espantosa realidad.

Las ideas son precursoras de hechos.

Hay más posibilidad de que lo que yo pienso, sea que seguridad de que un acontecimiento cualquiera se repita. Las viejas escuelas filosóficas discurrían al revés.

El pasado no prueba nada. Puede servir de ejemplo, de enseñanza no.

Pero me echo por esos trigales de la pedantería y temo perderme en ellos.

Gómez nos hizo pasar una noche amena.

Al día siguiente, otras impresiones sirvieron de pasto a la conversación; sin duda alguna que nada hay tan fecundo para la cabeza y para el corazón como dos ejércitos que se acechan, que se tirotean y se cañonean desde que sale el sol hasta que se pone.

Gómez dejó de ocupar por algún tiempo la atención de Garmendia y la mía.

¡Qué persistencia de personalidad!

Una mañana, regresando a caballo a mi reducto, pasé como de costumbre por el campamento del viejo querido Mateo J. Martínez.

Jamás lo hacía sin recibir o dar alguna broma.

Este viejo en prospecto, para que no enfade, si desconoce su actualidad, tiene la facilidad difícil de hacerse querer de cuantos lo tratan con intimidad.

Iba a decir, que al pasar por el alojamiento de don Mateo, supe por él que en mi batallón había tenido lugar un suceso desagradable.

–¿Usted paseando, amigo, y en su reducto matando vivanderos?

–¡No embrome, viejo!

–¿Que no embrome? Vaya y verá.

Piqué el caballo y lleno de ansiedad y confusión partí al galope, llegando en un momento a mi reducto.

No tuve necesidad de interrogar a nadie. Un hombre maniatado que rugía como una fiera en la guardia de prevención me descorrió el velo de misterio.

–¡Desaten ese hombre! –grité con inexplicable mezcla de coraje y tristeza.

Y en el acto el hombre fue desatado, y los rugidos cesaron, oyéndose sólo:

–Quiero hablar con mi comandante.

Vino el comandante de campo, y en dos palabras me explicó lo acontecido.

–¡Han asesinado a un vivandero que estaba de visita en el rancho del alférez Guevara!

¿Quién?

–El cabo Gómez.

–¿Y quién lo ha visto?

–Nadie, señor; pero se sospecha sea él, porque está ebrio, y murmura entre dientes: –Había jurado matarlo, ¡un bofetón a mí!...

¡Me quedé aterrado!

Pasé el parte sin mentar a Gómez.

Y aquí termino hoy.

Lo que no tiene interés en sí mismo, puede llegar a picar la curiosidad del amigo y de los lectores, según el método que se siga al hacer la relación.

El cabo Gómez queda preso.

VII

Presentimientos de la multitud. Un asesino sin saberlo. Deseos de salvarlo. Averiguaciones. Un fiscal confuso. Juicios contradictorios. Agustín Mariño, auditor del Ejército Argentino. Consejo de guerra. Dudas. Sentencia del cabo Gómez. Se confirma la pena de muerte. Preparativos. La ejecución. Una aparición.

Un hombre había sido asesinado en pleno día, durante la luz meridiana, en un recinto estrecho, de cien varas cuadradas, en medio de cuatrocientos seres humanos, con ojos y oídos; el cadáver estaba ahí encharcado en su sangre humeante, sin que nadie lo hubiera tocado aún cuando yo penetré en el reducto, y nadie, nadie, absolutamente nadie, podía decir, apoyándose en el testimonio inequívoco de sus sentidos: el asesino es fulano.

Y sin embargo, todo el mundo tenía el presentimiento de que había sido el cabo Gómez y algunos lo afirmaban, sin atreverse a jurar que lo fuera.

¡Qué extraño y profético instinto el de las multitudes! Inmediatamente que pasé el parte, que se redujo a dar cuenta del hecho y a pedir permiso para levantar una sumaria, traté de averiguar lo acontecido.

Cuando vino la contestación correspondiente, yo estaba convencido ya de que el asesino era el cabo Gómez.

El hombre que viendo el extranjero amenazar su tierra marcha cantando a las fronteras de la Patria; que cruza ríos y montañas, que no lo detienen murallas, ni cañones, que todo lo sacrifica, tiempo, voluntad, afecciones, y hasta la misma vida, que si se le grita ¡arriba!, se levanta, ¡adelante!, marcha, ¡muere ahí!; ahí muere, en el momento quizá más dulce de la existencia, cuando acaba de

35

recibir tiernas cartas, de su madre y de su prometida que esperanzadas en la bondad inmensa de Dios, le hablan del pronto regreso al hogar, ¿ese hombre no merece que, en un instante solemne de la vida, se haga algo por él?

Eso hice yo. Y para que no me quedase la menor duda de que el asesino era el indicado, lo hice comparecer ante mí, e interrogándolo con esa autoridad paternal y despótica del jefe, me hice la ilusión de arrancarle sin dificultad el terrible secreto.

El cabo estaba aún bajo la influencia deletérea del alcohol; pero bastante fresco para contestar con precisión a todas mis preguntas.

–Gómez –le dije afectuosamente–, quiero salvarte, pero para conseguirlo necesito saber si eres tú el que ha muerto al hombre ese que estaba de visita en el rancho del alférez Guevara.

El cabo no respondió, clavándose sus ojos en los míos y haciendo un gesto de esos que dicen: Dejadme meditar y recordar.

Dile tiempo, y cuando me pareció que el recuerdo lo asaltaba, proseguí:

–Vamos, hijo, dime la verdad.

–Mi comandante –repuso con el aire y el tono de la más perfecta ingenuidad–, yo no he muerto ese hombre.

–Cabo –agregué, fingiendo enojo–, ¿por qué me engañas?, ¿a mí me mientes?

–No, mi comandante.

–Júralo, por Dios.

–Lo juro, mi comandante.

Esta escena pasaba lejos de todo testigo. La última contestación del cabo me dejó sin réplica y caí en meditación, apoyando mi nublada frente en la mano izquierda como pidiéndole una idea.

No se me ocurrió nada.

Le ordené al cabo que se retirara.

Hizo la venia, dio media vuelta y salió de mi presencia, sin haber cambiado el gesto que hizo cuando le dirigí mi primera pregunta.

A pocos pasos de allí lo esperaban dos custodias que lo volvieron a la guardia de prevención.

Yo llamé un ayudante y dicté una orden, para que el alférez don Juan Álvarez Río procediese sin dilación a levantar la sumaria debida.

Álvarez era el fiscal menos aparente para descubrir o probar lo acaecido; por eso me fijé en él. No porque fuera negado, al contrario, sino porque es uno de esos hombres de imaginación impresionable, inclinados a creer en todo lo que reviste caracteres extraordinarios o maravillosos.

A pesar del juramento del cabo yo tenía mis dudas, y estaba resuelto a salvarlo aunque resultasen vehementes indicios contra él de lo que Álvarez inquiriese.

Volví, pues, a tomar nuevas averiguaciones con el doble objeto de saber la verdad y de mistificar la imaginación de Álvarez, previniendo mañosamente el ánimo de algunos.

Por su parte, Álvarez se puso en el acto en juego, no habiéndoselas visto jamás más gordas.

Empezó por el reconocimiento médico del cadáver, registro, etc., y luego que se llenaron las primeras formalidades, vino a mí para hacerme saber que en los bolsillos del muerto se había hallado algún dinero, creo que doce libras esterlinas, y consultarme qué haría con ellas.

Díjele lo que debía hacer, y así como quien no quiere la cosa, agregué: –¿No le decía a usted que Gómez no podía ser el asesino?; se habría robado el dinero.

Esta vulgaridad surtió todo el efecto deseado, porque Álvarez me contestó: –Eso es lo que yo digo, aquí hay algo.

Más tarde, volvió a decirme que se había encontrado un cuchillo ensangrentado cerca del lugar del crimen; pero que habiendo muchos iguales no se podía saber si era el del cabo Gómez o no; que después lo sabría y me lo diría, porque era claro que si Gómez tenía el suyo, el asesino no podía ser él.

Aunque era cierto que la desaparición del cuchillo de Gómez podría probar algo, también podría no probar nada. Era, sin embargo, mejor que resultase que el cabo tenía el suyo.

Otro cabo, Irrazábal, hombre de toda mi confianza, que había sido mi asistente mucho tiempo, fue de quien me valí para saber si Gómez tenía o no su cuchillo.

Irrazábal estaba de guardia, de manera que no tardé en salir de mi curiosidad.

Gómez tenía su cuchillo, y en la cintura nada menos. Quedéme perplejo al saberlo.

Voy a pasar por alto una infinidad de detalles. Sería cosa de nunca acabar.

Álvarez siguió fiscalizando los hechos, enredándose más a medida que tomaba nuevas declaraciones; lo que sobre todo acabó de hacerle perder su latín, fue la declaración de Gómez, que negó rotundamente haber asesinado a nadie.

Unas cuantas manchas de sangre que tenía en la manga de la camisa, cerca del puño, dijo que debían ser de la carneada.

Efectivamente, esa mañana había estado en el matadero del ejército, con un pelotón de su compañía que salió de fajina.

Y para mayor confusión, resulta que se había dado un pequeño tajo en el pulgar de la mano izquierda, con el cuchillo de otro soldado.

No obstante, la conciencia del batallón –sin que nadie hubiese afirmado terminantemente cosa alguna contra Gómez– seguía siendo la conciencia del primer momento: Gómez es el asesino.

Al fin, acabó por haber dos partidos: uno de los oficiales y de los soldados más letrados; otro, de los menos avisados, que era el partido de la mayoría.

La minoría sostenía que Gómez no era el asesino del vivandero, y hasta llegó a susurrarse que éste y el alférez Guevara habían tenido una disputa muy acalorada, insinuando otros con malicia que Guevara le debía mucho dinero.

Álvarez estaba desesperado de tanta versión y opinión contradictoria, y sobre todo, lo que más le trabucaba era la opinión mía, favorable en todas las emergencias que sobrevenían a la causa de Gómez.

Los oficiales más diablos lo tenían aterrado, zumbándole al oído que sería severamente castigado si nada probaba, y con mucha más razón si sin pruebas ponía una vista contra Gómez.

El pobre alférez iba y venía en busca de mi inspiración y salía siempre cabizbajo con esta reflexión mía: –¡Cuántas veces no pagan justos por pecadores!

Como era natural, la sumaria no tardó en estar lista. En campaña, el término es limitadísimo para estos procedimientos.

Fue elevada, y sobre la marcha se ordenó que el cabo Gómez fuera juzgado en Consejo de Guerra ordinario. El auditor del ejército, joven español lleno de corazón y de talento, que sirvió como un bravo, que luchó como un hombre templado a la antigua, contra el cólera dos veces, contra la fiebre intermitente, contra todas las demás plagas del Paraguay, y que ha muerto en el olvido, que así suele pagar la patria la abnegación, era mi particular amigo; yo lo había colocado al lado del general Emilio Mitre cuando dejé de ser su secretario militar.

Por él supe lo que contenía la causa de Gómez, que Álvarez, a pesar de su notoria inhabilidad, algo había descubierto, que arrojaba sospechas de que Gómez era el verdadero autor del crimen.

Nombrado el consejo y prevenido yo por Mariño, procuré con el mayor empeño hacer atmósfera en pro de mi protegido, viendo a los vocales, conversándoles del suceso y diciéndoles qué clase de hombre era el acusado, sus servicios, su valor heroico y el amor que por esas razones le tenía.

Reunióse el consejo el día y hora indicado, y Gómez fue llevado ante él, con todas las formalidades y aparato militar, que son imponentes.

La opinión del batallón se había hecho mientras tanto unánime contra Gómez. Sólo había disputas sobre su suerte. Los unos creían que sería fusilado; los otros que no, que sería recargado, porque el general en jefe, en presencia de sus méritos y servicios, que yo haría constar, le conmutaría la pena, dado el caso que el consejo lo sentenciara a muerte.

Yo era el único que no tenía opinión fija.

Parecíame a veces que Gómez era el asesino, otras dudaba, y lo único que sabía positivamente era que no omitiría esfuerzo por salvarle la vida.

A fin de no perder tiempo, asistí como espectador al juicio, mas viendo que el ánimo de algunos era contrario a mi ahijado, me disgusté sobremanera y me volví a mi campo sumamente contrariado.

Se leyó la causa, y cuando llegó el momento de votar, el consejo se encontró atado. En conciencia, ninguno de los vocales se atrevía a fallar condenando o absolviendo.

Entonces, guiado el consejo por un sentimiento de rectitud y de justicia, hizo una cosa indebida.

Remitieron los autos y resolvieron esperar. Y volviendo éstos sin tardanza, el Consejo Ordinario se convirtió en Consejo de Guerra verbal, teniendo el acusado que contestar a una porción de preguntas sugestivas, cuyo resultado fue la condenación del cabo.

Los que presenciaron el interrogatorio, me dijeron que el valiente de Curupaití no desmintió un minuto siquiera su serenidad, que a todas las preguntas contestó con aplomo.

Antes de que el cabo estuviera de regreso del consejo, ya sabía yo cuál había sido su suerte en él.

Púseme en movimiento, pero fue en vano. Nada conseguí. El superior confirmó la sentencia del consejo, y al día siguiente en la Orden General del Ejército salió la orden terrible mandando que Gómez fuera pasado por las armas al frente de su batallón, con todas las formalidades de estilo.

No había que discutir ni que pensar en otra cosa, sino en los últimos momentos de aquel valiente infortunado. ¡La clemencia es caprichosa!

Los preparativos consistieron en ponerle en capilla y en hacer llamar al confesor.

Todos habían acusado a Gómez y todos sentían su muerte.

El cabo oyó leer su sentencia, sin pestañear, cayendo después en una especie de letargo. Yo me acerqué varias veces a la carpa en que se lo había confinado, hablé en voz alta con el centinela y no conseguí que levantara la cabeza.

El confesor llegó; era el padre Lima.

Gómez era cristiano y lo recibió con esa resignación consoladora que en la hora angustiosa de la muerte da valor.

El padre estuvo un largo rato con el reo, y dejándolo otro solo, como para que replegase su alma sobre sí misma, vino donde yo estaba, encantado de la grandeza de aquel humilde soldado.

Quise preguntarle si le había confesado algo del crimen que se le imputaba, y me detuve ante esa interrogación tremenda, por un movimiento propio y una admonición discreta del sacerdote, que sin duda conoció mi intención y me dijo: –Queda preparándose.

Yo pasé la noche en vela junto con el padre. Él por sus deberes, y yo por mi dolor, que era intenso, verdadero, imponderable; no podíamos dormir.

Quería y no quería hablar por última vez con el cabo. Me decidí a hacerlo.

¡Pobre Gómez! Cuando me vio entrar agachándome en la carpa, intentó incorporarse y saludarme militarmente. Era imposible por la estrechez.

–No te muevas, hijo –le dije.

Permaneció inmóvil.

–Mi comandante –murmuró.

Al oír aquel mi comandante, me pareció escuchar este reproche amargo:

–Usted me deja fusilar.

–He hecho todo lo posible por salvarte, hijo.

–Ya lo sé, mi comandante –repuso, y sus ojos se arrasaron en lágrimas, y los míos también, abrazándonos. Dominando mi emoción le pregunté:

–¿Cómo hiciste eso?

–Borracho, mi comandante.

–¿Y cómo me lo negaste el primer día?

–Usted me preguntó por un vivandero, y yo creía haber muerto al alférez Guevara.

–¿Esa fue tu intención?

–Sí, mi comandante; me había dado un bofetón el día del asalto de Curupaití, sin razón alguna.

–¿Y qué has confesado en el Consejo?

–Mi comandante, no lo sé. Yo he creído que el muerto era el alférez. Me han preguntado tantas cosas que me he perdido.

Salí de allí...

Hablé con el padre y le rogué le preguntara a Gómez qué quería.

Contestó que nada.

Le hice preguntar si no tenía nada que encargarme, que con mucho gusto lo haría.

Contestó, que cuando viniese el Comisario, le recogiese sus sueldos: que le pagase *un peso* que le debía al sargento primero de su compañía y que el resto se lo mandara a su hermana, que vivía en la Esquina, villorrio de Corrientes rayano de Entre Ríos.

Pasó la noche tristemente y con lentitud.

El día amaneció hermoso, el batallón sombrío.

Nadie hablaba. Todos se aprestaban en sepulcral silencio para las ocho.

Era la hora funesta y fatal.

La orden, que yo presidiera la ejecución.

No lo hice, porque no podía hacerlo. Estaba enfermo. Mi segundo salió con el batallón y mandó el cuadro. Yo me quedé en mi carreta. La caja batía marcha lúgubremente.

Yo me tapé los oídos con entrambas manos. No quería oír la fatídica detonación. Después me refirieron cómo murió Gómez.

Desfiló marcialmente por delante del batallón repitiendo el rezo del sacerdote.

Se arrodilló delante de la bandera, que no flameaba, sin duda, de tristeza.

Le leyeron la sentencia, y dirigiéndose con aire sombrío a sus camaradas, dijo con voz firme, cuyo eco repercutió con amargura:

–¡Compañeros: así paga la Patria a los que saben morir por ella!

Textuales palabras, oídas por infinitos testigos que no me desmentirán.

Quisieron vendarle los ojos y no quiso.

Se hincó... Un resplandor brilló... los fusiles que apuntaron... oyóse un solo estampido... Gómez había pasado al otro mundo.

El batallón volvió a sus cuadras y los demás piquetes del ejército a las suyas, impresionados con el terrible ejemplo, pero llorando todos al cabo Gómez.

A los pocos días yo tuve una aparición... Decididamente, hay vidas inmortales.

VIII

El palmar de Yataití. Sepulcro de un soldado. Su memoria. Sus últimos deseos cumplidos. El rancho del general Gelly y lo que allí pasó. Resurrección. Visión realizada. Fanatismo.

A inmediaciones de mi reducto estaba el palmar de Yataití, donde tantos y tan honrosos combates para las armas argentinas tuvieron lugar.

Allí fue enterrado el cabo Gómez, y sobre su sepulcro mandé colocar una tosca cruz de pino con esta inscripción:

"Manuel Gómez, cabo del 12 de línea".

Durante algunas horas, su memoria ocupó tristemente la imaginación de mis buenos soldados. Y, poco a poco, el olvido, el dulce olvido fue borrando las impresiones luctuosas de ese día. Al siguiente, si su nombre volvió a ser mentado, no fue ya a impulsos del dolor sufrido.

Así es la vida, y así es la humanidad. Todo pasa, felizmente, en una sucesión constante, pero interrumpida, de emociones tiernas o desagradables, profundas y superficiales.

Ni el amor, ni el odio, ni el dolor, ni la alegría absorben por completo la existencia de ningún mortal. Sólo Dios es imperecedero.

La muchedumbre olvidó luego, como ves, el trágico fin del cabo.

Yo me dispuse a cumplir sus últimas voluntades. Llamé al sargento primero de la compañía de granaderos, y con esa preocupación fanática que nos hace cumplir estrictamente los caprichos póstumos de los muertos queridos, le pagué *el peso* que le debía el cabo. Confieso que después de hacerlo, sentía un consuelo inefable.

¡Cuesta tanto a veces cumplir las pequeñeces!

Es por eso que el hombre debe ser observado y juzgado por sus obras chicas, no por sus obras grandes.

En el cumplimiento de las últimas, está interesado generalmente el honor y el crédito, el amor propio y el orgullo, el egoísmo y la ambición.

En el cumplimiento de las primeras no influye ninguno de esos poderosos resortes del alma humana, sino la conciencia.

Cancelada la deuda con el sargento, me quedaba por hacer la remisión prometida de los haberes devengados de Gómez a la Esquina.

Esperar al comisario era un sueño. ¿Cuándo vendría éste? Y si venía, ¿estaría yo vivo? ¿Me entregaría, sobre todo, los sueldos del cabo? ¿El Estado no es el heredero infalible de nuestros soldados muertos en el campo de batalla, por él mismo, o por la libertad de la Patria, o por su honor ultrajado?

¿No es ésa la consecuencia del odioso e imperfecto sistema administrativo militar que tenemos?

Gómez no era un soldado antiguo en mi batallón. Reservándome, pues, ver si recogía sus sueldos de Guardia Nacional, resolví mandarle a su hermana los seis u ocho que se le debían como soldado de línea.

Simbad, el corresponsal del *Standard,* a la sazón en el teatro de la guerra, era vecino de la Esquina y mi antiguo amigo.

Debo a él la iniciación en un mundo nuevo, la lectura del *Cosmos,* ese monumento imperecedero de la sapiencia del siglo XIX.

De *Simbad* iba a valerme para remitir a su destino la pequeña herencia.

Habrían pasado *cincuenta y dos* horas desde el instante en que el cabo Gómez, según dejo relatado, recibió en su pecho intrépido las balas de sus propios compañeros en cumplimiento de una orden y del más terrible de los deberes.

Yo había ido de mi reducto, según costumbre que tenía, al alojamiento del jefe de Estado Mayor.

Tenía éste dos puertas. Una que daba al naciente .y otra al poniente. La última estaba abierta. El general Gelly escribía con una pausa metódica, que le es peculiar, en una mesita, cuya colocación variaba según las horas y la puerta por donde entraba el sol. Esta vez se hallaba colocada cerca de la puerta abierta. Yo estaba sentado en una silla de baqueta paraguaya, dándole la espalda.

¿En qué pensaba?

Probablemente, Santiago amigo, en lo mismo que aquel tipo de comedia de San Luis, que te ponderaba un día las delicias de su estancia.

—Aquí me lo paso, te decía cierta hermosa tarde de primavera desde el corredor, que dominaba una vasta campiña, *pensando... pensando...*

Y tú, interrumpiéndolo, con tu sorna característica: –*En qué... en qué...*

Y el pobre hombre contestaba: –*En nada... en nada...*

El general era distraído de su escritura a cada paso, por oficiales que se presentaban con distintas solicitudes, dirigiéndole la palabra desde el dintel de la puerta.

Yo seguía *pensando...*

En el instante en que mi pensamiento se perdía, qué sé yo en qué nebulosa, un eco del otro mundo, con tonada correntina, resonó en mis oídos.

–Aquí te vengo a ver, V. E., para que...

Mi sangre se heló, mi respiración se interrumpió... quise dar vuelta, ¡imposible!

–Estoy ocupado –murmuró el general, y el ruido del rasguear de su pluma que no se interrumpió, produjo en mi cabeza un efecto nervioso semejante al que produce el rechinar estridoroso de los dientes de un moribundo.

–Hacéme, ché, V. E., el favor...

–Estoy ocupado –repitió el general.

Yo sentí algo como cuando en sueños se nos figura que una fuerza invisible nos eleva de los cabellos hasta las alturas en que se ciernen las águilas.

Debía estar pálido, como la cera más blanca.

El general Gelly fijó casualmente su mirada en mí, y al ver la emoción misteriosa de que era presa, preguntóme con inquietud:

–¿Qué tiene usted?

No contesté... Pero oí... El vértigo iba pasando ya.

El general estaba confuso. Yo debía parecer muerto y no enfermo.

–¡Mansilla! –dijo.

–General –repuse, y haciendo un esfuerzo supremo, di vuelta la cabeza y miré a la puerta.

Si hubiese sido mujer, habría lanzado un grito y me hubiera desmayado.

Mis labios callaron, pero como suspendido por un resorte y a la manera de esos maniquíes mortuorios que se levantan en las tablas de la escena teatral, fuime levantando poco a poco de la silla y como queriendo retroceder.

–Ché, V. E., hacé vos el favor –volvió a oírse.

El general Gelly se puso de pie, y dirigiéndose a la voz que venía de la puerta, contestó:

–¿Qué quieres?

Yo sentí un sudor frío por mi frente, y llevando mi mano a ella y como queriendo condensar todas mis ideas y recuerdos o hacerlos converger a un solo foco, miré al general y exclamé con pavor:

–¡El cabo Gómez!

Efectivamente, el cabo Gómez estaba ahí, en la puerta del rancho del general, con el mismo rostro que tenía la, noche que lo vi por última vez.

Sólo su traje había variado. No revestía ya el uniforme militar, sino un traje talar negro.

Mis ojos estuvieron fijos en él un instante, que me pareció una eternidad. El general Gelly volvió a repetir:

–Vamos, ¿qué quieres? –Y dirigiéndose a mí: –¿Está usted enfermo?

La aparición contestó:

–Quiero que me dejes velar la crucecita de mi hermano.

–¿La crucecita de tu hermano? –repuso el general, con aire de no entender bien.

–Sí, pues, Manuel Gómez, que ya murió...

Y esto diciendo, echó a llorar, enjugando sus lágrimas con la punta del pañuelo negro que cubría sus hombros. Mientras se cambiaron esas palabras, yo volví en mí. –¿Y dónde está la crucecita de tu hermano? –dijo el general.

–En el cementerio de la Legión Paraguaya. Entonces, tomando yo la palabra, como aquella desdichada mujer no podía dejar de interesarme, le dije: – No, estás equivocada, la cruz de Gómez no está ahí. –Yo sé –murmuró.

Queriendo convencerla, le dije:

–Yo soy el jefe del 12 de línea, que era el cuerpo de tu hermano.

–Yo sé –murmuró, retrocediendo con marcada impresión de espanto.

–Yo tengo los sueldos de tu hermano para ti, ven a mi batallón, que está en el reducto de la derecha, y te los daré y te haré enseñar dónde está su cruz.

–Yo sé –murmuró.

Un largo diálogo se siguió. Yo, pugnando porque la mujer fuera a mi reducto para darle los sueldos de su hermano e indicarle el sitio de su sepultura, y ella aferrada en que no, contestando sólo: Yo sé.

El general Gelly, picado por la curiosidad de aquel carácter tan tenaz, al parecer, le hizo varias preguntas:

–¿De dónde vienes?

–De la Esquina.

–¿Cuándo saliste de allí?

–Antes de ayer.

–¿Dónde supiste la muerte de tu hermano?

–En ninguna parte.

–¡Cómo en ninguna parte!

–En ninguna parte, pues.

–¿Te la han dado en Itapirú, o aquí en el campamento?

–En ninguna parte.

–¿Y entonces, cómo la has sabido?

La hermana de Gómez refirió entonces, con sencillez, que en sueños había visto a su hermano que lo llevaban a fusilar; que como sus sueños siempre le salían ciertos, había creído en la muerte de aquél, y que tomando el primer vapor que pasó por la Esquina, se había venido a velar su crucecita, que estaba en el cementerio de los paraguayos, idea que era fija en ella.

A las interpelaciones del general Gelly siguieron las mías.

El sueño de la hermana de Gómez había tenido lugar, precisamente en el momento en que éste estaba en capilla, recibiendo los auxilios espirituales.

Un hilo invisible y magnético une la existencia de los seres amantes que viven confundidos por los vínculos tiernísimos del corazón.

Y como ha dicho un gran poeta inglés: Hay más cosas en el cielo y en la tierra de las que ha soñado la filosofía.

Empeñéme con la mujer cuanto pude, a fin de que fuera a mi reducto, intentando seducirla con el halago de los sueldos de su hermano.

¡Fue en vano!

El general la despidió, diciéndole que podía velar la crucecita de su hermano.

Y después de cambiar algunas palabras conmigo sobre aquel extraño sueño realizado, filosofando sobre la vida y la muerte, a mis solas me volví a mi campo.

Mandé llamar a Garmendia en el acto, y le relaté todo lo sucedido.

Despachamos en seguida emisarios en busca de la hermana de Gómez.

Halláronla, pero fue inútil luchar contra su inquebrantable resolución de no verme, y menos convencerla de que la crucecita de su hermano no estaba en el cementerio que ella decía.

Esa noche hubo un velorio al que asistieron muchos soldados y mujeres de mi batallón prevenidos por mí. Por ellos supe que la hermana de Gómez, siendo yo el jefe del 12, me achacaba a mí su muerte, y, asimismo, que en la Esquina tenía algunos medios de vivir, confirmando todos, por supuesto, que la noticia del fusilamiento se la dio Dios en sueños.

Al día siguiente del velorio la mujer desapareció del ejército, sin que nadie pudiera darme de ella razón.

El único mérito que tiene este cuento de fogón, que aquí concluye, es ser cierto.

No todas las historias pueden reivindicar ese crédito. ¿Si será verdad que el público no se ha dormido leyéndolo?

A los del fogón les pasaron distintas cosas.

Cuando yo terminé, unos roncaban, otros (la mayor parte) dormían.

Se oían sonar los cencerros de las tropillas; la luna despedía ya alguna claridad.

–¡A caballo, cordobeses! –grité–, ¡se acabaron los cuentos!

Y todo el mundo se puso en movimiento, y un cuarto de hora después rumbeábamos en dirección a un oasis denominado Monte de la Vieja.

¡Buenas noches!, por no decir buenos días, o salud, lector paciente.

IX

La Alegre. En qué rumbo salimos. ¿Los viajes son un placer? Por qué se viaja. Monte de la Vieja. El alpataco. El Zorro Colgado. Pollo-helo. Us-helo. Qué es aplastarse un caballo. Coli-Mula. La trasnochada. Precauciones.

La Alegre es una laguna de agua dulce, permanente, cuyo nombre le cuadra muy bien, como que está situada en un accidente del terreno de cierta elevación, circunvalada de médanos y arbustos, que suministran una excelente leña, y de abundante pasto.

Las cabalgaduras se dieron allí una buena panzada, que no se les indigestó. ¡Ojalá que a ti y al lector les sucediera lo mismo con el cuento del cabo Gómez! Si sucediese lo contrario, me vería en el caso de suprimir otros que deben venir a su tiempo.

Nos pusimos en marcha.

El rumbo, sur recto, o *reuto,* como dicen los paisanos. El camino, o mejor dicho, la rastrillada, cruzaba por un campo lleno de chañaritos espinosos. La luna estaba en su descenso, el cielo nublado, la noche oscura, de modo que no pudiendo ver con facilidad los objetos, a cada paso rehuía el caballo la senda por no espinarse, espinándose el jinete y evitando el culebreo del animal que nos durmiéramos profundamente.

Todos los que viajan ponderan alguna maravilla, la que más ha llamado su atención, o tienen alguna anécdota favorita, algo que contar, en suma, aunque más no sea que han estado en París, barniz que no a todos se les conoce.

¿Dirás que no es cierto?

En lo que suelen estar divididas las opiniones de los *tourist,* y desde luego las opiniones de los que no han viajado, que es más fácil coincidir en pareceres cuando se conocen prácticamente las cosas, es sobre el capítulo: placer de los viajes.

Ni todos viajan del mismo modo, ni por las mismas razones, ni con el mismo resultado.

Se viaja por gastar el dinero, adquirir un porte y un aire *chic,* comer y beber bien.

Se viaja por lucir la mujer propia, y a veces la ajena.

Se viaja por instruirse.

Se viaja por hacerse notable.

Se viaja por economía.

Se viaja por huir de los acreedores.

Se viaja por olvidar.

Se viaja por no saber qué hacer.

Vamos, sería inacabable el enumerar todos los motivos *por qué* se viaja; como sería inacabable decir *para qué* se viaja.

No olvidemos que estas dos proposiciones, aunque son muy parecidas, gramaticalmente no significan lo mismo. Ambas significan causa o fin: pero *para* responde más que *por* a la idea de afecto.

Por ejemplo:

¿No es común ir a Europa *por* instruirse *para* olvidar lo poco que se ha aprendido en la tierra?

¿No suele suceder hacer un viaje *por* curarse *para* morir en el camino?

Ir *por* lana *para* salir trasquilado.

Madame de Stael dice que viajar es, digan lo que quieran, un placer tristísimo.

Sea de esto lo que fuere, yo digo que viajando por los campos, en noche clara u oscura, es un placer dormir.

Por mi parte, al tranco, al trote o al galope, yo duermo perfectamente. Y no sólo duermo sino que sueño. ¡Cuántas veces un amigo que tengo en Córdoba, Eloy Avila, no sorprendió mis sueños, y yendo a la par mía, no me alzó el rebenque!

Sea de esto lo que fuere, el hecho es que el camino de la Laguna Alegre al Monte de la Vieja, no permitiendo dormir a gusto por el inconveniente de los arbustos, me pareció poco divertido.

Por fortuna, el terreno era mejor que el de la primera etapa. El guadal no nos amenazaba a cada paso, las mulas cargueras no caían y levantaban acá y acullá como antes de llegar a la Alegre.

Serían las tres y media de la mañana cuando llegamos al Monte de la Vieja. Amanecía muy tarde, así fue que resolví pasar allí otro rato.

¡Desensillar y a la leña!, fue el grito de orden.

El fogón volvió a arder con una rapidez maravillosa. Uno de los talentos del gaucho argentino consiste en la prontitud con que halla leña y en la asombrosa facilidad con que hace fuego.

Ellos hallan leña donde ningún otro la ve, y hacen fuego en el agua.

Y a propósito de leña que no se ve, ¿conoces, Santiago, lo que es el algarrobo *alpataco*?

Es un arbustito, muy pequeño, cuyo desarrollo se hace subterráneamente, echando raíces gruesísimas, que aunque estén verdes, tienen tanta resina que arden como sebo.

Tú conoces el chañar. Pues así es el *alpataco*.

En los campos al sur del río Cuarto, particularmente en los de Sampacho, y en algunos al sur del río Quinto, abunda este arbustito, que más bien parece un algarrobo común naciente.

El ojo necesita estar ejercitado para distinguir el uno del otro.

¡Se puso un asado!

Mientras se hacía, habiendo calentado agua en un verbo, se cebaba mate y se daban sendas cabeceadas.

En este fogón no hubo cuentos. Hubo hambre y sueño y algunas órdenes para en cuanto amaneciera.

Comimos, dormimos, y cuando... iba a decir gorjeaban las avecillas del monte...

¡Pero qué, si en la pampa no hay avecillas! –por casualidad se ven pájaros, tal cual carancho. Las aves, excepto las acuáticas, buscan la inmediación de los poblados.

Y luego, el Monte de la Vieja no es más que un pequeño grupo de árboles, no muy viejos, bajo cuyo destruido ramaje apenas pueden guarecerse unas cuantas personas.

La luz crepuscular venía anunciando el día en el momento en que, cumpliendo mis órdenes, se pusieron en juego todos los asistentes al llamado de Camilo Arias, un hombre de toda mi confianza, alférez de Guardia Nacional del Río Cuarto, cuya pintura no faltará ocasión de hacer.

Era completamente de día cuando dejábamos el Monte de la Vieja, dirigiéndonos a otro paraje, donde debía haber leña y agua sobre todo.

El rumbo era sur arriba, o sur con algunos grados de inclinación al oeste.

La noche había estado templada, así fue que la mañana no presentó ninguno de esos fenómenos meteorológicos que suele ofrecer la pampa, cuando después de un rocío abundante o de una fuerte helada sale el sol caliente. Marchábamos.

El terreno presenta pocos accidentes; cañadas y cañadones, que se van encadenando, montecitos de pequeños arbustos quemados aquí, creciendo o retoñando allí; salitrales que engañan a la distancia, con su superficie plateada como la del agua.

El objetivo a que me dirigía era el Zorro Colgado.

Por qué se llamaba así este lugar es echarse a nadar buscando un objeto perdido. Probablemente el primer cristiano que llegó allí halló un zorro colgado por los indios en algún árbol.

Seis leguas representan, no andando con apuro, dos horas y media de camino; contemplando las cabalgaduras, como es debido en las correrías lejanas, un poco más.

Cuando llegamos al Zorro Colgado serían las diez de la mañana.

El campo recorrido es muy solo. No tiene bichos o *aves,* como le llaman los paisanos a los venados, peludos, mulitas, guanacos, etc.

El zorro colgado no estaba, por supuesto.

Aquel punto es un grupito de árboles, chañares viejos, más altos que corpulentos. Tiene una aguadita que se seca cuando el año no es lluvioso.

48

Allí paramos un rato, lo bastante para que las bestias de carga que se habían quedado atrás llegaran, y después de haber bebido bien seguimos caminando en el mismo rumbo, hasta llegar a *Pollo-helo,* que quiere decir, en lengua ranquelina, Laguna del Pollo, y cuya pronunciación debe hacerse nasal o gangosamente, verbigracia, como si la palabra estuviese escrita así y debieran sonar todas las letras: *Pollonguelo.*

Aquí variamos de rumbo un poco buscando el sur recto, y así seguimos como legua y media por un campo muy guadaloso y pesado, en el que caímos y levantamos varias veces, lo mismo que las mulas de carga, hasta llegar a *Us-helo,* donde hay otro grupo de árboles, una aguada semejante a la anterior y una lagunita de agua salobre, pero potable no habiendo seca.

Las cabalgaduras se habían *aplastado* algo con la legua y media de guadal.

Aplastarse es un término del país, que vale más que fatigarse y menos que cansarse, cuando se quiere expresar el estado de un caballo.

Hicimos alto, se hizo fuego, se hizo cama para una siesta, se descansó, se tomó mate, se durmió, y a las cansadas llegaron las mulas de carga, que habiendo caído en una cañada mojaron las petacas de los padres franciscanos.

Serían las tres cuando nos movimos de aquí en dirección a *Coli-Mula,* que de la etapa anterior queda en rumbo sur.

Este trayecto es más variado que los demás; el terreno se quiebra acá y allá en grandes bajíos salitrosos y en grupos considerables de arbustos crecidos.

En un inmenso pajonal sembrado de grandes árboles diseminados, pillamos un caballo que hacía pocos días andaba por allí, pues no estaba alzado aún.

Cuando llegamos a *Coli-Mula,* que quiere decir mula colorada, habíamos andado tres leguas.

No sé por qué se llama así ese paraje. No hay árboles. Es una linda lagunita circular, de agua excelente y abundante que dura mucho.

Resolví descansar allí hasta las nueve de la noche, y adelantar dos hombres.

El cielo comenzaba a fruncir el ceño, una barra negra se dibujaba en el horizonte hacia el lado del poniente, el sol brillaba poco.

Íbamos a tener viento o agua.

Llamé al cabo Guzmán, magnífico tipo criollo, y al indio Angelito, escribí algunas cartas, les di mis instrucciones y los despaché, después de asegurarme de que habían entendido bien.

Llevaban encargo especial de llegar a las tolderías del cacique Ramón, que son las primeras, y de decirle que pasaría de largo por ellas, no sabiendo si al cacique Mariano le parecería bien que visitase primero a uno de sus subalternos, y que al regreso lo haría.

Partieron los chasquis.

Mientras yo tomaba las antedichas disposiciones, otros se ocupaban en hacer un buen fogón, preparándonos para la trasnochada.

Los chasquis no se habían perdido de vista aún, cuando frescas y recias ráfagas de viento comenzaron a augurar la inevitable proximidad de la tormenta. El cielo se puso negro.

La experiencia nos dijo que debíamos renunciar al fogón y al asado y prepararnos para una noche toledana por no decir pampeana.

El viento arreció, gruesas gotas de agua comenzaron a caer, la noche avanzaba, o mejor dicho, se anticipaba con rapidez.

Pronto estuvimos envueltos en una completa oscuridad. Llovía a cántaros, silbaba el viento, eléctricos fulgores resplandecían en el cielo a distancias inconmensurables, haciendo llegar hasta nuestros oídos el ruido sordo del rayo.

Las tropillas se habían agrupado, daban las ancas al viento y permanecían inmóviles.

Cada cual se había acurrucado lo mejor posible, y con maña procuraba mojarse lo menos posible. No teníamos siquiera dónde hacer espalda, ni era posible conversar, porque el ruido de la lluvia, que caía a torrentes, ahogaba las palabras que salían de abajo de los ponchos o capotes con que estábamos cubiertos hasta la cabeza.

Durante dos horas llovió sin cesar, cayendo el agua a plomo.

Cuando las intermitencias del aguacero lo permitían, yo cambiaba algunas palabras con Camilo Arias, que estaba casi pegado a mi lado.

En una de esas pláticas diluvianas, le dije así:

–Puede ser que los indios me maten, es difícil; pero no lo es que quieran retenerme, con la ilusión de un gran rescate. En este caso es preciso que el general Arredondo lo sepa sin demora. Prevén a los muchachos –eran éstos cinco hombres especiales–, mis baquianos de confianza.

Será señal de que *ando mal,* que no tenga en el cuello este pañuelo.

Era un pañuelo de seda de la India colorado, que siempre uso en el campo debajo del sombrero por el sol y la tierra.

Puede, sin embargo, suceder que tenga que regalar el pañuelo. En este caso la señal será que me vean con la *pera trenzada.*

No comuniques esto más que a los *muchachos.* Y cuando lleguemos a las tolderías no te acerques a hablar conmigo jamás. Sírvete de un intermediario.

Camilo es como un árabe, habla poco; sabe que la palabra es plata y el silencio oro; contestó sólo: –Está bien, señor.

Y yo me quedé seguro de que me había entendido, y rumiando: algún mosquetero llegará a Londres y hablará con Buckingham.

Ya verás después qué caso extraordinario sucedió con mi pera. (Te prevengo que estoy hablando de la barba).

Y como sigue lloviendo y estoy mojado hasta la camisa, me despido hasta mañana.

X

*No es posible seguir la marcha. Civilización y barbarie. En qué consiste
la primera. Reflexiones sobre este tópico. En marcha. Manera de cambiar
de perspectiva sin salir de un mismo lugar. Asombroso adelanto de estas
tierras. Ralicó. Tremencó. Médano del Cuero. El Cuero. Sus campos.*

El hombre propone y Dios dispone.

Fue imposible seguir la marcha a las nueve.

La lluvia cesó a las cuatro horas; pero el cielo quedó encapotado, amenazando volver a desplomarse, el aquilón continuó rugiendo y los relámpagos serpenteando en el cielo por los espacios sin fin.

Pensé en que la gente masticara. –¡Arriba!, grité, ¡vamos, pronto, hagan un buen fuego, pongan un asado y una pava de agua!

Los asistentes salieron de sus guaridas y un momento después chisporroteaba el verde y resinoso chañar.

El asado se hacía, el agua hervía, unos cuantos rodeaban el fuego, calentándose, secándose sus trapitos, mirando al cielo y haciendo cálculos sobre si volvería a llover o no.

El fogón estaba hecho y en regla, porque de su centro se elevaban grandes y relumbrosas llamaradas.

Era imposible resistirle. Más fácil habría sido que una mujer pasara por delante de un espejo sin darse la inefable satisfacción platónica de mirarse.

Abandoné la postura en que me había colocado y permanecido tanto rato, y me acerqué a él.

Me dieron un mate.

Los buenos franciscanos intentaban dormir, rendidos por la fatiga del día y de la noche anterior –que quien no está hecho a bragas, las costuras le hacen llagas.

Haciendo uso de la familiaridad y confianza que con ellos tenía, los obligué a levantarse y a que ocuparan un puesto en la rueda del fogón.

Apuramos el asado, desparramamos brasas, lo extendimos y no tardó en estar.

Mientras estuvo, nos secamos.

Comimos bien, hicimos camas con alguna dificultad; porque todo estaba anegado y las *pilchas* muy mojadas, y nos acostamos a dormir.

Dormimos perfectamente. ¡Qué bien se duerme en cualquier parte cuando el cuerpo está fatigado!

Si los que esa noche se revolvían en elástico y mullido lecho agitados por el insomnio, nos hubieran oído roncar en los albardones de Coli-Mula, ¡qué envidia no les hubiéramos dado!

Es indudable que la civilización tiene sus ventajas sobre la barbarie; pero no tantas como aseguran los que se dicen civilizados.

La civilización consiste, si yo me hago una idea exacta de ella, en varias cosas. En usar cuellos de papel, que son los más económicos, botas de charol y guantes de cabritilla. En que haya muchos médicos y muchos enfermos, muchos abogados y muchos pleitos, muchos soldados y muchas guerras, muchos ricos y muchos pobres. En que se impriman muchos periódicos y circulen muchas mentiras. En que se edifiquen muchas casas, con muchas piezas y muy pocas comodidades. En que funcione un gobierno compuesto de muchas personas como presidente, ministros, congresales, y en que se gobierne lo menos posible. En que haya muchísimos hoteles y todos muy malos y todos muy caros.

Verbigracia, como uno en que yo paré la última noche que dormí en el Rosario, que intenté dormir, para ser más verídico.

Son precisamente las camas de ese hotel, las que me han sugerido estas reflexiones tan vulgares.

¡Ah! en aquellas camas había de cuanto Dios creó, el quinto día, que si mal no recuerdo, fueron: "los animales domésticos, según su especie y los reptiles de la tierra, según su especie".

Todo lo cual, según afirma el Génesis, el Supremo Hacedor vio que *era bueno,* aunque es cosa que no me entra a mí en la cabeza, que los animales domésticos del referido hotel del Rosario hayan jamás sido cosa buena; y menos la noche en que yo estuve en él, en que juraría, a fe de cristiano, que me parecieron algo más que cosa mala, cosa malísima, tan insoportable que me creo en la obligación de preguntar:

¿No tiene la civilización el deber de hacer que se supriman esas cosas, que pudieron ser buenas al principio del mundo, pero que pueden ser puestas en duda en un siglo en el que tenemos cosas tan buenas como las de *Orión?*[5]

¿Qué hacen los gobiernos, entonces?

¿No nos dice la civilización todos los días en grandes letras que el gobierno es para el pueblo?

¿Que en lugar de invertir los dineros públicos en torpes guerras debe aplicarlos a mejorar la condición del pueblo?

¿No hay inspectores de puentes y caminos, inspectores de aduanas, inspectores de fronteras, inspectores de escuelas, inspectores de todo, y así va ello?

¿Pues, y por qué no ha de haber inspectores de hoteles?

¿Acaso no se relacionan estos establecimientos muy íntimamente con la salud pública?

¿No se albergan en ellos el cólera, la fiebre amarilla y tantas otras *cosas* que Dios creó el quinto día, y que en su atraso inocente y primitivo, creyó que eran buenas y que así las legó en herencia a la desagradecida humanidad?

¿Se cree que faltarían inspectores de hoteles? Provéase el cargo por oposición, previo examen de conocimientos, aptitudes, moralidad, estado fisiológico de los candidatos y se verá, sin tardanza, que sobra patriotismo en el país.

No digo pagando bien el empleo, que es el modo más eficaz de salvar la moral administrativa, y el medio más seguro, sobre todo, de que abunden impetrantes.

Cualquier remuneración que se ofreciese bastaría. Hay en el país, felizmente, el convencimiento de que todos deben tributarle a la patria abnegación, tiempo, sangre, alma y vida.

Esta gran conquista es debida a la educación oficial dada por los buenos gobiernos que hemos tenido a la Guardia Nacional.

Ella ha hecho todo: guerras interiores, guerras de frontera, guerras exteriores.

Decididamente la civilización es, de todas las invenciones modernas, una de las más útiles al bienestar y a los progresos del hombre.

Empero, mientras los gobiernos no pongan remedio a ciertos males, yo continuaré creyendo en nombre de mi escasa experiencia, que mejor se duerme en la calle o en la pampa que en algunos hoteles.

Sonaban los cencerros de las tropillas; cada cual se preparaba para subir a caballo, habiendo olvidado sus penas alrededor del fogón:

Y en el oriente nubloso
La luz apenas rayando,
Iba el campo tapizando
Del claro oscuro verdor.[6]

Galopábamos, aprovechando la fresca de la mañana, y a la derecha con lontananza se veían ya los primeros montes de Tierra Adentro.

Me proponía llegar al Cuero temprano.

Apenas salimos del Coli-Mula comprendí que no lo conseguiría.

El campo estaba cubierto de agua, y quebrándose en altos médanos, en cañadas profundas y guadalosas, nos obligaba a marchar despacio.

Los caballos hubieran soportado bien una marcha acelerada; las mulas no.

Y, sin embargo, por muy despacio que anduve se quedaron atrás, porque a cada rato se caían con las cargas y había que perder tiempo en enderezarlas.

Más allá de un lugar en el que hay agua y leña, y cuyo nombre es Ralicó, el terreno se dobla sensiblemente formando varios médanos elevados, y es de allí de donde se divisan ya los montes del Cuero.

Los campos comienzan a cambiar de fisonomía y la vista no se cansa tanto espaciándose por la sabana inmensa del desierto solitario, triste, imponente, pero monótona como el mar en calma.

Sin contrastes, hay existencia, no hay vida.

Vivir es sufrir y gozar, aborrecer y amar, creer y dudar, cambiar de perspectiva física y moral.

Esta necesidad es tan grande, que cuando yo estaba en el Paraguay, Santiago amigo, voy a decirte lo que solía hacer, cansado de contemplar desde mi reducto de Tuyutí todos los días la misma cosa: las mismas trincheras paraguayas, los mismos bosques, los mismos esteros, los mismos centinelas: ¿sabes lo que hacía?

Me subía al merlón de la batería, daba la espalda al enemigo, me abría de piernas, formaba una cuerda con el cuerpo y mirando al frente por entre aquéllas, me quedaba un instante contemplando los objetos al revés.

Es un efecto curioso para la visual, y un recurso al que te aconsejo recurras cuando te fastidies, o te canses de la igualdad de la vida, en esa vieja Europa que se cree joven, que se cree adelantada y vive en la ignorancia, siendo prueba incontestable de ello, como diría Teófilo Gautier, que todavía no ha podido inventar un nuevo gas para reemplazar el sol.

La América, o mejor dicho, los *americanos* (del Norte), la van a dejar atrás si se descuida.

Por lo pronto, nosotros vamos resolviendo los problemas sociales más difíciles degollándonos– y las teorías y las cifras de Malthus sobre el crecimiento de la población no nos alarman un minuto.

Tenemos grandes empíricos de la política, que todos los días nos prueban que el dolor puede ser no sólo un anestésico, sino un remedio; que las tiranías y la guerra civil son necesarias, porque su consecuencia inevitable, fatal, es la libertad.

Esto te lo demuestran en cuatro palabras y con espantosa claridad, al extremo que nuestra juventud tiene ya sus axiomas políticos de los que no apea, creyendo en ellos a pie juntillas, y demostrándolos prematuramente a su vez por A. B.

Te asombrarías, si volvieses a estas tierras lejanas y vieras lo que hemos adelantado.

Buscarías inútilmente el molino de viento; el pino de la quinta de Guido se ha escapado por milagro. La civilización y la libertad han arrasado todo.

El Paraguay no existe. La última estadística después de la guerra arroja la cifra de ciento cuarenta mil mujeres y catorce mil hombres.

Esta grande obra la hemos realizado con el Brasil. Entre los dos lo hemos mandado a López a la *difuntería*.

¿No te parece que no es tan poco hacer en tan poco tiempo?

Ahora la hemos emprendido con Entre Ríos, donde López Jordán se encargó de despacharlo a Urquiza.

Todos, todos han sentido su muerte muchísimo.

De esta guerrita, en la que nos ha metido la fatalidad histórica, nos consolamos, pensando en que se acabará pronto, y en que como el Entre Ríos estaba muy rico, le hacía falta conocer la pobreza.

La letra con sangre entra.

Es el principio del dolor fecundo.

Te hablo y te cuento estas cosas porque vienen a pelo. Y no tan a humo de paja, pues más adelante verás que ellas se relacionan bastante, más de lo que parece, con los indios.

¿No hay quien sostiene que es mejor exterminarlos, en vez de cristianizarlos y utilizar sus brazos para la industria, el trabajo y la defensa común, ya que tanto se grita que estamos amenazados por el exceso de inmigración espontánea?

Sigamos caminando...

Pasando los médanos de Ralicó, se llega a la aguada de Tremencó. Son dos lagunas, una de agua dulce, la otra de agua salada. Ambas suelen secarse.

De Tremencó se pasa al Médano del Cuero. De allí al Cuero mismo hay dos leguas.

Esta laguna tendrá unos cien metros de diámetro. Su agua es excelente, y durante las mayores secas allí pueden abrevar su sed muchísimos animales, sin más trabajo que cavar las vertientes del lado del sur.

En la Laguna del Cuero ha vivido mucho tiempo el famoso indio Blanco, azote de las fronteras de Córdoba y San Luis, terror de los caminantes, de los arrieros y troperos.

Ya te contaré cómo lo eché yo del Cuero con unos cuantos gauchos, sin cuya circunstancia me habría encontrado con él en sus antiguos dominios.

Este episodio tiene su interés social, y les hará conocer a muchos que no salen de los barrios cultos de Buenos Aires, lo que es nuestra Patria amada, en la que hay de todo y para todo; un negro que mate una familia entera por venganza y por amor, y un blanco que mate un gobernador también por amor a la libertad, después de haber sostenido con su brazo viril la tiranía.

Mientras tanto, te diré que los campos entre el río Quinto y el Cuero son diferentes. Ricos pastos, abundantes y variados; gramilla, porotillo, trébol, cuanto se quiera. Agua inagotable, leña, montes inmensos.

Un estanciero entendido y laborioso allí haría fortuna en pocos años.

Pero del Cuero a río Quinto hay treinta leguas.

Que le pongan cascabel al gato. De allí a los primeros toldos permanentes, hay otras treinta leguas, y los indios andan siempre boleando por el Cuero.

Estoy esperando las mulas que se han quedado atrás, y reflexionando en la costa de la laguna si el gran ferrocarril proyectado entre Buenos Aires y la Cordillera[7] no sería mejor traerlo por aquí.

No vayas a creer que los indios ignoran este pensamiento.

También ellos reciben y leen *La Tribuna*. ¿Te ríes, Santiago?

Tiempo al tiempo.

XI

¿Quién había andado por Ralicó? Los rastreadores. Talento de uno del 12 de línea. Se descubre quién había andado por Ralicó. Cuántos caminos salen del Cuero. El general Emilio Mitre no pudo llegar allí. Su error estratégico.

Debo a la fidelidad del relato consignar un detalle antes de proseguir.

En Ralicó hallamos un rastro casi fresco. ¿Quién podía haber andado por allí a esas horas, con seis caballos, arreando cuatro, montando dos?

Solamente el cabo Guzmán y el indio Angelito, los chasquis, que yo adelanté acto continuo de llegar a Coli-Mula.

Los soldados no tardaron en tener la seguridad de ello.

Fijando en las pisadas un instante su ojo experto, cuya penetración raya a veces en lo maravilloso, empezaron a decir con la mayor naturalidad, como nosotros cuando yendo con otros reconocemos en la distancia ciertos amigos: ché, ahí va el gateado, ahí va el zarco, ahí va el oscuro chapino.

Los rastreadores más eximios son los sanjuaninos y los riojanos.

En el batallón 12 de línea hay uno de estos últimos, que fue rastreador del general Arredondo durante la guerra del Chacho, tan hábil, que no sólo reconoce por la pisada si el animal que la ha dejado es gordo o flaco, sino si es tuerto o no.

Era indudable que la tormenta había impedido que los chasquis continuaran su camino, que habían dormido en Ralicó, y que sólo me llevaban un par de horas de ventaja.

Si no se apuraban, o si por apurarse demasiado fatigaban los caballos, íbamos a llegar a las tolderías del Rincón, que así se llaman las primeras, casi al mismo tiempo.

A cada criatura le ha dado Dios su instinto, su pensamiento, su acento, su alma, su carácter, por fin. Confieso que este incidente me contrarió sobremanera.

O les daba tiempo a los chasquis para que su comisión surtiera efecto, deteniéndome un día en el camino, o seguía mi viaje sin curarme de ellos, corriendo el riesgo de llegar primero.

Es de advertir que del Cuero salen dos caminos.

Uno va por Lonco-*uaca* –*lonco* quiere decir cabeza y *uaca* vaca–, y otro por Bayo-manco, que al ocuparme de la lengua ranquelina se verá lo que quiere decir.

Estos dos caminos se reúnen en Utatriquin, y de allí la rastrillada sigue sin bifurcarse hasta la Laguna Verde. El camino de Lonco-uaca da una pequeña vuelta. Pero tiene sobre el de Bayo-manco la ventaja de que en él no falta jamás agua, mientras que en el otro no se halla sino cuando el año no está de seca.

Por cuál de los dos caminos habían tomado los chasquis, ésa era la cuestión. Los bañados del Cuero no permitirían saberlo; los hallaríamos anegados.

Disimulando mi contrariedad y pensando en lo que haría si mis conjeturas se realizaban, es decir, si no podíamos tomarles el rastro a los heraldos, llegué al Cuero.

Allí nos quedamos ayer esperando las mulas, Santiago amigo.

Te cumpliré, pues, cuanto antes mi oferta, para poder seguir viaje y llegar hoy siquiera a Laquinhan, que es donde me propongo dormir.

Estamos a orillas del Cuero, del famoso Cuero, a donde no pudo llegar el general Emilio Mitre, cuando su expedición, por ignorancia del terreno, costándole esto el desastre sufrido[8]. Y sin embargo, llegó a Chamalcó, y de allí contramarchó dejando el Cuero seis leguas al norte.

Es verdad que el general buscaba también la Amarga en su marcha de retroceso, creyendo en las anotaciones de las malas cartas geográficas que circulan con la Amarga pintada como una gran laguna, siendo así que no es sino un inmenso cañadón.

Son los desagües del río Quinto, ya sabes, y lo más parecido que puedo indicarte son los desagües del río Cuarto, o sean los cañadones de Lobay.

Como tú eres uno de los amigos de la República Argentina que más se interesan en ella, que más se han preocupado de sus grandes problemas, estudiando la cuestión fronteras e indios con una constancia envidiable, te diré en lo que consistió el error estratégico principal del general Mitre.

El general llegó a Witalobo, lugar muy conocido donde he estado yo.

Son dos médanos que forman un portezuelo. Hay en ellos alfalfa, y de ahí vino la denominación, que entonces le dieron, de médano de la alfalfa, creyendo haber hecho un descubrimiento.

No puedo decirte con exactitud en qué latitud y longitud queda este punto.

Sin embargo, para que formes juicio más cabalmente, te diré que queda en la derecera sur de la Carlota.

El Cuero queda de Witalobo al poniente con una inclinación al sur, de pocos grados.

En Witalobo hay una encrucijada de caminos –uno de travesía que va al Cuero, raramente frecuentado por los indios y otro conocido por camino de las Tres Lagunas, que va a las tolderías de Trenel.

En lugar de tomar este último camino que rumbea al sur, el general tomó otro, y abandonado a un mal baquiano y sin nociones gráficas ni ideales del terreno, no pudo corregir sus equivocaciones.

En Chamalcó se notan aún los rastros, y vestigios dejados por la columna expedicionaria.

La Laguna del Cuero está situada en un gran bajo. A pocas cuadras de allí el terreno se dobla exabrupto, y sobre médanos elevados comienzan los grandes bosques del desierto, o lo que propiamente hablando se llama Tierra Adentro.

Los que han hecho la pintura de la pampa, suponiéndola en toda su inmensidad una vasta llanura, ¡en qué errores descriptivos han incurrido!

Poetas y hombres de ciencia, todos se han equivocado. El paisaje ideal de la pampa, que yo llamaría, para ser más exacto, pampas, en plural, y el paisaje real, son dos perspectivas completamente distintas.

Vivimos en la ignorancia hasta de la fisonomía de nuestra patria.

Poetas distinguidos, historiadores, han cantado al ombú y al cardo de la pampa.

¿Qué ombúes hay en la pampa, qué cardales hay en la pampa?

¿Son acaso oriundos de América, de estas zonas?

¿Quién que haya vivido algún tiempo en el campo, hablando mejor, quién que haya recorrido los campos con espíritu observador, no ha notado que el ombú indica siempre una casa habitada, o una población que fue; que el cardo no se halla sino en ciertos lugares, como que fue sembrado por los jesuitas, habiéndose propagado después?

Estos montes del Cuero se extienden por muchísimas leguas de norte a sur y de naciente a poniente; llegan al río Chalileo, lo cruzan, y con estas interrupciones van a dar hasta el pie de la cordillera de los Andes.

A la orilla de ellos vivía el indio Blanco, que no es ni cacique, ni capitanejo, sino lo que los indios llaman *indio gaucho*. Es decir, un indio sin ley ni sujeción a nadie, a ningún cacique mayor, ni menos a ningún capitanejo; que campea por sus respetos; que es aliado unas veces de los otros, otras enemigo; que unas veces anda a monte, que otras se *arrima* a la toldería de un cacique; que unas anda por los campos *maloqueando*, invadiendo, meses enteros seguidos; otras por Chile comerciando, como ha sucedido últimamente.

Toda la fuerza de este indio, temido como ninguno en las fronteras de Córdoba y de San Luis, y tan baquiano de ellas como de las demás, se componía en la época a que voy a referirme, de unos ocho o diez compañeros de averías. Con ellos invadía generalmente, agregándose algunas veces a los grandes malones.

Como en aquel entonces los campos al sur del río Quinto y el río Cuarto eran una misma cosa –dominio de los indios–, las invasiones se sucedían semanalmente, día de por medio, y hasta diariamente.

El héroe de estas hazañas era, por lo común, el indio Blanco.

El camino del río Cuarto a Achiras fue cien veces campo de sus robos y crueldades.

A mi llegada al río Cuarto era imposible dejar de hablar del indio Blanco; porque, ¿a dónde se iba que no oyera uno mentar los estragos de sus depredaciones? ¿Quién no lamentaba sus ganados robados, lloraba algún deudo muerto o cautivo? El tal indio tenía un prestigio terrible. Yo era, de consiguiente, su rival. Me propuse, antes de avanzar la frontera, desalojarlo del Cuero, incomodarlo, alarmarlo, robarlo, cualquier cosa por el estilo.

Pero no quería hacer esta campaña con soldados. La disciplina suele tener los inconvenientes de sus ventajas. Busqué un contrafuego acordándome de la máxima de los grandes capitanes: al enemigo batirlo con sus mismas armas.

Le escribí a mi amigo don Pastor Hernández, comandante militar del departamento del río Cuarto, hombre tan penetrante como laborioso y constante, que necesitaba conchabar media docena de pícaros, siendo de advertir que prefería la destreza a la audacia, en una palabra, ladrones.

Hernández no se hizo esperar. A los pocos días presentáronse seis conciudadanos en la falda de la sierra, con una carta, y encabezándolos uno, denominado el *Cautivo*.

Los fariseos que crucificaron a Cristo no podían tener unas fachas de forajidos más completas.

Sus vestidos eran andrajosos, sus caras torvas, todos encogidos y con la pata en el suelo; necesitábase estar animado del sentimiento del bien público para resolverse a tratar con ellos.

Entraron donde yo estaba.

Queriendo hacer un estudio social les ofrecí asiento. Me costó conseguir que lo aceptaran; pero instando conseguí que se sentaran.

Lo hicieron poniendo cada cual su sombrero en el suelo al lado de la silla.

Agacharon todos la cabeza.

Inicié la conferencia con ciertas preguntas como: –¿Cómo te llamas, de dónde eres, en qué trabajas, has sido soldado, cuántas muertes has hecho?

Y luego que la confianza se estableció, proseguí:

–Conque, ¿quieren ustedes conchabarse?

–Cómo úsia quiéra (contestó el *Cautivo*, con esa tonada cordobesa que consiste en un pequeño secreto –como lo puede ver el curioso lector o lectora–: en cargar la pronunciación sobre las letras acentuadas y prolongar lo más posible la vocal o primera sílaba).

En haciendo esto ya es uno cordobés. No hay más que ensayarlo.

–Ustedes son hombres gauchos, por supuesto.

–Cómo nó, señor.

–¿Entienden de todo trabajo?

–De cuánto quiera.

–¿Y cuánto ganan?

–A sígun úsia.

–¿Ganan más de ocho pesos mensuales?

–No, séñor.

–Pues yo les voy a pagar diez; les voy a dar comida, ropa y caballos.

–Cómo úsia guste.

–Sí, pero es que yo los conchabo para robar.

–Y cómo há de ser, pues.

–Iremos ánde nos mánde (dijeron varios a una).

–¡Hum! ¿Y se animarán?

–Y cómo nó, séñor úsia.

–Bueno; es para robarles a los indios.

¡Nadie contestó!

Y ahí está el país, la causa de la montonera y otras yerbas.

El coronel los conchababa para robar; para robarle al lucero del alba que fuera. No había inconveniente. Estaban prontos y resueltos a todo, a derramar su sangre, a jugar la vida. Lo mismo había sido ofrecerles diez pesos y todo lo demás, que lo que ganaban honradamente.

Obedecían a una predisposición, a una educación, a las seducciones del caudillaje bárbaro y turbulento. Quizá se decían interiormente: Este sí que es un coronel, ¡y lindo!

Mas se trató de los indios, de los mismos que no hacía muchos meses asolaban su propio hogar, y las disposiciones cambiaron con la rapidez del relámpago.

¿Era miedo? ¿Qué era? No, no era miedo.

Nuestra raza es valiente y resuelta; no es el temor de la muerte lo que contiene al gaucho a veces.

Yo he visto a uno de ellos discurrir como un filósofo en el momento de llevarlo a fusilar.

Era un sargento: el sacerdote le instaba a confesarse, no quería hacerlo.

–¿Qué, no temes a la muerte?

–Padre –contestó con marcada expresión–, la muerte es un salto que uno da a oscuras sin saber dónde va a caer. Fue esto en Chascomús.

¿Y qué detenía entonces a los *Voluntarios de la Pampa*, que así se llamaron al fin; qué los arredraba?

¡Ah! Es triste decirlo. ¡Pero es verdad, y hay que decirlo, para enseñanza de las jóvenes generaciones en cuyas manos está el porvenir, las que nos salvarán a nosotros, aspirantes de la intolerancia y del odio, enanos del patriotismo que recompensa bien, héroes del siglo de oro!

Era la ausencia completa del sentimiento del deber, el horror de toda disciplina.

Ellos tenían bastante sagacidad para comprender que yendo a robarle a cualquiera, por mi orden, yo me hacía su cómplice.

Yendo a robarles a los indios, el juego cambiaba de aspecto; tenían que ir como soldados. Llegaron tal vez a imaginarse que era una jugada mía para reclutarlos.

Lo comprendí así.

Estuve dispuesto a despacharlos. Pero ya estaban allí. Les hice entender que eran hombres libres; que podían conchabarse o no; que nadie los obligaba; que podían retirarse si querían.

Se convencieron de que no había en el conchabo más riesgo que el de la vida, y se arregló todo.

Les di buenos caballos, los vestí, les di carabinas de las que hicieron *recortados* y una lata de caballería para llevar entre las caronas.

Y partieron...

Mis órdenes eran robarle al indio Blanco.

El *Cautivo* era baquiano del Cuero.

Lo que trabajasen sería para ellos.

Volvieron con *algo*. No se trabaja y se expone el cuero sin provecho, discurren los menos calculadores.

Se repitió la excursión, tres veces más, hasta que el indio Blanco se alejó. Él no podía calcular, detrás de los *Voluntarios de la Pampa,* cuántos más iban.

Confieso que al mandar aquellos diablos a una correría tan azarosa, me hice esta reflexión: si los pescan o los matan poco se pierde.

Fue una de las causas que me hizo no recurrir a los pobres soldados.

Los Voluntarios de la Pampa acabaron por hacerme a mí un robo.

Los tomé y por todo castigo les dije, devolviéndoselos a Hernández:

–¿Qué les he de hacer? Ya sabía que eran ustedes ladrones.

No se juega mucho tiempo con fuego sin quemarse. Han llegado las mulas. Es cosa resuelta que hoy no duermo donde quería. Llegaremos mañana.

XII

Por dónde habían ido los chasquis. Entrada a los montes. Derechos de piso y agua. Recomendaciones. Despacho de algunas tropillas para el río Quinto. Los montes. Impresiones filosóficas. Utatriquin. El cuento del arriero.

Antes de ponerme en marcha resolví dejar las mulas atrás. Caminaban sumamente despacio por lo mucho que había llovido y era un martirio para los franciscanos seguirlas al tranco; el padre Moisés no es tan maturrango, pero el padre Marcos no hallaba postura cómoda.

Contra mis cálculos, tomamos el rastro de los chasquis.

Habían seguido el camino de Lonco-uaca.

Mi lenguaraz, mestizo, chileno, hijo de cristiano y de india araucana, hombre muy baquiano, de cuyas confidencias soy depositario no por él sino por otros, lo que me permitirá contar sus aventuras de Tierra Adentro, creyó oportuno hacerme algunas indicaciones.

Eran muy juiciosas y sensatas; y como entre ellas entrase la posibilidad de que los chasquis se extraviaran en razón de que ni Guzmán ni Angelito conocían prácticamente el camino que habían tomado, me pareció prudente hacer yo a mi turno mis recomendaciones.

Íbamos a entrar ya en los montes; a tener que marchar en dispersión, sin vernos unos a los otros; por sendas tortuosas, que se borraban de improviso unas veces, que otras se bifurcaban en cuatro, seis o más caminos, conduciendo todas a la espesura.

Era lo más fácil perder la verdadera rastrillada, y también muy probable que no tardáramos en ser descubiertos por los indios.

Un tal Peñaloza suele ser el primero que se presenta a los indios o cristianos que pasean por esas tierras, alegando ser suyas y tener derecho a exigir se le pague el piso y el agua.

No hay más remedio que pagar, porque el señor Peñaloza se guarda muy bien de salir a sacar contribución alguna cuando los caminantes son más numerosos que los de su toldo o van mejor armados.

Más adelante hay otros señores dueños de la tierra, del agua, de los árboles, de los bichos del campo, de todo, en fin, lo que puede ser un pretexto para vivir a costillas del prójimo.

Estos derechos interterritoriales se cobran en la forma más política y cumplida, suplicando casi y demostrándoles a los contribuyentes ecuestres la pobreza en que se vive por allí, lo escaso que anda el trabajo.

Si los expedientes pacíficos surten efecto, no hay novedad; si los transeúntes no se enternecen, se recurre a las amenazas, y si éstas son inútiles, a la violencia.

Es ser bastante parlamentario, para vivir tan lejos de los centros de la civilización moderna.

Recomendé a mi gente cómo habían de marchar; prohibí terminantemente que bajo pretexto de componer la montura se quedara alguien atrás, advirtiendo que cada cuarto de hora haría una parada de dos minutos para que pudiéramos ir lo más juntos posible; describí la aguada de Chamalcó donde me demoraría un rato, lo bastante para mudar caballos, por si alguien llegaba a ella extraviado; y a los franciscanos les supliqué me siguiesen de cerca, no fuera el diablo a darme el mal rato de que se me perdieran.

Finalmente hice notar que, hallándome ya en donde podía haber peligro cuando menos lo esperábamos, quería, puesto que no estábamos bien armados, que todos y cada uno nos condujéramos con moderación y astucia, con sangre fría sobre todo, que como ha dicho muy bien Pelletan, es el valor que juzga.

Hecho esto, mandé que dos soldados, con dos tropillas que no me hacían falta, se volviesen al río Quinto, caminando despacio.

Escribí con lápiz cuatro palabras para el general Arredondo y algunos subalternos amigos de mis fronteras, avisándoles que había llegado con felicidad al Cuero, y entramos en los montes.

Hermosos, seculares algarrobos, caldenes, chañares, espinillos, bajo cuya sombra inaccesible a los rayos del sol crece frondosa y fresca la verdosa gramilla, constituyen estos montes, que no tienen la belleza de los de Corrientes, del Chaco o Paraguay.

Las esbeltas palmeras, empinándose como fantasmas en la noche umbría; la vegetación pujante, renovándose siempre por la humedad; los naranjeros, que por doquier brindan su dorada fruta; las enmarañadas enredaderas, vistiendo los árboles más encumbrados hasta la cima y sus flores inmortales todo el año; fresco musgo tapizando los robustos troncos; el liquen pegajoso, que con el rocío matinal brilla, como esmaltado de piedras preciosas; las espadañas, que se columpian graciosas, agitando al viento sus blancos y sedosos penachos; las flores del aire, que viven de las auras purísimas, embalsamando la atmósfera, cual pebeteros de la riente natura; las aves pintadas de mil colores, cantando alegres a todas horas; los abigarrados reptiles serpenteando en toda dirección; los millones de insectos que murmuran en incesante coro diurno y nocturno; el agua siempre abundante para consuelo del sediento viajero, y tantas, y tantas otras cosas que revelan la eternal grandeza de Dios, ¿dónde están aquí?, me preguntaba yo, soliloqueando por entre los carbonizados y carcomidos algarrobos.

Y como siempre que bajo ciertas impresiones levantamos nuestro espíritu, la visión de la patria se presenta, pensé un instante en el porvenir de la República Argentina el día en que la civilización, que vendrá con la libertad, con la paz, con la riqueza, invada aquellas comarcas desiertas, destituidas de belleza, sin interés artístico, pero adecuadas a la cría de ganados y a la agricultura.

Allí hay pastos abundantes, leña para toda la vida, y agua, la que se quiera sin gran trabajo, como que inagotables corrientes artesianas surcan las pampas convidando a la labor.

Cada médano es una gran esponja absorbente: cavando un poco en sus valles, el agua mana con facilidad.

La mente de los hombres de Estado se precipita demasiado, a mi juicio, cuando en su anhelo de ligar los mares, el Atlántico con el Pacífico, quieren llevar el ferrocarril por el río Quinto.

La línea del Cuero es la que se debe seguir. Sus bosques ofrecen durmientes para los rieles, cuantos se quiera; combustible para las voraces hornallas de la impetuosa locomotora.

Son iguales a los de Yuca, cuya explotación ha hecho y sigue haciendo la empresa del Gran Central Argentino. Estos campos son mejores que aquellos.

Y si un ferrocarril, a más de las ventajas del terreno, de la línea recta, de las necesidades del presente y del porvenir, debe consultar la estrategia nacional, ¿qué trayecto mejor calculado para conquistar el desierto que el que indico?

La impaciencia patriótica puede hacernos incurrir en grandes errores; el estudio paciente hará que no caigamos en la equivocación.

No puedo hablar como un sabio: hablo como un hombre observador. Tengo la carta de la República en la imaginación y me falta el teodolito y el compás.

Los peligros para el trabajo son más imaginarios que reales. Oportunamente podría ocuparme de este tópico. Por el momento, me atreveré a avanzar que yo con cien hombres armados y organizados de cierta manera, respondería de la vida y del éxito de los trabajadores.

Incito a meditar sobre este gran problema del comercio y de la civilización.

No he visto jamás en mis correrías por la India, por África, por Europa, por América, nada más solitario que estos montes del Cuero.

Leguas y leguas de árboles secos, abrasados por la quemazón; de cenizas que envueltas en la arena, se alzan al menor soplo de viento; cielo y tierra; he ahí el espectáculo.

Aquello entenebrecía el alma. Las cabalgaduras iban ya sedientas. Chamalcó estaba cerca.

Llegamos.

El peligro estrecha, vincula, confunde, la unión es un instinto del hombre en las horas solemnes de la vida. Nadie se había quedado atrás. Según los cálculos del baquiano, Chamalcó tenía agua.

Esperamos un buen rato antes de dejar beber los animales.

Se reposaron y bebieron.

Nosotros hallamos un manantial al pie de un árbol magnífico de robustez y frondosidad.

Cambiamos caballos y seguimos, saliendo a un gran descampado.

Respiré con expansión.

El europeo ama la montaña, el argentino la llanura. Esto caracteriza dos tendencias.

Desde las alturas físicas, se contemplan mejor las alturas morales.

Los pueblos más libres y felices del mundo son los que viven en los picos de la tierra.

Ved la Suiza.

A poco andar volvimos a entrar en el monte. Aquí era más ralo. Podíamos galopar y era menester hacerlo para llegar con luz a Utatriquin –otra aguada–, porque la noche sería sin luna, salía recién a la madrugada.

Me apuré, cuando la arboleda lo permitía, y llegamos a la etapa apetecida.

Era la tarde, y la hora
En que el sol la cresta dora
De los Andes... [9]

Esta aguada es un inmenso charco de agua revuelta y sucia, apenas potable para las bestias.

En previsión de que no estuviera buena, habíamos llenado los chifles en Chamalcó.

Había marchado muy bien, ganando más terreno del que esperaba; no tenía por qué apurarme ya.

Podía descansar un buen rato, lo que les haría mucho bien a los caballos y a mis queridos franciscanos. Mandé desensillar.

El padre Marcos me miró como diciendo: ¡Loado sea Dios!, que si en estos berenjenales me mete también me ayuda.

Había un corral abandonado; cerca de él campamos. Ordené que se redoblara la vigilancia de los caballerizos, entusiasmé a los asistentes con algunas palabras de cariño y un rato después ardió flamígero el atrayente fogón.

Comenzó la charla de unos con otros, sin distinción de personas.

Ya lo he dicho: el fogón es la tribuna democrática de nuestro ejército.

El fogón argentino no es como el fogón de otras naciones. Es un fogón especial.

Estábamos tomando mate de café, de postre; la noche había extendido hacía rato su negro sudario.

Una voz murmuró, como para que yo oyera:

–Si contara algún cuento el coronel.

Era mi asistente Calixto Oyarzábal, de quien ya hablé en una de mis anteriores; buen muchacho; ocurrente y de esos que no hay más que darle el pie para que se tomen la mano.

–¡Sí, sí! –Dijeron los franciscanos al oírle, los oficiales y demás adláteres–, ¡que cuente un cuento el coronel!

Me hice rogar y cedí.

Es costumbre que los hombres tomamos de las mujeres.

¿Y sabes, Santiago, qué cuento conté?

Uno de los tuyos.

El del arriero.

Vamos, ¡a que te has olvidado!

Voy a contártelo a tres mil leguas.

El respetable público que asiste a este coloquio me dispensará.

—Fíjense bien —dije antes de empezar—, que este cuento es bueno tenerlo presente cuando se viaja por entre montes tupidos.

Todos estrecharon la rueda del fogón, uno atizó el fuego, los ojos brillaron de curiosidad y me miraron, como diciendo: ya somos puras orejas, empiece usted, pues.

Tomé la palabra y hablé así:

—Era éste un arriero, hombre que había corrido muchas tierras; que se había metido con la montonera en tiempos de Quiroga y a quien perseguía la justicia.

Yendo un día por los Llanos de la Rioja, le salió una partida de cuatro. Quisieron prenderlo, se resistió, quisieron tomarlo a viva fuerza, y se defendió. Mató a uno, hirió a otro, e hizo disparar a tres.

En esos momentos se avistó otra partida: prevenida ésta por los derrotados, apuraron el paso. El arriero huyó y se internó en un monte.

Montaba una mula zaina, medio bellaca. Corría por entre el monte, cuando se le fue la cincha a las verijas.

Írsele y agacharse la bestia a corcovear, fue todo uno. El arriero era gaucho y jinete.

Descomponiéndose y componiéndose sobre el recado, anduvo mucho rato, hasta que en una de ésas, como tenía las mechas del pelo muy largas y *porrudas* se enganchó en el gajo de un algarrobo.

La mula siguió bellaqueando, se le salió de entre las piernas y él quedóse colgado.

Permaneció así como un Judas, largo rato, esperando que alguien lo ayudase a salir del aprieto; pero en vano. Llegó la noche.

Los que le seguían, aciertan a pasar por allí.

El arriero, con la rapidez del pensamiento, concibió una estratagema.

Dejó que la partida se aproximara, poniendo la cara lánguida, y cuando al resplandor de la luna vinieron a verlo, dijo con voz cavernosa:

¡Viva Quiroga!

La partida, al oír hablar un muerto, huyó, poseída de terror pánico, sujetando los pingos quién sabe dónde. El arriero se salvó así.

Pero aquella actitud no podía prolongarse demasiado. Era incómoda.

Procuró salir de ella. Buscó su cuchillo; con los corcovos de la mula lo había perdido.

Era una verdadera fatalidad. No tenía con qué cortarse los cabellos, y como cran muy largos, no alcanzaba con la mano a desasirlos del gajo en que estaban enredados.

Un hombre como él, acostumbrado a todas las fatigas, podía resistir el peso de su propio cuerpo, si no había otro remedio, no digo un día, muchos días, teniendo qué comer. Es claro. La necesidad tiene cara de hereje. Pero no tenía nada. Todo se lo había llevado la mula en las alforjas. Felizmente, tenía un pedazo de queso en los bolsillos, yesquero, tabaco y papel. Agua era lo de menos para un arriero. Se comió el pedazo de queso. Sacó después su chuspa y armó un cigarro, luego sacó fuego y fumó.

Nadie pasaba por allí, a pesar de la voz que debieron esparcir los de la partida, despertando la curiosidad popular.

El arriero fumaba, fumaba, y en lugar de otras cosas cuando tenía necesidad echaba humo y humo.

Y así pasó muchos días, hasta que de hambre se comió la camisa y se murió de una indigestión.

Y entré por un caminito y salí por otro.

No sé si al público le gustará este cuento: en el fogón fui aplaudido.

Yo soy porteño, del barrio San Juan y nadie es profeta en su tierra.

Por eso Sarmiento, siendo de San Juan, es Presidente, habiéndose cumplido con él una de mis profecías del Paraguay.

Cuando llegaba al fin de mi cuento, serían las ocho. Di mis órdenes, encerraron en el corral los caballos, se tomó y ensilló en un abrir y cerrar de ojos, montamos, nos pusimos en camino y esa noche sucedieron cosas raras...

Basta de cuentos.

XIII

Martes es mal día. Trece es mal número. Los quatorzième. *Marcha nocturna. Pensamientos. Sueño ecuestre. Un latigazo. Historia de un soldado y de Antonio. Alto. Una visión y una mulita.*

Ayer fue martes; mal día para embarcarse, casarse, presentar solicitudes, pedir dinero a réditos y suicidarse.

A más de ser martes, esta carta debía llevar, como lleva, el número *trece,* número de mal agüero, misterioso, enigmático, simbólico, profético, fatídico, en una palabra, cabalístico.

Las cosas que son *trece* salen siempre malas. Entre *trece* suceden siempre desgracias. Cuando trece comen juntos, a la corta o a la larga alguno de ellos es ahorcado, muere de repente, desaparece sin saberse cómo, es robado, naufraga, se arruina, es herido en duelo. Finalmente, lo más común es que entre trece haya siempre un traidor.

Es un hecho que viene sucediéndose sin jamás fallar desde la famosa cena aquella en que Judas le dio el pérfido beso a Jesús.

Es por esa razón que en Francia, nación cultísima, hay una industria, que no tardará en introducirse en Buenos Aires, donde todas las plagas de la civilización nos invaden día a día con aterrante rapidez[10]. El cólera, la fiebre amarilla y la epizootia le quitan ya a la antigua y noble ciudad, el derecho de llamarse como siempre. Pestes de todo género y auras purísimas; es una incongruencia.

Debiera quitarse nombre y apellido, como hacen los brasileros, en cuyos diarios suelen leerse avisos así: "De hoy en adelante, Juan Antonio Alves, Pintos, Bracamonte y Costa, se llamará Miguel da Silva, da Fonseca e Toro. Tome buena nota el respetable público".

Es una excelente costumbre que prueba los adelantos del Imperio. Porque mediante ella, los pillos hacen sus evoluciones sociales con más celeridad. En un país semejante, Luengo no tendría más que poner un aviso para ser Moreira, persona muy decente.

La industria de que hablaba toma su nombre de los que la ejercen, llamados *le quatorzième* (decimocuarto).

Le quatorzième, no puede ser cualquiera. Se requiere ser joven, no pasar de treinta y cinco años, tener un porte simpático, maneras finas, vestir bien, hablar varios idiomas y estar al cabo de todas las novedades de la época y del día.

Cuando alguien ha convidado a varios amigos a comer en su casa, en el *restaurant* o en el hotel, y resulta que por falta de uno o más no hay reunidos sino *trece* y que se ha pasado el cuarto de hora de gracia concedido a los inexactos, se recurre al *quatorzième*.

¡Cómo han de comer trece, exponiéndose a que bajo la influencia de malos presentimientos, la digestión se haga con dificultad!

Se envía, pues, un lacayo en el acto, por el *quatorzième*. En todos los barrios hay uno, así es que no tarda en llegar; es como el médico.

Entra y saluda, haciendo una genuflexión, que es contestada desdeñosamente, y acto continuo se abre la puerta que cae al comedor, o no se abre, porque los convidados pueden estar en él o por cualquier otra razón, y se oye: *monsieur est servi!*

Siéntanse los convidados. ¡Qué felicidad! ¡La sopa humea de caliente, no se ha enfriado! La alegría reina en todos los semblantes. Han comenzado a sonar los platos, a chocarse las copas. De repente óyese un grito del anfitrión:

–¡Ahí está al fin! Siéntese usted donde quiera, que los demás no vendrán ya.

Y Monsieur de la Tomassière (en un tipo de este apellido, Paul de Kock ha personificado el tipo de esos amigos fastidiosos que siempre llegan tarde), se presenta y se sienta, pidiendo disculpas a todos y protestando que es la primera vez que tal cosa le sucede.

Mientras tanto, *le quatorzième* ha visto una seña del dueño de la casa, que en todas partes del mundo quiere decir: *retírese usted,* y sin decir oste ni moste se ha eclipsado. Iba quizá a probar la sopa, cuando Mr. de La Tomassière se presentó.

Al llegar a la puerta de la calle de donde vive, se halla con un necesitado que le espera. En otro banquete le aguardan con impaciencia. Han buscado varios *quatorzième,* no hay ninguno. Esa noche dan muchas comidas, hay muchos inexactos o un exceso de previsión y la demanda de *quatorzième* es grande desde temprano.

El *quatorzième* marcha; llega, igual escena a la anterior. Tiene que desalojar su puesto antes de haber probado un plato siquiera de cosa alguna.

Al volver a llegar a la puerta de su pobre mansión, otro necesitado. Le sigue con éxito semejante al de los pasados convites.

Hay noches en que las idas y venidas del pobre *quatorziéme* exceden toda ponderación.

Ha ganado bien su dinero, porque cada viaje se paga, pero ha pasado por el suplicio de Tántalo.

La civilización de Buenos Aires debe pensar seriamente en esto. No soy un alarmista. Pero sostengo que así como estamos amenazados de muchas pestes por falta de policía municipal, hace muchos años que la educación se descuida inculcar en los niños esta idea: uno de los mayores defectos sociales es hacer esperar.

Tan es así, que me acuerdo yo de un andaluz que vivió once años de huésped en casa de una tía mía. Un día anunció que se iba a su tierra. ¡Ya era tiempo! Su despedida consistió en esto:

–Señora, usted no puede tener queja de mí, siempre he estado presente a la hora fija de almorzar y comer. Con lo cual se marchó, habiendo dicho no poco, que el que no ha esperado jamás gente a comer, porque nunca ha dado comidas, habiéndose limitado a comerlas, no sabe lo que es esperar a un huésped o a un convidado. Indudablemente, debe haber una enfermedad que los médicos no conocen, proveniente de la impaciencia de esperar gente a comer.

La ciencia no tardará en descubrirla y en agregarla a la nomenclatura patológica.

Creo haberte explicado suficientemente, Santiago amigo, que si esta decimotercia carta no se publicó ayer, ha sido porque fue martes y porque su número es fatal. Cuando me moví de Utatriquin,

The bright sun was extinguish'd and the stars
Did wander darkling, in the eternal space.[11]

La noche estaba bastante obscura. El monte era muy espeso y en las sendas de la rastrillada había muchos troncos de árbol y pequeños arbustos. Era sumamente incómodo para el caballo y para el jinete. Teníamos que andar muy despacio. Nos dormíamos... De vez en cuando una rama de algarrobo o de chañar azotaba la faz del caminante y lo sacaba de su sopor.

La lentitud del aire de la marcha hacía que mi comitiva no fuera en tanta dispersión como otras ocasiones. Yo iba mustio y callado, como la misma noche.

Pensaba en el instante inesperado que marca más tarde o más temprano en el cuadrante de la vida, el pasaje de lo conocido a lo desconocido, de la triste realidad a un quién sabe más triste aún; a un estado inconsciente, al vacío, a la nada; pensaba en lo que serían mis días hasta ese instante solemne en que extinguiéndose mi vista, mi voz, con el último soplo de vida, me quede todavía aliento para reunir todas las fuerzas de mi espíritu y decirme a mí mismo: ¡*Me muero!*

Y pensando en esto, me engolfé en otras reflexiones, y cuando la duda horrible y desgarradora me asaltó, recordé a Hamlet:

...To die, to sleep...
To sleep! perchance to dream.[12]

Me quedé como soñando... Veía todos los objetos envueltos en una bruma finísima de transparencia opaca; los árboles me parecían de inconmensurable altura, vi desfilar confusas muchedumbres, ciudades tenebrosas, el cielo y la tierra eran una misma cosa, no había espacio...

Un latigazo aplicado a mi rostro por el gajo de un espinillo, en cuyas espinas quedó enganchado mi sombrero, obligándome a detenerme, me sacó del fantástico *fantaseo* en que me sumía la somnolencia producida por la monotonía de la marcha.

Varios soldados me seguían de cerca conversando. Parece que hacía rato se contaban por turno sus aventuras. El que hablaba cuando mi atención se fijó en el grupo, decía así:

–Pues, amigo, a mí me echaron a las tropas de línea sin razón.

–¡Cuándo no! –le dije–, ya saliste con una de las tuyas. Nunca hay razón para castigarlos a ustedes.

–Sí, mi coronel –repuso–, créame.

–¿Cómo fue eso?

–Yo tenía un amigo muy diablo a quien quería mucho, y a quien le contaba todo lo que me pasaba.

Se llamaba Antonio.

Al mismo tiempo tenía amores con una muchacha de Renca, que me quería bastante, cuyo padre era rico y se oponía a que la visitara.

Mi intención era buena.

Yo me habría casado con la Petrona, ése era su nombre. Pero no basta que el hombre tenga buena intención si no tiene suerte, si es pobre.

Tanto y tanto nos apuraba el amor, que al fin resolvimos irnos para Mendoza, casarnos allí y volver cuando Dios quisiera.

En eso andábamos, viéndonos de paso con mucha dificultad; porque siempre nos espiaban los padres y el juez, que era viudo y medio viejo, que quería casarse con la Petrona, y cuya hija menor tenía tratos con Antonio, de quien era muy enemigo, siempre lo amenazaba con que lo había de hacer veterano.

Un día arreglamos al fin, después de mucho trabajo, cómo habíamos de fugar.

Yo debía sacar a la Petrona de su casa en la noche. Antonio me acompañaría para cuidar la ventana, que era por donde había de entrar. No podíamos descuidarnos con el juez.

La ventana caía al cuarto del padre de Petrona, que era jugador, muy jugador, lo mismo que Antonio. En ese tiempo había hecho una gran ganancia. A Antonio le había ganado todas sus prendas y éste andaba con ganas.

Petrona dejó apretada la ventana. Una tía la acompañaba y dormía junto con ella, en el mismo cuarto. Doña Romualda, la madre, andaba por el puesto.

Esa noche era muy linda ocasión, porque el padre de Petrona estaba de tertulia.

Tempranito estuvo Antonio en ella y vino a avisarme que el hombre ganaba ya mucho, diciéndome que si no nos apurábamos erraríamos el golpe.

Aunque la hora convenida con Petrona era cuando le diesen las cabritas, me resolví a ir un poco más temprano.

Todo estaba pronto, caballos y con qué comprar algo por el camino. Yo tenía algunos reales.

Salimos de casa con Antonio, llegamos a la ventana de Petrona, la empujamos despacito y salté yo sin hacer ruido, dejándola abierta. Cuando estuve en el cuarto, oí roncar. Era el padre de Petrona, que según los cálculos de Antonio, se había retirado de su tertulia antes de la hora acostumbrada.

Antonio sintió los ronquidos y me dijo en voz baja: Vámonos, ché; hoy no se puede.

No quise obedecerle, y por toda contestación le dije:

—¡Chit!

El cuarto estaba oscuro; tenía que caminar en puntas de pie, con mucho cuidado para no hacer ruido, hasta acercarme a la cama de Petrona.

Ella me había sentido. Lo mismo que yo, contenía la respiración. Si se despertaba el padre, teníamos mal pleito. Ella no se escapaba de una soba, yo de una puñalada, porque era malísimo.

Me acercaba a la cama de Petrona sin sentir que detrás de mí había entrado Antonio.

Le había ya tomado la mano y ella iba a levantarse, cuando oímos ruido de plata y un grito:

–¡Ah, pícaro!

Era la voz del padre de Petrona.

Antonio tuvo la tentación de robarle, él lo sintió y lo agarró del poncho.

Yo no podía salir sino por donde había entrado; esconderme bajo la cama era peligroso.

El padre de Petrona gritaba con todas sus fuerzas: –¡Ladrones! ¡Ladrones!

La tía se levantó. Yo intenté escaparme. Pero no pude: delante de mí salía Antonio, me obstruyó el paso, y el padre de Petrona me agarró.

Luché con él un rato inútilmente. La hermana lo ayudaba.

Petrona estaba medio muerta. El padre, furioso, porque ella también no venía en su ayuda, encendiendo luz pronto. La amenazó con matarla si no lo hacía. Tuvo que hacerlo. Para esto, Antonio se había ido con la plata.

Entre el padre de Petrona y la hermana, me amarraron bien.

A los gritos vinieron dos de la partida de policía, que estaba cerca de allí, y me llevaron preso. Me pusieron en el cepo para que dijese dónde estaba la plata, y contesté siempre que no sabía, que yo no la había robado.

Me preguntaron que si tenía cómplices, teniéndome siempre en el cepo, y contesté que no.

–¿Y por qué no decías que Antonio era el ladrón?

–¿Y cómo lo había de descubrir a mi amigo? ¿Y cómo la había de perder a Petrona cuando la quería tantísimo? Yo prefería pasar por ladrón a ser delator de mi amigo; yo prefería pasar por ladrón y no que dijeran que Petrona era mi querida. Yo prefería ser soldado a todo eso.

Además, como todas las mujeres son iguales, falsas como la plata boliviana, supe esos días no más, antes que me echaran a las tropas de línea, que Petrona decía, para salvarse del castigo de su padre, que algo andaba maliciando que yo era un pícaro que la había solicitado a ella de mala fe, con sólo la intención de hacer el robo que había hecho.

Quién sabe si no hubiera sido eso, si no declaro al fin, atormentado por el cepo, que Antonio era el ladrón; éste ya se había ido para la sierra de Córdoba, y ¡cuándo lo pescaban siendo, como era, un muchacho tan diantre! Era mozo muy gaucho y alentado.

–¿Y, te acuerdas todavía de Petrona, Macario?

–¡Ay!, mi coronel, si las mujeres cuanto más malas son, más tardamos en olvidarlas.

–¿Y nunca hubo nada con ella?

–Mi coronel, usted sabe lo que son esas cosas de amor, cuando uno menos piensa...

–La ocasión hace al ladrón –dijo Juan Díaz, uno de mis baquianos, muy ocurrente.

En esos momentos el bosque se abría formando un hermoso descampado; la nítida y blanca luna se levantaba, y las estrellas centelleaban trémulamente en la azulada esfera.

Detuve mi caballo, que no obedecía como un rato antes a la espuela, y dirigiéndome a los franciscanos, que no se separaban de mí, les consulté si tenían ganas de descansar un rato.

–Con mucho gusto –contestaron. Los buenos misioneros iban molidos; nada fatiga tanto como una marcha de trasnochada.

El pasto estaba lindísimo, la noche templada, pararnos no les haría sino bien a los animales.

Pasé la voz de que descansaríamos una hora.

Se manearon las madrinas de las tropillas, cesó el ruido de los cencerros, único que interrumpía el silencio sepulcral de aquellas soledades, y nos echamos sobre la blanda hierba.

Yo coloqué mi cabeza en una pequeña eminencia, poniendo encima un poncho doblado a guisa de almohada, y me dormí profundamente.

Tuve un sueño y una visión envuelta en estas estrofas de Manzoni, a manera de guirnalda o de aureola luminosa:

Tutto el provo; la gloria
Maggior dopo il periglio,
La fuga, e la vittoria,
La reggia, e il triste esiglio.
Due volte nella polvere,
Due volte sugli altar.[13]

Me creía un conquistador, un Napoleón chiquito.

De improviso sentí, como si la cabeza se me escapara; hice fuerzas con la cabeza, endureciendo el pescuezo; la tierra se movía; yo no estaba del todo despierto, ni del todo dormido. La cabecera seguía escapándoseme, creía que soñaba, fui a darme vuelta y un objeto con cuatro patas, negro y peludo, corrió... Había hecho cabecera de una mulita.

Los héroes como yo tienen sus visiones así, sobre reptiles, y las páginas de nuestra historia no pueden terminar sino poniendo al fin de cada capítulo el terrible *lasciate ogni speranza*[14].

Dejemos dormir a mi gente un rato, mientras yo compongo mi cabecera.

XIV

Sueño fantástico. En marcha. Calixto Oyarzábal y sus cuentos. Cómo se busca de noche un camino en la pampa. Campamento. Los primeros toldos. Se avistan chinas. Algarrobo. Indios.

Después que arreglé mi nueva cabecera, me volví a quedar dormido, hasta que Camilo, el exacto y valiente Camilo se acercó a mí, y diciéndome al oído: "Mi coronel", me despertó.

Tenía en ese momento un sueño que era como la perspectiva confusa del pintado caleidoscopio.

Estaba en dos puntos distantes al mismo tiempo, en el suelo y en el aire. Yo era *yo*, y a la vez el soldado, el paisano ése, lleno de amor y abnegación, cuya triste aventura acababa de ser relatada por sus propios labios, con el acento inimitable de la verdad. Yo me decía, discurriendo como él: –¡Qué ingrata y qué mala fue Petrona! –y discurriendo como yo mismo–: Byron, tan calumniado, tiene razón; en todo clima, el corazón de la mujer es tierra fértil en afectos generosos; ellas, en cualquier circunstancia de la vida, saben, como la Samaritana, prodigar el óleo y el vino. De repente, yo era Antonio, el ladrón del padre de Petrona, ora el juez celoso, ya el cabo Gómez, resucitado en Tierra Adentro. En el instante mismo en que me desperté, el desorden, la perturbación, la incompatibilidad de las imágenes del delirio, llegaban al colmo. Había vuelto a tomar el hilo del sueño anterior –no sé si al lector le suele suceder esto–, y montado, no ya en la mulita que se me escapara de la cabecera, sino en un enorme gliptodonte, que era yo mismo, y persistiendo mi espíritu en alcanzar la visión de la gloria, cabalgando reptiles, discurría por esos campos de Dios, murmurando:

Dall'Alpi alle Piramide
Dall'Mansanare al Reno,

....

Dall'uno all'altro mare.[15]

Pronto estuvimos otra vez en camino con cabalgaduras frescas.

La noche tenía una majestad sombría; soplaba un vientecito del sur y hacía un poco de frío. Medio entumecido como me había levantado de mi gramíneo lecho, temí dormirme sobre el caballo, y era indispensable tener muchísimo cuidado, pues en cuanto salimos del descampado y entramos de nuevo en el bosque, comenzaron a azotarnos sin piedad las ramas de los árboles. La penumbra de la luna eclipsada a cada momento por nubes cenicientas que corrían veloces por el vacío de los cielos, hacía muy difícil apreciar la distancia de los objetos; así fue que más de una vez apartamos ramas imaginarias y más de una vez recibimos latigazos formidables en el instante mismo en que más lejos del peligro nos creíamos.

¿No sucede en el sendero de la vida –de la política, de la milicia, del comercio, del amor–, lo mismo que cuando en nublada noche atravesamos las sendas de un monte tupido?

Cuando creemos llegar a la cumbre de la montaña, con la piedra nos derrumbamos a medio camino. Nos creemos al borde de la playa apetecida y nos envuelve la vorágine irritada. Esperamos ansiosos la tierna y amorosa confidencia y nos llega en perfumado y pérfido billete un *¡olvidadme!* Ofrecemos una puñalada, y somos capaces de humillarnos a la primera mirada compasiva.

¡Cuán cierto es que el hombre no alcanza a ver más allá de su nariz!

Llamé, para no dormirme, a Francisco, mi lenguaraz, y de pregunta en pregunta, llegué a asegurarme de que no tardaríamos muchas horas en hallarnos entre las primeras tolderías.

Díjome que poco antes de llegar a donde íbamos a parar se apartaban varios caminos, que debíamos ir con mucho cuidado para no tomar uno por otro; que él era baquiano, pero que podía perderse, haciendo mucho tiempo que no había andado por allí:

–Pues entonces no conversemos; no vayas a distraerte con la conversación y nos extraviemos –le contesté. Y esto diciendo, sujeté de golpe el caballo, esperé a que toda la comitiva estuviese junta, y previne que de un momento a otro íbamos a llegar a donde se apartaban varios caminos, no tardando en encontrarnos entre las primeras tolderías; que tuvieran cuidado, que quien primero notara otros caminos o toldos, avisara.

Marchamos un rato en silencio, oíase de cuando en cuando el relincho de los caballos, y constantemente el cencerro de las madrinas.

De repente oyóse una carcajada.

Era Calixto, mi jocoso asistente, el revolucionario de marras, que, según su costumbre, iba contando cuentos y que acababa de echarles a los compañeros una mentira de a folio.

–¿Qué hay? –pregunté.

–Nada, mi coronel –contestó Juan Díaz–; es Calixto, que nos quiere hacer comulgar con ruedas de carreta. El muy mentiroso acababa de jurar, por todos los santos del cielo, que una mujer de la Sierra había parido un fenómeno macho –así dijo él–, con dos cabezas.

Hasta aquí el hecho no tenía nada de inverosímil. Lo gordo era que Calixto agregaba que el muchacho –por no decir los muchachos– tenía los más extraños caprichos; que con una boca bebía leche de vaca y con la otra de cabra; que con una decía sí y con otra no; que con una lloraba y con la otra cantaba, armando mediante ese dualismo unas disputas y camorras infernales, que eran muy entretenidas.

–Eres un gran embustero –le dije.

–Mi coronel –contestó–, embustera será la gaceta en que yo lo he leído.

–¿Y en qué gaceta has leído eso?

–En un pedazo de gaceta en que me envolvieron días pasados una libra de azúcar que me vendió don Pedro en el fuerte Sarmiento. Allí lo leímos en la cuadra del 7 de caballería; el amigo Carmen se ha de acordar.

Y Carmen, otro de mis asistentes, dio testimonio del hecho, corrigiendo solamente algunos detalles.

A lo cual Calixto observó:

–Bueno, yo me habré olvidado de algo; pero *lo más es verdad,* es verdad.

–¿Cómo, que eso ha sucedido en la sierra, que es donde se consuman todas las maravillas para un cordobés?

–De eso no me acuerdo bien.

–Padre Marcos, cuando lleguemos a Leubucó, confiéseme ese mentiroso.

–Con mucho gusto –contestó el buen franciscano, siempre dulce, atento y amable en su trato.

Y cuando aquí llegábamos, una voz gritó:

–¡Acá va el camino!

Me detuve, y conmigo todos los que me seguían de cerca; los demás fueron llegando uno tras otro.

–Debemos estar por llegar –dijo Mora–; voy a ver, mi coronel.

Esperé un rato.

Volvió diciendo que estaba muy oscuro, que no podía reconocer la rastrillada más traqueada, que era la que debíamos tomar.

En efecto, un nubarrón pardusco eclipsaba totalmente la luna menguante y las estrellas apenas despedían su vacilante luz por entre la tenue bruma que se levantaba en toda la redondez del horizonte.

Habíamos llegado a otro gran descampado, cuyos límites no se columbraban por la oscuridad.

Ordené que cortaran paja.

Rápidos y ágiles se desmontaron los asistentes y obedecieron.

En un verbo tuvimos hermosas antorchas, y buscando al resplandor de ellas el camino que debíamos seguir, no tardamos en hallarlo.

Iba por él el rastro de Angelito y del cabo Guzmán.

–Han pasado no hace mucho rato –afirmaron los rastreadores– y van con los caballos aplastados y sólo con el montado.

–Angelito va en el picazo –dijo uno.

–Che, y el cabo Guzmán –agregó otro– en el moro clinudo.

Tomamos el camino.

Debíamos estar a una legua. Los primeros toldos no se veían por la lobreguez de la noche.

Llegamos... Era un charco de agua entre dos medanitos. Campamos... Mandé asegurar bien las tropillas y me acosté, no exclamando como el poeta:

Whithout a hope in life.[16]

Al contrario, esperanzado en el favor de Dios que hasta allí me había llevado con felicidad.

Era singular que los indios no nos hubieran sentido todavía; ellos, que son tan andariegos, que se acuestan tan temprano y se levantan con estrellas.

La luz crepuscular anunciaba la proximidad de un nuevo día.

Durmamos...

¡Es fácil conciliar el sueño cuando la civilización no nos incomoda, no nos irrita con sus inacabables inconvenientes, cuando no tiene uno más que echarse, cuando no hay ni el temor de desvelarse, quitándose la ropa, o pensando en lo que la justicia y la generosidad humanas acaban de hacernos o se proponen hacernos!

Lo confieso, en nombre de las cosas más santas. Yo no he dormido jamás mejor ni más tranquilamente que en las arenas de la pampa, sobre mi recado.

Mi lecho, el lecho blando y mullido del hombre civilizado, me parece ahora, comparado con aquél, un lecho de Procusto.

Viviendo entre salvajes he comprendido por qué ha sido siempre más fácil pasar de la civilización a la barbarie que de la barbarie a la civilización.

Somos muy orgullosos. Y sin embargo, es más fácil hacer de *Orión* o de Carlos Keen un cacique, que de Calfucurá o de Mariano Rosas un *Orión* o un Carlos Keen.

¿Hay quien lo ponga en duda?

Me desperté al ruido de los soldados que señalaban toldos acá y acullá.

La curiosidad me puso de pie en un abrir y cerrar de ojos.

Los franciscanos y los oficiales hicieron lo mismo. Ya no se pensó en dormir, sino en las novedades que sin duda, ocurrirían.

El toldo más próximo estaría distante de nosotros unos mil metros.

Divisábamos algo colorado.

Los soldados, con ese ojo de águila que tienen, tan bueno como el mejor anteojo, decían si eran indios o chinas, los contaban y se reían a carcajadas.

Estaban en sus coloquios cuando uno de ellos dijo:

–De aquel toldo salen tres chinas enancadas.. y vienen para acá.

En efecto, no tardamos en verlas llegar, como deteniéndose a cien metros de nuestro volante campamento. Mandé que el lenguaraz les hablara; díjoles que era yo, el coronel Mansilla, que iba de paces, que se acercaran. Las chinas castigaron el flaco mancarrón que montaban enhorquetadas como hombres, medio acurrucadas, y vinieron hacia mí.

Me acerqué a ellas.

Las tres eran jóvenes, dos bien parecidas, una así así. Vestían su traje habitual, que después tendré ocasión de describir, y cada una de ellas traía una sandía. Era un regalo, por si teníamos sed. El agua de la lagunita era impotable, ellas lo sabían.

Acepté el obsequio y les di doce reales bolivianos, azúcar, yerba, tabaco, papel, todo cuanto pudimos: llevábamos bien poca cosa, habiendo quedado los cargueros atrás.

Les pregunté por sus maridos; y contestaron que hacía días andaban boleando.

Que cómo no habían tenido recelo de acercarse, y contestaron que hacía poco acababan de saber por Angelito que iba llegando a su tierra un cristiano muy bueno; que qué miedo habían de tener, siendo además mujeres.

¡Estas mujeres, señor, en todas partes se creen seguras!, y mientras tanto, ¡en dónde no corren riesgo!

No he visto nada más confiado que las tales mujeres (para ciertas cosas, por supuesto).

Era indudable que ya nos habían sentido los indios. Mandé ensillar, para llegar a la Verde y esperar un rato allí, donde hallaríamos buen pasto y excelente agua.

Mi lenguaraz se fue con las chinas al toldo, se cercioró de que no había indios en él y volvió con una ponchada de algarrobo.

Es un entretenimiento muy agradable ir a caballo masticando o chupando esa fruta.

Así fue que en tanto caminábamos funcionaban las mandíbulas.

Ya no íbamos por entre montes, quedando éstos al naciente, al poniente y al frente en lejanía.

Habíamos llegado a un campo que, quebrándose en médanos bastante escarpados, semejaba el paisaje a las soledades del desierto de Arabia.

La vegetación era escasa y pobre. El guadal profundo. Los caballos caminaban con dificultad.

La mañana estaba lindísima.

Veíamos toldos en todas direcciones, lejos; pero indios, jinetes, ninguno.

Y era lo que más deseaban todos.

–Ver indios, indios, eso es lo que quisiera –decían los franciscanos; y yo les replicaba–: Tengan paciencia, padres, que quién sabe si no es para un susto. De médano en médano, de ilusión en ilusión, de esperanza en esperanza, llegamos a la Verde.

Serían las diez de la mañana.

Es una laguna como de trescientos metros de diámetro, profunda, adornada de árboles y escondida en la hoya de un médano que tendrá setenta pies de elevación.

Mandé desensillar y mudar caballos.

Yo, aunque sea esto un detalle que no le interesa mucho al lector, me desnudé y echéme al agua.

Quería inspirar confianza a los que me seguían, y más que a éstos, a los indios si me descubrían en aquel lugar. Ya debían estar prevenidos. Y aquí me detengo hoy. Mañana te contaré los percances del resto del día, en que los franciscanos queridos no ganaron para sustos.

XV

La laguna Verde. Sorpresa. Inspiraciones del gaucho. Encuentros. Grupos de indios. Sus caballos y sus trajes. Bustos. Amenazas. Resolución.

Después que me bañé, que comieron, descansaron y se refrescaron las cabalgaduras en las profundas aguas de La Verde, mandé ensillar, y continuó la marcha.

Estábamos tan cerca ya de Leubucó, que era en verdad sorprendente no se hiciera ver ningún indio.

Angelito y el cabo Guzmán debían estar a esas horas descansando en el toldo de cacique Mariano Rosas, y éste prevenido de que yo llegaría de un momento a otro.

Íbamos con mi lenguaraz haciendo conjeturas y atravesando siempre un terreno guadaloso, sumamente pesado, tanto que los caballos no resistían al trote, cuando al coronar los últimos pliegues de la sucesión de médanos que forman el gran médano de La Verde, divisamos, viniendo al galope, a un indio armado de lanza.

Mi lenguaraz se alarmó...; lo conocí en cierta expresión de sorpresa que vagó por su cara.

–¿Qué hay –le dije– que te llama así la atención?

—Señor —repuso—, los indios no tienen costumbre de andar armados en Tierra Adentro.

—¿Y qué será?

Se encogió de hombros, vaciló un instante y por fin contestó:

—Deben estar asustados.

—Pero, ¿asustados de qué, cuando le he escrito a Mariano, y tú mismo le has traducido y explicado bien a Angelito mi mensaje para Ramón, para él y Baigorrita?

—¡Ah!, señor, los indios son muy desconfiados.

El indio avanzaba hacia nosotros, haciendo molinetes con su larga lanza, adornada de un gran penacho de plumas de flamenco.

Tuve la intención de detenerme. Pero en la disyuntiva de que el indio creyera que lo hacía por recelo de él, y aumentar sus sospechas, si venía a reconocerme, preferí lo último, aun exponiéndome a que por no dejarlo acercarse bastante, no me reconociera bien.

Entre asustarse y asustar, la elección no es nunca dudosa. Un gran capitán ha dicho que una batalla son dos ejércitos que se encuentran y quieren meterse miedo. En efecto, las batallas se ganan, no por el número de los que mueren gloriosamente, luchando como bravos, sino por el número de los que huyen o pierden toda iniciativa, aterrorizados por el estruendo del cañón, por el silbido de las balas, por el choque de las relucientes armas y el espectáculo imponente de la sangre, de los heridos y de los cadáveres.

El indio sujetó su caballo, y con la destreza de un acróbata se puso de pie sobre él, sirviéndole de apoyo la lanza. Venía del sur. Ese era mi rumbo. Seguía avanzando, aunque acortando algo el paso.

El indio continuó inmóvil.

Estaríamos como a tiro de fusil de él, cuando cayendo a plomo sobre el lomo de su caballo, partió a toda rienda en mi dirección, pero visiblemente con el intento de que no nos encontráramos.

Hay aptitudes que no pueden explicarse; sólo la práctica da el conocimiento de ellas: es una especie de adivinación. Nuestros paisanos tienen a este respecto inspiraciones que pasman.

A mí me ha sucedido ir por los campos, y decirme Camilo Arias: allí debe haber animales alzados y han de ser baguales, por el modo como corre ese venado, y en efecto, no tardar muchos minutos en descubrir los ariscos animales, flotando al viento sus largas crines y corriendo impetuosos. ¡Qué hermoso es un potro visto así en los campos!

Destaqué mi lenguaraz sobre el indio, sin detenerme, con la orden de que lo hiciera venir a mí.

Como ni el indio ni yo nos detuviésemos, llegamos a encontrarnos a la misma altura, pero en distintas direcciones. Hubiérase dicho que nos habíamos pasado la palabra, al vernos hacer alto simultáneamente.

Mi lenguaraz se puso al habla con el indio. Habló un momento con él, y volvió diciéndome que quería conocerme.

Piqué mi caballo, y ordenándole a mi gente que nadie me siguiese, partí a media rienda sobre el indio, que me esperaba con el caballo recogido y la lanza enristrada. A los veinte pasos de él, sujeté, diciéndole: ¡Buenos días, amigo! ¡Buenos días!, contestó. Cambiamos algunas palabras más, por medio del lenguaraz, tendientes todas a tranquilizarlo, y él dio vuelta rumbeando al sur a todo escape, y yo, reuniéndome con mi gente, seguí ganando terreno paso a paso.

Mora, mi lenguaraz, parecía de mal talante, y, en efecto, lo estaba, pues habiéndole interrogado, me manifestó las más serias inquietudes.

Hablábamos de las leguas que todavía teníamos que hacer para llegar a Leubucó, discurriendo sobre si seguiríamos por el camino de Garrilobo, que pasa por los toldos del cacique Ramón, o por el de la derecha, que pasa por la lagunita de Calcumuleu, que debíamos encontrar por momentos, cuando avistamos dos indios ocultos en un pliegue del terreno.

No podía saber si alguno de ellos era el mismo con quien acababa de hablar. Lo consulté a Mora.

Fijó su vista, observó un instante, y contestó con aplomo:

–Son otros, el pelo del caballo del primero era gateado.

Los dos indios avanzaron sobre mí resueltamente. Como el anterior, venían armados.

No tardamos en estar muy cerca.

Estos no trataban, como el primero, de buscarme el flanco.

–¡Vienen a toparnos! –decía Mora– ¡Vienen a toparnos! Y vienen en buenos pingos.

–Pues vamos a toparlos, vamos a toparlos –agregaba yo, y esto diciendo, castigué con fuerza el caballo y ordenándole a mi gente que no apuraran el paso, me lancé a escape.

Con la rapidez del relámpago nos hubiéramos topado, si unos y otros no hubiéramos sujetado a unos cincuenta pasos, avanzando después poco a poco, hasta quedar casi a tiro de lanzada.

–Buenos días, amigos, ¿cómo les va? –les dije.

–Buenos días, ché amigo –contestaron ellos.

Y como estuvieran con las lanzas enristradas le observé a mi lenguaraz se los hiciera notar, diciéndoles quién era yo, que iba de paces, y que no traía más gente que la que se veía allí cerca.

Los indios recogieron las lanzas a la primera indicación de Mora, y cuando éste acabó de hablarles, llamando especialmente su atención sobre que yo no llevaba armas, me insinuaron con un ademán el deseo de darme la mano.

No vacilé un punto; piqué el caballo, me acerqué a ellos y nos dimos la mano con verdadera cordialidad. Les ofrecí cigarros, que aceptaron con marcada satisfacción, y quedándome solo con ellos, hice que Mora fuese donde estaba mi gente, en busca de un chifle de aguardiente.

Mientras fue y volvió, nos hicimos algunas preguntas sin importancia, porque ni ellos entendían bien el castellano, ni yo podía hacerme entender en lengua araucana.

Sin embargo, saqué en limpio que el cacique principal, Mariano Rosas, con otros caciques y muchos capitanejos estaban entregados a Baco; el padre Burela[17] había llegado el día antes de Mendoza, con un gran cargamento de bebidas.

Volvió Mora, tomaron mis interlocutores unos buenos tragos, y despidiéndose alegremente, siguieron ellos su camino, que era la dirección de las tolderías de Ramón, y yo el mío.

Mora seguía cabizbajo, a pesar del aire franco de los dos indios. No las tenía todas consigo. ¡Quién sabe qué va a suceder!, decía a cada paso, y luego murmuraba: ¡son tan desconfiados estos indios!

De cálculo en cálculo, de sospecha en sospecha, de esperanza en esperanza, mi caravana se movía pesadamente, envuelta en una inmensa nube de polvo.

Mora decía: Los indios van a creer que somos muchos. Yo seguía tranquilo; un secreto presentimiento me decía que no había peligro.

Hay situaciones en que la tranquilidad no puede ser el resultado de la reflexión. Debe nacer del alma.

El campo se quebraba otra vez en médanos vestidos de pequeños arbustos, espinillos, algarrobos y chañares. Nos aproximábamos a una ceja de monte.

Todos, todos los que me acompañaban, paseaban la vista con avidez por el horizonte, procurando descubrir algo. Marchábamos en alas de la impaciencia, subiendo a la cumbre de los médanos, descendiendo a sus bajíos guadalosos, esquivando los arbustos espinosos, bajo los rayos del sol, que estaba en el cenit, alargándose la distancia cada vez más, por ciertas equivocaciones de Mora, cuando casi al mismo tiempo, varias voces exclamaron: ¡Indios! ¡Indios!

Con efecto, fijando la vista al frente y estando prevenida la imaginación, descubrí varios pelotones de indios armados.

—Parémonos, señor —me dijo Mora.

—No, sigamos —repuse—, pueden creer que tenemos miedo, o desconfiar. Adelantémonos, más bien.

Dejé mi comitiva atrás, aunque mi caballo iba bastante fatigado, y apartándome del camino, que ya habíamos encontrado, y poniéndome al galope, me dirigí al grupo más numeroso de indios.

Tendiendo la vista en ese momento a mi alrededor, vi que me hallaba circulado de enemigos o de curiosos. Poco iba a tardar en saber lo que eran.

Vinieron a decirme que estábamos rodeados.

—Que avancen al tranco —contesté, y seguí al galope. Rápidos como una exhalación, varios pelotones de indios estuvieron encima de mí.

Es indescriptible el asombro que se pintaba en sus fisonomías.

Montaban todos caballos gordos y buenos. Vestían trajes los más caprichosos, los unos tenían sombrero, los otros la cabeza atada con un pañuelo limpio o sucio. Estos, vinchas de tejido pampa, aquellos, ponchos, algunos, apenas se cubrían como nuestro primer padre Adán, con una jerga; muchos estaban ebrios; la mayor parte tenía la cara pintada de colorado, los pómulos y el labio inferior, todos hablaban al mismo tiempo, resonando la palabra: ¡Winca! ¡winca!, es decir: ¡cristiano! ¡cristiano! y tal cual desvergüenza, dicha en el mejor castellano del mundo.

Yo fingía no entender nada.

—¡Buen día, amigo!

—¡Buen día, hermano! —era toda mi elocuencia, mientras mi lenguaraz apuraba la suya, explicando quién era yo, y el objeto de mi viaje.

Hubo un momento en que los indios me habían estrechado tan de cerca, mirándome como un objeto raro, que no podía mover mi caballo. Algunos me agarraban la manga del chaquetón que vestía, y como quien reconoce por primera vez una cosa nunca vista, decían: ¡Ese coronel Mansilla, ese coronel Mansilla!

—Sí, sí —contestaba yo, y repartía cigarros a diestro y siniestro, y hacía circular el chifle de aguardiente. Notando que mi comitiva, siguiendo el camino, se alejaba demasiado de mí, resolví terminar aquella escena.

Se lo dije a Mora, habló éste, y abriéndome calle los indios, marchamos todos juntos al galope, a incorporarnos a mi gente.

Pronto formamos un solo grupo, y confundidos, indios y cristianos, nos acercábamos a un medanito, al pie del cual hay un pequeño bosque. Llámase Aillancó.

Mis oficiales y soldados no sabían qué hacerse con los indios; dábanles cigarros, yerba y tragos de aguardiente.

—*Achúcar* (azúcar) —pedían ellos. Pero el azúcar se había acabado, la reserva venía en las cargas, y no había cómo complacerlos.

Nuevos grupos de indios llegaban unos tras otros. Con cada uno de ellos tenía lugar una escena análoga a la que dejo descrita, siendo remarcable las buenas disposiciones que denotaban todos los indios, y la mala voluntad de los cristianos cautivos o refugiados entre ellos. La afabilidad, por decirlo así, de los unos, contrastaba singularmente con la desvergüenza de los otros. Cuando ésa subió de punto, hablé fuerte, insulté groseramente, a mi vez, y así conseguí imponerles respeto a aquellos desgraciados o pillos, a quienes, viéndonos casi desarmados, se les iba haciendo el campo orégano.

Llegamos a Aillancó, y como allí hay una lagunita de agua excelente, hice alto, eché pie a tierra y mandé mudar caballos.

Mudando estábamos, cuando llegó un grupo de veintiséis indios, encabezados por un hombre blanco, en mangas de camisa, de larga melena, atada con una vincha; de aspecto varonil, un tanto antipático, montando un magnífico caballo overo negro, perfectamente ensillado, con ricos estribos de plata y chapeado, que haciendo sonar unas grandes espuelas, también de plata, y blandiendo una larguísima lanza, y dirigiéndose a mí y sofrenando de golpe el caballo, me dijo: Yo soy Bustos.

–Me alegro de saberlo –le contesté con disimulada arrogancia.

–Soy cuñado del cacique Ramón –añadió, cruzando la pierna derecha sobre el pescuezo de su caballo.

–Soy el coronel Mansilla –repuse, imitando su postura, y añadiendo–: ¿Cómo está el cacique Ramón?

Contestóme que estaba bueno, que mandaba saludarme con todos mis jefes y oficiales, y a saber por qué razón habiendo llegado a sus tierras, pasaba de largo por ellas.

Le dije, agradeciéndole el saludo: que no pasaba de largo por sus tierras callado la boca; que el día antes había adelantado al indio Angelito y al cabo Guzmán con un mensaje.

Me dijo que precisamente de ahí nacía la sorpresa de Ramón, que ellos habían dicho que antes de llegar a las tolderías del cacique Mariano, yo pasaría por las de Ramón.

Seguimos cambiando palabras sobre este tópico, y no tardé en apercibirme de que el cacique Ramón hacía una mistificación ex profeso del mensaje que recibiera.

Ni el indio Angelito ni el cabo Guzmán podían haberse equivocado. Era sumamente difícil. Yo me aseguré, antes de despacharlos de Coli-Mula, de que me habían entendido perfectamente bien.

Por otra parte, mi carta al cacique Mariano era terminante, y las tolderías de éste no distan tanto de las de Ramón, como para que no hubiera tenido tiempo de prevenirlo.

Mi diálogo con el *caballero Bustos,* se prolongó bastante, porque él hablaba castellano lo mismo que yo. Me avisaron que los caballos estaban prontos, preguntándome si quería mudar el mío.

Contesté que sí, que me tomaran otro; y ofreciéndole a Bustos un cigarro, eché pie a tierra, y convidándole a hacer lo mismo, le dije que pensaba llegar en un rato al toldo de Mariano Rosas.

Mientras me mudaban el caballo, hice extender un poncho bajo un árbol, y sentados en él nos pusimos a platicar como dos viejos conocidos.

Me trajeron el caballo, y cuando ponía el pie en el estribo despidiéndome de Bustos, a quien conocí le había caído en gracia, llegaron simultáneamente por dos rumbos distintos dos grupos de indios.

El uno venía de los toldos de Ramón, y el otro de los toldos de Mariano.

El de Mariano lo encabezaba un capitanejo, hombre de malas pulgas, como se verá después.

El otro, un indio cualquiera.

Mariano mandaba saludarme; Ramón a decirme que ya salía a encontrarme.

Despedí al primero con mis agradecimientos, y me dispuse a esperar a Ramón.

Esperándolo estaba, conversando con Bustos, mi comitiva charlaba y se entretenía con los demás indios y con unas chinas que acababan de llegar enancadas de a tres, cuando fuimos acometidos por unos cuantos indios, que, lanza en ristre, y viniendo hacia mí gritaban: *¡winca! ¡winca! ¡matando! ¡matando, winca!*

Eché una mirada a mi alrededor, y vi que mi gente estaba resuelta a todo, y con disimulada irritación, le dije a Bustos: ¿Pensarán éstos hacer alguna barbaridad?

Los bárbaros estaban ya encima. Hablóles Bustos y mi lenguaraz en su lengua, y echándose sobre ellos las chinas, sin temor de ser pisoteadas por los caballos, y asiéndose vigorosamente de sus lanzas se las arrancaron de las manos. Los indios bramaban de coraje. Felizmente, el incidente no pasó de ahí.

Los augurios y temores de mi lenguaraz amenazaban confirmarse. Pero ya estábamos en las astas del toro, y no era cosa de retroceder.

Volvió el *embajador* del cacique Ramón. ¿Con qué embajada? Mañana lo sabrás.

XVI

El embajador del cacique Ramón y Bustos. Desconfianzas del cacique. Quién era Bustos. Caniupán. Otra vez el embajador de Ramón y Bustos. Un bofetón a tiempo. MARI PURRÁ WENTRÚ. Recepción. Retrato de Ramón. Exigencia de Caniupán. ¡Lo mando al diablo! Conformidad.

Regresó el embajador de Ramón.

En lugar de dirigirse a mí, se dirigió a Bustos.

¿Qué le dijo? Ni lo supe, ni lo sé. Mi lenguaraz no tenía suficiente libertad para hablar conmigo, porque, a más de pertenecer a las tolderías de Ramón, cuyo cuñado estaba allí, a mi lado, rodeábannos muy de cerca muchísimos indios, que atentos y curiosos, no apartaban sus miradas de mí, como queriendo penetrar mis pensamientos.

Lo que no podía ocultárseme era que Bustos y el embajador no estaban acordes. El primero se expresaba con verbosidad, con calor y perceptible descontento.

Mora, aprovechando un instante de distracción de Bustos, me insinuó con aire significativo que Ramón desconfiaba y que Bustos me defendía.

No me había engañado. El hombre había simpatizado conmigo. Ya tenía un aliado. Traté, pues, de acabar de hacer su conquista, afectando la mayor tranquilidad, disimulando que conocía las desconfianzas de Ramón, y encontrando muy natural todo lo que hasta entonces había pasado.

El embajador partió de nuevo, y Bustos y yo seguimos conversando, dándome mala espina el que a cada rato me dijera, como queriendo justificar el extraño proceder de Ramón, que con toda astucia y disimulo me retenía en el camino:

–No tenga miedo, amigo.

–No, no hay cuidado –contestaba yo.

Y bajo la influencia de estas admoniciones, comencé a engendrar sospechas, inclinándome a creer que había andado muy ligero al hacerme la idea de que el hombre había simpatizado conmigo.

Estábamos platicando, habiéndome dicho que había nacido en el antiguo fuerte Federación, hoy Villa de Junín, que su madre fue india y su padre un vecino de Rojas, de apellido Bustos, que en un tiempo fue comandante de Guardia Nacional. Mi comitiva, asediada por los indios, que pedían cuanto sus ojos veían, repartía cigarros, yerba, fósforos, pañuelos, camisas, calzoncillos, corbatas, todo lo que cada uno llevaba encima y le era menos indispensable. De repente, sintióse un tropel, y envueltos en remolinos de polvo, llegaron unos treinta indios, sujetando los caballos tan encima de mí, que si hubieran dado un paso más me hubieran pisoteado.

Bustos no pudo prescindir de gritarles: ¡Eeeeeh!

Yo, sin moverme del sitio en que estaba, ni cambiar de postura, fruncí el ceño y clavé la mirada en el que venía haciendo cabeza, que encarándoseme y llevando la mano derecha al corazón, me dijo:

–¡Ese soy Caniupán! ¡Capitanejo Mariano Rosas! (y volviendo a señalarse a sí propio). ¡Ese indio guapo!

Seguí mirándolo con torvo ceño.

Junto con las palabras ¡winca! ¡winca! se oyeron algunas otras groseras, de calibre grueso.

Bustos me dijo:

—Montemos a caballo.

Lo tenía ahí cerca, y sin esperar otra insinuación, me levanté del suelo y monté.

Mora me dijo, al hacerlo:

—Caniupán quiere hablar con usted, señor.

—Pues que hable lo que guste, dile.

Díjome por medio del lenguaraz:

Que Mariano Rosas mandaba saludarme con todos mis jefes y oficiales; que sentía muchísimo no poder recibirme ese día como yo lo merecía; que al día siguiente me recibiría; que tuviese a bien acampar donde me encontraba.

Contestéle con la mayor política, resignándome a pasar la noche en Aillancó, y viendo ya que todas aquellas dilaciones eran calculadas.

Mientras el capitanejo y yo hablábamos, varios indios, particularmente uno chileno, nos interrumpían con sus gritos, echándome encima el caballo y metiéndome, por decirlo así, las manos en la cara.

Hasta donde era posible me daba por no apercibido de estas amabilidades, que llegaron a alarmarme seriamente, cuando vi que un indio lo atropelló al padre Marcos, pechándolo con el caballo, en medio de un grito estentóreo; cariño que el reverendo franciscano recibió con evangélica mansedumbre, a pesar de haber andado por las gavias, lo mismo que su compañero, el padre Moisés, que simultáneamente era objeto de otra demostración por el estilo.

El indio chileno vociferaba algo que debían ser amenazas de muerte.

Bustos, que no se separaba de mi lado, volvió a decirme:

—No tenga miedo, amigo.

Le contesté, con tono áspero y fuerte:

—Usted me está fastidiando ya con su: No tenga miedo, amigo —y echando un voto cambrónico[18], agregué—: Dígame eso cuando me vea pálido.

Algunos indios que entendían el castellano, exclamaron a una: ¡Ese coronel Mansilla, ese cristiano toro!

Caniupán me dijo con aire imperioso: Dame un caballo gordo para comer.

—¿Conque habías entendido la lengua? —le dije.

—Poquito —repuso el indio—, ¿dando caballo?

—Sí.. en eso estoy pensando.

El capitanejo iba a contestar, cuando el embajador de Ramón se presentó por tercera vez.

Habló con Bustos, parando la oreja todos los indios que me rodeaban, porque lo hacía con aire misterioso. Bustos contestaba con monosílabos que me parecían significar solamente sí y no. Dirigiéndose a los circunstantes, me dijo:

—Dice el cacique Ramón que usted no es el coronel Mansilla, que el coronel vendrá atrás con la demás gente.

Lo llamé a Mora y le dije:

–Vete al toldo de Ramón, asegúrale que yo soy el coronel Mansilla, que mande algún indio de los que han estado en el río Cuarto a reconocerme y quédate en rehenes.

Mora contestó:

–Le voy a decir que si lo engaño, me degüelle.

Y dirigiéndose a Bustos, al separarse de mi lado, añadió:

–Amigo, sepáremelo al coronel, por si quiere conversar con alguno.

La resolución con que se separó Mora de mi lado, acompañado del embajador, produjo un efecto inesperado en los indios. Cesaron sus impertinencias, continuando, sin embargo, las de algunos cristianos.

A uno de mis soldados se le fue la mano y le plantificó un bofetón al más atrevido de ellos, diciéndole:

–¡Toma, chachino pícaro!

El cristiano quiso hacer barullo, pero los otros colegas no lo ayudaron, y menos los indios.

El soldado era un diablo. Echó el bofetón a la risa, y esgrimiendo un chifle de aguardiente, gritaba encaramándose con los que le parecían más capaces de una avería: Bebiendo, peñi *(peñi quiere decir hermano)*.

Por algunos indios sueltos que llegaron, supe que el cacique Ramón no estaba en su toldo, sino que se hallaba allí cerca, dentro del monte; que Mora ya estaba con él, que se hacían los preparativos para recibirme.

Detrás de éstos llegó un propio, y después de hablar con Bustos, me dijo éste:

–Amigo, haga formar su gente y dígame cuántos son.

Llamé al mayor Lemlenyi, y le di mis órdenes.

Cumplidas éstas, le dije a Bustos:

–Somos cuatro oficiales, once soldados, dos frailes y yo.

–Bueno, amigo, déjelos así formados en ala como están.

Y dirigiéndose al propio, le dijo: entre otras cosas, *Mari purrá wentrú,* palabras que comprendí y que querían decir *dieciocho hombres*.

Mientras mi gente permanecía formada, mis tropillas andaban solas. Yo estaba con el Jesús en la boca, viendo la hora en que me dejaban con los caballos montados. Bustos despachó de regreso al propio.

Siguiendo sus insinuaciones al pie de la letra, primero, porque no había otro remedio; segundo... Aquí se me viene a las mientes un cuento de cierto personaje, que queriendo explicar por qué no había hecho una cosa, dijo:

"No lo hice, primero, porque no me dio la gana, segundo...". Al oír esta razón, uno de los presentes le interrumpió diciendo: "Después de haber oído lo primero, es excusado lo demás".

Iba a decir que siguiendo las insinuaciones de Bustos, me puse en marcha con mi falange formada en ala, yendo yo al frente, entre los dos frailes.

Anduvimos como unos mil metros, en dirección al monte donde se hallaba el cacique Ramón.

Llegó otro propio, habló con Bustos, y contramarchamos al punto de partida. Esta evolución se repitió dos veces más.

Como se hiciera fastidiosa, le dije a Bustos, sin disimular mi mal humor.

–Amigo; ya me estoy cansando de que jueguen conmigo. Si sigue esta farsa mando al diablo a todos y me vuelvo a mi tierra.

–Tenga paciencia –me dijo–, son las costumbres. Ramón es buen hombre, ahora lo va a conocer. Lo que hay es que están contando su gente bien.

Oyéronse toques de corneta.

Era el cacique Ramón que salía del bosque, como con ciento cincuenta indios.

A unos mil metros de donde yo estaba formado en ala, el grupo hizo alto; tocaron llamada, y se replegaron a él todos los otros que habían quedado a mi espalda, excepto el de Caniupán, que formó en ala, como cubriéndome la retaguardia.

Tocaron marcha, y formaron en batalla.

Serían como doscientos cincuenta. Un indio seguido de tres trompas que tocaban a degüello recorría la línea de un extremo a otro en un soberbio caballo picazo, proclamándola.

Era el cacique Ramón.

Llegaron dos indios y mi lenguaraz, diciéndome que avanzara. Y Bustos, haciendo que los franciscanos me siguieran como a ocho pasos, se puso a mi izquierda, diciéndome:

–Vamos.

Marchamos.

Llegamos a unos cien metros del centro de la línea de los indios, al frente de la cual se hallaba el cacique teniendo un trompa a cada lado, otro a retaguardia.

Caniupán me seguía como a doscientos metros.

Reinaba un profundo silencio.

Hicimos alto.

Oyóse un solo grito prolongado que hizo estremecer la tierra, y convergiendo las dos alas de la línea que teníamos al frente, formando rápidamente un círculo, dentro del cual quedamos encerrados, viendo brillar las dagas relucientes de las largas lanzas adornadas de pintados penachos, como cuando amenazan una carga a fondo.

Mi sangre se heló...

Estos bárbaros van a sacrificarnos, me dije...

Reaccioné de mi primera impresión, y mirando a los míos: Que nos maten matando —les hice comprender con la elocuencia muda del silencio.

Aquel instante fue solemnísimo.

Otro grito prolongado volvió a hacer retemblar la tierra.

Las cornetas tocaron a degüello...

No hubo nada.

Lo miré a Bustos como diciéndole:

—¿De qué se trata?

—Un momento —contestó.

Tocaron marcha.

Bustos me dijo:

—Salude a los indios primero, amigo, después saludará al cacique.

Y haciendo de *cicerone,* empezó la ceremonia por el primer indio del ala izquierda que había cerrado el círculo. Consistía ésta en un fuerte apretón de manos, y en un grito, en una especie de hurra dado por cada uno de los indios que iba saludando, en medio de un coro de otros gritos que no se interrumpían, articulados abriendo la boca y golpeándosela con la palma de la mano.

Los frailes, los pobres franciscanos, y todo el resto de mi comitiva hacían lo mismo.

Aquello era una batahola infernal.

¡Imagínate, Santiago amigo, cómo estarían mis muñecas después de haber dado unos doscientos cincuenta apretones de mano!

Terminado el saludo de la turbamulta, saludé al cacique, dándole un apretón de mano y un abrazo, que recibió con visible desconfianza de una puñalada, pues, sacándome el cuerpo, se echó sobre el anca del caballo.

El abrazo fue saludado con gritos, dianas y vítores al coronel Mansilla.

Yo contesté:

—¡Viva el cacique Ramón! ¡Viva el Presidente de la República! ¡Vivan los indios argentinos!

Y el círculo de jinetes y de lanzas se quebró en todas partes, desparramándose los indios al son de las dianas que no cesaban, haciendo molinetes con las lanzas, dándose de pechadas los unos a los otros, cayendo aquí, levantándose allá, ostentando los más diestros su habilidad, *rayando* los corceles, hasta que jadeantes de fatiga les corría el sudor como espuma.

Los gritos de regocijo se perdían por los aires.

El cacique Ramón y yo rodeados de pedigüeños, tomamos el camino de Aillancó.

Llegamos...

Extendiendo ponchos bajo los árboles y formando rueda, nos pusimos a parlamentar entre mate y mate, entre trago y trago de aguardiente.

Hube de echar las entrañas por la boca.

No estaba en carácter, y no había más remedio que hacer bien mi papel.

Obsequié al cacique lo mejor que pude con lo poco que llevaba.

Tenía que armarle y encenderle yo mismo el cigarro, que probar primero que él el mate y la bebida para inspirarle confianza plena.

El cacique Ramón es hijo de indio y de una cristiana de la Villa de la Carlota.

Predomina en él el tipo de nuestra raza.

Es alto, fornido, tiene ojos pardos, cabello algo rubio, ancha frente y habla muy ligero.

Es en extremo aseado. Viste como un paisano rico.

Quiere bien a los cristianos, teniendo muchos en sus tolderías y varios a su alrededor.

Tendrá cuarenta años.

Todo su aspecto es el de un hombre manso, y sólo en su mirada se sorprende a veces como un resplandor de fiereza. Es de oficio platero; siembra mucho todos los años, haciendo grandes acopios para el invierno, y sus indios lo imitan.

Su padre ha abdicado en él el gobierno de la tribu. Charlamos duro y parejo.

Me agradeció con marcada expresión de sentimiento todo cuanto había hecho en el río Cuarto por su hermano Linconao, a quien con mis cuidados salvé de las viruelas, preguntándome repetidas veces si siempre vivía en mi casa, que cuándo volvería a su tierra.

Contestéle que estuviera tranquilo, que su hermano quedaba muy bien recomendado; que no lo había traído conmigo porque estaba convaleciente, muy débil y que el caballo le habría hecho daño.

Me instó encarecidamente a visitarlo en su toldería, ofreciéndome presentarme su familia. Le prometí hacerlo de regreso, y nos separamos ofreciéndome visita para el día siguiente.

Bustos se marchó con él, pidiéndome por supuesto una botellita de aguardiente.

Le di la última que quedaba.

Mora se quedó a mi lado, diciéndome Ramón que lo conservara tanto cuanto lo necesitara.

Apenas se alejaba Ramón, se presentó el capitanejo Caniupán, insistiendo en que le diera un caballo gordo para comer.

El pedido tenía todo el aire de una imposición. Me negué redondamente.

Insistió chocándome, y le contesté que dónde había visto que un hombre gaucho diera sus caballos; que los necesitaba para volverme a mi tierra, que si creía que me iba a quedar toda la vida en la suya.

Me dijo algo picante. Lo mandé al diablo.

Los que le seguían murmuraron algo que podía traer un conflicto.

Creí prudente aflojar un poco la cuerda, y como haciendo una transacción, ordené con muy mal modo que le dieran una yegua.

Llevaba dos gordas para cuando se nos acabara el charqui, lo que probablemente sucedería esa noche, si teníamos muchos huéspedes.

Le entregaron la yegua, la carnearon en un santiamén y se la comieron cruda, chupando hasta la sangre caliente del suelo.

En el sitio del banquete no quedaron más residuos que las panzas, en las que se cebaron después algunos caranchos famélicos.

La tarde se acercaba, y las visitas raleaban.

Llegó un hijo de Mariano Rosas, con unos cuantos. Mandábame saludar nuevamente su padre; quería saber cómo me había ido; recomendarme sobre todo, en todos los tonos, *tuviera mucho cuidado con los caballos.* Contesté secamente.

Marchóse el mensajero, se puso el sol, acomodáronse los caballos teniéndolos a *ronda cerrada,* se recogió bastante leña, se hizo un fogón, nos pusimos en torno, circuló el mate y comenzó la charla.

Discurriendo sobre lo que había pasado durante el día, cambiando ideas con Mora, no me quedó duda de que los indios temían un lazo. Iban, por consiguiente, a hacerme demorar en el camino con pretextos, hasta que regresasen sus descubiertas y se aseguraran y persuadieran de que tras de mí no venían fuerzas.

No debía impacientarme.

¡Gran virtud es la conformidad! Me resigné a mi suerte. Filosofábamos con los frailes, y como Dios es inmensamente bueno, nos inspiró confianza, y concediéndonos un sueño reparador, nos permitió dormir en el suelo desigual, lo mismo que en un lecho de plumas y rosas.

XVII

Un cuerpo sano en alma sana. El mate. Un convidado de piedra. Pánico y desconfianzas de los indios. Historias. Un mensajero de Caniupán. Visitas. En marcha. Calcumuleu. Nuevo mensajero. La noche. Amonestaciones. Primer regalo. Unos bultos colorados.

Los franciscanos, como de costumbre, habían hecho sus camas muy cerca de mí.

Así dormíamos siempre.

Yo se los había recomendado.

La abnegación generosa de estos jóvenes misioneros, su paciente conformidad en los peligros, su carácter afable, su porte siempre comedido, sus mismas simpáticas fisonomías, todo, todo lo que constituye la persona física y moral, inspiraba hacia ellos una fuerte adhesión.

Se concibe, pues, que unido a estos sentimientos el deber que tenía de cuidarlos, tratara de tenerlos constantemente a mi lado.

Cuerpo sano en alma sana es roncador.

Los reverendos roncaban a dúo, haciendo el padre Moisés de tenor y el padre Marcos de bajo profundo. Estuve tentado algunas veces de hacerles alguna broma, pero debían estar tan fatigados, que habría sido imperdonable arrancarles a un sueño que, si no era interesante, debía ser agradable y reparador.

No pude continuar durmiendo.

Me puse a soñar despierto, y después de hacer unos cuantos castillos en el aire, llamé un asistente y le ordené que hiciera fuego.

Cuando la vislumbre del fogón me anunció que mis órdenes estaban cumplidas, hube de levantarme.

Seguí *morrongueando* y contemplando las estrellas que tachonaban el firmamento, anunciando ya su trémula luz la proximidad del *rey del día,* hasta que sentí hervir el agua.

Levantéme, sentéme al lado del fogón y mientras mi gente dormía como unos bienaventurados, yo apuraba la caldera, junto con Carmen, echándonos al coleto sendos mates de café.

Carmen había salvado un poco de azúcar, felizmente; y a propósito de esto, tuve que resignarme a escuchar su cariñoso reproche de que no diera tanto, porque pronto nos quedaríamos sin cosa alguna.

Yo estaba distraído, viendo arder la leña, carbonizarse, volverse ceniza y desaparecer la materia, por decirlo así, cuando Carmen exclamó:

–Ya viene el día.

–Pues despierta a Camilo –le dije–, que venga a tomar mate.

Dicho esto cambié de postura, me recosté sobre el brazo derecho y me quedé dormitando un momento.

Los buenos días de Camilo me hicieron abrir los ojos, y enderezarme perezosamente, haciendo con los brazos una especie de aleteo que duró tanto cuanto mi boca se abrió y cerró para bostezar.

Al sentarse Camilo le oí decir: ¡Buen día, amigo! Y como la salutación despertara en mí la curiosidad de saber a quién se dirigía, tendí la vista alrededor del fogón y vi un indio rotoso, sin sombrero, tiritando de frío, acurrucado como un mono al lado de la bolsa en que Carmen tenía el azúcar, chupándose los dedos de la mano derecha y metiendo la izquierda con disimulo en aquélla.

–¿Cómo va, hermano? –le dije.

–Bueno, hermano –contestó fingiendo un estremecimiento, y añadió, llevando un puñado de azúcar a la boca:

—Mucho frío ese pobre indio.

Le hice dar un poncho calamaco que llevaba entre mis caronas.

Continué conversando, y supe que había pasado la mayor parte de la noche cerca de nosotros; que su toldo estaba inmediato; que cuando había vuelto a él, el día antes, después de haber andado con la gente de Ramón, se había encontrado sin su familia, la que junto con otras andaba huyendo por los montes, porque decían que los cristianos traían un gran malón; que el indio Blanco, que había llegado de Chile al mismo tiempo que yo, era el autor de la mala nueva; que todos estaban muy alarmados, que habían mandado tres grandes descubiertas para el norte, para el naciente y para el poniente, por los caminos del Cuero, del Bagual y las Tres Lagunas, cada una de cincuenta hombres, y que la alarma duraría hasta que no viniese el parte sin novedad.

Era la confirmación de mis conjeturas.

¡Quién sabe lo que va a suceder —decía yo para mis adentros—, si las tales descubiertas avanzan demasiado sobre las fronteras de San Luis, Córdoba y sur de Santa Fe! Nada de extraño tiene que las sientan, que las tomen por una invasión, que las fuerzas se muevan y salgan al sur, y que los descubridores traigan un parte falso.

Los franciscanos me sacaron de estas reflexiones dándome los buenos días, y sentándose en la rueda del fogón, que convidaba con sus hermosas brasas.

Después de los padres, se levantaron y ocuparon su puesto los oficiales, y la conversación se hizo general, ponderando todos sin excepción alguna lo bien que habían dormido.

Los padres no necesitaban jurarlo.

El indio era muy ladino; nos entretuvo un rato contándonos una porción de historias; entre ellas nos habló de un pariente suyo que había vivido sin cabeza; de unos indios que dizque vivían en tierras muy lejanas, que se alimentaban con sólo el vapor del puchero; de otros que corren tan ligero como los avestruces, que tienen las pantorrillas adelante, pretendiendo hacernos creer que todo cuanto decía era verdad.

Yo no sé si él lo creía, pero parecía creerlo.

Varias veces le pregunté si él había visto esas cosas. Me contestó que no, que su padre se las había contado. Por supuesto, que éste tampoco las había visto: se las había contado el abuelo de nuestro interlocutor.

Pero, ¿qué tenía de extraño que un pobre indio creyese tales patrañas, cuando uno de mis ayudantes, el mayor Lemlenyi, creía, porque se lo había contado no sé qué chusco, que en Patagones hay unos indios que tienen el rabo como de una cuarta, cuyos indios antes de sentarse en el suelo, hacen un pocito con el dedo, o con el mismo rabo, para meterlo en él y estar con más comodidad?

Las creederas de la humanidad suelen tener unas proporciones admirables.

Todo cabe dentro de ellas –la verdad lo mismo que la mentira.

Si me apurasen mucho, demostraría que es más común creer en la mentira que en la verdad.

Maquiavelo dice que el que quiera engañar, encontrará siempre quien se deje engañar, lo que prueba que si no hay quien mienta más, no es por la dificultad de encontrar quien crea, sino por la dificultad de encontrar quien se resuelva a mentir.

Amaneció.

Me trajeron el parte de que en las tropillas no había novedad. En cambio, la yegua que conservaba para comer había muerto envenenada por un yuyo malo.

Íbamos a estar frescos si esa tarde no llegaban las cargas.

Cuando salía el sol, se presentó un mensajero de Caniupán, y después de darme los buenos días con muchísima política, de preguntarme si había dormido bien, si no había habido novedad, si no había perdido algunos caballos, me notificó que el capitanejo vendría a visitarme al rato. Devolví los saludos y contesté que estaba pronto.

El mensajero pidió cigarros, aguardiente, yerba, *achúcar, achúcar,* se lo dieron y se marchó.

Poco a poco fueron llegando *visitantes,* o mejor dicho curiosos, porque no se bajaban del caballo, sino que, echados sobre el pescuezo, se quedaban largo rato así mirándonos, y luego se marchaban diciendo algunas veces: "Adiós, amigo", pidiendo otras un cigarro.

La visita anunciada llegó a las dos horas. Le acompañaban veintitantos indios. Se apeó del caballo, después de saludar cortésmente, me dio un mensaje de Mariano Rosas y tomó asiento en el suelo, a mi lado, pidiéndome con la mayor familiaridad un cigarro.

Arméselo, encendílo yo mismo, y se lo puse en la boca por decirlo así.

Mariano Rosas me invitaba a cambiar de campamento, a avanzar una legua; y me pedía disculpas.

El comisionado le disculpaba por su cuenta confidencialmente diciéndome que estaba *achumado* (ebrio). Mandé tomar caballos y ensillar, y como el terreno era muy quebrado, durante la operación se distrajeron los caballerizos y me robaron dos pingos.

Se lo dije a Caniupán, manifestándole con *grosería* que aquello era mal hecho, que Mariano Rosas estaba en el deber de tomar a los ladrones, para castigarlos y hacerles entregar mis caballos si no se los habían comido. Y quise hacer aquella comedia de enojo, porque entre bárbaros más vale pasar por brusco que por tonto.

Caniupán hizo la suya; me aseguró que los ladrones serían perseguidos, tomados y castigados, pero él sabía perfectamente bien que nadie lo había de hacer. Por supuesto que no lo hicieron. Perdí, pues, mis caballos, quedándome sólo la satisfacción de haber refunfuñado un rato con desahogo.

Avisáronme que todo estaba pronto para la marcha. Se lo previne a mi conductor y nos pusimos en viaje.

Los indios no andan jamás al tranco cuando toman el camino.

Al entrar en el que debíamos seguir, me dijo Caniupán, poniéndose al galope:

–Galope, amigo.

Yo, que no quería dejarme dominar ni en las cosas pequeñas, ni contesté, ni galopé.

–Galope, galope, amigo –me gritó el indio.

Si yo hubiera estado prisionero, no me habría hecho tan mal efecto aquella especie de imposición.

–No quiero galopar –le contesté.

Y como algunos de los míos que venían atrás, viendo el aire de la marcha de los indios, llegasen galopando:

–¡Despacio!, ¡despacio! –les grité.

Los indios se fueron adelante formando un grupo; los cristianos nos quedamos atrás, formando otro. Sujetaron ellos para esperarnos. Yo seguí al tranco, y al ponerme a su altura piqué el caballo, le apliqué un fuerte rebencazo, y gritándoles a los míos: ¡al galope!, galopamos todos, y digo todos, hablando con propiedad, porque también los indios galoparon poniéndose Caniupán a la par mía.

El punto a donde nos dirigimos era en la Laguna de Calcumuleu, que quiere decir *agua en que viven brujas*. Distaba una legua larga de Aillancó y quedaba como a seiscientos metros de la orilla del monte de Leubucó.

De consiguiente, poco demoramos en llegar.

El lugar no presenta ninguna particularidad. Es una lagunita como hay muchas, reduciéndose su mérito a tener vertientes de agua potable casi siempre. Sus bordes son bajos; estaban adornados de tal cual arbusto.

Al llegar, Caniupán me dijo:

–Aquí es donde dice Mariano que puede parar.

–Está bien –le contesté, haciendo alto, echando pie a tierra, y ordenando que camparan.

El indio vio desensillar los caballos, sacar las tropillas a cierta distancia para que comieran mejor, y cuando pareció no quedarle duda de que de allí no me movería, se despidió recomendándome unas cuantas veces el mayor cuidado con los caballos, y se fue, a Dios gracias, dejándome en paz, pero no sin que quedaran por ahí, dispersos, a manera de espías, unos cuantos de los mismos que yo había visto llegar con él, hacía un rato, a Alliancó.

Era hora de comer algo sólido. Se hizo fuego, se cebó mate, se intentó hacer algunos asados, pero el charqui había desaparecido. Fue menester apretarse la barriga, y seguir dándole a la yerba y al café.

Todo el resto de ese día pasaron incesantemente indios, del norte para el sur, del sur para el norte. Todos se detenían, se acercaban, nos miraban y luego proseguían su camino.

Algunos conversaban largo rato con mi gente. Los franciscanos eran siempre los más solícitos en dirigirles la palabra, y en ofrecerles un trago de un botellón de cominillo, que no sé cómo no había volado ya.

Yo me propuse no hablar con nadie ese día, a no ser que viniera ex profeso, mandado por alguien; así fue que me lo llevé paseando por la costa de la laguna, leyendo a Beccaria a ratos, otras veces, un juicio crítico sobre las obras de Platón, de ese filósofo inmortal a quien podría tributársele el fanático homenaje de mandar quemar todo cuanto se ha escrito sobre filosofía, desde sus días hasta la fecha, sin que por eso las ciencias especulativas perdieran gran cosa.

Al caer la tarde, llegó un nuevo mensajero de Mariano Rosas, con una retahíla de preguntas y recomendaciones, que terminaban todas con esta recomendación sacramental: que tenga mucho cuidado con los caballos. Recibí y despedí secamente al mensajero, llamándome sobremanera la atención no tener hasta ese instante noticia alguna del capitán Rivadavia, que hacía dos meses se encontraba entre los indios, con motivo del tratado que desde el año pasado venía negociando yo con ellos.

Llegó la noche; se hizo un gran fogón, nos comimos una mula de las más gordas y algunos peludos, y repletos y contentos, se cantó, se contaron cuentos y se durmió hasta el amanecer del siguiente día.

Iba amaneciendo cuando me desperté; llamé a Camilo Arias, y le pregunté si había habido alguna novedad. Contestóme que no, aunque habíamos estado rodeados de espías. Me incorporé en el blando lecho de arena, dirigí la visual a derecha e izquierda; a la espalda y al frente, y en efecto, los que habían velado nuestro sueño estaban todavía por ahí.

Calentó el sol y empezaron a llegar visitantes y a incomodarnos con pedidos de todo género, tanto que tuve que enfadarme cariñosamente con mis ayudantes Rodríguez y Ozaprowski, porque al paso que iban, pronto se quedarían en calzoncillos.

–Bueno es dar –les dije–, mas es conveniente que estos bárbaros no vayan a imaginarse que les damos de miedo.

Estaba haciéndoles estas prudentes observaciones sobre la regla de conducta que debían observar, y como un indio me pidiera el pañuelo de seda que tenía al cuello, aproveché la ocasión para despedirlo con cajas destempladas.

Gruñó como un perro, refunfuñó perceptiblemente una desvergüenza, añadiendo: cristiano malo, y se fue.

Al rato vino, con cinco más, un nuevo mensajero de Mariano Rosas.

Le recibí con mala cara.

–Manda decir el general que cómo está –me preguntó

–Tirado en el campo, dígale –le contesté.

–Manda decir el general, que cómo le va –añadió.

–Dígale –repuse– que busque una bruja de las que viven en estas aguas que le conteste cómo le irá al que no teniendo qué comer se está comiendo las mulas que necesita para volverse a su tierra.

–Manda decir el general –continuó– si se le ofrece algo.

–Dígale al general –contesté, echando un voto tremendo– que es un bárbaro, que está desconfiando de un hombre de bien que se le entrega desarmado, y que otro día ha de creer en algún pícaro de mala fe que lo engañe.

El mensajero hizo un gesto de extrañeza al oír aquella contestación; advirtiéndolo yo, agregué:

–Y dígaselo, no tenga miedo.

Dicho esto, le di la espalda, y viendo él que yo no tenía ganas de seguir conversando, recogió el caballo y se dispuso a partir. Mas en ese momento llegó un grupo de indios del norte, y mezclándose con ellos, allí se quedaron hablando –según me dijo Mora después– de que no había novedad por el Cuero y que más allá no sabían.

Al rato, cuando ya se iban, uno de ellos fue a pasar por entre los dos franciscanos que estaban descansando en el suelo como a dos varas uno de otro.

Gritéle con voz de trueno, saltando furioso sobre él para sofrenarle el caballo y empuñando mi revólver, dispuesto a todo:

–¡Eh! ¡No sea bárbaro! ¡No me pise a los padrecitos! Y el hombre, que no había sido indio sino cristiano, sujetando de golpe el caballo, casi en medio de los padres, contestó:

–Yo también sé.

–¿Y si sabes, pícaro, por qué pasas por ahí?

–No les iba a hacer nada –repuso.

–¡Conque no les ibas a hacer nada, bandido!

Calló, dio vuelta, les habló a los indios en su lengua, siguiéronle éstos, y se alejaron todos, habiendo pasado los pobres padres un rato asaz amargo, pues creyeron hubiese habido una de pópulo bárbaro.

¡Extraños fenómenos del corazón humano!

Algunas horas después de esta escena, a la que nada notable se siguió, ese mismo hombre tan duramente tratado por mí, se presentó diciéndome:

–Mi coronel, aquí le traigo este cordero y estos choclos.

El hombre inculto había cedido, justo era que yo cediera a mi vez.

–Gracias, hijo le contesté–; ¿para qué te has incomodado? Apéate, tomaremos un mate y me contarás tu vida.

Apeóse del caballo, maneólo, sentóse cerca de mí y después de algunas palabras de comedimiento dirigidas a los franciscanos, nos contó su historia.

En ese instante gritaron que se avistaban, saliendo del monte, unos bultos colorados.

Ya sabremos lo que era.

XVIII

Historia de Crisóstomo. Quiénes eran los bultos colorados. El indio Villarreal y su familia. De noche.

Tomó la palabra Crisóstomo, y dijo:

–Mi coronel, el hombre ha nacido para trabajar como el buey y padecer toda la vida.

Este introito en labios de un hombre inculto llamó la atención de los interlocutores.

Me acomodé lo mejor que pude en el suelo para escucharlo con atención, convencido de que los dramas reales tienen más mérito que las novelas de la imaginación.

La otra noche se lo decía yo a Behetti, rogándole me hiciera el sacrificio de ciento cincuenta varas, vulgo, me acompañara una cuadra.

La historia de cualquier hombre de esos que nos estorban el paso, es más complicada e interesante que muchos romances ideales que todos los días leemos con avidez; así como hay más chistes y más gracia circulando en este momento en el más humilde café, que en esos libros forrados en marroquín dorado, con que especula el ingenio humano.

Behetti convino conmigo, y me hizo este cumplimiento:

–Usted es célebre por sus dichos.

–Y por mis desgracias, como sir Walterio Raleigh –le contesté, diciendo para mi capote: Así es el mundo, trabajamos por hacernos célebres en una cuerda y lo conseguimos por el lado del ridículo.

¡Nos cuesta tanto conocernos!

Crisóstomo continuó:

–Yo vivía en el valle del cerro de Intiguasi.

Este cerro está cerca de Achiras, y su nombre significa en quechua, si no ando desmemoriado en mis recuerdos etnográficos y filográficos, *casa del sol*.

Diéronselo los incas en una de sus famosas expediciones por la parte oriental de la Cordillera. *Inti,* quiere decir sol, y *guasi* casa.

–Vivía con mis padres, cuidando unas manadas, una majada de ovejas pampas y otras de cabras. También hacíamos quesos. No nos iba tan mal. Hubo una patriada, en la que salieron corridos los *colorados* con quienes yo me fui, porque me arrió don Felipe –se refería a Saa–[19] anduve a monte mucho tiempo por San Luis, y cuando las cosas se sosegaron, me volví a mi casa. Los colorados nos habían saqueado. Los pobres siempre se embroman. Cuando no son unos, son otros los que les caen. Por eso nunca adelantamos. Seguimos trabajando y aumentando lo poco que nos había quedado hasta que me desgracié...

Aquí frunció el ceño Crisóstomo, y un tinte de melancolía sombreó su cobriza tez, quemada por el aire y el sol.

–¿Y cómo fue eso? –le pregunté.

–¡Las mujeres! ¡Las mujeres, señor! que no sirven sino para perjuicio –repuso.

–¿Y ahora no tienes mujer?

–Sí tengo.

–¿Y cómo hablas tan mal de ellas?

–Es que así es el hombre, mi coronel: vive quejándose de lo que le gusta más.

–Bueno, prosigue –le dije, y Crisóstomo tomó el hilo de su narración, que ya había predispuesto a todos en su favor despertando fuertemente la curiosidad.

–Cerca de casa vivía otra familia pobre. Éramos muy amigos; todos los días nos veíamos. Tenían una hija muy donosa. Se llamaba Inés. Por las tardes, cuando recogíamos las majadas, nos encontrábamos en el arroyo que nace de arriba del cerro. Y como la moza me gustaba, yo le tiraba la lengua y nos quedábamos mucho rato conversando. Un día le dije que la quería, que si ella me quería a mí. Me contestó callada que sí.

–¿Y cómo es eso de contestar callada?

–Bueno, mi coronel, yo le conocí en la cara que puso que me quería.

–¿Y después?

–Seguimos viéndonos todos los días, saliendo lo más temprano que podíamos a recoger para poder platicar con *holgura.* Nos sentábamos juntitos en la orilla del arroyo, en un lugar donde había unos sauces muy lindos; nos tomábamos las manos y así nos quedábamos horas enteras viendo correr el agua. Un día le pregunté si quería que nos casáramos. No me contestó, dio un suspiro, se le saltaron las lágrimas, lloró y me hizo llorar.

–¿A ti?

–A mí, pues, señor –contestó Crisóstomo, mirándome con un aire que parecía decir: ¿acaso no puedo llorar yo, porque vivo entre los indios?

Sentí el reproche y le contesté:

–No te había entendido bien, sigue.

Prosiguió.

–Lo que se me pasó la tristeza le pregunté por qué lloraba, y me contestó que su padre quería casarla con un tal Zárate, que era tropero y hombre hacendado; y que la noche antes ya le había dicho que si andaba en muchas conversaciones conmigo le había de pegar unos buenos. Con la conversación no nos fijamos en que había llegado la oración, sin haber recogido las majadas. Salimos juntos a campearlas. Nos tomó la noche, se puso muy oscuro, estaba por llover y nos perdimos, pasando toda la noche en el campo...

Al día siguiente, Inés no vino al arroyo.

Yo fui a su casa, el padre me recibió mal: quiso pelearme.

Inés estaba en el rancho y me miraba diciéndome con unos ojos muy tristes que no le contestara a su padre y que me fuera. Le obedecí. El viejo me insultó mucho, hasta que me perdí de vista; sufrí y no le contesté. A la noche vino la vieja y se pelearon con mi madre. Yo escuché todo de afuera. Más tarde, lo que nos quedamos solos, le conté a mi madre lo que me había pasado...

La pobre me quería mucho, me trató mal, lloró y por último me perdonó.

Pasaron varias lunas sin verse las familias.

Una noche ladraron los perros. Salí a ver qué era, y era una vecina que iba a casa de Inés, donde estaban muy apurados.

A los pocos días Inés se casó con Zárate y estuvieron de baile y beberaje en la casa. Para esto yo ya sabía lo que le había pasado a Inés la noche que ladraron los perros, porque la vecina, que era muy buena mujer, me lo había contado, preguntándome: ¿De quién será la hijita que ha tenido la Inés? Me dio mucha rabia oír los cohetes del casorio, que se había hecho en la capilla de San Bartolo, que está contrita de la sierra. Me fui a la casa. Pedí mi hija.

Me gritaron: ¡Borracho!

Hice un desparramo y salí hachado. Estuve mucho tiempo enfermo. Sané, busqué mi hija, no la hallé. Yo la quería muchísimo. No la había visto nunca. Una tarde sabiendo que la casa estaba sola, me fui a ver si la hallaba a Inés. La hallé. Me recibió como si no me conociera. ¡Le pedí mi hija, me contestó que estaba borracho! La hice acordar de la noche en que nos perdimos. Me contestó: ¡Borracho! Lloré no sé de qué, me echó de la casa llamándome borracho. Le pegué una puñalada...

Y esto diciendo, Crisóstomo se quedó pensativo. Nosotros, nos quedamos aterrados.

–Y ¿después? –dije yo, sacando a todos del abismo de reflexiones en que los había sumido la última frase del infortunado amante.

–Después –murmuró con amargura–, después he padecido mucho, mi coronel.

—¿Qué hiciste?

—Me fui a mi casa, le confesé a mi madre lo que había hecho, y a mi padre también, me rogaron que me fuera para San Luis, me arreglaron unas alforjas, tomé dos buenos caballos y me dirigí a Chaján. Pero al pasar por el camino de los indios, me dio la tentación de rumbear al sur y me vine para acá.

—¿Y no has vuelto a ver a tus padres, o a Inés?

—Sí, mi coronel, los he visto, varias veces que he ido a malón con los indios, porque el que vive aquí tiene que hacer eso, si no, no le dan de comer. A Inés la cautivamos en una invasión con su marido y sus padres. Por mí se salvó ella; lloró tanto y me rogó tanto que la dejara, que la perdonara, que me dio lástima, estaba embarazada y conseguí que la dejaran.

Al padre y la madre se los llevaron y los vendieron a los chilenos, por una carga de bebida, que son dos barrilitos de aguardiente. Y he oído decir que están en una estancia cerca de Mucum.

Y esto diciendo, Crisóstomo tomó resuello, como para seguir su narración.

—¿Y has ido a *maloquear* (invadir) muchas veces?

—Sí, mi coronel, ¡qué hemos de hacer!, hay que buscarse la vida.

—¿Y tienes ganas de salir a los cristianos?

—Estoy casado con una china y tengo tres hijos —contestó, como leyéndose en sus ojos que sí tenía ganas de salir a los cristianos; pero que no lo haría sin su mujer y sus hijos.

Francamente, estos sentimientos paternales me hacían olvidar al hombre que le diera una puñalada a Inés.

¡Qué abismos insondables de ternura y de fiereza oculta en sus profundidades tempestuosas el corazón humano!

Me iba perdiendo en reflexiones, cuando se oyeron varias voces: ¡Ya vienen cerca los bultos colorados!

—No te vayas, Crisóstomo —le dije, y levantándome fui a posarme en un mogote del terreno para ver mejor los bultos.

—Son dos chinas —dijeron unos.

—Y viene un indio con ellas —otros.

Los bultos se acercaban a media rienda.

Llegaron, saludaron cortésmente en castellano y preguntaron por el coronel Mansilla.

—Yo soy —les contesté—, echen pie a tierra.

El indio se apeó al punto. Las chinas recogieron el pretal de pintadas cuentas que les sirve de estribo y bajaron del caballo con cierta dificultad por la estrechez de la manta en que van envueltas.

Era el caballero Villarreal, hijo de india y de cristiano, casado con la hermana de mi comadre Carmen, que me mandaba saludar y algunos presentes – choclos y sandías.

La segunda china era hermana de mi comadre y de la mujer de Villarreal.

Es éste un hombre de regular estatura, de fisonomía dulce y expresiva, embellecida por unos grandes ojos negros llenos de fuego. Vestía como un gaucho lujoso. Habla bastante bien el castellano y se distingue por la pulcritud de su persona. Su padre, cuyo apellido lleva, fue vecino del Bragado. Tendrá treinta y cinco años. Ha estado en Buenos Aires en tiempo de Rosas, y conoce perfectamente las costumbres de los cristianos decentes. La mujer es una china magnífica, que también ha estado en Buenos Aires; me habló de Manuelita Rosas: tendrá treinta años. Su hermana tendrá dieciocho, y era soltera. Ambas vestían con lujo, llevando brazaletes de cuentas de muchos colores y de plata, collares de oro y plata, el colorado *pilquén* (la manta), prendida con un hermoso alfiler de plata como de una cuarta de diámetro, aros en forma de triángulo, muy grandes, y las piernas ceñidas a la altura del tobillo con anchas ligas de cuentas.

La cuñada de Villarreal es muy bonita y vestida con miriñaque y otras yerbas, sería una *morocha* como para dar dolor de cabeza a más de cuatro. Vestía con menos recato que su hermana, pues, al levantar los brazos, se le veía la concavidad que forma el arranque del brazo cubierto de vello y agrandándose los pliegues de la camisa descubrían parte del seno.

Me entregaron los obsequios con mil disculpas de no haber traído más, por la premura del tiempo y los apuros de mi comadre.

Les agradecí la fineza, hice que les acomodaran los caballos, los invité a sentarse y entramos en conversación.

Al caer la tarde, les pregunté si venían con intención de pasar la noche conmigo; me contestaron que sí, si no incomodaban.

Mandé que desensillaran los caballos, se puso en el asador el cordero de Crisóstomo, y mientras se asaba, le pegamos al mate y al cominillo de los franciscanos.

Anochecía cuando llegó un enviado de Mariano Rosas, con el mensaje consabido: ¿cómo está, cómo le va, no se han perdido caballos?

Contesté que no había habido novedad, y despedí al embajador lo más pronto que pude, sin invitarle a que se apeara.

A Crisóstomo, le rogué que pasara la noche conmigo; tenía mis razones para querer conversar *a solas* con él. Se quedó.

Nos sentamos alrededor del fogón, cenamos hasta saciarnos con choclos, que me parecieron bocado de cardenal, charlamos mucho, y, cuando ya fue tarde, tendimos las camas y como en los buenos viejos tiempos de los patriarcas, nos acostamos todos juntos, por decirlo así, teniendo por cortinas el limpio y azulado cielo coronado de luces.

No hubo ninguna novedad. Dormimos a las mil maravillas. El hombre es un animal de costumbres. Conviene prevenir, por la malicia del lector, que los franciscanos, según estaba acordado, hicieron sus camas al lado de la mía.

XIX

El amanecer. Llegada de las cargas. El marchado de la mula. Achauentrú en el río Cuarto. Un almuerzo en el fogón. Lo que hicieron las chinas en cuanto se levantaron. El cabo Mendoza y Wenchenao. Enojo fingido. Se presenta Caniupán.

Al día siguiente amaneció la atmósfera turbia y atornasolada.

Las ondulaciones del terreno arenoso, reverberando el sol, formaban caprichosos mirajes, los objetos cercanos se divisaban lejos creciendo sus proporciones.

Veíanse en lontananza grandes lagunas de superficie plateada y quieta; árboles colosales, que eran pequeños arbustos chamuscados por la quemazón; potros alzados que *escarceaban* y eran aves de rapiña, que aleteando alzaban el polvo sutil.

Una nubecilla de color terroso parduzco, llamaba hacía rato la atención de mi gente.

Yo estaba vacilando entre matar otra mula o mandar a Crisóstomo comprar una res, porque los choclos no bastaban para que almorzara toda mi gente, cuando oí:

–¡Son indios!

–No, vienen muy despacio para ser indios.

–Son mulas.

–Deben ser las cargas.

La última frase, sacándome de la indecisión en que estaba, me hizo incorporar, ponerme de pie, echar la visual en dirección a los objetos que ocasionaban la contradicción y llamar a Camilo Arias, que tiene la vista de un lince, haciéndole una indicación con la mano:

–¿A ver, qué es aquello?

Camilo fijó en el horizonte sus brillantes ojos, cuya mirada hiere como un dardo, y después de un instante de reflexión, con su aplomo habitual y su aire de profunda certidumbre, me contestó:

–Son las cargas, señor.

–¿Estás cierto?

–Sí, mi coronel.

–¡Arriba todos! –grité–. ¡A la leña todos! ¡Pronto, pronto un fogón, que ya llegan las cargas!

Los asistentes se pusieron en movimiento, desparramándose a todos los vientos; y cuando cada cual regresaba con su carga, la nubecilla que había ido avanzando sobre nosotros transparentaba claramente, a la vista del observador menos agudo, los tres hombres que quedaron atrás y las cuatro cargas con los ornatos sagrados pertenecientes a los franciscanos, la yerba, el azúcar, las bebidas y otras menudencias de poco valor, que eran los grandes presentes que yo destinaba a los caciques principales.

Venían andando a ese paso de la mula que ni es tranco, ni es trote, ni es galope; pero que es rápido y que en la jerga de la lengua de nuestra tierra se llama *marchado*.

Es una especie de trote inglés, una especie de sobrepaso, que al jinete le hace el efecto de que la mula, en lugar de caminar, se arrastra culebreando.

Todos los aires de marcha, el tranco, el trote, el galope, son cansadores, fatigan hasta postrar.

Sólo el *marchado* no deshace el cuerpo, ni produce dolores en las espaldas ni en la cintura, permitiendo dormir cómodamente sobre el lomo del macho o de la mula, como en veloz esquife, que, rápido, hiende las mansas aguas, dejando tras sí espumosa estela que, aunque parezca macarrónico, compararé al rastro que deja en el suelo blando el híbrido cuadrúpedo, cuya cola maniobra incesantemente a derecha e izquierda, a manera de timón cuando se mueve.

Llegaron, pues, las suspiradas cargas, y mientras se puso todo en tierra y se eligieron los pedazos de charqui más gordos, se hizo un gran fogón colocando en él una olla para cocinar un *pucherete* y cocer el resto de choclos que quedaba.

Los padres se ocuparon en abrir sus baúles, en sacar los ornamentos sagrados, que estaban húmedos, y en extenderlos con el mayor cuidado al sol.

Con una parte de los presentes para los caciques hubo que hacer lo mismo.

Las mulas se habían caído repetidas veces en los guadales del Cuero, y todo se había mojado, a pesar de haber sido retobados en cuero fresco, con la mayor prolijidad, en el fuerte Sarmiento.

Yo estaba contrariadísimo; ya sabía por experiencia cuán delicado es el paladar de los indios, pues muchísimas veces se sentaron a mi mesa en el río Cuarto, teniendo ocasión al mismo tiempo, de admirar la destreza con que esgrimían los utensilios gastronómicos, la cuchara y el tenedor; lo bien que manejaban la punta del mantel para limpiarse la boca, el perfecto equilibrio con que llevaban la copa rebosando de vino a los labios.

Tengo muy presente un rasgo de buena crianza de Achauentrú, capitanejo de Mariano Rosas.

Comía en mi mesa; el asistente que le servía le pasó la azucarera, y como el indio viese que no tenía cuchara dentro, echó la vista al platillo de su taza de café y como viese que tampoco tenía cucharita miró al soldado, y lo mismo que lo habría hecho el caballero más cumplido, le dijo:

—¡Cuchara!

—Pronto, hombre, una cuchara para Achauentrú —le grité yo, cambiando miradas de inteligencia con todos los presentes, como diciendo: Positivamente, no es tan difícil civilizar a estos bárbaros.

Avisaron que el charqui estaba asado y los choclos cocidos, pronto el *pucherete*.

—A comer —llamé.

Y sentándonos todos en rueda, comenzó el almuerzo, ocupando las visitas los asientos preferentes, que eran al lado de los franciscanos y de mí.

Las dos chinas estaban hermosísimas, su tez brillaba como bronce bruñido; sus largas trenzas negras como el ébano y adornadas de cintas pampas caían graciosamente sobre las espaldas; sus dientes cortos, iguales y limpios por naturaleza, parecían de marfil; sus manecitas de dedos cortos, torneados y afilados; sus piececitos con las uñas muy recortadas, estaban perfectamente aseados.

Esa mañana, en cuanto salió el sol, se habían ido a la costa de la laguna, se habían dado un corto baño, y recatándose un tanto de nosotros, se habían pintado las mejillas y el labio inferior, con carmín que les llevan los chilenos, vendiéndoselos a precio de oro.

María, la cuñada de Villarreal, más coqueta que su hermana la casada, se había puesto lunarcitos negros, adorno muy favorito de las chinas.

Para el efecto hacen una especie de tinta de un barro que sacan de la orilla de ciertas lagunas, barro de color plomizo, bastante compacto, como para cortarlo en panes y secarlo así al sol, o dándole la forma de un bollo.

El charqui estaba sabrosísimo —a buena gana no hay pan duro, dice el adagio viejo—, el *pucherete* suculento; los choclos dulces y tiernos como melcocha.

Los cristianos comimos bien; Villlarreal y las chinas se saturaron con aguardiente.

Villarreal lo hizo hasta *caldearse,* término que, entre los indios, equivale a lo que en castellano castizo significa ponerse calamucano.

Llegó el turno del mate de café; no teniendo otro postre, y habiéndome apercibido de que nos rondaban algunos indios, recién llegados, los llamé, los convidé a tomar asiento en nuestra rueda y les di unos buenos tragos del alcohólico anisado.

Hice acuerdos en ese momento de que no me había informado del cabo conductor de las cargas de las novedades del camino; y que aquél, no habiendo sido interrogado, nada me había dicho al respecto.

Rumiaba si le llamaría o no en el acto, cuando ciertas palabras cambiadas entre mis ayudantes me hicieron colegir que algo curioso había ocurrido.

Me resolví al interrogatorio, diciendo incontinenti:

–¡Qué llamen al cabo Mendoza!

–¡Mendoza! ¡Mendoza!, lo llama el coronel –oyóse. Y acto continuo se presentó el cabo, cuadrándose militarmente.

–Y, ¿cómo ha ido por el camino? –le pregunté.

–Medio mal, mi coronel –me contestó.

–¿Por qué no me habías dicho nada?

–Porque usía no me preguntó nada.

–Yo creía que no hubiera habido novedad, y tú debías haber pedido la venia para hablarme.

El cabo agachó la cabeza y no contestó.

–Bueno, pues, cuéntame lo que te ha sucedido.

–Señor, cuando íbamos llegando a un charco que está *allicito* no más, cerca del médano de la Verde, me salió un indio malazo, con cuatro más, diciéndome:

–Ese soy Wenchenao, ése mi toldo, ésa mi tierra. ¿Con permiso de quién pasando?

–Voy con el coronel Mansilla.

–Ese coronel Mansilla, ¿con permiso de quién pisando mi tierra?

–Eso no sé yo, amigo, déjeme seguir mi camino.

Los indios nos ponían las lanzas en el pecho y las hincaban a las mulas en el anca para hacerlas disparar.

–No siguiendo camino si no pagando.

–¿Y qué quiere que le pague, amigo? ¿no ve que lo que llevamos es para el cacique Mariano?

–Entonces dando, mejor. Mariano teniendo mucho; padre Burela viniendo con mucho aguardiente.

Mientras estábamos en esa conversación, mi coronel, uno de los indios descargó una mula, y llegaron unas chinas con unas pavas, las llenaron bien, echaron bastante azúcar, tabaco y papel en un poncho y se fueron. Wenchenao nos dijo entonces:

–Bueno, amigo, siguiendo camino no más, pero dando camisa, pañuelo, calzoncillo.

Y hasta que no les dimos algo de eso, no nos quitaron las lanzas del pecho, ni nos dejaron pasar.

–Pues has hecho buena hazaña –le dije–. ¿Conque tres hombres se han dejado saquear por unos cuantos indios rotosos?

–¿Y qué habíamos de hacer, mi coronel? –contestó–, que por hacer pata ancha, nos hubieran quitado todo.

–Tienes razón –le dije–; retírate.

Dio media vuelta, hizo la venia y se alejó. Aprovechando la presencia de

Villarreal y de los otros indios, simulé el mayor enojo e indignación; me levanté de la rueda del fogón; paseándome de arriba abajo exclamaba a cada rato: —¡Pícaros!, ¡ladrones! —rellenando estas palabras con imprecaciones por estilo de ésta—: ¡Ojalá me hagan algo a mí, para que se los lleve el diablo!

Los indios, sin excepción alguna, me oían fulminar rayos y centellas contra ellos, sin decir una palabra, sin moverse siquiera de su lugar.

Sólo cuando parecía calmado, Villarreal, medio entre San Juan y Mendoza, valiéndome de la metáfora de la tierra, se levantó y viniendo a mí con paso vacilante y aire receloso, me dijo:

—Tenga paciencia, mi coronel.

—¿Qué paciencia quiere que tenga con esta canalla? —le contesté.

Siguió rogándome que me calmara, y yo contestando, y, después de escucharle una larga explicación sobre cómo eran los indios, la diferencia que había entre uno trabajador y uno ladrón, nos quedamos muy amigos.

Hecha la comedia, pedí más aguardiente, y volví a convidar a los indios del fogón.

Por supuesto que la señora de Villarreal y su hermana no dejaron de dirigirme algunas exhortaciones amables, que finalizaban todas con esta frase: tenga paciencia, señor.

Viendo que los huéspedes se iban *caldeando,* creí oportuno hacer cesar las libaciones.

—Dando, dando más, coronel —me decían varios a la vez, ya caldeados, queriendo rematar.

No hubo tutía.

Viéndome firme, fueron despejando el campo uno tras de otro.

Villarreal y sus chinas me pidieron los caballos para retirarse.

Me daban un solo sobre el modo de tratar a los indios, sobre las relevantes prendas del carácter de Ramón, su cacique inmediato, en los momentos que se presentó un precursor de Caniupán, diciéndome que éste no tardaría en llegar; que en Leubucó se hacían grandes preparativos para recibirme, ponderando con tales aspavientos la indiada que se había reunido, los cohetes que se quemarían, que era cosa de chuparse los dedos de gusto, pensando en la imperial recepción que me aguardaba.

Presentóse por fin Caniupán con unos cuarenta individuos vestidos de parada, es decir, montando briosos corceles enjaezados con todo el lujo pampeano, con grandes testeras, coleras, pretales, estribos y cabezadas de plata, todo ello de gusto chileno.

Los jinetes se habían puesto sus mejores ponchos y sombreros, llevando algunos bota fuerte, otros de potro y muchos la espuela sobre el pie pelado.

Levanté el campamento; me despedí de las visitas, y escoltado por Caniupán, tomé el camino de Leubucó. Mañana haré mi entrada triunfal allí.

XX

El camino de Calcumuleu a Leubucó. Los indios en el campo. Su modo de marchar. Cómo descansan a caballo. Qué es tomar caballos a mano. No había novedad. Cruzando un monte. Se divisa Leubucó. Primer parlamento. Cada razón son diez razones.

El camino de Calcumuleu a Leubucó corría en línea paralela con el bosque que teníamos hacia el naciente, buscando un abra, que formaba una gran ensenada. De trecho en trecho se bifurcaba, saliendo ramales de rastrilladas para las diversas tolderías. Reinaba mucho movimiento en el desierto.

De todos lados asomaban indios, al gran galope siempre, sin curarse de los obstáculos naturales del terreno, donde caballos educados como los nuestros o los ingleses habrían caído postrados de fatiga a los diez minutos por vigorosos que hubieran sido. Subían rápidos a la cumbre de los médanos de movediza arena y bajaban con la celeridad del rayo; se perdían entre los montecillos de chañar, apareciendo al punto; se hundían en las blandas sinuosidades y se alzaban luego; se tendían a la derecha, evitando un precipicio, después a la izquierda rehuyendo otro, y así ora en el horizonte, ora fuera de la vista del plano accidentado, cuando menos pensábamos brotaban a nuestro lado, por decirlo así, incorporándose a mi comitiva.

Íbamos formados a ratos, yendo yo con Caniupán adelante, sus indios atrás y después de éstos mi gente; otras veces en dispersión.

Andando con indios no es posible marchar unidos. Ellos le aflojan la rienda al caballo para que *dé* todo lo que puede, sin apurarlo nunca; de modo que los jinetes cuyo caballo tiene el galope corto se quedan atrás y los otros se van adelante.

Toda marcha de indios se inicia en orden; al rato se han desparramado como moscas, salvo en los casos de guerra. En ésta, pelean unidos o en dispersión, a pie unos, a caballo otros, interpolados todos según las circunstancias.

En un combate que mis fuerzas tuvieron con ellos en los Pozos Cavados, pelearon interpolados. Mi gente, siendo inferior en número, había echado pie a tierra. Le llevaron tres cargas, que fueron rechazadas a balazos, y al dar vuelta caras, los pedestres se agarraban de las colas de los caballos, y ayudados por el impulso de éstos, se ponían en un verbo fuera del alcance de las balas.

En marcha que no es militar, los indios no reconocen jerarquías.

Lo mismo es para ellos la derecha que la izquierda, ir adelante que atrás: el capitanejo, el cacique menor o mayor, todo es igual al último indio. El terreno, el aire de la marcha y el caballo deciden del puesto que lleva cada uno. ¿Va bien montado el cacique? Se le verá adelante, muy adelante. ¿Va mal montado? Se quedará rezagado. Y el lujo consiste en tener el caballo de galope más largo, de más bríos y de mayor resistencia.

Ya veremos cómo los mismos caballos que nos roban a nosotros, pues ellos no tienen crías ni razas especiales, sometidos a un régimen peculiar y severo, cuadruplican sus fuerzas, reduciéndonos muchas veces en la guerra a una impotente desesperación.

Al llegar a la entrada del bosque, viendo que mi gente marchaba formando una chorrera y que mis caballos no podían resistir a un galope largo sostenido por la arena, que se enterraban hasta las rodillas no obstante que seguíamos las sendas de la rastrillada, le dije a Caniupán:

–Hagamos alto un rato, los padrecitos vienen muy cansados.

Era un pretexto como cualquier otro.

Caniupán sujetó de golpe su caballo, yo el mío, los que nos seguían unos después de otros; lo mismo hicieron los indios que nos precedían, cuando se apercibieron de que estábamos parados, y poco después formábamos dos grupos, envueltos en una nube de arena.

Para ganar tiempo y dar más alivio a mis cabalgaduras, mandé mudarlas. Los indios no echaron pie a tierra. Tienen ellos la costumbre de descansar sobre el lomo del caballo. Se echan como en una cama, haciendo cabecera en el pescuezo del animal, y extendiendo las piernas cruzadas en las ancas, así permanecen largo rato, horas enteras a veces. Ni para dar de beber se apean; sin desmontarse sacan el freno y lo ponen. El caballo del indio, además de ser fortísimo, es mansísimo. ¿Duerme el indio?, no se mueve. ¿Está ebrio?, lo acompaña a guardar el equilibrio. ¿Se apea y le baja la rienda?, allí se queda. ¿Cuánto tiempo?, todo el día. Si no lo hace es castigado de modo que entienda *por qué*. Es raro hallar un indio que use manea, traba, bozal y cabestro. Si alguno de estos útiles lleva, de seguro que anda *redomoneando* un potro, o en un caballo arisco, o enseñando uno que ha robado en el último malón.

El indio vive sobre el caballo, como el pescador en su barca: su elemento es la pampa, como el elemento de aquél es el mar.

¿Adónde va un indio que no ensille, que no salte en pelo? ¿Al toldo vecino que dista cuadras? Irá a caballo. ¿Al arroyo, a la laguna, al jagüel, que están cerca a su misma morada? Irá a caballo. Todo puede faltar en el toldo de un indio. Será pobre como Adán. Hay una cosa que jamás falta. De día, de noche, brille espléndido el sol o llueva a cántaros, en el palenque hay siempre enfrenado y atado de la rienda un caballo.

A horse. A horse! My kingdom for a horse![20]

Todo, todo cuanto tiene dará el indio en un momento crítico, por un caballo. Mudábamos, tomando *a mano*.

Es una operación campestre entretenida, no haciéndola torpemente, es decir, *enlazando*.

Cada grupo de mi gente rodeaba su tropilla. La madrina estaba maneada. Los animales remolineaban a su alrededor. Entre varios tenían dos o más lazos formando un círculo a manera de corral. Entraban en él, uno después de otro, por turno de numeración, los que iban a mudar. El encargado de la tropilla elegía un caballo de los menos *sobados,* lo designaba diciendo verbigracia: el oscuro overo, para el número 4; y el individuo determinado así, con el freno y el bozal en la siniestra, se acercaba a aquél con maña, con cuidado de no asustarlo, buscándole la vuelta, echándole de lejos sobre el lomo, si no era manso, la punta de la rienda o del cabestro, a cuyo contacto se queda casi siempre quieto el manso y dócil corcel.

La operación de mudar tomando a lazo en el medio del campo, a más del riesgo de que los caballos menos asustadizos se espanten, disparen y se alcen, es sumamente morosa, requiere gran destreza y ofrece peligros; de todos los ejercicios del gaucho, del paisano, el más fuerte, el más difícil y el más expuesto de todos es el del lazo. Cualquiera maneja en poco tiempo regularmente las *boleadoras.* Ni ser muy de a caballo se requiere: siquiera mucha fuerza. El manejo del lazo al contrario, demanda completa posesión del caballo, vigor varonil y agilidad. Mientras mudábamos, llegaron varios indios del norte, de *afuera,* como dicen ellos. Nosotros le llamamos así al sur.

Viendo sus caballos tan trasijados, le pregunté a Caniupán:

—¿De dónde vienen éstos?

—Esos viniendo de *afuera, boleando* —me contestó. Eran las últimas descubiertas que regresaban, pero Caniupán no quería confesarlo.

—¿Qué habiendo por los campos, hermano? —le agregué:

—Muy silencio estando Cuero, Bagual y Tres Lagunas.

—¿Entonces, indios no desconfiando ya de mí? —proseguí.

Camilo Arias interrumpió el diálogo, avisándome que estábamos prontos.

—¡A caballo! —grité, montamos, nos pusimos en marcha, y pocos minutos después entrábamos en el monte de Leubucó.

Sendas y rastrilladas, grandes y pequeñas, lo cruzaban como una red, en todas direcciones. Galopábamos a la desbandada. Los corpulentos algarrobos, chañares y caldenes, de fecha inmemorial; los mil arbustos nacientes desviaban la línea recta del camino, obligándonos a llevar el caballo sobre la rienda para no tropezar con ellos, o enredarnos en sus vástagos espinosos y traicioneros.

Nuestros caballos no estaban acostumbrados a correr por entre bosques. Teníamos que detenernos constantemente por ellos, expuestos a rodar, y por nosotros mismos, expuestos a quedarnos colgados de un gajo como arrebatados por un garfio.

La torpeza nuestra era sólo comparable a la habilidad de los indios; mientras nosotros, a cada paso, hallábamos una barrera que nos obligaba a abreviar el aire de la marcha, a ir al trote y al tranco, hacer alto y proseguir, ellos seguían imperturbables su camino, veloces como el viento. Pronto, pues, salieron ellos del bosque, quedándonos nosotros atrás. Yo no podía perder de vista que conmigo iban los franciscanos, y no era cosa de dejarlos en el camino, ni de exponerlos a columpiarse contra su gusto en un algarrobo. Demasiada paciencia habíamos tenido ya, para perderla cuando llegábamos, Dios mediante, al término de la jornada.

Los indios me esperaban en una aguadita al salir del bosque; en un gran descampado, sucesión de médanos pelados, tristes, solitarios.

A lo lejos, como una faja negra, se divisaba en el horizonte la ceja de un monte.

—Allí es Leubucó —me dijeron, señalándome la faja negra.

Fijé la vista, y, lo confieso, la fijé como si después de una larga peregrinación por las vastas y desoladas llanuras de la Tartaria, al acercarme a la raya de la China, me hubieran dicho: ¡allí es la gran muralla!

Voy a penetrar, al fin, en el recinto vedado.

Los ecos de la civilización van a resonar pacíficamente por primera vez, donde jamás asentara su planta un hombre del coturno mío.

Grandes y generosos pensamientos me traen; nobles y elevadas ideas me dominan; mi misión es digna de un soldado, de un hombre, de un cristiano —me decía; y veía ya la hora en que reducidos y cristianizados aquellos bárbaros, utilizados sus brazos para el trabajo, rendían pleito homenaje a la civilización por el esfuerzo del más humilde de sus servidores.

Aspiraciones del espíritu despierto, que se realizan con más dificultad que las mismas visiones del, sueño, ¡apartaos!

El hombre no es razonable cuando discurre, sino cuando acierta.

Vivimos en los tiempos del éxito.

Nadie lucha contra los que tienen treinta legiones aunque la conciencia pueda más que todas las legiones del mundo.

Alguien habrá que lo intente algún día. Y no con el desaliento del gladiador, que anticipándose a su destino y mirando al César encumbrado sobre las más altas gradas del circo, exclamaba: "Los que van a morir os saludan", sino como el fuerte y viril republicano:

"Primero muerto que deshonrado".

Donde los indios me esperaban, hicimos alto: mandé aflojar las cinchas, dar un descanso a los caballos y de beber después.

Hecho esto, en dos grupos unidos que no tardaron en deshacerse, nos pusimos en marcha al galope, con la mirada fija en la faja negra.

Galopábamos en alas de la impaciencia y de la curiosidad.

No había sido fácil empresa llegar hasta la morada de Mariano Rosas. ¡Hasta los bárbaros saben rodearse de aparato teatral para deslumbrar o embaucar a la multitud!

De repente hizo alto un grupo de indios que nos precedía.

–Hay alguna novedad –me dijo Mora–, porque si no aquellos no se habrían parado.

–¿Y qué será?

–Cuando menos han avistado algún parlamento.

–¿De quién?

–Del general Mariano.

–¿Y cuántos tendremos que encontrar antes de llegar a Leubucó?

–Quién sabe, señor, eso depende de los honores que el general le quiera hacer.

Un indio venía a media rienda hacia nosotros, destacado del grupo que acababa de hacer alto, en busca de Caniupán.

Sujetamos.

Habló con él en su lengua y luego, partió a escape, contramarchando.

Caniupán me dijo:

–Viniendo parlamento.

–Me alegro mucho.

–Topando con él, galope.

–Bueno, topando al galope.

Y esto diciendo, nos pusimos al gran galope sin reparar en nada.

Yo echaba de cuando en cuando la vista atrás, y veía a mis franciscanos, expuestos sin remisión a dar una furiosa rodada, y contenía un tanto la carrera de mi caballo para que aquellos se me incorporaran, pues Caniupán me decía a cada momento: Poniendo padre a tu lado.

Así íbamos ganando terreno, levantando torbellinos de arena, rodando más de cuatro en pocos instantes y viendo una nube que transparentaba diversos colores, avanzar sobre nosotros.

Coronamos el dorso de un médano y distinguimos claramente un grupo como de cincuenta jinetes.

–Ese son, poquito galope –dijo Caniupán recogiendo su caballo.

–Bueno, amigo –le contesté, igualando mi caballo con el suyo.

Así seguimos un momento, hasta que hallándonos como a seiscientos metros:

—¡Ese son hermano, topando! —dijo Caniupán y se lanzó violento.

Le seguí y mi gente me imitó.

Los franciscanos no se quedaron atrás.

Yo no sé cómo hicieron; pero el hecho es que llegaron junto conmigo hasta el punto en que diciendo y haciendo, Caniupán gritó:

—¡Parando, hermano!

Los dos grupos, el que iba y el que venía, sujetamos al mismo tiempo, quedando como a veinte pasos uno de otro. Del que venía salió un indio.

Del nuestro salió otro.

Se colocaron equidistantes de sus respectivos grupos y mirando el uno para el norte y el otro para el sur, tomó la palabra el que venía de Leubucó.

¿Cuánto tiempo habló?

Hablaría seguido, sin interrupción alguna, sin tragar la saliva, como cinco minutos.

¿Qué dijo?

Lo sabremos después.

Le contestó el otro en la misma forma y modo.

¿Qué dijo?

Lo sabremos también después.

Tres preguntas y respuestas se hicieron.

Le pregunté a Mora qué habían conversado.

Me contestó que el uno me había saludado, y el otro había contestado por mí; que el uno representaba a Mariano Rosas y el otro me representaba a mí, según orden de Caniupán que acababa de recibir.

—Pero, hombre —le observé—, ¿tanto ha hablado sólo para saludarme?

—Sí, mi coronel, es que los dos son buenos *lenguaraces* —oradores quería decir.

—Pero, hombre —insistí—, si han hablado un cuarto de hora, ¿cómo no han de haber hecho más que saludarme?

—Mi coronel, es que las *razones* que traía el parlamento de Mariano las ha hecho muchas más, y el de usted ha hecho lo mismo para no quedar mal.

—Y ¿cuántas razones traía el de Mariano?

—¡Tres razones no más!

—¿Y qué decían?

—Que cómo está usía, que cómo le ha ido de viaje, que si no ha perdido caballos, porque en los campos solos siempre suceden desgracias.

—¿Y para decir eso ha charlado tanto, hombre?

—Sí, mi coronel; no ve que cada *razón* la han hecho *diez razones*.

—¿Y qué es eso, hombre?

—Es, mi coronel...

Decía esto Mora, cuando Caniupán nos interrumpió, proponiéndome que saludara a la comisión que acababa de llegar.

Deferí a su indicación y comenzó el saludo.

Tendrás paciencia, hasta mañana, Santiago amigo, y el paciente lector contigo.

La paciencia es una virtud que conviene ejercitar en las cosas pequeñas, que en las grandes, yo opino como Romeo, por boca de Shakespeare.

XXI

En qué consiste el arte de hacer de una razón varias razones. De cuántos modos conversan los indios. Sus oradores. Sus rodeos para pedir. Precauciones de los caciques antes de celebrar una junta. Numeración y manera de contar de los ranqueles.

Aprovechando una parada, interrogué a Mora, que tomó la palabra para explicarme en qué consiste el arte de hacer de *una razón,* dos o más razones.

A su modo, me hizo un curso de retórica completo. Ya he dicho que es un hombre perspicaz y si no lo he dicho, viene aquí a pelo decirlo.

Los indios ranqueles tienen tres modos y formas de conversar.

La conversación familiar.

La conversación en parlamento.

La conversación en junta.

La conversación familiar es como la nuestra, llana, fácil, sin ceremonias, sin figuras, con interrupciones del o de los interlocutores, animada, vehemente, según el tópico o las pasiones excitadas.

La conversación en parlamento está sujeta a ciertas reglas; es metódica, los interlocutores no pueden, ni deben interrumpirse; es en forma de preguntas y respuestas.

Tiene un tono, un compás determinado, su estribillo y actitudes académicas, por decirlo así.

El tono y el compás pueden sólo compararse a lo que en las festividades religiosas se canta con el nombre de villancico.

Es algo cadencioso, uniforme, monótono, como el murmullo de la corriente del agua.

Yo no conozco suficientemente la lengua araucana para consignar una frase.

Pero el penetrante lector, y tú, Santiago, que a este respecto te pierdes de vista, haciendo un pequeño esfuerzo, me comprenderán.

Voy a estampar sonidos cuya eufonía remeda la de los vocablos araucanos.

Por ejemplo:

Epú, bicú, mucú, picú, tanqué, locó, painé, bucó, có, rotó, clá, aimé, purrá, cuerró, tucá, claó, tremen, leuquen, pichun, mincun, bitoooooon!

Supongamos que los sonidos enumerados hayan sido pronunciados con énfasis, muy ligero, sin marcar casi las comas, y que el último haya sido pronunciado tal cual está escrito a manera de una interjección prolongada hasta donde el aliento lo permite.

Supongamos algo más, que esos sonidos imitativos representando palabras bien hilvanadas, quisieran decir: Manda preguntar Mariano Rosas, que ¿cómo le ha ido anoche por el campo con todos sus jefes y oficiales?

O, en los términos de Mora, supongamos que esa interrogación sea *una razón.*

Pues bien, convertir una razón en dos, en cuatro o más razones, quiere decir, dar vuelta la frase por activa y por pasiva, poner lo de atrás adelante, lo del medio al principio, o al fin; en dos palabras, dar vuelta la frase de todos lados.

El mérito del interlocutor en parlamento, su habilidad, su talento, consiste en el mayor número de veces que da vuelta cada una de sus frases o razones; ya sea valiéndose de los mismos vocablos o de otros; sin alterar el sentido claro y preciso de aquéllas.

De modo que los oradores de la pampa son tan fuertes en retórica, como el maestro de gramática de Moliére, que instado por el *Bourgeois gentil-hombe,* le escribió a una dama este billete: *"Madame, vos bells yeux, me font mourir d'amour".* Y no quedando satisfecho el interesado: *"Vos bells yeux, madame, me font mourir d'amor".* Y no gustándole esto: *D'amour, madame, vos bells yeux me font mourir".* Y no queriendo lo último: *"Me font mourir d'amour vos bells yeux, madame"*[21]. Con lo cual el *Bourgeois* se dio por satisfecho.

La gracia consiste en la más perfecta uniformidad en la entonación de las voces. Y, sobre todo, en la mayor prolongación de la última sílaba de la palabra final.

Una cantante que aprendiera el araucano, haría furor entre los indios por su extensión de voz, si la tenía, y por otros motivos, de que se hablará a su tiempo. No es posible poner todo en la olla de una vez.

Esa última sílaba prolongada, no es una mera *fioritura oratoria.* Hace en la oración los oficios del punto final; así es que en cuanto uno de los interlocutores la inicia, el otro rumia su frase, se prepara, toma la actitud y el gesto de la réplica, todo lo cual consiste en agachar la cabeza y en clavar la vista en el suelo.

Hay oradores que se distinguen por su facundia; otros, por su facilidad en dar vuelta una razón: éstos, por la igualdad cronométrica de su dicción, aquellos por la entonación cadenciosa; la generalidad, por el poder de sus pulmones para sostener, lo mismo que si fuera una nota de música, la sílaba que remata el discurso.

Mientras dos oradores parlamentan, los circunstantes los escuchan y atienden en el más profundo silencio, pesando el primer concepto o razón, comparándolo con el segundo, éste con el tercero, y así sucesivamente, aprobando y desaprobando con simples movimientos de cabeza.

Terminado el parlamento, vienen los juicios y discusiones sobre las dotes de los que han sostenido el diálogo.

La conversación en parlamento, tiene siempre un carácter oficial. Se la usa en los casos como el mío, o cuando se reciben visitas de etiqueta.

No hay idea de lo cómico y ceremonioso que son estos bárbaros. Si el cacique recibe durante el día veinte capitanejos, con los veinte cambia las mismas preguntas y respuestas, empezando por preguntarles por el abuelo, por el padre, por la abuela, por la madre, por los hijos, por todos los deudos, en fin.

Después de esta serie de preguntas sacramentales, inevitables, infalibles, vienen otras de un orden secundario, que completan el ritual, referentes a las novedades ocurridas en los campos y en la marcha, haciendo siempre los caballos un papel principal.

Los indios se ocupan de éstos a propósito de todo. Para ellos los caballos son lo que para nuestros comerciantes el precio de los fondos públicos. Tener muchos y buenos caballos, es como entre nosotros tener muchas y buenas fincas. La importancia de un indio se mide por el número y la calidad de sus caballos. Así, cuando quieren dar la medida de lo que un indio vale, de lo que representa y significa, no empieza por decir: tiene tantos o cuantos rodeos de vacas, tantas o cuantas manadas de yeguas, tantas o cuantas majadas de ovejas y cabras, sino tiene tantas tropillas de oscuros, de overos, de bayos, de tordillos, de gateados, de alazanes, de cebrunos, y resumiendo, pueden cabalgar tantos o cuantos indios; lo que quiere decir, que en caso de malón podrá poner en armas muchos, y que si el malón es coronado por la victoria, tendrá participación en el botín con arreglo al número de caballos que haya suministrado, según lo veremos cuando llegue el caso de platicar sobre la constitución social, militar y gubernativa de estas tribus.

Mariano Rosas tiene la fama de un orador de nota. Cuando lleguemos a su toldo, penetremos en el recinto de su hogar, cuente sus costumbres, su vida, sus medios de gobierno y de acción, será ocasión de comprobarlo con ejemplos palmarios, probando a la vez que hasta entre los bárbaros la elocuencia unida a la prudencia puede disputarle la palma con éxito completo al valor y a la espada.

Tomando el hilo de mi interrumpido relato sobre los diferentes modos de conversar con los ranqueles, agregaré, que en pos de las interrogaciones y contestaciones sobre la salud de la familia y las novedades de los campos, vienen otras sin importancia real, y que después de muchas idas y venidas, vueltas y revueltas, recién se llega al grano.

Un indio, cuando va de visita con el objeto de pedir algo, no descubre su pensamiento a dos tirones. Saluda, averigua todo cuanto puede serle agradable al dueño de casa, devolviendo los cumplidos con cumplimientos, las ofertas y promesas con ofertas y promesas; se despide: parece que va a irse sin pedir nada; pero en el último momento desembucha su entripado; y no de golpe, sino poco a poco. Primero pedirá yerba. ¿Se la dan? Pedirá azúcar. ¿Se la dan? Pedirá tabaco. ¿Se lo dan? Pedirá papel. Y mientras le vayan concediendo o dando, irá pidiendo, y habrá pedido lo que fue buscando, que era aguardiente. El golpe de gracia viene entonces, pide por fin lo que más le interesa y si no le niegan contestará: no dando lo más; pero dando aguardiente.

Esta táctica socarrona no la emplea el indio solamente en sus relaciones con los cristianos. Disimulado y desconfiado por carácter y por educación, así procede en todas las circunstancias de su vida. Tiene mil reservas en todo y mil cosas reservadas. No hay indio que no sea poseedor de uno o unos cuantos secretos, sin importancia, quizá, pero que no descubrirá sino por interés. Este conoce él solo una laguna, aquél un médano, el otro una cañada; éste una yerba medicinal, aquél un pasto venenoso; el otro una senda extraviada por el bosque. Y así dicen, no como los cristianos: –Yo conozco una laguna, una yerba, una senda que nadie conoce; sino: –Yo tengo una laguna, y una yerba, una senda que nadie conoce, que nadie ha visto, por donde nadie ha andado.

Decididamente, hoy estoy fatal para las digresiones. Tomé el hilo más arriba y me apercibo que lo he vuelto a dejar. Para dejarlo del todo, me falta decir lo que es la conversación en junta.

Es un acto muy grave y muy solemne. Es una cosa muy parecida al Parlamento de un pueblo libre, a nuestro Congreso, por ejemplo. La civilización y la barbarie se dan la mano; la humanidad se salvará porque los extremos se tocan. Y por más que digan que los extremos son viciosos, yo sostengo que eso depende de la clase de *extremos*. Sería malo, irritante, odioso ser en extremo avaro; pero ¿quién puede tachar a un caballero por ser en extremo generoso? Será una calamidad para un mujer ser en extremo fea. Pero ¿qué mujer sostendrá que es una desgracia ser en extremo hermosa?

¡Cuando he dicho que estoy fatal para las digresiones! Volvamos a la junta, a ver si se parece o no a lo que he dicho.

Reúnese ésta, nómbrase un orador, una especie de miembro informante, que expone y defiende contra uno, contra dos, o contra más, ciertas y determinadas proposiciones. El que quiere le ayuda.

El miembro informante suele ser el cacique. El discurso se lleva estudiado, el tono y las formas son semejantes al tono y las formas de la conversación en parlamento, con la diferencia de que en la junta se admiten las interrupciones, los silbidos, los gritos, las burlas de todo género. Hay juntas muy ruidosas, pero todas, excepto algunas memorables que acabaron a capazos, tienen el mismo desenlace. Después de mucho hablar, triunfa la mayoría aunque no tenga razón. Y aquí es el caso de hacer notar que el resultado de una junta se sabe siempre de antemano, porque el cacique principal tiene buen cuidado de catequizar con tiempo a los indios y capitanejos más influyentes en la tribu.

Todo lo cual prueba que la máquina constitucional llamada por la libertad Poder Legislativo, no es una invención moderna extraordinaria; que en algo nos parecemos a los indios, o, como diría Fray Gerundio: que en todas partes se cuecen habas.

Como las explicaciones de Mora interesasen, prolongué la parada hasta que no quedó ya nada que saber en materia de conversaciones pampeanas.

–¡Vamos! –le dije a Caniupán, y diciendo y haciendo, seguimos el camino de Leubucó. Los indios se tendieron al galope. Por no recibir su polvo los imité.

Hacia el sur se alzaba en el horizonte una nube que parecía de arena.

–Son jinetes –dijeron algunos.

Yo fijé un instante la vista en ella, no descubrí nada. Tenía interés en aprender a contar en lengua araucana. Me dirigí, pues, a Mora, aprovechando el tiempo, ya que por algunos momentos me veía libre de embajadores, mensajeros y parlamentarios, y le pregunté:

–¿Cómo se llaman los números en lengua de los indios?

Mora no entendió bien la pregunta. El sabía perfectamente bien lo que quería decir cuatro, pero ignoraba qué era *número*.

Le dirigí la interpelación en otra forma, y el resultado fue que mis lectores mañana, y tú después, Santiago amigo, sabrán contar en una lengua más:

Uno-*quiñé*.

Dos-*epú*.

Tres-*clá*.

Cuatro-*meli*.

Cinco-*quehú*.

Seis-*caiú*.

Siete-*relgué*.

Ocho-*purrá*.

Nueve-*ailliá*.

Diez-*marí*.

Cien-*pataca*.

Mil-*barranca*.

Ahora, cincuenta se dice *quehú-marí*; doscientos, *epu-pataca*; ocho mil, *purrá-barranca*; y cien mil, *pataca-barranca*.

Y esto prueba dos cosas:

1° Que teniendo la noción abstracta del número comprensivo de infinitas unidades, como un millón, que en su lengua se dice *mari-pataca-barranca*, estos bárbaros no son tan bárbaros ni tan obtusos como muchas personas creen.

2° Que su sistema de numeración es igual al teutónico, según se ve por el ejemplo de *quehú-marí*, que vale tanto como cincuenta, pero que gramaticalmente es *cinco-diez*.

Si hay quien se haya afligido porque nuestro sistema parlamentario se parece al de los ranqueles, ¡consuélese, pues! Los alemanes, justamente orgullosos de ser paisanos de Schiller y de Goethe, se parecen también a ellos. Bismarck, el gran hombre de Estado, contaría las águilas de las legiones vencedoras en Sadowa, lo mismo que el indio Mariano Rosas cuenta sus lanzas al regresar del malón. Pero la nube de arena avanza...

XXII

Una nube de arena. Cálculos. El ojo del indio. Segundo parlamento. Se avista el toldo de Mariano Rosas. Frente a él.

La nube de arena había llamado mi atención antes de empezar el diálogo con Mora, se movía y avanzaba sobre nosotros, se alejaba, giraba hacia el poniente, luego, hacia el naciente, se achicaba, se agrandaba, volvía a achicarse y a agrandarse, se levantaba, descendía, volvía a levantarse y a descender; a veces tenía una forma, a veces otra, ya era una masa esférica, ya una espiral, ora se condensaba, ora se esparcía, se dilataba, se difundía, ora volvía a condensarse haciéndose más visible, manteniendo el equilibrio sobre la columna de aire hasta una inmensa altura, ya reflejaba unos colores, ya otros, ya parecía el polvo de cien ráfagas de viento errantes, otras el polvo de un rodeo de ganado vacuno, jinetes, ya el de potros alzados, unas veces polvo levantado por las que remolinea; creíamos acercarnos al fenómeno y nos alejábamos, creíamos alejarnos y nos acercábamos, creíamos descubrir visiblemente en su seno objetos y nada veíamos, creíamos juguetes de la óptica la imagen de algo que se movía velozmente de un lado a otro, de arriba abajo, que iba y venía, que de repente se detenía partiendo súbito luego: íbamos a llegar y no llegábamos, porque el terreno se doblaba en médanos abruptos, subíamos, bajábamos, galopábamos, trotábamos con la imaginación sobreexcitada, creyendo llegar en breve a una distancia que despejara la incógnita de nuestra curiosidad; pero nada, la nube se apartaba del camino como huyendo de nosotros, sin cesar sus variadas y caprichosas evoluciones, burlando el ojo experto de los más prácticos, dando lugar a conjeturas sin cuento, a apuestas y disputas infinitas.

Así seguíamos nuestro camino, derrotados por aquella nube extraña, cuando divisamos en dirección a Leubucó unos polvos que momentáneamente fijaron nuestra atención, apartándola de lo que la traía preocupada en tan alto grado.

No tardamos en cerciorarnos de que los polvos eran de un grupo bastante crecido de indios que al gran galope se dirigían hacia nosotros. Tienen ellos un modo tan peculiar de andar por los campos que no era fácil confundirlos con otra cosa.

Volvimos, pues, a fijar la vista en la nube aquella que nos había ganado el flanco izquierdo y que ya afectaba un aspecto más conocido, transparentando formas movibles de seres animados. En ese momento los polvos se tendieron hacia el oriente, formando un círculo inmenso, y como queriendo envolver dentro de él todo cuanto andaba por los campos. Al mismo tiempo divisamos otros polvos en el rumbo que llevábamos y oyéronse varias voces:

–¡Aquéllos andan boleando!

–¡Aquéllos vienen para acá!

Mora me dijo:

–Esos polvos, señor, que tenemos al frente, han de ser de otro parlamento que viene a saludarlo.

Para mis adentros exclamé: ¡Si se acabarán algún día los cumplidos!

Caniupán me dijo:

–Ese comisión grande viniendo a topar.

–Bueno –le contesté, y señalándole a la izquierda, preguntéle:

–¿Qué es aquella?

El indio fijó sus ojos en el espacio, recorrió rápidamente el horizonte y luego me contestó:

–Boleando guanacos.

Efectivamente, la nube que por tanto tiempo había preocupado nuestra atención, estaba ya casi encima de nosotros envolviendo en sus entrañas una masa enorme de guanacos que estrechada poco a poco por las boleadoras, venía a llevarnos por delante.

–¡Cuidado con las tropillas! –grité, y haciendo alta las rodeamos, porque la masa de guanacos podía arrebatarlas. La tierra se estremecía como cuando la sacude el trueno, oíanse alaridos en todas direcciones, sentíase un ruido sordo..., la masa enorme de guanacos, rompiendo la resistencia del aire, pasó como un torbellino, dejándonos envueltos en tinieblas de arena. Detrás pasaron los indios revoleando las boleadoras, convergiendo todos hacia la misma punta, que parecía ser una planicie que quedaba a nuestra derecha.

Cuando aquel aluvión de cuadrúpedos desfiló y disipándose las tinieblas de arena, se hizo la luz, volvimos a ponernos al galope.

Según lo había calculado Mora, los polvos últimos que se avistaron eran otro parlamento que venía.

Esta vez no fue un indio el que se destacó de él: destacáronse tres.

Al verlo, Caniupán destacó otros tres.

Cruzáronse éstos a cierta altura con los otros, hablaron no sé qué y ambos grupos prosiguieron su camino. Llegaron a nosotros los tres que venían, y después que hablaron con Caniupán, díjome éste:

–Formando gente, hermano, ese comisión.

Hice alto, di mis órdenes y formamos en batalla cubriéndome la retaguardia los indios de Caniupán.

Púsose éste a mi lado derecho y por indicación suya coloqué los dos franciscanos a mi izquierda, Mora se puso detrás de mí.

Una vez formados nos pusimos al galope. Galopamos un rato, y cuando la comisión que venía se dibujó claramente sobre una pequeña eminencia del terreno, como a unos dos mil metros de nosotros, Caniupán me dijo:

–Ese comisión lindo, hermano, ahora no más topando.

–Cuando guste, hermano, topando no más.

Los que venían hicieron alto; regresaron los tres indios de Caniupán y los otros tres volvieron a los suyos. Caniupán me dijo:

–Poquito parando, hermano.

–Bueno, hermano –le contesté, sujetando.

Destacó un indio sobre los que venían diciéndole no sé qué. Los otros hicieron lo mismo.

Llegó el heraldo, habló con Caniupán y éste me dijo:

–Ahora topando, hermano.

–Cuando quiera topando, hermano.

Y esto diciendo nos pusimos al gran galope.

Los otros nos imitaron; venían formados en orden de batalla, haciendo flamear tres grandes banderas coloradas, colocadas en largas cañas, que ocupaban los extremos y el centro de la línea.

Marchamos así hasta quedar distantes unos de otros como cuatrocientos metros.

Caniupán me dijo:

–Cerquita ya, topando.

–Topando –le contesté.

Él se lanzó a toda brida, yo lo seguí, y los buenos franciscanos, haciendo de tripas corazón, imitaron mi ejemplo.

Cuando íbamos materialmente a toparnos, sujetamos simultáneamente unos y otros, quedando distantes veinte pasos.

El que presidía el parlamento destacó su orador. Caniupán destacó el suyo.

Colocáronse equidistantes de sus respectivos grupos, mirando el uno al oriente y el otro al occidente, y comenzó el parlamento.

Duró lo bastante para fastidiar a un santo.

Hablaba por los codos, prolongaba la última sílaba de la palabra final, como si su garganta fuera un instrumento de viento, y tenía el arte de hacer de una razón quince razones.

El orador que Caniupán nombró para que me representara, no le iba en zaga.

Así fue que no me valió acortar mis contestaciones. Mi representante se dio maña para multiplicar mis razones, tanto como su interlocutor multiplicaba las suyas. Mariano Rosas me mandaba decir:

Que se alegraba mucho que fuera llegando a su toldo (1ª razón).

Que cómo me había ido de viaje (2ª razón).

Que si no había perdido algunos caballos (3ª razón).

Que cómo estaba yo y todos mis jefes, oficiales y soldados (4ª razón).

A estas cuatro razones, yo contesté con otras cuatro.

Pero como el orador de Mariano hizo las suyas sesenta razones, el mío hizo lo mismo con las mías.

Después que estos interesantes saludos pasaron, tuve que dar la mano a todos. Eran unos ochenta, entre ellos había muchos cristianos.

A cada apretón de manos, a cada abrazo, me aturdían los oídos con hurras y vítores.

Con los abrazos y los apretones de mano cesaron los alaridos,

Mezcláronse los indios que habían venido con los de Caniupán, y formando un solo grupo y marchando todos en orden, proseguimos nuestro camino, avistando a poco andar otros polvos.

—Ese, otro comisión —me dijo Caniupán, señalándomelos.

—Me alegro mucho —le contesté, diciendo interiormente: A este paso no llegaremos en todo el día a Leubucó.

Subíamos a la falda de un medanito, y Mora me dijo:

—Allí es Leubucó.

Miré en la dirección que me indicaba, y distinguí confusamente a la orilla de un bosque los aduares del cacique general de las tribus ranquelinas, las tolderías de Mariano Rosas.

Los polvos se acercaban velozmente. Llegó un indio: habló con Caniupán y éste destacó otro. Después llegaron tres y Caniupán destacó igual número. En seguida llegaron seis y Caniupán destacó seis también.

Así, recibiendo y despachando mensajes y mensajeros, ganábamos terreno rápidamente, de modo que no tardamos en avistar la nueva serie de embajadores en cuyas garras íbamos a caer:

Caniupán me dijo:

–Ese comisión, lindo grandote.

–Ya veo que es linda –le contesté.

Y tenía razón en lo de grandote, porque, en efecto, formaban un grupo considerable.

Caniupán me dijo:

–Topando fuerte, hermano.

–Topando como guste –le contesté.

–Mandando hacer alto, hermano –agregó.

Hice alto.

–Formando gente, hermano –me dijo.

Llené sus indicaciones, y mi comitiva formó en batalla, poniéndome yo con los frailes al frente en el orden de antes. Los indios de Caniupán me cubrieron la retaguardia y los otros, haciendo dos alas, se colocaron a derecha e izquierda de mí. Las tres banderas ocuparon el centro de la línea que formábamos, como a veinte pasos a vanguardia. Caniupán iba a mi lado.

Formados en esa disposición, rompimos la marcha al galope.

Los que venían avanzaron también al galope.

Oyéronse toques de corneta.

Caniupán me dijo:

–Ese comisión ahorita topando

–Ya lo veo –le contesté.

Galopamos algunos minutos –hicimos alto viendo que los que venían se habían parado– y después que hablaron con Caniupán, trayendo y llevando mensajes varios indios, continuamos la marcha.

A una indicación de corneta, Caniupán me dijo:

–Ahora topando ya, hermano.

Y como de costumbre, lanzóse a media rienda, dándome el ejemplo.

Esta vez íbamos a toparnos a todo correr en medio de una espantosa algazara que hacían los indios golpeándose la boca abierta con la palma de la mano.

El terreno salpicado de pequeños arbustos, blando y desigual, exponía a todos a una tremenda rodada. No podíamos marchar en formación. Nos desbandábamos y nos uníamos alternativamente. Los pobres frailes, encomendando su alma a Dios, me seguían lo más cerca posible. Muchos rodaron, apretándolos enteros el caballo, y eran jinetes de primer orden. ¡Sarcasmo de la vida! uno de los frailes rodó y salió parado.

Las dos comitivas avanzaban, íbamos materialmente a toparnos ya, cuando a una indicación de corneta sujetaron los que venían y nosotros también.

Siguióse una escena igual a la anterior, entre dos oradores que se ocuparon una media hora de mi salud y de mis caballos. Pero esta vez todo fue más soportable, porque mientras los oradores multiplicaban sus razones con elocuente encarnizamiento, yo conversaba con el capitán Rivadavia que había salido a mi encuentro.

Este valiente y resuelto oficial, prudente y paciente, me representaba hacía tres meses entre los indios.

Lo abracé con efusión, y uno de los momentos más gratos de mi vida ha sido aquél. Quien haya alguna vez encontrado un compatriota, un amigo en extranjera playa o en regiones apartadas y desconocidas, desiertas e inhabitadas, después de haber expuesto su vida unas cuantas veces, podrá sólo comprender mis impresiones.

Terminados los saludos, que eran seis razones, las que fueron convertidas en sesenta de una parte y otra, llegó el turno de los abrazos y apretones de mano. Esta vez no hubo más alteración en el ceremonial que toques de corneta. Di unos cientos y tantos abrazos y apretones de mano; y cuando ya no me quedaba costilla ni nervio en la muñeca que no me doliera, comenzaron los alaridos de regocijo y los vivas, atronando los aires. Todo el mundo, excepto mi gente, se desparramó gritando, *escaramuceando, rayando* los caballos, ostentando el mérito de éstos y su destreza. Aquello era una verdadera fiesta, una fantasía a lo árabe. Así desparramados, dispersos, *jineteando,* marchamos un largo rato, viendo darse de pechadas mortales a unos, rodar a otros, haciendo éstos bailar los caballos, tirándose los unos al suelo en medio de la carrera y subiendo ágiles, corriendo los unos de rodillas sobre el lomo de su caballo y los otros de pie, en una palabra, haciendo cada cual alguna pirueta. A un toque de corneta se reunieron todos, y formamos como antes lo expliqué, aumentando las alas los recién llegados.

Acababa de llegar un enviado de Mariano Rosas.

Su toldo estaba ahí cerca. Penetrar en él era cuestión de minutos, al fin.

Regresó el mensajero y Caniupán me dijo:

—Caminando poquito, hermano —dicho lo cual recogió su caballo y se puso al tranco.

Tuve que conformarme a su indicación. Recogí mi caballo e igualé el paso del suyo.

Llegó otro mensajero de Mariano Rosas, habló con Caniupán, y después me dijo éste:

—Parando, hermano.

Le habló a Mora en su lengua y éste me tradujo: que debíamos echar pie a tierra y esperar órdenes.

El lector juzgará si había motivo para rabiar un rato. Yo, que en esta excursión a los indios he aprendido una virtud que no tenía, que por modestia callo, repito lo que antes he dicho: que no es tan fácil penetrar en el toldo del señor general don Mariano Rosas, como le llaman los suyos.

XXIII

Épocas buenas y malas. En qué cosas cree el autor. La cadena del mundo moral. ¿Será cierto que los padres saben más que los hijos? El capitán Rivadavia, Hilarión Nicolai. Camargo. Dilaciones.

Con la última parada se me quemaron los libros. Es verdad que hace mucho tiempo que en mis cálculos entra todo, menos lo principal.

El hombre suele tener épocas de graves errores, de imperdonables desaciertos y tristes equivocaciones. Como todo el que se ha lanzado sin preparación en la corriente de la vida lo sabe, hay años buenos y malos, meses propicios y fatales, días color de rosa, días negros como el hollín de una chimenea.

Años, meses y días en que a todo acertamos, en que nuestro espíritu parece tener su geometría, en que todo nos halaga y nos sonríe.

Y, a la inversa, años, meses y días en que todo nos sale al revés.

Si amamos, nos olvidan; si vamos a la guerra, nos hieren o nos postergan; si somos candidatos al parlamento, nos derrotan; si jugamos, perdemos; si tomamos comidas con aceite, se nos indigestan; si compramos billetes de lotería, ni cerca le andamos a la suerte; finalmente, hay temporadas aciagas en que ni por chiripa andar nos bien. O, como dicen los andaluces, temporadas en que nuestro estado normal es andar en la mala.

Esto debe consistir en algo.

Yo he pensado mucho en la justicia de Dios con motivo de ciertos percances propios y ajenos, pues un hombre discreto debe estudiar el mundo y sus vicisitudes, en cabeza propia y en cabeza ajena.

Y, francamente, hay momentos en que me dan tentaciones de creer que nuestro bello planeta no está bien organizado.

¡Quién sabe si no entramos en un período de desequilibrio moral!

He de buscar algún amigo ducho en trotes de ciencia y conciencia que me indique si hay algún tratado de mecánica terrenal, por el estilo del de Laplace.

Por lo pronto me he refugiado en un tratadito cuyo título es: "La moral aplicada a la política, o el arte de esperar".

Debe ser muy bueno; es un libro chico y anónimo; hace tiempo vengo observando que los mejores libros son los manuales, cuyo autor se ignora.

La razón creo hallarla en la modestia, sentimiento que anda generalmente a caballo.

En este tratadito pienso hallar la solución de muchas de mis dudas.

Yo tengo creencias y convicciones arraigadas, que las he sacado no sé de dónde —hay cosas que no tienen filiación–, y no quisiera perderlas o que se embrollaran mucho en los archivos de mi imaginación.

Yo creo en Dios, por ejemplo, cosa en la que sin duda cree el respetable público –aunque hay un refrán maldito que dice: Fíate en Dios y no corras.

Yo creo en la justicia y que las almas nobles deben hacérsela aun a aquellos mismos que se la niegan a ellos; sin embargo, todos los días veo gente desesperada por la calle, quejándose de que no hay justicia en la tierra.

Y hasta ahora les he oído decir a los que tienen y ganan pleitos: ¡Qué bien anda la justicia!

¡Los mismos abogados no hacen otra cosa que gritar contra la justicia!

Dos alegatos distintos de bien probado sobre lo mismo, ¿qué implican?

Yo creo en la caridad, y mientras tanto, todo el día oigo hablar mal del prójimo, y veo gente conducida al cementerio que no tiene tras de qué caerse muerta.

Yo creo en la religión; creo que el patriotismo, el honor, la probidad, el amor del prójimo, son cuestiones de religión.

Mientras tanto, el otro día he leído en un libro italiano –estos italianos pierden la cabeza cuando se ocupan de religión– que todas las religiones quieren hacerse ricas. Yo creo en la Constitución y en las leyes; y un viejo muy lleno de experiencia que me suele dar consejos, me dice: Todos gobiernan lo mismo, no es Rosas el que no puede.

Yo creo en el pueblo, y si mañana lo convocan a elecciones, resulta que no hay quien sufrague.

Yo creo en el libre albedrío, y todos los días veo gentes que se dejan llevar de las narices por otros; y mi noción de la responsabilidad humana se conmueve hasta en sus más sólidos fundamentos.

Como se ve, yo creo en una porción de cosas muy buenas, muy morales y muy útiles.

El pulpero de enfrente no cree ni entiende nada de eso. Pero lo pasa bien.

Tiene buena salud, una renta fija, una clientela segura: nadie lo inquieta, ni lo amenaza, ni lo fulmina. Es un desconocido; pero es una potencia.

La suerte debe entrar por mucho; porque de balde no han inventado el refrán: "Suerte te dé Dios, hijo, que el saber poco te vale".

Y el apellido ha de influir también algo.

Es muy raro hallar un hombre que aborrezca a otro que no sabe cómo se llama.

Por eso, sin duda, los brasileños se mudan el nombre.

El otro día no se me ocurrió esto.

Cuando acabe de leer mi tratadito, he de estar ya en estado de curarme de todas mis supersticiones.

Dentro de poco voy a ser un hombre completo, moralmente, bien entendido.

Entonces sí, ¿a que todo cuanto emprenda me sale a las mil maravillas?

¿A que si entablo un pleito gano?

¿A que si emprendo un viaje no naufrago?

¿A que si compro billetes de lotería me saco una suerte mayor?

¿A que si hago una campaña me dan un premio?

¿A que si vuelvo a los indios no me sucede lo que me ha sucedido, que me hagan esperar tanto en el camino? ¿Será cierto que la experiencia es la madre de la ciencia?

Sin duda, por eso dicen que el diablo no sabe tanto por diablo, cuanto por ser viejo.

Se me había olvidado anotar, al enumerar mis creencias, que también creo en este caballero. Lo he visto varias veces.

¿Será cierto que mi anciano padre tiene razón en los consejos que me ha dado y me da consejos que en mi petulancia moderna jamás he querido seguir, tanto que, para saber cómo piensa él, no hay más que averiguar cómo pienso yo?

¿Será cierto que la cadena del mundo moral se forma así, vinculando la amarga experiencia de ayer con los desencantos de hoy, metodizando y conformando nuestra vida según los preceptos de los que han vivido y visto más que nosotros, orgullos filósofos de papel?

¿Será cierto que el muchacho más instruido, más aventajado, más sabio, al lado de su padre será siempre un niño de teta, un pigmeo?

¡Santiago amigo! ¿Será cierto que tu padre sabe más que tú?

¿Que el general Guido sabía más que Carlos[22], que es un mozo de sabiduría?

¿Que don Florencio Varela sabía más que Héctor[23], que sabe tantas cosas? – más que Mariano[24], lo dudo. ¿Que mi padre sabe más que yo, que no soy muy atrasado que digamos, particularmente en estudios sociales? A mí me da por ahí. Mi fuerte es el conocimiento de los hombres.

¡Pero éstos me reservan unos desengaños!

Es con lo que pienso argüir al mocoso de mi hijo, cuando se me levante con el santo y la limosna, que no tardará en suceder.

Ya ha empezado a hacer actos espontáneos, calculados para desprestigiar mi autoridad paternal, a gastar más de lo que debe, siendo objeto de privadas murmuraciones de la familia, y metiéndose a estudiar medicina contra mis consejos.

¡Estudiar medicina sin mi consentimiento! ¡Pues es disparate!

Sólo puedo comparar semejante aberración, en un siglo como éste, en que yo le curo homeopáticamente un panadizo al que lo tenga, con una expedición a los indios ranqueles.

En efecto, querido Santiago, mirando con sangre fría mi viaje a los toldos, ¿no te parece que ha sido perder tiempo?

¿No te parece que las demoras que me ha hecho sufrir Mariano Rosas, antes de dejarme penetrar en su morada, las he merecido por mi extravagancia?

¡Cuánto mejor hubiera sido que mi jefe inmediato me negara la licencia! Si lo hace, cuando menos me atufo, que así somos –¡desconocemos la mano que nos desea el bien y se la damos a quien nos quiere mal!

Pero acerquémonos a Leubucó, saliendo de donde nos detuvimos ayer.

Viendo que la parada se prolongaba y que mis cabalgaduras estaban muy sudadas, mandé mudar, para hacer la entrada en regla.

Era temprano aún y quién sabe cuánto tiempo íbamos a permanecer todavía sobre el caballo.

Mientras mudaban, el capitán Rivadavia me presentó varios personajes políticos refugiados en Tierra Adentro –siendo los dos más notables, un mayor Hilarión Nicolai y un teniente Camargo.

Ambos han pertenecido a la gente de Saa, y ganaron los indios después de la sableada de San Ignacio, llevando un puñado de soldados.

Muy mal me habían hablado de estos hombres.

Yo iba sumamente prevenido contra ellos, temiendo ser objeto de alguna maldad, aunque reflexionando me parecía que el hecho de ser cristianos debía mirarlo como una garantía.

Dígase lo que se quiera, la cabra siempre tira al monte.

Más tarde veremos si yo discurría mal en medio de las preocupaciones de mi ánimo. Y mi ejemplo podrá serles útil a los que juzguen a los hombres por las reglas vulgares, apasionadas, iracundas, cuando la gran ley de la vida y de Dios es la caridad.

Ni el viejo Hilarión, ni el bandido Camargo me hicieron el efecto que yo esperaba, ni me saludaron como me lo temía. Hilarión con todas sus mañas y Camargo con todas sus bellaquerías, son dos hombres atentos y educados, especialmente Hilarión. Camargo es un tipo más crudo.

El primero tendrá cincuenta y cinco años, el segundo veintiocho. El uno tiene larga barba, blanca como la nieve; el otro un lindo bigote negro como azabache.

El uno parece un inglés, el otro tiene todo el sello del hijo de la tierra.

Hilarión es una especie de gauchi-político. Camargo es un compadre neto, que sabe leer y escribir perfectamente, valiente, osado, orgulloso y desprendido. Hilarión contemporiza con los indios, no habla su lengua. Camargo, al contrario, habla el araucano, dice lo que siente, no le teme a la muerte y al más pintado le acomoda una puñalada.

Y sin embargo, Camargo es un ser susceptible de enmienda, según lo veremos cuando llegue el momento de referir su vida, sus desgracias, las causas por que se hizo federal, debidas en gran parte a una mujer.

Las tales mujeres tienen el poder diabólico de hacer todo cuanto quieren, y por eso ha de ser que los franceses dicen *ce que femme veut Dieu le veut*[25]. De un federal son capaces de hacer un unitario, y viceversa, que es cuanto se puede decir. Por supuesto que de cualquiera hacen un tonto.

La presencia de mis nuevos conocidos, la charla con ellos, la operación de mudar caballos, hicieron más soportable la imprevista *antesala* que me obligaron a hacer.

Yo disimulaba mal, sin duda, mi destemplado humor, porque todos a una, los que parecían más racionales y conocedores de los usos y costumbres de los indios, me decían: –Tenga paciencia, señor; así es esta tierra; el general es buen hombre, lo quiere recibir en forma.

No había más recurso que esperar hasta que se acabaran los preparativos. Aquello iba a estar espléndido, según el tiempo que se empleaba en los arreglos. Ni la pirámide de la plaza de la Victoria, cuando se viste de gala, gastando más en traje de lienzo y cartón que en un forro de mármol eterno, emplea tanto tiempo en adornarse como todo un cacique de las tribus ranquelinas.

Me daban una lección sobre el ceremonial decretado para mi recepción, cuando llegó un indiecito muy apuesto, cargado de prendas de plata y montando un *flete* en regla.

Le seguía una pequeña escolta.

Era el hijo mayor de Mariano Rosas, que por orden de su padre venía a recibirme y saludarme.

La salutación consistió en un rosario de preguntas –todas referentes a lo que ya sabemos, al estado fisiológico de mi persona, a los caballos y novedades de la marcha.

A todo contesté políticamente, con la sonrisa en los labios y una tempestad de impaciencia en el corazón. Esta vez, a más de las preguntas indicadas, me hicieron otra: que cuántos hombres me acompañaban y qué armas llevaba.

Satisfice cumplidamente la curiosidad.

Ya sabe el lector cuántos éramos al llegar a la tierra de Ramón.

El número no se había aumentado ni disminuido, por fortuna; ninguna desgracia había ocurrido. En cuanto a las armas, consistían en cuchillos, sables sin vaina entre las caronas y cinco revólveres, de los cuales dos eran míos.

El hijo de Mariano Rosas regresó a dar cuenta de su misión. Más tarde vino otro enviado y con él la orden de que nos moviéramos.

Una indicación de corneta se hizo oír.

Reuniéronse todos los que andaban desparramados; formamos como lo describí ayer y nos movimos.

Ya estábamos a la vista del mismo Mariano Rosas y no podía distinguir perfectamente los rasgos de su fisonomía, contar uno por uno los que constituían su corte pedestre, su séquito, los grandes personajes de su tribu, ya íbamos a echar pie a tierra, cuando, ¡sorpresa inesperada!, fuimos notificados de que aún había que esperar. Esperamos, pues...

Habiendo esperado yo tanto; ¿por qué no han de esperar Uds. hasta mañana o pasado?

La curiosidad aumenta el placer de las cosas vedadas difíciles de conseguir.

XXIV

¡Qué hacer cuando no hay más remedio! Cuál era el objeto de esta otra parada. Pretensiones de la ignorancia. Las brujas. Saludos y regocijos. Qué sucedía mientras tenía lugar el parlamento. Agitación en el toldo de Mariano Rosas. Las brujas vieron al fin lo mismo que el cacique. Cómo estaba formado éste. Qué es Leubucó y qué caminos parten de allí. Echo pie a tierra. Vítores.

Hay situaciones en que una indicación, por más política que sea, tiene todo el carácter de una orden militar.

¿Qué había de hacer, cuando con la mayor finura araucana me insinuaron que, a pesar de hallarme ya a tiro de pistola del toldo suspirado, debía detenerme un rato más? Claro está, conformarme.

Permanecimos a caballo, en el mismo orden de formación que llevábamos.

Aquella parada a última hora inopinada, que no había formado parte del programa imaginario de nadie, tenía en el ceremonial de la corte de Mariano Rosas un gran significado.

En las paradas anteriores, el objeto real había sido, unas veces, ganar tiempo hasta que se tranquilizara la multitud, otras veces, cumplir con los deberes oficiales y sociales de la buena crianza y cortesía.

Esta vez el cacique mayor, los caciques secundarios, los capitanejos, los indios de *importancia* —como se estila en Tierra Adentro— querían verme un rato de cerca, antes de que echara pie a tierra, estudiar mi fisonomía, mi mirada, mi aire, mi aspecto; asegurarse, por ciertas razones fundamentales, de mis intenciones, leyendo en mi rostro lo que llevaba oculto en los repliegues del corazón.

Y querían hacer esto, no sólo conmigo, sino con todos los que me acompañaban, inclusive los dos reverendos franciscanos, santos varones, incapaces de arrancarle las alas a una mosca.

En medio de su disimulo y malicia genial y estudiada, los salvajes y los pueblos atrasados en civilización tienen siempre algo de candorosos.

Ellos creen cosa muy fácil engañar al extranjero.

El orgullo de la ignorancia se traduce constantemente, empezando por creer que se sabe más que el prójimo.

La ignorancia tomada individual o colectivamente es la misma en sus manifestaciones: falsamente orgullosa y osada.

Mariano Rosas creyó engañarme.

Estábamos al habla, con tal de esforzar un poco la voz, y siguiendo el plan conocido me destacó un embajador. Ni una palabra de mi lengua entendía éste.

Era calculado.

Se buscaba que sin apelación me valiera del lenguaraz hasta para contestar sí o no.

Así duraba más tiempo la exposición de mi persona y séquito; se nos examinaba prolijamente.

Y mientras se nos examinaba, las viejas brujas, en virtud de los informes y detalles que recibían, descifraban el horóscopo, leyendo en el porvenir, relataban mis recónditas intenciones y conjuraban el espíritu maligno, el *gualicho*.

Habló el representante de Mariano Rosas.

Las coplas fueron las consabidas, con el agregado de que se alegraba tanto de verme llegar bueno y sano a su tierra; que estaba para servirme con todos sus caciques, capitanejos e indios, que aquél era un día grande, y que, en prueba de ello, oyese.

Al decir esto, hacían descargas con carabinas y fusiles unos cuantos cristianos andrajosos, entre los que se distinguía un negro, especie de *Rigoletto*; quemaban cohetes de la India en gran cantidad y prorrumpían en alaridos de regocijo.

Yo contestaba con toda la afabilidad de un diplomático, por el órgano de mi lenguaraz, que a su turno se dirigía a un representante que me había designado Caniupán, mi estatua del Comendador[26] desde el instante en que nos movimos de Calcumuleu.

Multiplicando los dos interlocutores principales, a cual más, sus razones, so pena de desacreditarse ante el concepto de la opinión pública, que estaba allí congregada, no había remedio, los saludos duraban tanto como un rosario.

Después que fui saludado, cumplimentado y felicitado, me pidieron permiso para hacerlo con los franciscanos, que por el hecho de andar a mi lado, de ver mis atenciones con ellos y, sobre todo, porque *llevaban corona,* eran reputados mis segundos en jerarquía.

Concedí el permiso, y vino un diálogo como los que ya conocemos, con su multiplicación de razones, con sus últimas sílabas prolongadas a más no poder, y en el que resonaron con mucha frecuencia los vocablos: *chao,* padre; *uchaimá,* grande; *chachao,* Dios y *cuchauentrú,* que también quiere decir Dios, con esta diferencia: *chachao* responde a la idea de *mi padre* y *cuchauentrú,* a la del *omnipotente,* literalmente traducido significa *hombre grande,* de *cucha* y *uentrú.*

Los franciscanos contestaron evangélicamente, ofreciendo bautizar, casar y salvar todas las almas que quisieran recurrir al auxilio espiritual de su ministerio.

Felizmente, los intérpretes no entendieron muy bien sus apostólicas razones, y no pudieron multiplicarlas tanto como la concurrencia lo habría deseado.

En pos de los franciscanos vinieron mis oficiales, para cuyo efecto me pidieron también la venia.

A ese paso, iban a ser interrogadas, saludadas y agasajadas hasta las mulas que llevaban las cargas.

Este artículo del ceremonial se hizo hablando uno de mis oficiales por todos, según me lo indicó Mora.

Se redujo todo a lo sabido, razones elevadas a la quinta potencia, en medio de la mímica oratoria más esforzada.

En tanto que estos parlamentos tenían lugar, muchos indios viejos, de extraño aspecto, giraban en torno mío y de los míos, con aire misterioso, callados, cejijunto el rostro y como estudiando a los recién llegados y la situación. Se iban y venían, tornaban a irse y volvían a venir, llevándoles lenguas a las brujas, que hacían el exorcismo, y a las cuales iba el pellejo, o la vida, si por alguna casualidad, incongruencia o nigromancia acontecía una desgracia como enfermarse, morirse un indio o un caballo de estimación.

Las tales adivinas acaban sus días así, sacrificadas, si no tienen bastante talento, previsión o fortuna para acertar.

A cada triquitraque las llaman y consultan.

Para ir a malón, consulta; para saber si lloverá habiendo seca, consulta; para saber de qué está enfermo el que se muere, consulta. Y si los hechos augurados fallan, ¡adiós, pobre bruja!, su brujería no la salva de las garras de la sangrienta preocupación: muere.

No obstante, es un artículo abundante entre los indios, prueba evidente de que el charlatanismo tiene su puesto preferente en todas partes: pronosticar el destino de la humanidad y de las naciones, aunque la civilización moderna es más indulgente. Nosotros mandaremos guillotinar a Mazzini, es un gritón menos de la libertad; pero a los que hacen el milagro de la extravasación de la sangre de San Jenaro, no.

Una indescriptible agitación reinaba en el toldo de Mariano Rosas. Indios y chinas a pie y a caballo, iban y venían en todas direcciones. Algo extraordinario acontecía, que se relacionaba conmigo.

Llamó mi atención.

Pregunté impaciente a Mora qué sería. No pudo satisfacerme. Él mismo lo ignoraba. Después supe que las viejas brujas habían andado medio apuradas. Sus pronósticos no fueron buenos al principio. Yo era precursor de grandes e inevitables calamidades: *gualicho* transfigurado venía conmigo.

Para salvarse había que sacrificarme, o hacer que me volviera a mi tierra con cajas destempladas. Como se ve, todas las brujas son iguales: la base de la nigromancia está en la credulidad, en el miedo, en los instintos maravillosos, en las preocupaciones populares.

Pero Mariano Rosas no quería sacrificarme, ni que me volviera como había venido, sin echar pie a tierra en Leubucó.

Los recalcitrantes, los viejos, los que jamás habían vivido entre los cristianos, los que no conocían su lengua, ni sus costumbres, los que eran enemigos de todo hombre extraño, de sangre y color que no fuera india, creían en los vaticinios de las brujas.

Pero ya lo he dicho. Mariano Rosas, que a fuer de cacique principal sabía más que todos, no participaba de sus opiniones.

Se les previno, pues, a las brujas, que estudiasen mejor el curso del sol, la carrera de las nubes, el color del cielo, el vuelo de las aves, el jugo de las yerbas amargas que masticaban, los sahumerios de bosta que hacían: porque el cacique, que *veía otra cosa,* quería estrecharme la mano, y abrazarme convencido de que *gualicho* no andaba conmigo, de que yo era el coronel Mansilla en cuerpo y alma.

Mariano Rosas estaba formado en ala, frente a mí, como a unos cincuenta pasos. A su izquierda tenía a Epumer, su hermano mayor, su general en campaña. Por un voto solemne, aquél no se mueve jamás de su tierra, no puede invadir, ni salir a tierra de cristianos. Después de Epumer, seguían los capitanejos Relmo, Cayupán, otros más, y entre éstos Melideo, que quiere decir *cuatro ratones,* de *meli,* cuatro, y *deo,* ratón.

Es costumbre entre los ranqueles ponerse nombres así, y nótese que digo nombres, no apodos ni sobrenombres. El uno se llama como dejo dicho, el otro se llamará "cuatro ojos", éste "cuero de tigre", aquél "cabeza de buey", y así.

En seguida de los capitanejos, ocupaban sus puestos varios indios de importancia, luego alguna chusma y por fin algunos cristianos de la gente de un titulado coronel Ayala, que fue de Saa, extraviado político, pero que no es mal hombre, que me trató siempre con cariño y consideración.

Estos cristianos estaban armados de fusil y carabina, que no brillaban por cierto de limpios, y eran los que con gran apuro y dificultad hacían las salvas en honor mío. Ayala los dirigía. El padre Burela, que, como se sabe, había llegado de Mendoza dos días antes que yo, con un cargamento de bebidas y otras menudencias para el rescate de cautivos, también andaba por allí, ocupando un puesto preferente. Jorge Macías, condiscípulo mío en la escuela del respetable y querido señor don Juan A. de la Peña, cautivo hacía dos años, andaba el pobre como bola sin manija.

La morada de Mariano Rosas consistía en unos cuantos toldos diseminados y en unos cuantos ranchos, construidos por la gente de Ayala, en un corral y varios palenques.

Leubucó es una laguna sin interés –quiere decir *agua que corre, leubú,* corre, y *có,* agua. Queda en un descampado a orilla de una ceja de monte, en una quebrada de médanos bajos. Los alrededores de aquel paraje son tristísimos, es lo más yermo y estéril de cuanto he visto; una soledad ideal.

De Leubucó arrancan caminos, grandes rastrilladas por todas partes. Allí es la estación central. Salen caminos para las tolderías de Ramón que quedan en los montes de *Carrilobo;* para las tolderías de Baigorrita, situadas a la orilla de los montes de *Quenque;* para las tolderías de Calfucurá en Salinas Grandes, para la Cordillera, y para las tribus araucanas.

Yo he recogido, a fuerza de maña y disimulo, muchos datos a este último respecto, que algún día no lejano publicaré, para que el país los utilice. Y digo con maña y disimulo, porque entre los indios, nada hay más inconveniente para un extraño, para un hombre sospechoso, como debía serlo y lo era yo, que preguntar ciertas cosas, manifestar curiosidad de conocer las distancias, la situación de los lugares a donde jamás han llegado los cristianos, todo lo cual se procura mantener rodeado del misterio más completo. Un indio no sabe nunca dónde queda el Chalileo, por ejemplo; qué distancia hay de Leubucó a Wada. La mayor indiscreción que puede cometer un cristiano asilado es decirlo.

Me acuerdo que en el río Cuarto, queriendo yo mantener algunos datos sobre la población de los ranqueles, le hice cierto número de preguntas a Linconao, que tanto me quería, delante de Achauentrú. Como aquél contestara bastante satisfactoriamente, éste, con tono airado, lo amenazó diciéndole en araucano: que cuando regresase a Tierra Adentro, le diría a Mariano Rosas que era "un traidor que había estado hablando esas cosas conmigo", y dirigiéndose a los demás indios circunstantes, añadió: "Uds. son testigos".

Yo, ¡que había de entender!, lo supe por mi lenguaraz.

Mora me lo dijo en voz baja, rogándome que no lo comprometiera y que no continuara el interrogatorio, que suspendí, quedando poco más enterado que antes.

Los conjuros terminaron, el horóscopo astrológico dejó de augurar males, las águilas no miraron ya para el sur, sino para el norte –lo que quería decir que vendría gente de *adentro para afuera,* no de fuera para adentro, o en otros términos, que no habría malón de cristianos, que nada había que temer.

La hora de recibirme había llegado.

¡Ya era tiempo!

Un enviado salió de las filas de Mariano Rosas y me dijo, siempre por intérprete:

–Manda decir el general que eche pie a tierra con sus jefes y oficiales.

—Está bien —contesté.

Y eché pie a tierra, junto conmigo los cristianos e indios que me seguían. Y a ese tiempo se oyó un hurra atronador y un viva al coronel Mansilla.

Yo contesté, acompañándome todo el mundo:

—¡Viva Mariano Rosas!

—¡Viva el presidente de la República!

—¡Vivan los indios argentinos!

Había verdadero júbilo, los tiros de carabina y de fusil no cesaban, ni los cohetes, ni la infernal gritería, golpeándose la boca abierta con la palma de la mano.

Jorge Macías vino a mí y me abrazó llorando.

Como no me habían hecho ninguna indicación, me quedé junto a mi caballo, después de desmontarme.

Ya estaba aleccionado. Hubo otro parlamento.

Lo volveré a repetir: no es tan fácil como se cree llegar hasta hacerle un *salam-alek* a Mariano Rosas.

XXV

Gracias a Dios. Empieza el ceremonial. Apretones de mano y abrazos.
De cómo casi hube de reventar. Por algo me había de hacer célebre yo.
¿Qué más podían hacer los bárbaros?

Mucho me había costado llegar a Leubucó y asentar mi planta en los umbrales de la morada de Mariano Rosas.

Pero ya estaba allí, sano y salvo, sin más pérdidas que dos caballos, sin más percances que el susto a inmediaciones de Aillancó, a consecuencia de la extraña y fantástica recepción del cacique Ramón.

Haber pretendido otra cosa habría sido querer cruzar el mar sin vientos ni olas; andar en las calles de Buenos Aires en verano sin polvo, en invierno sin lodo, lavarse la cara sin mojársela; o como dice el refrán, comer huevos sin romper cáscaras.

Me parece que tenía por qué conceptuarme afortunado, o en términos más cristianos, por qué darle gracias al que todo lo puede, como en efecto lo hice, exclamando interiormente: ¡Loado sea Dios!

Con el caballo de la brida, esperaba indicaciones para adelantarme a saludar a Mariano Rosas, pasando en revista los personajes que tenía al frente, aunque afectando una gran indiferencia por cuanto me rodeaba.

Todos los bárbaros son iguales; ni les gusta confesar que no han visto antes ciertas cosas, cuando éstas llaman su atención; ni que los que penetran sus guaridas, hallen raro lo que en ellas ven.

En el río Cuarto yo me solía divertir mostrándoles a los indios un reloj de sobremesa, que tenía despertador, un barómetro, una aguja de marear óptica, un teodolito y un anteojo.

Miraban y miraban con intensa ojeada los objetos, y como quien dice: eso no llama tanto como usted cree mi atención, me decían: "Allá en Tierra Adentro mucho lindo teniendo".

Un indio, que debía ser algo como paje del cacique, habló con Mariano Rosas, y en seguida con Caniupán, mi inseparable compañero.

Este, a su turno, habló con Mora.

Mi lenguaraz, siguiendo la usanza, me dijo:

—Señor, dice el general Mariano que ya lo va a recibir; que quiere darle la mano y abrazarlo; que se dé la mano con sus capitanejos y se abrace también con ellos, para que en todo tiempo lo conozcan y lo miren como amigo, al hombre que les hace el favor de visitarlos, poniendo en ellos tanta confianza.

Pasando por los mismos trámites, fue despachado el mensajero con un recadito muy afectuoso y cordial. Mora volvió a conversar con Caniupán, y me dijo después:

—Señor, dice Caniupán que ya puede adelantarse a darle la mano al general Mariano; que haga con él y con los demás que salude, *lo mismo que ellos hagan con usted.*

—¿Y qué diablos van a hacer conmigo? —le pregunté.

—Nada, mi coronel, cosa de los indios, así es en esta tierra —me contestó.

—Supongo que no será alguna barbaridad —agregué.

—No, señor; es que han de querer tratarlo con cariño; porque están muy contentos de verlo y medio *achumados* —repuso.

—Pero, poco más o menos, ¿qué me van a hacer? —proseguí.

—Es que han de querer abrazarlo y cargarlo —respondió.

—Pues si no es más que eso —murmuré para mis adentros—, no hay que alarmarse, y como cuando grita uno a los que acaudilla en un instante supremo, ¡adelante!, ¡adelante!, ¡Caballeros! —dije, mirando a mis oficiales y a los dos franciscanos, que estaban hechos unas pascuas, sonriéndose con cuantos los miraban—, vamos a saludar a Mariano.

Avancé, me siguieron, llegamos a tiro de apretón de mano del cacique y comenzó el saludo.

Mariano Rosas me alargó la mano derecha, se la estreché.

Me la sacudió con fuerza, se la sacudí.

Me abrazó cruzándome los brazos por el hombro izquierdo, lo abracé.

Me abrazó cruzándome los brazos por el hombro derecho, lo abracé.

Me cargó y me suspendió vigorosamente, dando un grito estentóreo; lo cargué y suspendí, dando un grito igual. Los concurrentes, a cada una de estas operaciones, golpeándose la boca abierta con la mano y poniendo a prueba sus pulmones, gritaban: ¡¡¡aaaaaaaaaaaaaaa!!!

Después que me saludé con Mariano, un indio, especie de maestro de ceremonias, me presentó a Epumer.

Nos hicimos lo mismo que con su hermano en medio de incesantes y atronadores ¡¡¡aaaaaaaaaaaaaaa!!!

Luego vino Relmo; igual escena a la anterior: ¡¡¡aaaaaaaaaaaaaaa!!!

En seguida Cayupán, lo mismo: ¡¡¡aaaaaaaaaaaaaaa!!! En pos de éste, Melideo (alias) *cuatro ratones,* indio sólido como una piedra, de regular estatura; pero panzudo, gordo, pesado, ¿cómo quién?, como mi camarada Peña, el edecán del Presidente.

Aquí fueron los apuros para cargarlo y suspenderlo. Mis brazos lo abarcaban apenas; hice un esfuerzo, el amor propio del hombre forzudo estaba comprometido, no alcanzarlo me parecía hasta desdoroso para los cristianos; redoblé el esfuerzo y mi tentativa fue coronada por el éxito más completo, como lo probaron los ¡¡¡aaaaaaaaaaaaaaa!!! dados esta vez con más ganas y prolongados más que los anteriores.

Aquello fue pasaje de comedia, casi reventé, casi se me salieron los pulmones, porque esto de tener que dar un grito que haga estremecer la tierra al mismo tiempo que el cuerpo se encorva, haciendo un gran esfuerzo para levantar del suelo un peso mayor que el de uno mismo, es asunto serio del punto de vista de la fisiología orgánica, pero que más que a todo se presta a la risa.

Imaginaos a *Orión,* a este querido amigo, de quien la biografía dirá algún día que tenía la impaciencia del bien, el sentimiento delicado de la amistad, todo el talento chispeante del porteño, y bajo la corteza de escéptico, por cierta inclinación al caricato, un corazón de oro; imaginaos, decía, a este amigo, en un día de público regocijo, el próximo 9 de julio, verbigracia, en la Plaza de la Victoria, muy emperifollado con sus adornos de papel, cartón, lienzo y engrudo, subido sobre un tablado, luchando a brazo partido, en medio de las más risueñas algazaras de una turbamulta, por cargar y levantar a nuestro cofrade Hernández, ex redactor de "El Río de la Plata"[27] *cué,* cuya obesidad globulosa toma diariamente proporciones alarmantes para los que, como yo, le quieren, amenazando a remontarse a las regiones etéreas o reventar como un torpedo paraguayo, sin hacer daño a nadie, imaginaos eso, vuelvo a decir, y tendréis una idea de lo que me pasó a mí durante mi faena hercúlea con Melideo, cumpliendo con el ceremonial establecido en la tierra donde me hallaba y con las leyes del orgullo de raza y de religión que me prohibían cejar un punto, dar un paso atrás, retroceder, aflojar en lo más mínimo.

¡Ah, si aquello se hubiera concluido con el abrazo de Melideo!

¡Pero qué! Después de Melideo vinieron otros y otros capitanejos; después de éstos varios indios de importancia; por conclusión, la chusma ranquelina y cristiana.

No se oía más que la resonación producida por la repercusión de los continuados gritos ¡¡¡aaaaaaaaaaaaaaa!!!

Yo sudaba la gota gorda, mi voz estaba ronca como el eco de un gallo en frígida mañana de julio, mis fuerzas agotadas.

Se me figuraba que la atmósfera tenía mil grados sobre cero, que no era transparente, sino densa, como para cortarla en tajadas, pesaba sobre mí como una plancha de hierro.

No me moría de calor, de cansancio, de tanto gritar, porque Alá es grande, y nos sostiene y nos da energía física y moral cuando habemos menester de ella, ¡tal es de bueno!

Mientras yo pasaba revista de aquellos bárbaros, me acordaba del dicho de Alcibíades: A donde fueres, haz lo que vieres, y rumiaba: ¡Te había de haber traído a visitar los ranqueles!

Al mejor se la doy, a abrazar cuatro veces, cargar y suspender otras tantas a cualquiera, gritando como un marrano ¡¡¡aaaaaaaaaaaaaaa!!! no es cosa.

Pero cuando ese cualquiera llega a pesar nueve arrobas, tanto como Melideo; pero cuando hay que repetir la misma operación muscular y pulmonar ochenta o cien veces, el ejercicio es grave, y puede darle a uno títulos suficientes para ocupar algún día en el mausoleo de la posteridad un lugar preferente entre los gladiadores o luchadores del siglo XIX.

Por algo me había de hacer célebre yo, aunque las olas del tiempo se tragan tantas reputaciones.

Espero, sin embargo, que en esta tierra fecunda no faltará un bardo apasionado que cual otro don Alonso de Ercilla, cante: No las damas, no amor, no gentilezas –sino las *loncoteadas* de un pobre coronel y sus franciscanos.

Asuntos más pobres y menos interesantes he visto cantados en estos últimos tiempos por la lira de trovadores cuyos nombres no pasarán a remotos siglos, pero que son poetas, según el diccionario de la lengua, en una de sus varias acepciones que en este momento se me ocurre: "Cualquier titulado vate, bardo, trovador, sin méritos para ello; cualquiera que versifica siquiera lo haga contra la voluntad de Dios y falseando las leyes del Parnaso".

Los franciscanos no fueron obligados más que a dar la mano; lo mismo mis oficiales; lo propio mis asistentes. Muy cerca de una hora tardamos en abrazos, salutaciones y demás actos de cortesanía indiana.

Con el último indio que yo saludé, abracé y cargué gritando lo más fuerte que mis gastados pulmones lo permitieron ¡¡¡aaaaaaaaaaaaaaa!!! se oyeron los postreros hurras y vítores de la multitud, que no tardó en desparramarse montando la mayor parte a caballo, entregándose a los regocijos ecuestres de la tierra, como carreras, *rayadas,* pechadas y piruetas de toda clase, por fin.

Yo estaba orgulloso, contento de mí mismo, como si hubiera puesto una pica en Flandes, no sólo por la energía y fortaleza de que había dado pruebas incontestables y señaladas, sino porque ciertas frases que oía vagar por la atmósfera hacían llegar hasta mi conciencia el convencimiento de que aquellos bárbaros admiraban por primera vez en el hombre culto y civilizado, en el cristiano representado por mí, la potencia física, dote natural que ellos ejercitan tanto y que tanto envidian y respetan. De vez en cuando llegaban a mis oídos estos ecos: "Ese coronel Mansilla muy toro; ese coronel Mansilla cargando; ese coronel Mansilla lindo".

Y esto diciendo, un sinnúmero de curiosos se acercaba a mí, hasta estrecharme y no dejarme mover del sitio. Mirábanme de arriba abajo, la cara, el cuerpo, la ropa, el puñal de oro y plata que llevaba en el costal, mostrando su cabo cincelado, las botas granaderas, la cadena del reloj y los perendengues que pendían de ella; todo, todo cuanto llamaba por su hechura o color la atención. Y después de mirarme bien, me decían alargándome la mano:

–Ese coronel, dando la mano, amigo. –Y no sólo me daban la mano, sino me abrazaban y me besaban, con sus bocas sucias, babosas, alcohólicas, pintadas.

Idénticas demostraciones hacían con los oficiales, con los asistentes y con los franciscanos. Varias chinas y mujeres blancas cristianizadas, por no decir, cristianas, se acercaban a éstos, se arrodillaban, y tomándoles los cordones les decían "La bendición, mi padre". De veras, aquel recogimiento, aquel respeto primitivo me enterneció. ¡Qué cosa tan grande es la religión, cómo consuela, conforta y eleva el espíritu!

Los franciscanos dieron algunas bendiciones, y a poca costa hicieron felices a unas cuantas ovejas descarriadas o arrebatadas a la grey.

El contento era general, ¡qué digo!, ¡universal!

Nadie, y eso que había muchísima gente *achumada,* nos faltó al respeto en lo más mínimo. Al contrario, caciques y capitanejos, indios de importancia y chusma, cristianos asilados y cautivos, todos, todos nos trataban con la más completa finura araucana.

Francamente, nos indemnizaban con réditos de los malos ratos, hambrunas, detenciones e impertinencias del camino.

¿Qué más podían hacer aquellos bárbaros, sino lo que hacían?

¿Les hemos enseñado algo nosotros, que revele la disposición generosa, humanitaria, cristiana de los gobiernos que rigen los destinos sociales? Nos roban, nos cautivan, nos incendian las poblaciones, es cierto. ¿Pero qué han de hacer, si no tienen hábito de trabajo? ¿Los primeros albores de la humanidad presentan acaso otro cuadro? ¿Qué era Roma un día? Una gavilla de bandoleros rapaces, sanguinarios, crueles; traidores.

Y entonces, ¿qué tiene que decir nuestra decantada civilización?

Quejarnos de que los indios nos asuelen es lo mismo que quejarnos de que los gauchos sean ignorantes, viciosos, atrasados.

¿A quién la culpa, sino a nosotros mismos?

Pero entremos al toldo de Mariano Rosas, quien antes de ofrecérmelo, me preguntó: ¿qué quería hacer con mis caballos, si hacerlos cuidar con mi gente o que él me los haría cuidar?, quien, preguntándome si mi gente había comido, y habiéndole contestado que no, llamó a su hijo *Lincoln* –por qué se llama así no sé– y le ordenó en castellano que carneara pronto una vaca gorda.

El toldo de Mariano Rosas, como todos los toldos, tiene una enramada; descansemos en ella hasta mañana, a fin de no alterar el método que me he propuesto seguir en el relato.

También conviene hacerlo así para que ni tú, Santiago amigo, ni el lector se hastíen –que lo poco gusta y lo mucho cansa, aunque a este respecto pueden dividirse las opiniones según sea el capítulo de que se trate.

¿Quién se cansa de leer a Byron, a Goethe, a Juvenal, a Tácito?

Nadie.

¿Y a mí?

Cualquiera.

XXVI

La enramada de Mariano Rosas. Parlamento y comida. Agasajo. Pasión de los indios por la bebida. Qué es un YAPAÍ. Epumer, hermano mayor de Mariano Rosas. El y yo. Me deshago de mi capa colorada. Regalos. Distribución de aguardiente. Una orgía. Miguelito.

De las dos proposiciones de Mariano Rosas sobre las bestias, opté por la primera, teniendo presente que el ojo del amo engorda el caballo.

Llamé a Camilo Arias y le di mis órdenes; Mariano las completó con varias indicaciones relativas al mejor pasto, al agua, a las horas de recoger y encerrar, según lo que se dispusiera. Terminó recomendando el mayor cuidado y vigilancia de día y de noche, por los *indios gauchos ladrones,* probándome con lo primero que era hombre entendido en asuntos de campo, con lo segundo, que no es mal sastre quien conoce el paño.

Pasamos a la enramada, que quedaba unida al toldo. Este es siempre de cuero, aquélla de paja, generalmente de *chala* de maíz. Otro día, cuando entremos en un toldo, veremos cómo está construido y distribuido; hoy quedemos en la enramada, que era como todas, una armazón de madera, con techumbre de plano horizontal. Tendría sesenta varas cuadradas.

Allí habían preparado asientos. Consistían en cueros de carneros, negros, lanudos, grandes y aseados; dos o tres formaban el lecho, otros tantos arrollados el respaldo. Estaban colocados en dos filas y el espacio intermedio acababa de ser barrido y regado. Una fila era para los recién llegados, otra para el dueño de casa, sus parientes y visitas. La fila que me designaron a mí miraba al naciente; a la derecha, en la primera hilera, veíase un asiento, que era el mío, más elevado que los demás, con respaldo ancho y alto con dos rollos de ponchos a derecha e izquierda, formando almohadones.

Todo estaba perfectamente bien calculado, como para sentarse con comodidad con las piernas cruzadas a la turca, estiradas, dobladas, acostarse, reclinarse o tomar la postura que se quisiera.

Frente a frente de mí se sentó Mariano Rosas; aunque él habla bien el castellano, lo mismo que cualquiera de nosotros, hizo venir un lenguaraz. Convenía que todos los circunstantes oyesen mis *razones* para que llevasen lenguas a sus *pagos* y se hiciese en favor mío una atmósfera popular.

El parlamento comenzó como aquellos avisos de teatro del tiempo de Rosas, que decían, después de *los vivas y mueras de costumbre* (¡y qué costumbre tan civilizada y fraternal!), se representará el lindo drama romántico en verso *Clotilde, o el crimen por amor,* verbigracia, que cuadraba tan bien con el introito del cartel como ponerle a un Santo Cristo un par de pistolas.

Es decir, que en pos de las preguntas y respuestas de ordenanza: ¿Cómo está usted, cómo le ha ido con todos sus jefes y oficiales, no ha perdido algunos caballos?, porque en los campos sólo suceden desgracias, vinieron otras inesperadas; pero todas ellas sin interés.

Yo hablé de los caballos que me habían robado en Aillancó, del saqueo de Wenchenao a las cargas, y lo hice con vivacidad, apostrofando a los que así me habían faltado al respeto, pareciéndome que un tono de autoridad llamaba la atención de todos.

Haría cinco minutos que conversábamos, traduciendo el lenguaraz de Mariano sus razones y Mora las mías, cuando trajeron de comer.

Entraron varios cautivos y cautivas –una de éstas había sido sirvienta de Rosas– trayendo grandes y cóncavos platos de madera, hechos por los mismos indios, rebosando de carne cocida y caldo aderezado con cebolla, ají y harina de maíz.

Estaba excelente, caliente, suculento y cocinado con visible esmero.

Las cucharas eran de madera, de hierro, de plata; los tenedores lo mismo; los cuchillos, comunes.

Sirvieron a todos, a los recién llegados y a las visitas que me habían precedido. A cada cual le tocó un plato como una fuente. Mientras se comía, se charlaba. Yo no tardé en tomar confianza; estaba como en mi casa, mejor que en ella, sin tener que dar ejemplo a mis hijos.

Comía como un bárbaro –me acomodaba a mi gusto en el magnífico asiento de cueros y ponchos; decía cuanto disparate se me venía a la punta de la lengua y hacía reír a los indios ni más ni menos que Allú a la concurrencia.

Al que se me acercaba, algo le hacía –o le daba un tirón de narices, o le aplicaba un coscorrón, o le pegaba una fuerte palmada en las posaderas.

Los más chuscos me devolvían con usura mis bromas. Se acabó el primer plato y trajeron otro, como para frailes *pantagruélicos,* lleno de asado de vaca riquísimo. Materialmente me chupé los dedos con él, que no es lo mismo comer a manteles que en el suelo y en Leubucó. Después del asado nos sirvieron algarroba pisada, maíz tostado y molido, a manera de postre: es bueno.

Trajeron agua en vasos, jarros y *chambaos* (es un jarrito de aspa).

Y a indicación del dueño de casa, que con impaciencia gritó varias veces: ¡trapo!, ¡trapo! (los indios no tienen voz equivalente), unos cuantos pedazos de género de distintas clases y colores para que nos limpiáramos la boca.

Se acabó la comida y empezó el turno de la bebida. Este capítulo es serio, si es que después de sabias máximas, consejos oportunos y graves reflexiones de Brillat-Savarin, puede haber algo más serio que el comer. Aquel filósofo, inmortal en su género, tiene dos aforismos que podían parafrasearse aquí, diciendo: Dime lo que bebes, te diré lo que eres; el destino de las naciones depende de lo que beben.

Manuel Gascón ha de pretender *a priori* y *a posteriori,* que para él el problema está resuelto, sosteniendo que de todas las bebidas la mejor es el agua.

Digo que esto depende las circunstancias, como que no haya visitas, y prosigo.

Los indios beben, como todo el mundo, por la boca. Pero ellos no beben comiendo.

Beber es un acto aparte.

Nada hay para ellos más agradable. Por beber posponen todo.

Y así como el guerrero que se apresta a la batalla prepara sus armas, ellos, cuando se disponen a beber, esconden las suyas.

Mientras tienen qué beber, beben, beben una hora, un día, dos días, dos meses.

Son capaces de pasárselo bebiendo hasta reventar. Beber es olvidar, reír, gozar.

No teniendo aguardiente o vino, beben *chicha o piquillín.*

Esta vez estaban de fiesta con vino.

El acto está sujeto a ciertas reglas, que se observan como todas las reglas humanas, hasta que se puede.

Se inicia con una *yapaí,* que es lo mismo que si dijéramos: *the pleasure of a glass of wine with you?*[28], para que vean los de la colonia inglesa que en algo se parecen a los ranqueles.

Pero esta invitación se diferencia algo de la nuestra. Nosotros empezamos por llenar la copa del invitado, luego la propia, bebemos simultáneamente, haciéndonos un saludo más o menos risueño y cordial, espiándonos por sobre el borde de la copa, a ver quién la apura más; y es de buena educación de estilo clásico, no beberla toda, ni tampoco que parezca se ha aceptado el brindis por compromiso; como que él significa: –a la salud de usted, cuando no se ha propuesto uno por la patria, por la libertad o por el Presidente de la República.

Los indios empiezan por decir *yapaí,* llenando bien el tiesto en que beben, que generalmente es un cuernito.

La persona a quien se dirigen, contesta *yapaí.*

Bebe primero el que invitó, hasta poder hacer lo que los franceses llaman *goute en l'ongle,* es decir, hasta que no queda una gota, llena después el vaso, copa o jarro o cuernito exactamente, como él lo bebiera, se lo pasa al contrario, y éste se lo echa al coleto diciendo *yapaí.*

Si el *yapaí* ha sido de media cuarta, media cuarta hay que beber.

Por supuesto que no conozco nada peor visto que una persona que se excuse de beber, diciendo: –No sé.

En un hombre tal, jamás tendrían confianza los indios. Así como en toda comida bien dirigida, hay siempre un anfitrión que la preside, que hace los honores, que la anima, así también en todo beberaje de indios hay uno que lleva la palabra: es el que hace el gasto por lo común.

Esta vez, el que hacía el gasto ostensiblemente era Mariano Rosas, en realidad el Estado, que le había dado sus dineros al padre Burela para rescatar cautivos.

Pero aunque Mariano Rosas hacía el gasto y era el dueño de la casa, Epumer, su hermano, era el anfitrión. Epumer es el indio más temido entre los ranqueles, por su valor, por su audacia, por su demencia cuando está beodo.

Es un hombre como de cuarenta años, bajo, gordo, bastante blanco y rosado, ñato, de labios gruesos y pómulos protuberantes, lujoso en el vestir, que parece tener sangre cristiana en las venas, que ha muerto a varios indios con sus propias manos, entre ellos a un hermano por parte de madre; que es generoso y desprendido, manso estando bueno de la cabeza; que no estándolo le pega una puñalada al más pintado.

Con este nene tenía que habérmelas yo.

Llevaba un gran facón con vaina de plata cruzado por delante, y me miraba por debajo del ala de un rico sombrero de paja de Guayaquil, adornado con una ancha cinta encarnada, pintada de flores blancas.

Yo llevaba un puñal con vaina y cabo de oro y plata, sombrero gacho de castor y alta el ala; no le quitaba los ojos al orgulloso indio, mirándolo fijamente cuando me dirigía a él.

Bebíamos todos.

No se oía otra cosa que *iyapaí*, hermano!, *iyapaí*, hermano!

Mariano Rosas no aceptaba ninguna invitación, decía estar enfermo, y parecía estarlo.

Atendía a todos, haciendo llenar las botellas cuando se agotaban; amonestaba a unos, despedía a otros cuando me incomodaban mucho con sus impertinencias; me pedía disculpas a cada paso; en dos palabras, hacía, a su modo, y según los usos de su tierra, perfectamente bien los honores de su casa.

Epumer no había simpatizado conmigo, y a medida que se iba *caldeando,* sus pullas iban siendo más directas y agudas.

Mariano Rosas lo había notado, y se interponía constantemente entre su hermano y yo, terciando en la conversación.

Yo le buscaba la vuelta al indio y no podía encontrársela. A todo lo hallaba taimado y reacio.

Llegó a contestarme con tanta grosería que Mariano tuvo que pedirme lo disculpara, haciéndome notar el estado de su cabeza.

Y sin embargo, a cada paso me decía:

—Coronel Mansilla, *iyapaí!*

—Epumer, *iyapaí!* —le contestaba yo.

Y llenábamos con vino de Mendoza los cuernos y los apurábamos.

Mis oficiales se habían visto obligados a abandonar la enramada, so pena de quedar tendidos, tantos eran los *yapaí.*

Los indios, *caldeados* ya, apuraban las botellas, bebían sin método: —¡Vino! ¡Vino!–, pedían para *rematarse,* como ellos dicen, y Mariano hacía traer más vino, y unos caían y otros se levantaban, y unos gritaban y otros callaban, y unos reían y otros lloraban, y unos venían y me abrazaban y me besaban, y otros me amenazaban en su lengua, diciéndome *winca engañando.*

Yo me dejaba manosear y besar, acariciar en la forma que querían, empujaba hasta darlo en tierra al que se sobrepasaba demasiado, y como el vino iba haciendo su efecto, estaba dispuesto a todo. Pero con bastante calma para decirme:

—Es menester aullar con los lobos para que no me coman.

Mis aires, mis modales, mi disposición franca, mi paciencia, mi constante aceptar todo *yapaí* que se me hacía, comenzaron a captarme simpatías.

Lo conocí y aproveché la coyuntura. La ocasión la pintan calva.

Llevaba una capa colorada, una linda aunque malhadada capa colorada, que hice venir de Francia, igual a la que usan los oficiales de caballería de los cuerpos argelinos indígenas.

Yo tengo cierta inclinación a lo pintoresco, y, durante mucho tiempo, no he podido sustraerme a la tentación de satisfacerla.

Y tengo la pasión de las capas, que me parece inocente, sea dicho de paso. En el Paraguay usaba capa blanca siempre. Hasta dormía con ella.

Mi capa era mi mujer.

Pero ¡qué caro cuestan a veces las pasiones inocentes! Por usar capa colorada me han negado el voto en los comicios.

Por usar capa colorada me han creído colorado.

Por usar capa colorada me han creído caudillo de malas intenciones. Pero entonces, ¿cómo dicen que el hábito no hace al monje?

Decididamente, Figueroa es quien tiene razón:

"Pues el hábito hace al monje, por más que digan que no".

Me quité la histórica capa, me puse de pie, me acerqué a Epumer, y dirigiéndole palabras amistosas, le dije:

–Tome, hermano, esta prenda, que es una de las que más quiero.

Y diciendo y haciendo, se la coloqué sobre los hombros. El indio quedó idéntico a mí, y en la cara le conocí que mi acción le había gustado.

–Gracias, hermano –me contestó, dándome un abrazo que casi me reventó.

Vi brillar los ojos de Mariano Rosas, como cuando el relámpago de la envidia hiere el corazón.

Tomé mi lindo puñal, y dándoselo, le dije:

–Tome, hermano; usted úselo en mi nombre.

Lo recibió con agrado, me dio la mano y me lo agradeció.

Mandé traer mi lazo, que era una obra maestra y se lo regalé a Relmo.

Ya estaba en vena de dar hasta la camisa.

Mandé traer mis boleadoras, que eran de marfil con abrazaderas de plata, y se las regalé a Melideo.

Mandé traer mis dos revólveres y se los regalé a los hijos de Mariano.

Llevaba tres sombreros de los mejores, llevaba medias, pañuelos, camisas; regalé cuanto tenía.

Y por último mandé traer un barril de aguardiente y se lo regalé a Mariano.

Mariano me dijo:

–Para que vea, hermano, cómo soy yo con los indios, delante de usted les voy a repartir a todos. Yo soy así, cuanto tengo es para mis indios, ¡son tan pobres!

Vino el barril y comenzó el reparto por botellas, caldera, vasos, copas y cuernos.

En tanto que Mariano hacía la patriarcal distribución, un hombre de su confianza, un cristiano, se acercó a mí, y a voz baja me dijo:

–Dice el general Mariano que si trae más aguardiente le guarde un poquito para él; que esta noche cuando se quede solo piensa divertirse solo; que ahora no es propio que él lo haga.

¿Qué te parece cómo se hila entre los indios? Contesté que tenía otro barril, que repartiese todo el que acababa de recibir.

La orgía siguió; era una bacanal en regla.

Epumer comenzó a ponerse como una ascua, terrible. Mariano quiso sacarme de allí: me negué; su hermano quería beber conmigo y yo no quería abandonar el campo, exponiéndome a las sospechas de aquellos bárbaros. Soy fuerte, contaba conmigo.

Si la fortuna no me ayudaba, alguna vez se acaba todo, algún día termina esta batalla de la vida en que todo es orgullo y vanidad.

–*Yapaí* –me dijo Epumer, ofreciéndome un cuerno lleno de aguardiente.

–*Yapaí* –contesté horripilado; yo podía beber una botella de vino en una sentada, pero un cuerno, al mejor se lo doy.

En ese instante y mientras Epumer apuraba el cuerno, una voz suave me dijo al oído:

–No tenga cuidado. Aquí estoy yo.

Di vuelta sorprendido, y me hallé con una fisonomía infantil, pero enérgica.

–Y ¿quién eres tú?

–Un cristiano. Miguelito.

XXVII

Pasión de Miguelito. Los hombres son iguales en todas las circunstancias de la vida. Retrato de Miguelito. Su historia.

Miguelito había concebido por mí una de esas pasiones eléctricas que revelan la espontaneidad del alma; que son un refugio de las grandes tribulaciones, que consuelan y fortalecen; que no retroceden ante ningún sacrificio; que confunden al escéptico y al creyente lo llenan de inefable satisfacción.

Cruzamos el mar tempestuoso de la vida entre la angustia y el dolor, la alegría y el placer, entre la tristeza y el llanto, el contento y la risa; entre el desencanto y la duda, la creencia y la fe. Y cuando más fuertes nos conceptuamos, el desaliento nos domina, y cuando más débiles parecemos, inopinadas energías nos prestan el varonil aliento de los héroes.

147

Vivimos de sorpresa en sorpresa, de revelación en revelación, de victoria en victoria, de derrota en derrota. Somos algo más que un dualismo; somos algo de complejo, de complicado o indescifrable.

Y sin embargo, es falso que los hombres sean mejores en la mala fortuna que en la buena, caídos que cuando están arriba, pobres que ricos.

El avaro, nadando en la opulencia, no se cree jamás con deberes para el desvalido.

El generoso no calcula si lo superfluo de que hoy día se desprende, será mañana para él una necesidad.

El cobarde es siempre fuerte con los débiles, débil con los fuertes.

El valiente, ni es opresor, ni se deja oprimir; puede doblarse, quebrarse jamás.

El débil busca quien le dé sombra, quien lo gobierne y lo dirija.

El fuerte, ampara y protege, se basta a sí mismo. El virtuoso es modesto.

El vicioso es audaz.

Somos como Dios nos ha hecho.

Es por eso que la caridad nos prescribe el amor, la indulgencia, la generosidad.

Es por eso que la grandeza humana consiste en adherirse a lo imperfecto.

Tal hombre que yo amo, no merece mi estimación; tal otro que estimo, no es mi amigo.

La razón es la inflexible lógica.

El corazón, es la inexplicable versatilidad. Los problemas psicológicos son insolubles.

¿De dónde brota para la planta la virtualidad de emisión?

¿De la hoja, de la celda, de los pétalos, de los estambres, de los ovarios? Misterio...

Las fuerzas plásticas de la naturaleza son generadoras. Quien dice biología, dice órganos productores.

Pero ¿cómo se operan los fenómenos de la vida?

Del corazón nacen los grandes afectos y los grandes odios; del corazón nacen los pensamientos sublimes y las sublimes aberraciones; del corazón nace lo que me estremece y me enternece, lo que me consuela y lo que me agita.

¿A impulsos de qué?

Lo que ayer embellecía mi vida, hoy me hastía; lo que ayer me daba la vida, hoy me mata; ayer creía no poder vivir sin lo que hoy me falta, y hoy descubro en mí gérmenes inesperados para resistir y sufrir.

Como la lámpara que se extingue, pero que no muere, así es nuestro corazón.

Nos quejamos de los demás, jamás de nosotros mismos.

¿Es que somos ingratos o severos? ¡No!

Es que no nos entendemos.

148

Si nos comprendiéramos no seríamos injustos, anhelando como anhelamos el bien.

There is a tide in the affairs of men.
Which, taken at the flood, leads on to fortune [29].

Que hay una marea en los negocios humanos que, entrando en ella cuando sube, conduce a la fortuna.

Sea de esto lo que fuere, una cosa es innegable: que quien sabe sufrir y esperar, a todo puede atreverse. Y si esto se negase, no me negarán esto otro: que cuando el hombre tiene necesidad de un hombre y lo busca, le halla.

Nuestra desesperación no es frecuentemente más que el efecto de nuestra impaciencia febril.

La solidaridad humana es un hecho tangible, en política, en economía social, en religión, en amistad.

La vida se consume cambiando servicios por servicios. La armonía depende de este convencimiento vulgar, que está en la conciencia de todos: hoy por ti, mañana por mí.

Es por eso que el tipo odioso por excelencia, es el de aquél que, violando la sabia ley de la reciprocidad, se mancha enteramente con el borrón de la ingratitud.

Dante coloca a estos desgraciados en el cuarto recinto del último infierno.

A los que entran allí –*Vexilla regis prodeunt inferni*–[30], los estandartes de Satanás salen a recibirlos y la cohorte diabólica empedra con sus cráneos la glacial morada.

¡Cuántas veces sin buscar el hombre que necesitamos, no lo hallamos en nuestro camino!

La aparición de Miguelito en el toldo de Mariano Rosas es una prueba de ello.

Yo estaba amenazado de un peligro y no lo sabía. Miguelito me lo previno y me puse en guardia. Estar prevenido, es la mitad de la batalla ganada.

Miguelito tiene veinticuatro años. Es lampiño, blanco como el marfil, y el sol no ha tostado su tez; tiene ojos negros, vivos, brillantes como dos estrellas, cejas pobladas y arqueadas, largas pestañas, frente despejada, nariz afilada, labios gruesos bien delineados, pómulos salientes, cara redonda, negros y lacios cabellos largos, estatura regular, más bien baja, anchas espaldas y una musculatura vigorosa.

Sus cejas revelan orgullo, sus pómulos valor, su nariz perspicacia, sus labios dulzura, sus ojos impetuosidad, su frente resolución. Vestía bota de potro, calzoncillo cribado con fleco, chiripá de poncho inglés listado, camisa de Crimea mordoré, tirador con botones de plata, sombrero de paja ordinaria, guarnecido de una ancha cinta colorada: al cuello tenía atado un pañuelo de seda amarillo pintado de varios colores; llevaba un facón con un cabo de plata y unas boleadoras ceñidas a la cintura.

Ya he dicho que Miguelito es cristiano, me falta decir que no es cautivo ni refugiado político.

Miguelito está entre los indios huyendo de la justicia. A los veinticuatro años ha pasado por grandes trabajos; tiene historia, que vale la pena de ser contada, y que contaré –antes de seguir describiendo las escenas báquicas con Epumer–, tal cual él me la contó, noches después de haberlo conocido yendo en mi campaña de Leubucó a las tolderías del cacique Baigorrita.

Hablaré como él habló.

–Yo era pobre, señor, y mis padres también.

Mi madre vivía de su conchabo; mi padre era gallero, yo corredor de carreras.

A veces mi padre y yo juntos, otras separadamente, nos conchabábamos de peones carreteros o para acarrear ganados de San Luis a Mendoza.

Los tres éramos nacidos y criados en el Morro, y allí vivíamos. Mi viejo era un gaucho lindo, nadie pialaba como él ni componía gallos mejor; era joven y guapetón. No he visto hombre más alentado. Sólo tenía el defecto de la chupa. Cuando tomaba le daba por celarla a mi madre, que era muy trabajadora y muy buena, la pobre, que Dios la tenga en gloria.

A más de eso, mi viejo era buen guitarrero, hombre bastante leído y escribido, pues sus primeros patrones, que fueron muy hacendados, lo enseñaron bien.

–¿Y cómo se llamaba su padre?

–Lo mismo que yo, mi coronel. Miguel Corro.

Somos de unos Corro de la Punta de San Luis, que allí fueron gente de posibles en tiempo de Quiroga.

Pero mi madre, mi padre y yo, como le he dicho, hemos nacido en el Morro, cerca del cerro, en un rancho que está en un terrenito que siempre pasó por nuestro, aunque yo no sé de quién será. Si conoce el Morro, mi coronel, le diré dónde queda, queda hacia el ladito de abajo de la quinta de don Novillo, a quien cómo no ha de conocer, si es rico como usted.

La casa estaba casi siempre sola, porque mi madre se iba por la mañana al pueblo y no volvía de su conchabo hasta después de la cena de sus patrones.

Mi padre y yo no parábamos; él por sus gallos, yo por los caballos que tenía en compostura.

Todos los días, tarde y mañana, tenía que caminarlos. Luego, el viejo y yo éramos alegres y no perdíamos bailecito. Me quería mucho y siempre me buscaba para que lo acompañara; así es que yo era quien lo disculpaba y lo componía con mi madre lo que se peleaban.

De ese modo lo pasábamos y, aunque éramos pobres, vivíamos contentos, porque jamás nos faltaban buenos reales con qué comprar los vicios y ropa. Caballos, ¡para qué hablar! Siempre teníamos superiores.

En la casa donde mi madre estaba acomodada, había una niña muy donosita, que yo veía siempre que iba por allí de paso, a hablar con la vieja.

Como los dos éramos muchachos, lo que nos veíamos, nos reíamos. Yo al principio creí que era juguete de la niña; pero después vi que me quería y le empecé a hacerle el amor, hasta que mi madre lo supo, y me dijo que no volviera más por allí.

Le obedecí, y me puse a visitar a otra muchacha, hija de un paisano amigo de mi familia, que tenía algunos animales y muchas prendas de plata, como que era hombre de unas manos tan baquianas para el naipe, que de cualquiera parte le sacaba a uno la carta que él quería. Era peine como él solo. Nadie le ganaba al monte, ni al truco, ni a la primera.

La hija de la patrona de mi madre se llamaba Dolores; la otra se llamaba Regina. Esta era buena muchacha, ¡pero de ande como aquélla!

No me acuerdo bien cuánto tiempo pasaría: debió pasar así como medio año.

Un día mi madre volvió a descubrir que yo seguía en coloquios con la Dolores, siempre que podía, y se me enojó mucho, y aunque ya era hombrecito me amenazó.

Yo me reí de sus amenazas y seguí cortejando a la Dolores y a la Regina; porque las dos me gustaban y me querían.

Ya usted sabe, mi coronel, lo que es el hombre: cuantas ve, cuantas quiere, ¡y las mujeres necesitan tan poco! Yo no me acuerdo ni de lo que hice ni de lo que contesté entonces. Pero probablemente aprobé el dicho de Miguelito y suspiré.

Miguelito prosiguió.

Otro día mi padre y mi madre me dijeron que el padre de Regina les había dicho que si ellos querían nos casaríamos; que él me habilitaría. Que qué me parecía.

Les contesté que no tenía ganas de casarme. Mi madre se puso furiosa, y el viejo, que nunca se enojaba conmigo, también. Mi madre me dijo que ella sabía por qué era: que me había de costar caro, por no escuchar sus consejos; que cómo me imaginaba que la Dolores podía ser mi mujer: que al contrario, en cuanto la familia maliciara algo, me echaría de veterano porque eran ricos y muy amigos del juez y del comandante militar.

Yo no escuchaba consejos ni tenía miedo a nada y seguía mis amores con la Dolores, aunque sin conseguir que me diera el sí.

Mi madre estaba triste, decía que alguna desgracia nos iba a suceder; ya la habían despedido de la casa de la Dolores y de todo me echaba la culpa a mí.

De repente lo pusieron preso a mi padre, y lo largaron después; en seguida me pusieron preso a mí, nada más porque les dio la gana, lo mismo que a mi padre. Usted ya sabe, mi coronel, lo que es ser pobre y andar mal con los que gobiernan.

Pero me largaron también; y al largarme me dijo el teniente de la partida, que ya sabía que había andado maleando.

–¿Maleando cómo? –le pregunté.

–En juntas contra el Gobierno –me contestó.

¿Y de ande, mi coronel?

Todito era purita mentira.

Lo que había era que ya me estaban haciendo la cama. Ni mi padre ni yo nunca habíamos andado con los colorados, porque no teníamos más opinión que nuestro trabajo y nos gustaba ser libres, y cuando se ofrecía una guardia, por no tomar una carabina, más bien le pagábamos al comandante, que es como se ve uno libre del servicio; si no, es de balde.

Una tarde, ya anochecería, estábamos en el fogón todos los de casa; sentimos un tropel, ladraron los perros y lueguito se oyó un ruido de sables.

–¿Qué será, qué no será? –decíamos.

Mi madre se echó a llorar diciéndome: –Tú tienes la culpa de lo que va a suceder.

Usted sabe, mi coronel, lo que son las mujeres, y sobre todo las madres, para adivinar una desgracia.

Parece que todo lo viesen antes de suceder, como le pasó a mi vieja aquella noche. Porque al ratito de lo que le iba diciendo, ya llegó la partida y se apeó el que la mandaba, haciendo que mi padre se marchara con él sin darle tiempo ni a que alzara el poncho.

Se lo llevaron en cuerpito.

Pasamos con mi madre una noche triste, muy triste, mirándonos, yo, callado y ella llorando sentada en una sillita al lado de su cama, porque no se acostó.

Al día siguiente, en cuanto medio quiso aclarar, ensillé, monté y me fui derechito al pueblo, a ver qué había. Lo acusaban a mi padre de un robo.

Y decían que si no ponía personero, lo iban a mandar a la frontera.

¿Y de ande había de sacar plata para pagar personero, ni quién había de querer ir?

Me volví a mi casa bastante afligido con la noticia que le llevaba a mi madre. Pero pensando que si me admitían por mi padre podía librarlo.

Le conté a mi madre lo que sucedía, y le dije lo que quería hacer.

Se quedó callada.

Le pregunté qué le parecía. Siguió callada.

Se enojó mucho, me echó; me fui, volví tarde; los perros no ladraron, porque me conocieron; llegué sin que me sintieran hasta la puerta del rancho.

La hallé hincada rezando, delante de un nicho que teníamos que era Nuestra Señora del Rosario.

Rezaba en voz muy baja; yo no podía oír sino el final de los Padre Nuestros y de los Ave Marías.

Contenía el resuello para no interrumpirla, cuando oí que dijo:

"Madre mía y Señora: ruega por él y por mi hijo".

Suspiré fuerte.

Mi madre dio vuelta: yo entré en el rancho y la abracé.

No me dijo nada.

Con mi padre no se podía hablar. Estaba incomunicado.

Yo anduve unos cuantos días dando vueltas a ver si conseguía conversar con él, y al fin lo conseguí.

Me contó lo que había. No era nada.

Todo era por hacernos mal. Querían que saliéramos del pago. Empezaban con él, seguirían conmigo.

A fuerza de plata, vendiendo cuanto teníamos, logramos que lo largaran.

Para esto el juez dio en visitar a mi madre solicitándola, y yo me tuve que casar con Regina, porque su padre fue quien más dinero nos prestó para comprar la libertad del mío.

Desde el día en que mi padre salió de la prisión –esa noche, me casé yo–, ya no hubo paz en mi casa.

El hombre se puso tristón, no lo pasaba sino en riñas con mi madre.

Se le había puesto que la pobre había andado en tratos con el juez, por su libertad; creía que todavía andaba.

¡Y qué había de andar, mi coronel, si era una mujer tan santa!

Pero ya sabe usted lo que es un hombre desconfiado. Mi padre lo era mucho.

–¿Y a ti cómo te iba con la Regina? –le pregunté al llegar a esta altura del relato.

–Como al diablo –me contestó.

–Pero, antes me has dicho que la querías y que te gustaba –agregué.

–Es verdad, señor, pero es que a la Dolores la quería mucho también, y me gustaba más –repuso.

–¿Y la veías? –proseguí.

–Todas las noches, señor, y de ahí vino mi desgracia y la de toda mi familia –contestó con amargura, envolviéndose en una nube de melancolía.

¡Pobre Miguelito!, exclamé interiormente; admirando aquella ingenuidad infantil en un hombre cuyo brazo había estado resuelto, por simpatía hacia mí, a darle una puñalada al tremendo y temido Epumer.

XXVIII

Teoría sobre el ideal. Miguelito continúa contando su historia. Cuadro de costumbres.

Toda narración sencilla, natural, sin artificios ni afectación, halla eco simpático en el corazón.

El ideal no puede realizarse sino manteniéndonos dentro de los límites de la naturaleza.

¿O no existe, o no es verdad?

¿O no hay belleza plástica: rasgos, líneas, forma humana perfectas?

¿O no hay belleza aérea: accidentes, fenómenos fugitivos, perfección moral?

Miguelito me había cautivado.

Era como una aparición novelesca en el cuadro romántico de mi peregrinación; de la azarosa cruzada que yo había emprendido devorado por una fiebre generosa de acción, con una idea determinada, y digo determinada, porque siendo la capacidad del hombre limitada, para hacer algo útil, grande o bueno, tenemos necesariamente que circunscribir nuestra esfera de acción.

Viendo el tinte de tristeza que vagaba por su simpática fisonomía, lo dejé un rato replegado sobre sí mismo, y cuando la nube sombría de sus recuerdos se disipó, le dije:

–Continúa, hijo, la historia de tu vida; me interesa.

Miguelito continuó.

–Yo no vivía con mis padres; ellos estaban sumamente pobres, y yo había gastado cuanto tenía por la libertad de mi viejo. Tuve que irme a vivir con la familia de Regina.

Los primeros tiempos anduve muy bien con mi mujer. Mis suegros me querían y me ayudaban a trabajar, prestándome dinero, me cuidaban y me atendían.

Al principio todos los suegros son buenos. ¡Pero después!

Por eso los indios tienen razón en no tratarse con ellos.

–¿Conoce esa costumbre de aquí, mi coronel?

–No, Miguelito. ¿Qué costumbre es ésa?

–Cuando un indio se casa, y el suegro o la suegra van a vivir con él, no se ven nunca, aunque estén juntos. Dicen que los suegros tienen *gualicho*.

Fíjese lo que entre en un toldo y verá cómo cuelgan unas mantas para no verse el yerno con la suegra.

–Vaya una costumbre, que no anda tan desencaminada –exclamé para mis adentros, y dirigiéndome a mi interlocutor–: Continúa –le dije.

Miguelito murmuró:

–Son muy diantres estos indios, mi coronel –y prosiguió así:

—Al poco tiempo no más de estar casado con la Regina, ya comenzó mi familia[31] a andar como mi padre y mi madre.

Todos los días nos peleábamos, parecíamos perros y gatos.

Y en todas las riñas que teníamos se metía mi suegro, algunas veces mi suegra, siempre dándole la razón a la hija.

Cuando la sacaba mejor tenía que salirme de la casa, dejando que me gritasen pícaro, calavera, pobretón.

Me daba rabia y no volvía en muchos días: me lo llevaba comadreando por ahí, y era peor.

Así es el mundo.

De yapa, cuando volvía, como la Regina estaba mal acostumbrada, porque los padres la aconsejaban, no quería ser mi mujer.

Me daba rabia y poco a poco le iba perdiendo el cariño.

Es verdad que como la Dolores me recibía siempre de noche, a escondidas de sus padres, que viéndome casado nada sospechaban de nuestros amores, ya no tenía mucha necesidad de ella.

Al hombre nunca le falta mujer, mi coronel, como usted no ignora.

Ya ve aquí; tiene uno cuantas quiere. Lo que suele faltar es plata.

En habiendo, compra uno todas las que puede mantener. Mariano Rosas tiene cinco ahora, y antes ha tenido siete. Calfucurá tiene veinte. ¡Qué indio bárbaro!

—¿Y tú, cuántas tienes?

—Yo no tengo ninguna, porque no hay necesidad.

—¿Cómo es eso?

—Sí; aquí la mujer soltera hace lo que quiere.

—Ya verá lo que dice Mariano de las chinas y cautivas, de sus mismas hijas. ¿Y por qué cree entonces que a los cristianos les gusta tanto esta tierra? Por algo había de ser, pues.

Me quedé pensando en las seducciones de la barbarie; y como había tiempo para enterarme de ellas y quería conocer el fin de la historia empezada, le dije:

—¿Y te arreglaste al fin con tus suegros y con tu mujer propia?

—Me arreglaba y me desarreglaba. Unos tiempos andábamos mesturados; otros, yo por un lado, ellos por otro.

Por último, Regina se había puesto muy celosa; porque, no sé cómo, supo mis cosas con la Dolores.

Hasta me amenazó una vez con que me había de delatar.

Aquello era una madeja que no se podía desenredar, y a más habían dado en la tandita de hablar mal de mi madre, de modo que yo los oyera. Decían que ella era mi tapadera y yo la del juez.

Una noche casi me desgracié con mi suegro.

Si no es por Regina, le meto el alfajor hasta el cabo, por mal hablado.

Era una picardía: porque mi madre, mi coronel, era mujer de ley. Trabajaba como un macho todo el día, y rezar era su vida.

Como sucede siempre en las familias, nos compusimos. Pero de los labios para afuera. Adentro había otra cosa.

Yo prudenciaba, porque mi madre me decía siempre:

—Tené paciencia, hijo.

—¿Y la Dolores? —le pregunté.

—Siempre la veía, mi coronel —me contestó.

—¿Y cómo hacías?

—Ahorita le voy a contar, y verá todas las desgracias que me sucedieron.

Yo iba casi todas las noches oscuras a casa de la Dolores.

Saltaba la tapia y me escondía entre los árboles de la huerta, y allí esperaba hasta que ella venía.

Mi caballo lo dejaba maneado del lado de afuera. Cuando la Dolores venía, porque no siempre podía hacerlo, nos quedábamos un largo rato en amor y compañía, y luego me volvía a mi casa.

Un día mi madre me dijo:

—Hijo, ya no lo puedo sufrir a tu padre; cada vez se pone peor con la chupa; todo el día está dale que dale con el juez. Me ha dicho que si viene esta noche lo ha de matar a él y a mí. Y yo no me atrevo a despedirlo; porque tengo miedo de que a ustedes les venga algún perjuicio. Ya ves lo que sucedió la vez pasada. Y ahora con las bullas que andan, se han de agarrar de cualquier cosa para hacerlos veteranos.

Con esta conversación me fui muy pensativo a ver a la Dolores.

Estuvimos como siempre, desechando penas.

Nos despedimos, salté la tapia, desmanié mi flete, monté, le solté la rienda y tomó el camino de la querencia al trotecito.

Yo iba pensando en mi madre, diciendo: —Si le habrá sucedido algo; mejor será que vaya para allá —cuando el caballo se paró de golpe.

El animal estaba acostumbrado a que yo me apeara en el camino a prender un cigarrito, en un nicho en donde todas las noches ponían una vela por el alma de un difunto.

Me desmonté.

El nicho tenía una puertita. Hacía mucho viento.

Fui a abrirla antes de haber armado el cigarro y se me ocurrió que si se apagaba la luz, no lo podría encender. La dejé cerrada hasta armar bien.

Acabé de hacerlo, abrí la puerta y teniendo el caballo de la rienda con una mano y empinándome porque el nicho estaba en una peña alta, encendía el cigarro con la derecha cuando, zas, tras, me pegaron un bofetón.

Solté la rienda, el caballo con el ruido se espantó y disparó; yo creí que era el alma del difunto, que no quería que encendiera el cigarro en su vela; me helé de miedo y eché a correr asustado, sin saber lo que me pasaba, sin ocurrírseme de pronto que no era un bofetón lo que había recibido, sino un portazo dado por el viento.

Corría despavorido y había enderezado mal. En lugar de correr para mi casa, que quedaba en las orillas, corría para el pueblo. La noche estaba como boca de lobo. Se me figuraba que me corrían de atrás y de adelante. De todos lados oía ruido; nunca me he asustado más fiero, mi coronel.

Al llegar a las calles del pueblo, la sangre se me iba calentando; y veía claro en la oscuridad y oía bien. Muchas voces gritaban:

–¡Por allí!, ¡por allí!

–¡Cáiganle!, ¡dénle!

Al doblar una cuadra me topé con unos cuantos, que no tuve tiempo de reconocer.

Hice alto.

–¿Quién es usted? –me preguntaron.

–Miguel Corro –contesté.

–¡Maten!, ¡maten! –gritaron.

Hicieron fuego de carabina, me dieron sablazos y caí tendido en un charco de sangre. Por suerte no me pegaron ningún balazo. De no, ahí quedo para toda la siega.

Y esto diciendo, Miguelito cayó en una especie de sopor, del que volvió luego.

–¿Y...? –le dije.

–Al día siguiente –prosiguió– me desperté en el cuerpo de la guardia de la partida. No podía ver bien, porque la sangre cuajada me tapaba los ojos. Quise levantarme y no pude.

Me limpié la cara, poco a poco fui viendo luz. Me habían puesto en el cepo del pescuezo y de los pies. Ya sabe cómo son los de la partida de policía, mi coronel: los más pícaros de todos los pícaros y los más malos.

Todo ese día no vi a nadie ni oí más que ruido de gente que entraba y salía. Estarían tomando declaraciones. A la noche entró una partida y me tiró una tumba de carne. No tuve aliento para comerla. Me estaba yendo en sangre.

Como tenía las manos libres, me rompí la camisa, hice unas tiras y medio me até las heridas, que eran en la cabeza y en la caja del cuerpo. Estaba cerca de un rincón y alcancé a sacar unas telas de araña. ¡Quién sabe de no cómo me va!

Pasé una noche malísima; ¡cuando no me despertaban los dolores, me despertaban los ratones o los murciélagos! ¡Qué haber de bichos, mi coronel!

Los ratones me comían las botas y los murciélagos me chupaban los cuajarones de sangre.

Al otro día, reciencito, me sacaron del cepo, y me llevaron entre dos a donde estaba el juez.

Me preguntaron que cómo me llamaba, que cuántos años tenía y otras cosas más.

Me preguntaron que de dónde venía la noche que me aprendieron, y por no comprometer a Dolores eché una mentira. Dije que de casa de mi madre. Fue para perjuicio.

Se me olvidaba decirle que el juez no era el que yo conocía, el que visitaba a mi madre, causante de tantos males en mi casa, sino otro sujeto del Morro.

Ese día no me preguntaron más. Al otro me tomaron otras declaraciones, y al otro, otras, y así me tuvieron una porción de tiempo, incomunicado, dándome a mediodía una tumba de carne y un guámparo de agua.

Yo estaba medio loco, nada sabía de mi madre, ni de mi padre, ni de mi mujer, ni de la Dolores. Creía que no se acordaban de mí y me daban ganas de ahorcarme con la faja.

Por fin, una noche escuché una conversación del centinela con no sé quién, y supe que yo había muerto al juez. Así decían. Y decían también que si no me fusilaban, me destinarían. Yo no entendía nada de aquel barullo.

Un día, el soldado de la partida que me daba de comer y beber, me hizo una seña, como diciéndome: tengo algo que decirle.

Le contesté con la cabeza, como diciendo: ya entiendo.

Más tarde entró y me dijo:

–Manda decir la hija de don.. que si necesita dinero que le avise.

Temiendo que fuera alguna jugada que me quisieran hacer, contesté:

–Déle las gracias, amigo.

Y cuando el policía se iba a ir, le dije:

–Me hace un favor, paisano: ¿me dice por qué estoy preso?

–Eso lo sabrá usted mejor que yo.

–¿Sabe usted si está en su casa mi padre, Miguel Corro?

–Sí, está.

–¿Y mi madre? –También.

–¿Y dónde lo han muerto al juez?

'–Cerca de la casa de usted, pues. ¿Para qué quiere hacerse el que no sabe? ¡No ve que ya está todo descubierto!

Me quedé confuso, no le pregunté nada más, y el hombre se fue.

A los pocos días me pusieron comunicado.

Mi madre fue la primera persona que vi. ¡No le decía, mi coronel, que era un santa mujer!

Por ella supe lo que había. Llorando me lo contó todo. ¡Pobrecita! Mi padre había muerto, de celos, al juez. Pero nadie sino ella lo había visto. Y a mí me creían el asesino, porque me habían hallado corriendo a pie, por las calles del pueblo, a deshoras.

Mi vieja estaba muy afligida. Decía que decían, que me iban a fusilar y que eso no podía ser, que yo qué culpa tenía.

Yo le dije:

—Mi madrecita, yo quiero salvar a mi padre.

Ella lloraba...

En ese momento entró uno de la partida y dijo:

—Ya es hora de retirarse. Se va a entrar el sol.

Nos abrazamos, nos besamos, lloramos; mi vieja se fue y yo me quedé triste como un día sin sol.

Me prometió volver al día siguiente, a ver qué se nos ocurría.

Esto dijo Miguelito, y como quien tiene necesidad de respirar con expansión para proseguir, suspiró.. lágrimas de ternura arrasaron sus ojos.

Me enterneció.

XXIX

El gaucho es un producto peculiar de la tierra argentina. Monomanía de la imitación. Continuación de la historia de Miguelito. Cuadro de costumbres. ¿Qué es filosofar?

Cada zona, cada clima, cada tierra, da sus frutos especiales. Ni la ciencia, ni el arte, inteligentemente aplicados por el ingenio humano, alcanzan a producir los efectos químico-naturales de la generación espontánea.

Las blancas y perfumadas flores del aire de las islas paranaenses; las esbeltas y verdes palmeras de Morería; los encumbrados y robustos cedros del Líbano; los banianes de la India, cuyos gajos cayendo hasta el suelo, toman raíces, formando vastísimas galerías de fresco y tupido follaje, crecen en los invernáculos de los jardines zoológicos de Londres y París. Pero ¿cómo? Mustias y sin olor aquéllas, bajas y amarillentas éstas; enanos, raquíticos los unos; sin su esplendor tropical los otros.

Lo mismo en esa bella planta indígena, que se desarrolla del interior al exterior; que vive de la contemplación y del éxtasis, que canta y que llora, que ama y aborrece, que muere en el presente para poder vivir en la posteridad.

El aire libre, el ejercicio varonil del caballo, los campos abiertos como el mar, las montañas empinadas hasta las nubes, la lucha, el combate diario, la ignorancia, la pobreza, la privación de la dulce libertad, el respeto por la fuerza; la aspiración inconsciente de una suerte mejor –la contemplación del panorama físico y social de esta patria–, produce un tipo generoso que nuestros políticos han perseguido y estigmatizado, que nuestros bardos no han tenido el valor de cantar, sino para hacer su caricatura.

La monomanía de la imitación quiere despojarnos de todo: de nuestra fisonomía nacional, de nuestras costumbres, de nuestra tradición.

Nos van haciendo un pueblo de zarzuela. Tenemos que hacer todos los papeles, menos el que podemos. Se nos arguye con las instituciones, con las leyes, con los adelantos ajenos. Y es indudable que avanzamos.

Pero ¿no habríamos avanzado más estudiando con otro criterio los problemas de nuestra organización e inspirándonos en las necesidades reales de la tierra?

Más grandes somos por nuestros arranques geniales, que por nuestras combinaciones frías y reflexivas.

¿A dónde vamos por ese camino? A alguna parte, a no dudarlo.

No podemos quedarnos estacionarios, cuando hay una dinámica social que hace que el mundo marche y que la humanidad progrese.

Pero esas corrientes que nos modelan como blanda cera, dejándonos contrahechos, ¿nos llevan con más seguridad y más rápidamente que nuestros impulsos propios, turbulentos, confusos, a la abundancia, a la riqueza, al respeto, a la libertad en la ley?

Yo no soy más que un simple cronista, ¡felizmente! Me he apasionado de Miguelito, y su noble figura me arranca, a pesar mío, ciertas reflexiones. Allí donde el suelo produce sin preparación ni ayuda un alma tan noble como la suya, es permitido creer que nuestro barro nacional empapado en sangre de hermanos puede servir para amasar sin liga extraña algo como un pueblo con fisonomía propia, con el santo orgullo de sus antepasados, de sus mártires, cuyas cenizas descansan por siempre en frías e ignoradas sepulturas.

Miguelito siguió hablando.

–Al día siguiente vino mi madre, trayéndome una olla de mazamorra, una caldera, yerba y azúcar; hizo ella misma fuego en el suelo, calentó agua y me cebó mate.

La Dolores le había mandado una platita con la peona, diciéndole que ya sabía que andábamos en apuros; que no tuviese vergüenza, que la ocupara si tenía alguna necesidad.

Mientras tanto, mi mujer propia no parecía. Vea, mi coronel, lo que es casarse uno de mala gana, por la plata, como lo hacen los ricos.

La peona de la Dolores le contó a mi madre, que la niña estaba enferma, y le dio a entender de qué, y que yo debía ser el malhechor.

Mi vieja me echó un sermón sobre esto. Me recordó los consejos, que yo nunca quise escuchar, porque así son siempre los hijos, y acabó diciendo redondo: ¿Y ahora cómo vas a remediar el mal que has hecho?".

Me dio mucha vergüenza, mi coronel, lo que mi madre me dijo; porque me lo decía mucho mejor de lo que yo se lo voy contando y con unos ojos que relumbraban como los botones de mi tirador. ¡Pobre mi vieja! Como ella no había hecho nunca mal a nadie, y la había visto criarse a la Dolores, le daba lástima que se hubiese desgraciado.

—¡Siquiera no te hubieras casado! —me decía a cada rato.

Yo suspiraba, nada más se me ocurría. ¡El hombre se pone tan bruto cuando ve que ha hecho mal!

Una caldera llenita me tomé de mate y toda la mazamorra, que estaba muy rica. Mi madre pisaba el maíz como pocas y lo hacía lindo.

Me curó después las heridas con unos remedios que traía: eran yuyos del cerro.

Después, de un atadito sacó una camisa limpia y unos calzoncillos y me mudé.

Me armó cigarros como para toda la noche, nos sentamos en frente uno de otro, nos quedamos mirándonos un largo rato, y cuando estaba para irse se presentó el que le llevaba la pluma al juez con unos papeles bajo el brazo, y dos de la partida.

Le mandaron a mi madre que saliera y tuvo que irse. El juez me leyó todas mis declaraciones y una porción de otras cosas, que no entendí bien. Por fin me preguntó, que si confesaba que yo era el que había muerto al otro juez.

Me quedé suspenso; podían descubrir a mi padre y yo quería salvarlo.

—¿Para qué es un hijo, mi coronel, no le parece?

—Tienes razón —le contesté.

Él prosiguió:

—No se muere más que una vez, y alguna vez ha de suceder eso.

El escribano me volvió a preguntar que qué decía. Le contesté que yo era el que había muerto al otro.

—¿Por qué? —me dijo.

Me volví a quedar sin saber qué contestar. El escribano me dio tiempo.

Pensando un momento, se me ocurrió decir que porque en unas carreras, siendo él rayero, sentenció en contra mía y me hizo perder la carrera del gateado overo, que era un pingo muy superior que yo tenía. Y era cierto, mi coronel: fue una trampa muy fiera que me hicieron, y desde ese día ya anduvimos mal mi padre y yo; porque la parada había sido fuerte y perdimos *tuitito* cuanto teníamos.

Después me preguntó que si alguien me había acompañado a hacer la muerte, y le contesté que no; que yo solo lo había hecho todo, que no tenían que culpar a *naides*.

Que qué había hecho con la plata que tenía el juez en los bolsillos.

Le dije que yo no le había tocado nada.

Cuando menos los mismos de la partida lo habían saqueado, como lo suelen hacer. Es costumbre vieja en ellos, y despúes le achacan la cosa al pobre que se ha desgraciado.

No me preguntó nada más, y se fue, y me volvieron a poner incomunicado, y de esa suerte me tuvieron una infinidad de días.

Ni con mi madre me dejaban hablar. Pero ella iba todos los días una porción de veces a ver cuándo se podría y a llevarme qué comer.

Ya me aburría mucho de la prisión y estaba con ganas de que me despacharan pronto, para no penar tanto; porque las heridas se habían empeorado con la humedad del cuarto, y porque las sabandijas no me dejaban dormir ni de día ni de noche.

Aquello no era vida.

Volvió otro día el escribano y me leyó la sentencia. Me condenaban a muerte; vea lo que es la justicia, mi coronel. ¡Y dicen que los *dotores* saben todo! ¿Y si saben todo, cómo no habían descubierto que yo no era el asesino del juez, aunque lo hubiera confesado? ¡Y mucho que después de la partida de Caseros, no hablan sino de la Constitución!

Será cosa muy buena. Pero los pobres, somos siempre pobres, y el hilo se corta por lo más delgado.

Si el juez me hubiera muerto a mí en de veras, ¿a que no lo habían mandado matar?

He visto más cosas así, mi coronel, y eso que todavía soy muchacho.

El escribano me dejó solo. Pasé una noche como nunca.

Yo no soy miedoso; ¡pero se me ponían unas cosas tan tristes!, ¡tan tristes! en la cabeza, que a veces me daba miedo la muerte. Pensaba, pensaba en que si yo no moría moriría mi padre, y eso me daba aliento. ¡El viejo había sido tan bueno y tan cariñoso conmigo! Juntos habíamos andado trabajando, compadreando, comadreando en jugadas y en riñas. ¡Cómo no lo había de querer, hasta perder la vida por él; la vida, que, al fin, cualquier día la rifa uno por una calaverada o en una trifulca, en la que los pobres salen siempre mal!

¡Qué ganas de tener una guitarra tenía, mi coronel! En cuanto me volvieron a poner comunicado fue lo primerito que le pedí a mi madre que llevara. Me la llevó, y cantando me lo pasaba.

Los de la partida venían a oírme todos los días, y ya se iban haciendo amigos míos. Si hubiera querido fugarme, me fugo. Pero por no comprometerlos no lo hice. El hombre ha de tener palabra, y ellos me decían siempre:

–No nos vayas a comprometer, amigo.

Siempre que mi vieja iba a visitarme, me lo repetían; y el centinela se retiraba y me dejaba platicar a gusto con ella.

Mi madre no sabía nada todavía de que me hubieran sentenciado, y yo no se lo quería decir, porque la veía muy contenta creyendo que me iban a largar, desde que nada se descubría, y no la quería afligir.

Pero como nunca falta quien dé una mala noticia, al fin lo supo.

Se vino zumbando a preguntármelo.

¡En qué apuros me vi, mi coronel, con aquella mujer tan buena, que me quería tanto!

Cuando le confié la verdad, lloró como una Magdalena.

Sus ojos parecían un arroyo; estuvimos lagrimeando horitas enteras.

De pregunta en pregunta me sacó que yo había confesado ser el asesino del juez, por salvar al viejo.

Y hubiera visto, mi coronel, a una mujer que no se enojaba nunca, enojarse, no conmigo, porque a cada momento me abrazaba y besaba diciéndome: "Mi hijito", sino con mi padre.

–Él, él no más tiene la culpa de todo –decía–, y yo no he de consentir que te maten por él, todito lo voy a descubrir.

Y de pronto se secó los ojos, dejó de llorar, se levantó y quiso ir.

–¿A dónde vas, mamita? –le dije.

–A salvar a mi hijo –me contestó.

Iba a salir, la agarré de las polleras, y a la fuerza se quedó.

Le rogué muchísimo que no hiciera nada, que tuviera confianza en la Virgen del Rosario, de la que era tan devota, que todavía podía hacer algo y salvarme.

Usted sabe, mi coronel, lo que es la suerte de un hombre. Cuando más alegre anda, lo friegan, y cuando más afligido está, Dios lo salva.

Yo he tenido siempre mucha confianza en Dios.

–Y has hecho bien –le dije–. Dios no abandona nunca a los que creen en él.

–Así es, mi coronel; por eso esa vez y después otras, me he salvado.

–¿Y qué hizo tu madre?

–Cedió a mis ruegos y se fue diciendo:

–Esta noche le voy a poner velas a la Virgen y ella nos ha de amparar.

Y como la Virgencita del nicho, de que antes le he hablado, mi coronel, era muy milagrosa, sucedió lo que mi vieja esperaba: me salvó.

Miguelito hizo una pausa. Yo me quedé filosofando.

¡Filosofando!

Sí; filosofar es creer en Dios o reconocer que el mayor de los consuelos que tienen los míseros mortales, es confiar su destino a la protección misteriosa, omnipotente, de la religión.

Por eso al grito de los escépticos, yo contesto como Fenelón.

Dilatamini!

Si hay una *ananké*[32] hay también quien mira, quien ve, quien protege, resguarda, ama y salva a sus criaturas, sin interés.

Cuando me arranquéis todo, si no me arrancáis esa convicción suave, dulce, que me consuela y me fortalece, ¿qué me habréis arrancado?

XXX

Mi vademécum y sus méritos. En qué se parece Orión a Roqueplán. Dónde se aprende el mundo. Concluye la historia de Miguelito.

Quiero empezar esta carta ostentando un poco mi erudición a la violeta.

Yo también tengo mi vademécum de citas; es un tesoro como cualquier otro.

Pero mi tesoro tiene un mérito. No es herencia de nadie. Yo mismo me lo he formado.

En lugar de emplear la mayor parte del tiempo en pasar el tiempo, me he impuesto ciertas labores útiles. De ese modo, he ido acumulando, sin saberlo, un bonito capital como para poder exclamar cualquier día: *anche io son pittore*[33].

Mi vademécum tiene, a más del mérito apuntado, una ventaja. Es muy manuable y portátil. Lo llevo en el bolsillo.

Cuando lo necesito, lo abro, lo hojeo y lo consulto en un verbo.

No hay cuidado de que me sorprendan con él en la mano, como a esos literatos cuyo bufete es una especie de sanctasantórum.

¡Cuidado con penetrar en el estudio vedado sin anunciaros, cuando están pontificando!

¡Imprudentes!

¡Os impondríais de los misteriosos secretos!

¡Le arrancaríais a la esfinge el tremendo arcano! ¡Perderíais vuestras ilusiones!

Veríais a vuestros sabios en camisa, haciéndose un traje pintado con las plumas de la ave silvana, de negruzcas alas, de rojo pico y pies, de grandes y negras uñas.

Yo no sé más que lo que está apuntado en mi vademécum por índice y orden cronológico.

No es gran cosa. Pero es algo. Hay en él todo.

Citas *ad hoc,* en varios idiomas que poseo bien y mal, anécdotas, cuentos, impresiones de viaje, juicios críticos sobre libros, hombres, mujeres, guerras terrestres y marítimas, bocetos, esbozos, perfiles, siluetas. Por fin, mis memorias hasta la fecha del año del Señor que corremos, escritas en diez minutos. Si yo diera a luz mi vademécum no sería un librito tan útil como el almanaque. Sería, sin embargo, algo entretenido.

Yo no creo que el público se fastidiaría leyendo, por ejemplo:

¿Qué puntos de contacto hay entre Epaminondas, el Municipal de Tebas, como lo llamaba el demagogo Camilo Desmoulins, y don Bartolo?[34]

¿Qué frac llevaba nuestro actual presidente cuando se recibió del poder; en qué se parece su cráneo insolvente de pelo[35] a la cabeza de Sócrates?

¿En qué se parece *Orión* a Roqueplan?[36] Este *Orión*, de quien sacando una frase de mi vademécum –ajena por supuesto–, puede decirse: que es la personalidad porteña más porteña, el hombre y el escritor que tiene a Buenos Aires en la sangre, o mejor dicho, una encarnación andante y pensante de esta antigua y noble ciudad; que en este océano de barro, no hay un solo escollo que él no haya señalado; que en los entretelones ha aprendido la política, que como periodista y hombre a la moda, ha enriquecido la literatura de la tierra, a los sastres y sombrereros; que las *cosas* suyas, después de olvidadas aquí, van a ser cosas nuevas en provincias; que no habría sido el primer hombre en Roma la brutal, pero que lo habría sido en Atenas la letrada; que conoce a todo el mundo y a quien todo el mundo conoce; que se hace aplaudir en Ginebra, que se hace aplaudir en Córdoba la levítica, hablando con la libertad herética de un francmasón; que se hace aplaudir en el Rosario, la ciudad californiana, a propósito de la fraternidad universal; que se hace aplaudir en Gualeguaychú, disertando, en tiempos de Urquiza, sobre la justicia y los derechos inalienables del ciudadano; que puede ser profeta en todas partes *ed altri siti,* menos.. iba a decir en su tierra; que no ha podido ser municipal en ella; que hoy cumple treinta y ocho años, y a quien yo saludo con el afecto íntimo y sincero del hermano en las aspiraciones y en el dolor, aunque digan que esto es traer las cosas por los cabellos.

Sí. *Orión* amigo, yo te deseo, y tú me entiendes, "la fuerza de la serpiente y la prudencia del león", como diría un *Bourgeois gentil-homme,* cambiando los frenos, al entrar en tu octavo lustro, frisando en la vejez, en este período de la vida en que ya no podemos tener juicio porque no es tiempo de ser locos. ¿Me entiendes?

Y con esto, lector, entro en materia.

Lo que sigue es griego, griego helénico, no griego porque no se entienda.

Ek te biblion kubernetes.

Yo también he estudiado griego.

Monsieur Rouzy puede dar fe, y tú, Santiago amigo, fuiste quien me lo metió en la cabeza.

Es una de las cosas menos malas que le debo a tu inspiración mefistofélica.

Tú fuiste quien me apasionó por el hombre del capirotazo.

¿Acaso yo lo conocía bien en 1860?

En prueba de que sé griego, como un colegial, ahí va la traducción del dicho anónimo:

"No se aprende el mundo en los libros". Aquí era donde quería llegar.

Los circunloquios me han demorado en el camino. Siento tener que desagradar a mi ático amigo Carlos Guido, cuyo buen gusto literario los abomina. Sírvame de excusa el carácter confidencial del relato.

Sí, el mundo no se aprende en los libros, se aprende observando, estudiando los hombres y las costumbres sociales.

Yo he aprendido más de mi tierra yendo a los indios ranqueles, que en diez años de despestañarme, leyendo opúsculos, folletos, gacetillas, revistas y libros especiales.

Oyendo a los paisanos referir sus aventuras, he sabido cómo se administra justicia, cómo se gobierna, qué piensan nuestros criollos de nuestros mandatarios y de nuestras leyes.

Por eso me detengo más de lo necesario, quizá, en relatar ciertas anécdotas, que parecerán cuentos forjados para alargar estas páginas y entretener al lector.

¡Ojalá fuera cuento la historia de Miguelito! Desgraciadamente, ha pasado cual la narro, y si fija la atención un momento, es porque es verdad. Tiene ésta un gran imperio hasta sobre la imaginación.

Miguelito siguió hablando así:

–Las voces que andaban era que pronto me fusilarían, porque iba a haber revolución y me podía escapar. ¡Figúrese cómo estaría mi madre, mi coronel! Todo se le iba en velas para la Virgen.

Día a día me visitaba, pidiéndome que no me afligiera, diciéndome que la Virgen no nos había de abandonar en la desgracia, que ella tenía experiencia y que más de una vez había visto milagros.

Yo no estaba afligido sino por ella.

Quería disimular. ¡Pero qué! era muy ducha y me lo conocía.

Usted sabe, mi coronel, que los hijos por muy ladinos que sean no engañan a los padres, sobre todo a la madre. Vea si yo pude engañar a mi vieja cuando entré en amores con la Dolores.

¡Qué había de poder!

En cuanto empezó la cosa me lo conoció, y me mandó que me fuera con la música a otra parte.

Bien me arrepiento de no haber seguido su consejo.

La Dolores no hubiera padecido tanto como padeció por mí.

Pero los hijos no seguimos nunca la opinión de nuestros padres.

Siempre creemos que sabemos más que ellos. Al fin nos arrepentimos.

Pero entonces ya es tarde.

—Nunca es tarde, cuando la dicha es buena –le interrumpí.

Suspiró y me contestó:

—¡Qué!, mi coronel, hay males que no tienen remedio.

—¿Y has vuelto a saber de la Dolores? –le pregunté.

—Sí, mi coronel –me contestó–, se lo voy a confesar porque usted es hombre bueno, por lo que he visto y las mentas que les he oído a los muchachos que vienen con usted.

—Puede tener confianza en mí –repuse.

Y él prosiguió.

—Siempre que puedo hacer una escapada, si tengo buenos caballos, me corto solo, tomo el camino de la laguna del Bagual, llego hacia el Cuadril, espero en los montes la noche. Paso el río Quinto, entro en Villa de Mercedes, donde tengo parientes, me quedo allí por unos días, me voy después en dos galopes al Morro, me escondo en el Cerro, en lo de un amigo, y de noche visito a mi vieja y veo a la Dolores que viene a casa con la chiquita.

—¿Entonces tuvo una hija? –le dije.

—Sí, mi coronel –me contestó–. ¿No le conté antes que nos habíamos desgraciado?

—¿Y a tu mujer no la sueles ver?

—¡Mi mujer! –exclamó– lo que hizo fue enredarse con un estanciero.

Y dice la muy perra que está esperando la noticia de mi muerte para casarse. ¡Y que se casaban con ella! ¡Como si fuera tan linda!

—¿Y otros paisanos de los que están aquí, salen como tú y van a sus casas?

—El que quiere lo hace; usted sabe, mi coronel, que los campos no tienen puertas; las descubiertas de los fortines, ya sabe uno a qué hora hacen el servicio, y luego, al frente casi nunca salen.

Es lo más fácil cruzar el río Quinto y la línea, y en estando a retaguardia ya está uno seguro, porque ¿a quién le faltan amigos?

—Entonces, constantemente estarán yendo y viniendo de aquí para allá.

—Por supuesto. Si aquí se sabe todo.

Los Videla, que son parientes de don Juan Saa, cuando les da la gana, toman una tropilla; llegan a la Jarilla, la dejan en el monte, y con caballo de tiro se van al Morro, compran allí lo que quieren, ellos mismos a veces, en las tiendas de los amigos y después se vuelven con cartas para todos.

Algunas veces suelen llegar a Renca, que ya se ve dónde queda, mi coronel.

A medida que Miguelito hablaba, yo reflexionaba sobre lo que es nuestro país; veía la complicidad de los moradores fronterizos en las depredaciones de los indígenas y el problema de nuestros odios, de nuestras guerras civiles y de nuestras persecuciones, complicado con el problema de la seguridad de las fronteras.

Lo escuchaba con sumo interés y curiosidad. Miguelito prosiguió:

167

—El otro día, cuando usted llegó, mi coronel, los Videla habían andado por San Luis; vinieron con la voz de que usted y el general Arredondo estaban en la Villa de Mercedes, y diciendo que por allí se decía que ahora sí que las paces se harían.

Deseando conocer el desenlace de la historia de los amores de Miguelito, le dije:

—¿Y la Dolores vive con sus padres?

—Sí, mi coronel —me contestó—, son gente buena y rica, y cuando han visto a su hija en desgracia no la han abandonado; la quieren mucho a mi hijita. Si algún día me puedo casar, ellos no se han de oponer, así me lo ha dicho Dolores.

¡Pero cuándo se muere la otra! Luego yo no puedo salir de aquí porque la justicia me agarraría y mucho más del modo como me escapé.

—¿Y cómo te escapaste?

—Seguía preso. Mi madre vino un día y me dijo:

—Dice tu padre que estés alerta, que él no tiene opinión, que lo han convidado para una jornada, que se anda haciendo rogar a ver si son espías; que en cuanto esté seguro que juegan limpio se va a meter en la cosa con la condición de que lo primero que han de hacer es asaltar la guardia y salvarte; que de no, no se mete.

En eso anda. No hay nada concluido todavía. Esta noche han quedado de ir los hombres y mañana te diré lo que convengan.

Yo lo animo a tu padre, haciéndole ver que es el único remedio que nos queda, y le pongo velas a la Virgen para que nos ayude. Todas las noches sueño contigo y te veo libre, y no hay duda que es un aviso de la Virgen.

—Al día siguiente volvió mi madre. Todo estaba listo. Lo que faltaba era quien diera el grito. Decían que don Felipe Saa debía llegar de oculto a las dos noches, y que él lo daría; que si no venía, como había un día fijo, la daría el que fuese más capaz de gobernar la gente que estaba apalabrada. Don Juan Saa debía venir de Chile al mismo tiempo.

Bueno, mi coronel, sucedió como lo habían arreglado. Una noche, al toque de retreta, unos cuantos que estaban esperando en la orilla del pueblo, atropellaron la casa del juez, otros la Comandancia, y mi padre con algunos amigos cargó la Policía.

Para esto, un rato antes ya los habían emborrachado bien a los de la partida. Algunos quisieron hacer la pata ancha. ¡Pero qué!, los de afuera eran más. Entraron, rompieron la puerta del cuarto en que yo estaba y me sacaron.

Cuando estuve libre, mi padre me dijo: "Dame un abrazo, hijo, yo no te he querido ver, porque me daba vergüenza verte preso por mi mala cabeza, y porque no fueran a sospechar alguna cosa".

Casi me hizo llorar de gusto el viejo; le habían salido pelos blancos, y no era hombre grande, todavía era joven. Esa noche el Morro fue un barullo, no se oyeron más que tiros, gritos y repiques de campanas.

Murieron algunos.

Yo lo anduve acompañando a mi padre y evité algunas desgracias porque no soy matador. Querían saquear la casa de la Dolores, con achaque de que era *salvaje;* yo no lo permití; primero me hago matar.

Por la mañana vino una gente del Gobierno y tuvimos que hacernos humo. Unos tomaron para la Sierra de San Luis, otros para la de Córdoba. Mi padre, como había sido tropero, enderezó para el Rosario. Yo, por tomar un camino tomé otro –galopé todo el santo día–, y cuando acordé me encontré con una partida. Disparé, me corrieron, yo llevaba un pingo como una luz, ¡qué me habían de alcanzar! Fui a sujetar cerca del río Quinto, por esos lados de Santo Tomé. Entonces no había puesto usted fuerzas allí, mi coronel; me topé con unos indios, me junté con ellos, me vine para acá, y acá me he quedado, hasta que Dios, o usted, me saquen de aquí, mi coronel.

–¿Y tu padre, qué suerte ha tenido, lo sabes? –le pregunté.

–Murió del cólera –me contestó con amargura, exclamando–: ¡pobre viejo!, ¡era tan chupador!

Y con esto termina la historia real de Miguelito, que *mutatis mutandis,* es la de muchos cristianos que han ido a buscar un asilo entre los indios.

Ese es nuestro país.

Como todo pueblo que se organiza, él presenta cuadros lo más opuestos.

Grandes y populosas ciudades como Buenos Aires, con todos los placeres y halagos de la civilización, teatros, jardines, paseos, palacios, templos, escuelas, museos, vías férreas, una agitación vertiginosa –en medio de unas calles estrechas, fangosas, sucias, fétidas, pues no permiten ver el horizonte, ni el cielo limpio y puro, sembrado de estrellas relucientes, en las que yo me ahogo, echando de menos mi caballo.

Fuera de aquí, campos desiertos, grandes heredades, donde vegeta el proletario en la ignorancia y en la estupidez.

La iglesia, la escuela, ¿dónde están?

Aquí, el ruido del tráfago y la opulencia que aturde. Allá, el silencio de la pobreza y la barbarie que estremece.

Aquí, todo aglomerado como un grupo de moluscos, asqueroso, por el egoísmo.

Allí, todo disperso, sin cohesión, como los peregrinos de la tierra de promisión, por el egoísmo también.

Tesis y antítesis de la vida de una república. Eso dicen que es gobernar y administrar.

¡Y para lucirse mejor, todos los días clamando por gente, pidiendo inmigración!

Me hace el efecto de esos matrimonios imprevisores, sin recursos, miserables, cuyo único consuelo es el de la palabra del Verbo: creced y multiplicaos.

XXXI

Ojeada retrospectiva. El valor a medianoche es el valor por excelencia. Miedo a los perros. Cuento al caso. Qué es loncotear. Sigue la orgía. Epumer se cree insultado por mí. Una serenata.

Estábamos en el toldo de Mariano Rosas cuando conocí por primera vez a Miguelito.

La orgía había comenzado:

Este chilla, algunos lloran,
Y otros a beber empiezan,
De la chusma toda al cabo
La embriaguez se enseñorea.[37]

Los franciscanos, comprendiendo que aquello no rezaba con ellos, se pusieron en retirada, refugiándose en el rancho de Ayala; los oficiales se habían colocado a distancia de poder acudir en auxilio mío si era necesario; los asistentes rondaban la enramada con disimulo; Camilo Arias, con su aire taciturno, se me aparecía de vez en cuando como una sombra, diciéndome de lejos con su mirada ardiente, expresiva, penetrante: por aquí ando yo.

Por bien templado que tengamos el corazón, es indudable que el silencio, la soledad, el aislamiento y el abandono hacen crecer el peligro en la medrosa imaginación.

Es por eso que el valor a medianoche es el valor por excelencia.

Las tinieblas tienen un no sé qué de solemne, que suele helar la sangre en las venas hasta congelarla.

Yo no creo que exista en el mundo un solo hombre que no haya tenido miedo alguna vez de noche.

De día, en medio del bullicio, ante testigos, sobre todo ante mujeres, todo el mundo es valiente, o se domina lo bastante para ocultar su miedo.

Yo he dicho por eso alguna vez: el valor es cuestión de público.

El hombre que en presencia de una dama hace acto de irresolución puede sacar patente de cobarde.

Yo tengo un miedo cerval a los perros, son mi pesadilla; por donde hay, no digo perros, un perro, yo no paso por el oro del mundo si voy solo, no lo puedo remediar, es un heroísmo superior a mí mismo.

En Rojas, cuando era capitán, tenía la costumbre de cazar.

De tarde tomaba mi escopeta y me iba por los alrededores del pueblito.

En dirección del bañado, donde los patos abundan más, había un rancho.

Inevitablemente debía pasar por allí, si quería ahorrarme un rodeo por lo menos de tres cuartos de legua. Pues bien. Venirme la idea de salir y asaltarme el recuerdo de un mastín que habitaba el susodicho rancho, era todo uno.

Desde ese instante formaba la resolución valiente de medírmelas con él.

Salía de mi casa y llegaba al sitio crítico, haciendo cálculos estratégicos, meditando la maniobra más conveniente, la actitud más imponente, exactamente como si se tratara de una batalla en la que debiera batirme cuerpo a cuerpo.

En cuanto el can diabólico me divisaba, me conocía: estiraba la cola, se apoyaba en las cuatro patas dobladas, quedando en posición de asalto, contraía las quijadas y mostraba dos filas de blancos y agudos dientes.

Eso sólo bastaba para que yo embolsase mi violín. Avergonzado de mí mismo, diciéndome interiormente: "El miedo es natural en el prudente", cambiaba de rumbo, rehuyendo el peligro.

Un día me amonesté antes de salir, me proclamé, me palpé a ver si temblaba.

Estaba entero, me sentí hombre de empresa, y me dije: *pasaré.*

Salgo, marcho, avanzo y llego al Rubicón. ¡Miserable!, temblé, vacilé, luché, quise hacer de tripas corazón; pero fue en vano.

Yo no era hombre, ni soy ahora, capaz de batirme con perros.

Juro que los detesto, si no son mansos, inofensivos como ovejas, aunque sean falderos, cuzcos o pelados. Mi adversario, no sólo me reconoció, sino que en la cara me conoció que tenía miedo de él.

Maquinalmente bajé la escopeta que llevaba al hombro.

Sea la sospecha de un tiro, sea lo que fuese, el perro hizo una evolución, tomó distancia y se plantó como diciendo: descarga tu arma y después veremos.

¿Habría hecho el perro lo mismo con cualquier otro caminante?

Probablemente no.

Era manso, yo lo averigüé después.

Pero es que yo no le había caído en gracia, y que conociendo mi debilidad, se divertía conmigo, como yo podía haberlo hecho con un muchacho.

No hay que asombrarse de esto. La memoria en los animales, a falta de otras facultades, está sumamente desarrollada.

Cualquier caballo, mula, jumento o perro, nos aventaja en conocer el intrincado camino por donde tenemos costumbre de andar.

Los pájaros se trasladan todos los años de un país a otro, emigrando a más o menos distancias, según sus necesidades fisiológicas.

Ahí están las golondrinas que, después de larga ausencia, vuelven a la guarida de la misma torre, del mismo techo, del mismo tejado, que habitaron el año anterior.

Queda de consiguiente fuera de duda que lo que el perro hacía conmigo, lo hacía a sabiendas. ¡Pícaro perro! Hubo un momento en que casi lo dominé. ¡Ilusión de un alma pusilánime!

Al primer amago de carga eché a correr con escopeta y todo; los ladridos no se hicieron esperar, esto aumentó el pánico, de tal modo, que el animal ya no pensaba en mí y yo seguía desolado por esos campos de Dios.

Y sin embargo, si yo hubiera ido en compañía de alguna dama, el muy astuto no me corre.

Y ella habría huido.

Las mujeres tienen el don especial de hacernos hacer todo género de disparates, inclusive el de hacernos matar. Yo me bato con cualquier perro, aunque sea de presa, por una mujer, aunque sea vieja y fea, si soy su *cabaleiro servente*.

Otro se suicida por una mujer, con pistola, navaja de barba, veneno o arrojándose de una torre. No hay que discutirlo.

Hay héroes porque hay mujeres.

Y es mejor no pensarlo: ¿qué sería el hermoso planeta que habitamos, sin ellas?

La presencia e inmediación de los míos, el orgullo de no dejarme avasallar ni sobrepujar por aquellos bárbaros en nada y por nada, me hacían insistir, contra las reiteradas instancias de Mariano Rosas, en no retirarme.

Mi principal temor era embriagarme demasiado. A una *loncoteada* no le temía tanto.

Loncotear, llaman los indios a un juego de manos, bestial.

Es un pugilato que consiste en agarrarse dos de los cabellos y en hacer fuerza para atrás, a ver cuál resiste más a los tirones.

Desde chiquitos se ejercitan en él.

Cuando a un indiecito le quieren hacer un cariño varonil, le tiran de las mechas, y si no le saltan las lágrimas le hacen este elogio: *ese toro*.

El toro es para los indios el prototipo de la fuerza y del valor. El que es toro, entre ellos, es un nene de cuenta.

¡Los *"yapaí, hermano"* no cesaban!

Epumer la había emprendido conmigo, y un indiecito Caiomuta, que jamás quiso darme la mano, so pretexto de que yo iba de mala fe: ¡*Winca* engañando!, salía constantemente de sus labios.

El vino y el aguardiente corrían como agua, derramados por la trémula mano de los beodos, que ya rugían como fieras, ya lloraban, ya cantaban, ya caían como piedras, roncando al punto o trasbocando, como atacados de cólera.

Aquello daba más asco que miedo.

Todos me trataban con respeto, menos Epumer y Caiomuta.

Tambaleaban de embriaguez.

Epumer llevaba de vez en cuando la mano derecha al cabo de su refulgente facón, y me miraba con torvo ceño. Miguelito me decía:

—No se descuide por delante, mi coronel, aquí estoy yo por detrás.

Cuando rehusaba un *yapaí*, gruñían como perros, la cólera se pintaba en sus caras vinosas y murmuraban iracundas palabras que yo no podía entender.

Miguelito me decía:

—Se enojan porque usted no bebe, mi coronel; dicen que no lo hace por no descubrir sus secretos con la chupa.

Yo entonces me dirigía a algunos de los presentes y lo invitaba, diciéndole:

—*Yapaí, hermano* —y apuraba el cuerno o el vaso. Una algazara estrepitosa, producida por medio de golpes dados en la boca abierta, con la palma de la mano, estallaba incontinenti.

¡¡Babababababababababababababababababa!!

Resonaba, ahogándose los últimos ecos en la garganta de aquellos sapos gritones.

Mientras el licor no se acabara, la saturnal duraría.

La tarde venía.

Yo no quería que me sorprendiera la noche entre aquella chusma hedionda, cuyo cuerpo contaminado por el uso de la carne de yegua, exhalaba nauseabundos efluvios; regoldaba a todo trapo, cada eructo parecía el de un cochino cebado con ajos y cebollas.

En donde hay indios, hay olor a azafétida.

Intenté levantarme del suelo para retirarme a la sordina, viendo que la mayoría de los concurrentes estaba ya achumada.

Epumer me lo impidió.

¡Yapaí! ¡Yapaí!, me dijo.

¡Yapaí! ¡Yapaí!, contesté.

Y uno después de otro cumplimos con el deber de la etiqueta.

El cuerno que se bebió él tenía la capacidad de una cuarta.

Una dosis semejante de aguardiente era como para voltear a un elefante, si estos cuadrúpedos fuesen aficionados al trago.

Medio perdió la cabeza.

Al llevar yo el mío a los labios me santigüé con la imaginación como diciendo: Dios me ampare.

Jamás probé brebaje igual. Vi estrellas, sombras de todos colores, un mosaico de tintes tornasolados, como cuando por efecto de un dolor agudo apretamos los párpados y cerrando herméticamente los ojos la retina ve visiones informes.

Al enderezarse Epumer, yo no sé qué chuscada le dije. El indio se puso furioso; quiso venírseme a las manos. Mariano Rosas y otros lo sujetaron; me pidieron encarecidamente que me retirara.

Me negué; insistieron, me negué, me negué tenazmente.

Me hicieron presente que cuando se caldeaba, se ponía fuera de sí, que era mal intencionado.

—No hay cuidado —fue toda mi contestación.

El indio pugnaba por desasirse de los que lo tenían; quería abalanzarse sobre mí, su mano estaba pegada al facón.

Pataleaba, rugía, apoyaba los talones en el suelo, endurecía el cuerpo y se enderezaba como galvanizado. Sus ojos me seguían, los míos no le dejaban.

En uno de los esfuerzos que hizo, sacó el facón.

Era una daga acerada de dos filos, con cruz y cabo de plata; y en un vaivén llegó a ponerse casi sobre mí.

—Cuidado, mi coronel —me dijo Miguelito interponiéndose, y hablándole al salvaje en su lengua con acento dulcísimo.

—¡Cuidado! —gritaron varios.

Yo, afectando una tranquilidad que dejase bien puesto el honor de mi sangre y de mi raza:

—No hay cuidado —contesté.

El esfuerzo convulsivo supremo, hecho por el indio, agotó el resto de sus fuerzas hercúleas enervadas por los humos alcohólicos.

Los que lo sujetaban, sintiéndolo desfallecer, abandonaron el cuerpo a su propia gravedad; cumplióse la inmutable ley:

E caddi, come corpo morto cade! [38]

Cesó la agitación.

Queriendo saber qué causa, qué motivo, qué palabras mías pusieron fuera de sí a mi contendor, pregunté:

—¿Por qué se ha enojado?

—Porque usted le ha llamado perro —dijo uno.

—Es falso —dijo Miguelito en araucano—, el coronel habló de perros; pero no dijo que Epumer fuera perro.

Nadie respondió.

Efectivamente, en la broma que intenté hacerle a Epumer, por ver si lo arrancaba a sus malos pensamientos, no sé cómo interpolé el vocablo perro.

Para los indios, como para los árabes, no había habido insulto mayor que llamarles *perro*.

Epumer me entendió mal y se creyó ofendido. De ahí su rapto de furia.

La noche batía sus pardas alas; los indios ebrios roncaban, vomitaban, se revolvían por el suelo, hechos un montón, apoyando éste sus sucios pies en la boca de aquél; el uno su panza sobre la cara del otro.

Varias chinas y cautivas trajeron cueros de carnero y les hicieron cabeceras, poniéndolos en posturas cómodas. Otros se quedaron murmurando con indescriptible e inefable fruición báquica.

Mariano Rosas me hizo decir con su hombre de confianza, que si quería darle el resto de aguardiente que le había reservado.

–De mil amores –contesté; y aprovechando la coyuntura que se me presentaba de abandonar el campo de mis proezas, salí de la enramada y me dirigí al ranchito en que se habían alojado mis oficiales.

Entregué el aguardiente.

Me tendí cansado, como si hubiera subido con un quintal en las espaldas a la cumbre del Vesubio.

¿En qué me tendí?

Sobre un cuero de potro; era el colchón de una mala cama improvisada con palos desiguales y nudosos.

El sueño no tardó en llevarme al mundo de la tranquilidad pasajera.

Gozaba, cuando una serenata me despertó.

Era un negro, tocador de acordeón, una especie de Orfeo de la pampa.

Tuve que resignarme a mi estrella, que levantarme y escuchar un cielito cantado en honor mío.

¡Qué mal rato me dio el tal negro después!

XXXII

El negro del acordeón y la música. Reflexiones sobre el criterio vulgar. Sueño fantástico. Lucius Victorius Imperator. Un mensajero nocturno de Mariano Rosas. Se reanuda el sueño fantástico. Mi entrada triunfal en Salinas Grandes. La realidad. Un huésped a quien no le es permitido dormir.

El negro no tardó en irse con la música a otra parte. Bendije al cielo.

Como poeta festivo, como payador, no podía rivalizar con *Aniceto el Gallo* ni con *Anastasio el Pollo*[39].

Ni siquiera era un artista en acordeón.

Yo tengo, por otra parte, poco desarrollado el órgano frenológico de los tonos, pudiendo decir, como Voltaire: *La musique c'est de tous les tapages le plus supportable*[40].

Es una fatalidad como cualquier otra, que me priva de un placer inocente más en la vida.

Te contaría a este respecto algo muy curioso, un triunfo de la frenología, o en otros términos, la historia de mis padecimientos infantiles por la guitarra[41]. Y te la contaría a pesar del natural temor de que me creyesen más malo de lo que soy; porque tengo la desgracia de ser insensible a la armonía.

Tú sabes, que según las reglas del criterio vulgar, no puede ser bueno quien no ama la música, las flores, aunque ame muchas otras cosas que embriagan y deleitan más que ellas.

Hay gentes que de buena fe creen que el sentimiento estético o del arte es inseparable de los hombres de corazón.

Tal persona que ama con locura la música, es, sin embargo, incapaz de un acto de generosidad.

Tal otra que gastaría cien mil pesos en un auténtico Rubens, no haría un sacrificio por el amigo más querido.

Esas gentes viven acariciando dulces errores, lo mismo que los que subordinan la moral al sentimiento, y hay que dejar a cada loco con su tema.

Pero semejante página sería demasiado íntima para agregarla aquí.

Me resigno, pues, a suprimirla, sustrayéndome a la tentación de una confidencia personal ajena al asunto jefe.

Apenas me vi libre de quien inhumanamente me había arrancado de los brazos de Morfeo, volví a tenderme en mi duro y sinuoso lecho.

Poco tardé en dormirme profundamente.

Saboreaba el suave beleño; soñaba que yo era el conquistador del desierto; que los aguerridos ranqueles, magnetizados por los ecos de la civilización, habían depuesto sus armas; que se habían reconcentrado formando aldeas; que la iglesia y la escuela habían arraigado sus cimientos en aquellas comarcas desheredadas; que la voz del Evangelio ahogaba las preocupaciones de la idolatría; que el arado, arrancándole sus frutos óptimos a la tierra, regada por fecundo sudor, producía abundantes cosechas; que el estrépito de los malones invasores había cesado, pensando sólo, aquellos bárbaros infelices, en multiplicarse y crecer, en aprovechar las estaciones propicias, en acumular y guardar, para tener una vejez tranquila y legarles a sus hijos un patrimonio pingüe; que yo era el patriarca respetado y venerado, el benefactor de todos, y que el espíritu maligno, viéndome contento de mi obra útil y buena, humanitaria y cristiana, me concitaba a una mala acción, a dar mi golpe de Estado.

¡Mortal!, me decía, aprovecha los días fugaces. ¡No seas necio, piensa en ti, no en la Patria!

La gloria del bien es efímera, humo, puro humo. Ella pasa y nada queda. ¿No tienes mujer e hijos? Pues bien. ¿No te obedecen y te siguen, no te quieren y respetan estos rebaños humanos?

Pues bien.

¿No tienes poder, no eres de carne y hueso, no amas el placer?

Pues bien.

Apártate de ese camino, ¡insensato!, ¡imprevisor, loco! ¡Escucha la palabra de la experiencia, hazte proclamar y coronar emperador! Imita a Aurelio[42]. Tienes un nombre romano. *Lucius Victorius Imperator* sonará bien al oído de la multitud.

Yo escuchaba, con cierto placer mezclado de desconfianza, las amonestaciones tentadoras; ideaba ya si el trono en que me había de sentar, la diadema que había de ceñir y el cetro que había de empuñar, cuando subiera al capitolio, serían de oro macizo o de cuero de potro y madera de caldén, cuando una voz que reconocí entre sueños llamó a mi puerta diciendo:

–¡Coronel Mansilla!

No contesté de pronto. Reconocí la voz, la había oído hacía poco; pero no estaba del todo despierto.

–¡Coronel Mansilla! ¡Coronel Mansilla! –volvieron a decir.

Reinaba una profunda oscuridad en el desmantelado rancho donde me había hospedado; mis oficiales roncaban, como hombres sin penas; un ruido tumultuoso, sordo, llegaba confusamente hasta la nocturna morada. Me senté en la cama y paré la oreja, a ver si volvían a llamar, fijando la vista en un resquicio de la puerta, que era un cuero de vaca colgado.

–¡Coronel Mansilla! –volvieron a decir.

Al fulgor de la luz estelar, columbré una cabeza negra, motosa, y entre dos fajas rojas, resaltando como lustrosas cuentas negras sobre el turgente seno de una hermosa, dos filas de ebúrneos dientes.

Era el negro del acordeón. Para serenatas estaba yo. Me hizo el efecto de Mefistófeles.

–*¡Vade retro, Satanás!* –le grité.

No entendió. Ya lo creo. ¡Latín puro a esas horas y al lado del toldo de Mariano Rosas!

–Mi coronel Mansilla –fue su contestación.

–Vete al diablo –repliqué.

–Me manda el general Mariano.

–¿Y qué quiere?

–Manda decir, que ¿cómo le ha ido a su merced (textual), de viaje; que si no ha perdido algunos caballos; que cómo ha pasado la noche; que si ha dormido bien?

Me pareció una burla.

Me quedé perplejo un instante, y luego contesté.

–Dile que de viaje me ha ido bien; que a caballos, Wenchenao me ha robado dos, que es un pícaro: que para saber cómo he pasado la noche y cómo he dormido, es menester que me dejen descansar y que amanezca.

Y esto diciendo, me coloqué horizontalmente haciendo una línea mixta con el cuerpo de manera que el hueso del cuadril y los hombros coincidieran con los hoyos de mi escabroso lecho.

La cara desapareció.

Hacía frío, helaba en los primeros días de abril, tenía pocas cobijas, no era fácil conciliar el sueño bajo tales auspicios; tanteando en las tinieblas cogí la punta de algo que debía ser jerga o poncho, tiré y como quien pesca un cetáceo de arrobas, que se agarra en el fondo fangoso, despojé a un prójimo de una de sus *pilchas*.

Me la eché encima, me envolví, me acurruqué bien, me tapé hasta las narices y comencé a resollar fuerte, haciendo de mis labios una especie de válvula para que saliera el aliento condensado y crecieran los grados de la temperatura que circundaba mi transida humanidad.

Me estaba por dormir. Hay ideas que parecen una cristalización. Así no más no se evaporan. Veía como envuelta en una bruma rojiza la visión de la gloria.

El espíritu maligno se cernía sobre ella. Yo era emperador de los ranqueles.

Hacía mi entrada triunfal en Salinas Grandes.

Las tribus de Calfucurá[43] me aclamaban. Mi nombre llenaba el desierto preconizado por las cien leguas de la fama. Me habían erigido un gran arco triunfal.

Representaba un coloso como el de Rodas. Tenía un pie en la soberbia cordillera de los Andes, otro en las márgenes del Plata. Con una mano empuñaba una pluma deforme de ganso, cuyas aristas brillaban como mostacilla de oro, chispeando de su punta letras de fuego, que era necesario leer con la rapidez del relámpago para alcanzar a descifrar que decían: *mené, thekel, phare*[44]. Con la otra blandía una espada de inconmensurable largor, cuya hoja de bruñido acero resplandecía como meteoro, centelleando en ella diamantinas letras que era menester leer con la rapidez del pensamiento para adivinar que decían: *In hoc signo vinces*.

Por debajo de aquel monumento de egipcia estructura y proporciones, capaz de provocar la envidia sangrienta, la venganza corsa y el odio eterno de un Faraón, desfilaba como el rayo, tirada por veinte yuntas de yeguas chúcaras, una carreta tucumana, cubierta de penachos, de crines caballares de varios colores y en cuyo lecho se alza un dosel de pieles de carnero.

En él iba sentado un mancebo de rostro pintado con carmín. ¡Era yo! Manejaba la ecuestre recua con un látigo de cháguara que no tenía fin, al grito infernal de: *¡pape satán! ¡pape satán alepe!* Mi traje consistía en un cuero de jaguar; los brazos del animal formaban las mangas, las piernas, los calzones, lo demás cubría el cuerpo, y, por fin, la cabeza con sus colmillos agudos adornaba y cubría mi frente a manera de antiguo capacete.

La cola no sé qué se había hecho. Un ser extraño, invisible para todos, menos para mí, quería ponerme una paja. Yo lo miraba como diciéndole: basta de atavíos, y él vacilaba y me seguía sin saber qué hacer.

Una escolta formada en zigzags, me precedía, cubriéndome la retaguardia. Indígenas de todas las castas australes se veían allí: ranqueles, puelches, pehuenches, piscunches, patagones y araucanos. Los unos iban en potros bravos, los otros en mansos caballos, éstos en guanacos, aquéllos en avestruces, muchos a pie, varios montados en cañas, infinitos en alados cóndores.

Sus armas eran lanzas y bolas; sus trajes mixtos, a lo gaucho, a la francesa, a la inglesa, a lo Adán los más. Cantaban un himno marcial al son de unas flautas de cañuto de grueso carrizo, y las palabras *Lucius Victorius Imperator,* resonaban con fragor en medio de repetidas ¡¡¡ba-ba-ba-ba-ba-ba-ba!!!

Nuevo Baltasar, yo marchaba a la conquista de una ciudad poderosa, contra el dictamen de mis consejeros, que me decían: Allí no penetrarás victorioso jamás; porque sus calles están empedradas con enormes monolitos y cubiertas de pantanos, por donde es imposible que pase tu carreta.

Tenaz, como soy en sueños, no quería escuchar la voz autorizada de mis expertos monitores. Me había hecho aclamar y coronar por aquellas gentes sencillas, había superado ya algunos obstáculos de mi vida; ¿por qué no había de tentar la empresa de luchar y vencer una civilización decrépita?

Por otra parte, yo había nacido en esa egregia ciudad y ella iba a enorgullecerse de verme llegar a sus puertas, no como Aníbal a las de Roma, sino cual otro valiente Camilo.

Por aquí iba, medio despierto, medio dormido, cuando volvieron a hacerme sentar en la cama, llamando a mi puerta.

–¡Coronel Mansilla!

–¿Qué hay? –pregunté.

El malhadado negro contestó:

–Dice el general que ¿cómo ha pasado la noche?

–Hombre, dile que mañana le contestaré.

El mensajero contestó no pude percibir qué.

Una barahúnda repentina ahogó su voz.

Volví yo a estudiar qué postura se adaptaría más a la cama que me habían deparado las circunstancias y esperaba no ser interrumpido otra vez. ¡Quimera!

Mi verdadera bestia negra había ido y vuelto.

–¡Coronel Mansilla! ¡Coronel Mansilla! –me gritó.

–¿Qué quieres? –le contesté con mal humor, sin moverme.

–Aquí está el hijo del general.

Esto era ya más serio.

Me incorporé.

–¿Qué se ofrece, hermano? –pregunté.

–Dice mi padre que vaya –me contestó.

–¿Que vaya, ahora?

–Sí.

Llamé a Carmen, mi fiel ministril; le pedí agua para lavarme, luz, peine, un cepillo de dientes, todo cuanto podía ser un pretexto para demorarme y ganar tiempo, a ver si venía el día.

Oía el ruido de la orgía nocturna, y no me hacía buen estómago la idea de tomar parte en ella a oscuras. Según mi costumbre en campaña, dormía vestido, desnudándome de día por la higiene y otras yerbas.

De un salto estuve en pie.

Carmen trajo luz, un candil de grasa de potro, agua, peine, cuanto le pedí, haciendo un viaje para cada cosa, como que tenía que revolver las alforjas para hallarlas.

Hice mi estudiosa *toilette,* lo más despacio que pude. Mientras tanto, varios curiosos, ebrios a cual más, llegaron a mi puerta y estuvieron observando.

Como tardase en salir del rancho, presentóse una nueva diputación. La componían dos hijos de Mariano. Tomó la palabra el mayor de ellos y me dijo:

–Dice mi padre, que cómo está, que cómo le va, que cómo ha pasado la noche, que cuándo va, que está medio *caldeado* y tiene ganas de *rematarse* con usted.

Contesté con la mayor política, agradeciendo tantas atenciones, y asegurando que no tardaría en presentármele al general.

Tardé más en limpiarme los dientes que en lustrar un par de botas granaderas.

El negro espiaba como perito aquella operación.

El muy pillo había sido esclavo de no recuerdo qué estanciero del sur de Buenos Aires, soldado del general Rivas, desertor, y conocía bien los usos y costumbres de los cristianos civilizados.

Decía que eso que yo hacía era para que nunca se me cayeran los dientes.

Los apostrofaba a los indios de ¡Uds. son muy bárbaros!, tocaba su infernal acordeón, cantaba, bailaba al compás de él y me apuraba diciéndome de cuando en cuando: ¡Vamos, vamos mi amo!

Al fin tuve que obedecer, y digo obedecer, porque lo que hice no fue otra cosa.

Tenía tanta gana de tomar aguardiente como de hacerme cortar una oreja.

Salí del rancho, dejando a mis compañeros dormidos como piedras. El padre Moisés roncaba más fuerte que todos. El padre Marcos se había alojado en el rancho de Ayala.

La noche estaba fría, el día lejano aún. Las estrellas brillaban con esa luz diáfana del invierno. El campo, cubierto por la helada, parecía salpicado de piedras finas. Un gran fogón moribundo ardía en la enramada del cacique. Apiñados unos sobre otros, lo rodeaban varios montones de indios *achumados*. Muchos caballos ensillados estaban con la rienda caída, inmóviles, donde los habían dejado el día antes. Mariano Rosas, con una limeta en una mano y un cuerno en la otra se tambaleaba junto con otros entre los mansos animales.

Armaban una algarabía, y entre *yapaí y yapaí,* resonaba frecuentemente el nombre del coronel Mansilla. Escoltado por el negro, por los hijos de Mariano y los curiosos, llegué a donde ellos estaban.

Al verme, hicieron lo que todos los borrachos que no han perdido completamente la cabeza: pretendieron disimular su estado.

Mariano Rosas me echó un discurso en su lengua, que no entendí, y fue muy aplaudido. Comprendí, sin embargo, que había hablado de mí en términos los más cariñosos, porque mientras peroraba, varias voces dijeron: ¡Ese cristiano bueno, ese cristiano toro!

Terminó haciéndome un *yapaí.* Bebió él primero, según se estila.

Apuraba el cuerno, cuando una voz muy simpática para mí, me dijo al oído.

—Aquí estoy yo, mi coronel, no tenga cuidado; y su comadre Carmen está allí en la enramada haciendo que duerme, para escuchar todo.

Era Miguelito.

Le estreché la mano, y tomé el cuerno lleno de licor que me pasaba Mariano.

XXXIII

Retrato de Mariano Rosas. Su política. Cómo lo tomaron prisionero los cristianos. Rosas lo hace peón de su estancia del Pino. Su fuga. Agradecimiento por su antiguo patrón. Paralelo. De pillo a pillo. Voto de un indio. Muerte de Painé. Derecho hereditario entre los indios. Los refugiados políticos. Mares. Mariano Rosas quiere loncotear conmigo. Apuros. Una sombra.

El cacique general de las tribus ranquelinas tendrá cuarenta y cinco años de edad.

Pertenece a la categoría de los hombres de talla mediana. Es delgado, pero tiene unos miembros de acero. Nadie bolea, ni piala, ni sujeta un potro del cabestro como él.

Una negra cabellera larga y lacia, nevada ya, cae sobre sus hombros y her-

181

mosea su frente despejada, surcada de arrugas horizontales. Unos grandes ojos rasgados, hundidos, garzos y chispeantes, que miran con fijeza por entre largas y pobladas pestañas, cuya expresión habitual es la melancolía, pero que se animan gradualmente, revelando entonces orgullo, energía y fiereza: una nariz pequeña, deprimida en la punta, de abiertas ventanas, signo de desconfianza, de líneas regulares y acentuadas; una boca de labios delgados que casi nunca muestra los dientes, marca de astucia y crueldad; una barba aguda, unos juanetes saltados, como si la piel estuviese disecada, manifestación de valor, y una cejas vellosas, arqueadas, entre las cuales hay siempre unas rayas perpendiculares, señal inequívoca de irascibilidad, caracterizan su fisonomía bronceada por naturaleza, requemada por las inclemencias del sol, del aire frío, seco y penetrante del desierto pampeano.

Mariano Rosas es hijo del famoso cacique Painé. Colocado estratégicamente en Leubucó, entre las tribus de los caciques Ramón y Baigorrita, es el jefe de una confederación. Apoyando unas veces a Ramón contra Baigorrita y otras a Baigorrita contra Ramón, su predominio sobre ambos es constante.

Dividir para reinar es su divisa. Así, Baigorrita y Ramón, que son bravos en la pelea, diestros en todos los ejercicios ecuestres, entendidos en todo género de faenas rurales, sin tenerle envidia a este Bismarck ranquelino, ponderan la prudencia de sus consejos, su sesuda previsión, su carácter persistente y conciliador.

El año de 1834 fue hecho prisionero en la laguna de Langhelo, situada donde actualmente existe el fuerte "Gainza", cuyos primeros cimientos los puse yo, al avanzar, hace ocho meses, la frontera sur de Santa Fe.

Este paraje dista como treinta leguas de Melincué. Mariano Rosas, junto con algunos indiecitos y alguna chusma se había quedado allí, cuidando una caballada de refresco, mientras su belicoso padre daba un malón, internándose muy adentro.

Los cristianos encargados de la seguridad de la frontera norte de Buenos Aires, maniobrando hábilmente, se lanzaron al sur cuando sintieron la invasión, para salirles a los ladrones de adelante; ocuparon y se posesionaron de una de las aguadas principales por donde debían pasar con el botín, sorprendieron a los caballerizos, les quitaron toda la caballada y los cautivaron lo mismo que a la chusma.

Mariano Rosas y sus compañeros de infortunio fueron conducidos a los Santos Lugares. Allí permanecieron engrillados y presos, tratados con dureza, cerca de un año, según sus recuerdos.

Perdían la esperanza de mejorar de suerte. Mas como está de Dios que el hombre suba a la cumbre de la montaña cuando menos lo espera, cayendo en el abismo de la desgracia cuando todo sonríe a su alrededor, un día los llevaron a presencia del dictador don Juan Manuel de Rosas.

Interrogándolos minuciosamente, supo éste que Mariano, que se llamaba a la sazón como su padre, era hijo de un cacique principal de mucha nombradía. Lo hizo bautizar, sirviéndole de padrino, le puso Mariano en la pila, le dio su apellido y lo mandó con los otros de peón a su estancia del "Pino".

En ella pasaron algunos años trabajando duro, alojados al raso contra un corral de ñandubay, recibiendo lecciones útiles y provechosas sobre la manera de hacer las faenas del campo, sobre el modo de amansar debidamente un potro, aprendiendo a regentear un establecimiento en forma, tratados unas veces a rebencazos, sin haber faltado en nada, atendidos generalmente con cariño, recibiendo raciones y salarios como unos de tantos trabajadores, hasta que el amor de la familia, el recuerdo de las tolderías, el anhelo de una completa libertad, despertaron en ellos la idea de la fuga, a costa de cualquier riesgo.

Aprovechando una hermosa noche de luna y la confianza que en ellos tenían, echaron mano de una tropilla de caballos escogidos, y alzándose, rumbearon al occidente. Perdiéronse por los campos, porque no eran baquianos y porque temerosos de ser descubiertos y aprehendidos no querían acercarse a las estancias a preguntar dónde quedaba el Bragado, pueblito que conocían por haber andado *maloqueando* por allí siendo muchachos.

Notada en el "Pino" su desaparición, fueron perseguidos, según supieron después por una mujer que cautivaron; pero no los alcanzaron.

En el puente de Márquez hallaron una partida de policía. La engañaron diciendo que habían venido a comercio y que se volvían para tierra adentro. Llegaron a la Federación, hoy Junín, después de haber andado seis días por los campos sin rumbo determinado; descansando y ocultándose entre los cardales y pajonales, y allí los dejaron pasar, mediante un pretexto igual al anterior. Entonces había paz con algunas tribus que vivían por el Toay, de modo que la composición de lugar ideada para escapar a la persecución, se concibe que surtiera efecto.

Esta es la referencia que el mismo Mariano Rosas me ha hecho. Si no te pareciese verosímil, recuerda aquello, Santiago amigo, de:

Y si, lector, dijeres ser comento,
Como me lo contaron te lo cuento.

Mariano Rosas conserva el más grato recuerdo de veneración por su padrino; hablaba de él con el mayor respeto, dice que cuanto es y sabe se lo debe a él; que después de Dios no ha tenido otro padre mejor; que por él sabe cómo se arregla y compone un caballo parejero; cómo se cuida el ganado vacuno, yeguarizo y lanar, para que se aumente pronto y esté en buenas carnes en toda estación; que él le enseñó a enlazar, a pialar y a bolear a lo gaucho.

Que a más de estos beneficios incomparables le debe el ser cristiano, lo que le ha valido ser muy afortunado en sus empresas.

Ya te he dicho que estos bárbaros respetan a los cristianos, reconociendo su superioridad moral, aunque les gusta vivir como indios el *dolce far niente,* tener el mayor número posible de mujeres, tantas cuantas pueden mantener, en una palabra, ser evangelistas en cuanto esto presupone cierta virtud misteriosa para ser felices en la paz y en la guerra.

Verdad es que la civilización moderna hace lo mismo con cierto disimulo, y es por esto, sin duda, que alguien ha dicho que nuestra pretendida civilización no es muchas veces más que un estado de barbarie refinada.

Por supuesto, que siendo yo sobrino carnal de Rosas, oyéndolo hablar al indio de su padrino y progenitor postizo, me haría la ilusión de que lo más fácil del mundo para mí era catequizarlo. Al más ducho se le queman los libros en presencia de un hombre de estado primitivo.

La vanidad y tontera humana, ¿dónde no reciben su castigo? Ya veremos cómo la diplomacia es igual en todas partes, lo mismo en Londres que en Viena, en Buenos Aires que en Leubucó; que la cuña para ser buena ha de ser del mismo palo. Y lo que es más filosófico aún, que la gratitud anda a caballo en casa de aquellos que creen merecérselo todo.

Al poco tiempo de estar Mariano Rosas en su tierra, su padrino, que no daba puntada sin nudo, viendo que el pájaro se le había escapado de la jaula, y que es bueno tener presente que quien cría cuervos se expone a que éstos le saquen los ojos, le mandó un regalo.

Consistía en doscientas yeguas, cincuenta vacas y diez toros de un pelo, dos tropillas de overos negros con madrinas oscuras, un apero completo con muchas prendas de plata, algunas arrobas de yerba y azúcar, tabaco y papel, ropa fina, un uniforme de coronel y muchas divisas coloradas.

Con este regio presente iba una afectuosa misiva, que Mariano conserva, concebida más o menos así:

Mi querido ahijado: No crea usted que estoy enojado por su partida, aunque debió habérmelo prevenido para evitarme el disgusto de no saber qué se había hecho. Nada más natural que usted quisiera ver a sus padres, sin embargo que nunca me lo manifestó. Yo le habría ayudado en el viaje haciéndolo acompañar. Dígale a Painé que tengo mucho cariño por él, que le deseo todo bien, lo mismo que a sus capitanejos e indiadas. Reciba ese pequeño obsequio que es cuanto por ahora le puedo mandar. Ocurra a mí siempre que esté pobre. No olvide mis consejos porque son los de un padrino cariñoso, y que Dios le dé mucha salud y larga vida. Su afectísimo. *Juan de Rozas.*

Esta cartita meliflua y calculada llevaba un ápice insignificante al parecer:

Post data. Cuando se desocupe, véngase a visitarme con algunos amigos.

Difícil y algo más que difícil, ardua cosa es desentrañar las intenciones del más inocente mortal.

Que cada cual comente a su manera la carta y la postdata susodicha, pues.

Yo, cuando se trata de los pensamientos del prójimo, siempre tengo presente el dicho de cierto moralista de nota, con el que lo confundió una vez a un hombre de Estado: la ley de Dios que prohíbe los juicios temerarios es no solamente ley de caridad, sino de justicia y buena lógica.

Mariano Rosas recibió la carta y el presente, deliberó qué debía hacer, y como la mejor suerte de los dados es no jugarlos, o como diría Sancho, si de ésta escapo y no muero, no más bodas en el cielo, resolvió: agradecerle la fineza y no visitarlo.

Con este motivo, y para que en ningún tiempo se dudara de sus sentimientos, después de consultar a las viejas agoreras juró no moverse jamás de su tierra.

Vinculado por este voto solemne a su hogar, al terreno donde nació, a los bosques en que pasó su infancia, Mariano Rosas no ha pisado, después de su cautiverio, en tierra de cristianos, y tiene la preocupación de que si viene personalmente a alguna invasión caerá prisionero.

Conozco este episodio de su vida, porque él mismo me lo ha contado.

Diciéndole que el general Arredondo me había encargado le manifestara los vivos deseos que tenía de conocerle y que cuando estuviera afianzada la paz era conveniente que le hiciera una visita en Villa de Mercedes, me contestó:

–Eso no, hermano.

–¿Y por qué? –le pregunté.

Refirióme entonces con minuciosos detalles lo que llevo relatado; para que se vea que toda la ciencia de los indios en su trato con los cristianos, se reduce a un aforismo que nosotros practicamos todos los días: la desconfianza es madre de la seguridad.

He dicho que Mariano Rosas era hijo de Painé. Painé murió trágicamente.

El general don Emilio Mitre, para salvar su división en 1856, tuvo que dejar en el desierto la mayor parte de su material de guerra.

Llegó hasta Chamalcó y de allí contramarchó. Los indios se vinieron sobre su rastro.

Painé, cacique general entonces de las tribus ranquelinas, los acaudillaba. En los montes hallaron un armón de municiones.

Entre ellas había granadas.

Un accidente hizo reventar una. El armón voló y con él Painé. Así murió ese cacique mentado.

Su hijo mayor, Mariano Rosas, heredó entonces el gobierno y el poder.

Se cree generalmente que entre los indios, prevaleciendo el derecho del más fuerte, cualquiera puede hacerse cacique o capitanejo.

Pero no es así, ellos tienen sus costumbres que son sus leyes.

Aquellas jerarquías son hereditarias, existiendo hasta la abdicación del padre en favor del hijo mayor, si es apto para el mando.

Por eso, actualmente, viviendo el padre del cacique Ramón, es éste quien gobierna las indiadas de Carrilobo. Entre los indios, como en todas partes, hay revoluciones que derrocan a los que invisten el poder supremo. La regla, sin embargo, es la que dejo dicha; sólo sufre alteración cuando el cacique o capitanejo no tiene hijos ni hermanos que puedan heredar su puesto.

En este caso se hace un plebiscito y la mayoría dirime pacíficamente las cosas, ni más ni menos que como en un pueblo donde el sufragio universal campea por sus respetos.

Más revoluciones hemos hecho nosotros, víctimas hoy de una oclocracia, mañana de otra, quitando y poniendo gobernadores, que los indios por la ambición de gobernar.

Y es asunto que se presta a fecundas consideraciones, que los que aman la libertad racional se persigan unos a otros y se exterminen con implacable saña, conculcando las instituciones que ellos mismos han formulado, reconociendo y jurando que son salvadores, por la satisfacción sensual del poder, y que los que sólo aman la libertad natural no quiebran lanzas en fratricidas guerras.

Pero ya caigo.

Es que los bárbaros no andan detrás de la mejor de las repúblicas.

Es que ellos creen una cosa de que nosotros no nos queremos convencer: que los principios son todo, los hombres nada; que no hay hombres necesarios; "que si César hubiese pensado como Catón, otros hubieran pensado como César, y que la República destinada a perecer habría sido arrastrada al precipicio por cualquiera otra mano".

Mariano Rosas se viste como un gaucho, paquete, pero sin lujo.

A mí me recibió con camiseta de Crimea, mordoré, adornada con trencilla negra, pañuelo de seda al cuello, chiripá de poncho inglés, calzoncillo con fleco, bota de becerro, tirador con cuatro botones de plata y sombrero de castor fino, con ancha cinta colorada.

Como Leubucó es el asiento principal de todos los refugiados políticos, la santa federación está allí a la orden del día.

Y aunque parezca broma o exageración, debo decirlo, las noticias no escasean.

Todo cuanto sueñan los refugiados circula como noticia que ha venido de Mendoza o San Luis, de Córdoba o el Rosario.

Hoy es Urquiza quien se ha pronunciado contra los *salvajes,* mañana Saa que ha invadido; al día siguiente Guayama, el bandolero de los llanos, es el que ha sublevado La Rioja, después los Taboada han dado el grito contra el Gobierno.

Todas estas voces se discuten, se comentan, se prestan a mil conjeturas, se trata de saber cómo han llegado, quién las ha traído, y el tiempo corre y nada sucede, y el malón aplazado se realiza, porque el tiempo es oro y es necesario no perderlo, ya que los amigos federales se duermen en las pajas. No hay idea de todas las quimeras que en aquellos mundos han mecido la imaginación con motivo de la guerra del Paraguay. Ha sido una comedia.

Pero, ahora que ya sabes el origen de Mariano Rosas, qué cara tiene, cómo se viste, de qué se ocupan los politicastros de Tierra Adentro y otras particularidades, reanudemos el hilo del relato empezado al terminar mi carta anterior.

Mariano me había hecho un *yapaí*. Yo tenía el cuerno lleno de aguardiente en la mano.

–*Yapaí*, hermano –le dije, y me lo bebí de un sorbo para no tomarle el gusto, como si fuera una purga de aceite de castor.

Sentí como si me hubieran echado una brasa de fuego en el estómago. La erupción no se hizo esperar; mi boca era un albañal. Despedía a torrentes todo cuanto había comido y una revolución intestinal rugía dentro de mí. Oía el bullicio porque tenía orejas. No veía nada. Se me figuraba que no estaba en el suelo sino suspendido en el aire, dando vueltas a la manera de una rueda que gira sobre un eje, aunque me parecía que la cabeza siempre quedaba para abajo, gravitando más que todo el resto de mi humanidad. Horribles ansias, nauseabundas arcadas, bascas agrias como vinagre, una desazón e inquietud imponderable me devoraban.

Pasó el mareo.

Los *yapaí* siguieron para reforzar la tranca, como decía cierto espiritual amigo sectario de Baco, cuando entraba al Club del Progreso, picado ya, y le pedía al mozo una copa de coñac.

Hay situaciones que son como un incendio en alta mar; todas las probabilidades están en contra. Yo me hallaba en una de ellas.

Para remate de fiestas, Mariano quería loncotear conmigo, ¡loncotear a las tres de mañana! ¡Era nada lo del ojo y lo llevaba en la mano! Me defendí como pude. El indio no estaba para bromas. Viendo que loncotear era imposible, le dio por agarrarme de los hombros con entrambas manos sacudiéndome con sus fuerzas atléticas unas veces, empujándome para atrás otras. ¡Hermano!, ¡hermano!, me decía con estridente voz, cimbrándose como una vara. Yo lo contenía y lo rechazaba con moderación. Un movimiento brusco mío podía hacerle dar un traspié. Y si se caía de narices, quién sabe si sus comensales no me hacían a mí lo que los arrieros a Don Quijote.

Bien considerado el caso, era peliagudo. Una de las veces que esforzándome en contenerlo tropezó, por poco no cae despatarrado, despachurrándose.

Abrazóse de mí con sus membrudos brazos. Temí algo. Le busqué el puñal, lo hallé, lo empuñé vigorosamente para que no pudiese hacer uso de él, y así permanecimos un rato, él pugnando por sacarme campo afuera, yo luchando por no retirarme de la enramada. Nos separábamos, nos volvíamos a abrazar. Tornábamos a separarnos y en cada atropellada que me hacía metíame las manos por la cara.

Yo estaba tentado de llamar a mis oficiales y asistentes, porque francamente, recelaba un desaguisado. Pero me daba no sé qué hacerlo. Cierto es que allí no había perros que me asustaran, mas es que tampoco había miriñaques que me alentaran. Aquel público, el instinto que despertaba en mí era el de la conservación.

De aguardiente no quedaba ya sino el olor. La chusma quería rematarse.

–Dando más aguardiente, coronel –me decían.

–Otro poco, hermano –me dijo Mariano.

Miguelito les habló en su lengua, y tirándome de un brazo:

–Vamos, mi coronel –me dijo.

Comprendí que quería sacarme de allí. Lo seguí. Los indios se echaron al suelo, unos sobre otros, todos revueltos.

Miguelito me llevaba en dirección a mi rancho. Iba a amanecer. El cielo se había cubierto de nubes. La luz de las estrellas apenas brillaba al través. Estábamos en tinieblas. Yo caminaba, no por mi voluntad sino arrastrado por mi guardián. Me bamboleaba perdiendo por momentos el equilibrio. Llegamos a la puerta de mi rancho. Miguelito alzó el cuero.

–Entre y descanse –me dijo–, mi coronel. Yo voy a entretenerlos a aquellos.

Entré.

Detrás de mí entró una sombra.

A la luz moribunda del candil que había llevado Carmen hacía rato, me pareció ver una mujer.

Estas mujeres se le aparecen a uno en todas partes. Nos aman con abnegación.

¡Y tan crueles que somos después con ellas! Nos dan la vida, el placer, la felicidad.

¿Y para qué? Para que tarde o temprano en un arranque de hastío exclamemos:

"Siempre igual, necias mujeres".

XXXIV

Efectos del aguardiente. Una mano femenil. Mi comadre Carmen me cuenta lo sucedido. Unas coplas. La vida de un artista en acordeón, en dos palabras. Preguntas y respuestas. Las obras públicas de Leubucó. Insistencia del organista. Un baño. Mariano Rosas en el corral. Cómo matan los indios la res.

El candil ardía y se apagaba como un fuego fatuo. Buscando mi cama donde no estaba, porque los últimos humos del mareo me hacían ver todos los objetos trastornados, al revés, tropecé con la luz y la extinguí. Con los ojos de la imaginación veía el caos. Trataba de buscar un punto de apoyo para no caerme. Mis brazos funcionaban como las aspas de un molino. Me caí. Me levanté. Volví a caerme encima de los compañeros de rancho.

Ni los frailes, ni los oficiales sintieron la mole que repetidas veces se desplomó sobre ellos.

Mi ronca voz, ahogándose en la garganta, llamaba un asistente.

Nadie me oía.

Tanteando como un ciego perlático, cogí una cosa blanda, sedosa, suave, y, al mismo tiempo, percibí como en sueños un ruido de gallinas. Mi mano había asido de la rabadilla un gallo o pollo, despertando todo el gallinero de Mariano Rosas, que huyendo de la helada, sin duda, se había guarecido en nuestra morada, tomando posesión de mi lecho.

La sorpresa me hizo soltar mi presa, abandonar el punto de apoyo y caer de boca, posándola sobre algo blando, hediondo y frío.

Creí asfixiarme, porque no podía cambiar de posición. Mis piernas parecían dislocadas, como las de un muñeco. Haciendo un esfuerzo supremo, me enderecé. Describí dos semicírculos con los brazos. Hallé una mano pequeña, pulida, caliente, que me sostuvo, arrastrándome poco a poco. Un brazo rodeó mi cuerpo. Recliné mi cabeza desvanecida sobre un seno palpitante y di unos cuantos pasos, lo mismo que un herido; alzóse el cuero de la puerta del rancho y penetró en él, hiriendo mis ojos medio abiertos, la luz crepuscular.

Confusamente percibí varias voces que decían:

–¿Dónde está ese coronel Mansilla?

–Dando más aguardiente.

Una voz contestó:

–No está aquí.

Y al mismo tiempo, cayendo el cuero de improviso, volvió a quedar el rancho envuelto en una completa oscuridad. Oí como el murmullo de gente que refunfuña y ruido como el de pisadas que se alejan.

Sentí que una cosa áspera, como una tela de lana, repasaba mi rostro y que me empujaban hacia adelante. Yo no era dueño de mí mismo. Obedecía, abría y cerraba los ojos.

Vi entrar de nuevo la luz del alba en el rancho. Después sentí frío. Caminaba a la par de otra persona que con cariño me sustentaba.

Me quedé dormido.

Al rato me desperté al lado de un gran fogón.

En torno de él estaban tres mujeres y tres hombres, cristianos todos. Me habían hecho una cama con jergas y cueros. A mi lado estaba una china.

–¿Qué quiere tomar –me dijo–, mate o café?

Fijé con agradecimiento los ojos en ella y reconocí a mi comadre Carmen.

–Café, comadre –le contesté.

Y mientras lo preparaba, contóme que cuando me separé de Mariano Rosas, ella estaba en la enramada, despierta por si algo necesitaba; que se deslizó entre las sombras de la noche, ayudándole a Miguelito a llevarme a mi rancho; que al salir, varios indios habían acudido a preguntar por mí; que fingiendo la voz de cristiano les había contestado que no estaba; y que para que no me incomodaran y me dejaran descansar, me había llevado a un toldo vecino en el que habitaban puros cristianos.

Me puse a tomar café. Gradualmente fueron desapareciendo los efectos narcóticos del aguardiente. La aurora, color de rosa, entraba con sus rayos de fuego por entre las rendijas del toldo. Cantaban los gallos, cacareaban las gallinas, relinchaban los caballos, bramaban los toros, oíase el balido de las ovejas, agitábase todo el despertar de la naturaleza.

Vibraron las notas de un mal tocado acordeón, y una voz que me hizo crispar los nervios, entonó unas coplas:

Señor coronel Mansilla,
permítame que le cante.

Iba a tronar contra el negro, porque era él en cuerpo y alma el de la música, cuando entró en el toldo, y plegando su instrumento y sellando sus labios, interrumpió las coplas para decirme:

–Buenos días, mi amo, ¿su mercé ha pasado bien la noche?

Me pareció mejor írmele a las buenas, y así le contesté:

–Muy bien, hombre, gracias, siéntate. Pero con la condición que no has de tocar tu maldito acordeón, ni has de cantar. Ya estoy harto.

Sentóse.

Le pasaron un mate, y entre chupada y chupada, me refirió su vida en cuatro palabras.

–Mi amo –me dijo–, yo soy federal. Cuando cayó nuestro padre Rosas, que nos dio la libertad a los negros, estaba de baja. Me hicieron veterano otra vez. Estuve en el Azul con el general Rivas. De allí me deserté y me vine para acá. Y no he de salir de aquí hasta que no venga el Restaurador, que ha de ser pronto, porque don Juan Saa nos ha escrito que él lo va a mandar buscar. Yo he sido de los negros de Ravelo[45].

Y aquí interrumpió la historia de su vida, entonando, o mejor dicho, desentonando, esta canción:

Que viva la patria
libre de cadenas,
y viva el gran Rosas
para defenderla.

Le atajé el resuello, diciéndole:

—Hombre, ya te he dicho que no quiero oírte cantar.

Callóse, y mirándome con cierta desconfianza me preguntó:

—¿Usted es sobrino de Rosas?

—Sí.

—¿Federal?

—No.

—¿Salvaje?

—No.

—¿Y entonces, qué es?

—¡Qué te importa!

El negro frunció la frente, y con voz y aire irrespetuoso:

—No me trate mal porque soy negro y pobre —me dijo.

—No seas insolente —le contesté.

—Aquí todos somos iguales —repuso, agregando algo indecente.

Agarré una astilla de leña enorme, levanté el brazo, y diciéndole: ahora verás, iba a darle un garrotazo, cuando mi comadre Carmen me contuvo, diciéndome:

—No le haga caso, compadre, a ese negro borracho.

Dirigióse a él hablándole en araucano, y el negro, que se había puesto de pie, volvió a sentarse, diciéndome:

—Dispense, su mercé.

—¡Estás dispensado —le contesté—, pero cuidado con volver a tratarme como me has tratado!

Intentó desplegar su acordeón. Era en vano. Me hacía el efecto de una lima de acero que raspa los dientes. Tuvo que renunciar a su pasión filarmónica. Tomó la palabra, y siguió hablando de sus opiniones políticas, y de las delicias de aquella tierra.

–Aquí hay de todo, mi coronel –me decía–. Al que es hombre de bien, lo tratan bien, y al que es pícaro, el general Mariano lo castiga, haciéndolo trabajar en las obras públicas.

Solté una carcajada amplia e ingenua.

–¿Las obras públicas?

–Sí, mi amo.

–¿Y qué obras públicas son ésas?

–¡Ahhhhhh!, los corrales del general.

En este momento entró, refregándose los ojos, el padre Marcos, atraído por la lumbre de nuestro hermoso fogón, buscando agua caliente para tomar un jarro de té.

Sentóse en la rueda el buen franciscano y siguió la charla, sazonándola el negro con algunas agudezas, y rogándome de vez en cuando que le dejara tocar su acordeón.

–No, no –le decía yo–, prefiero oír un cuerno a tu acordeón.

Su aire favorito era el muy popular de *arrincónemela*[46] y esta tocata, recordándome a Buenos Aires, me entristecía.

Suplicaba.

Decididamente, el acordeón era para él una necesidad, como el violín para Paganini, el piano para Gottschalk. Yo me negaba inflexiblemente.

No sólo me negaba a que luciera su habilidad, sino que le amenazaba con hacerle perder la gracia de Mariano Rosas, si no tenía juicio, mandándole a éste a mi regreso al río Cuarto un organito de resorte.

–Entonces –le decía–, ya no serás un hombre necesario aquí.

Salió el sol; tenía necesidad de refrescar mi cuerpo. Recuerda, Santiago amigo, que no he dormido ni me he lavado, desde que estábamos en Calcumuleu.

Pregunté si no había por allí cerca dónde bañarse.

Me dijeron que sí, que a veinte cuadras de distancia había un gran jagüel, con piso de tosca, donde se bañaban de madrugada las chinas de Mariano y él mismo.

Le pedí a un cristiano que me lo enseñara.

Llamé a un asistente, hice traer un caballo, abandoné el fogón, salté en pelo y de una sentada estuve en el baño.

Hacía un frío glacial. Manuel Gazcón, que es un pato, un hidrópata por estudio, y por convicción, se habría deleitado allí.

Las abluciones despejaron mis sentidos y retemplaron mi cuerpo, borrando hasta los rastros de la mala noche. Me sentí otro hombre.

Hice que mi asistente se bañara, y mientras él tiritaba de frío, dando diente con diente, por la falta de costumbre de zambullirse en el agua con el alba, yo me paseaba a largos trancos por la blanda arena, provocando la reacción. Se produjo, monté a caballo y tomé el camino de los toldos.

De regreso vi mucha gente, y una gran polvareda cerca de la orilla del monte. Corrían dentro de un corral. Cambié de dirección y fui a ver qué hacían.

Habían enlazado una vaca gorda y se disponían a carnearla.

Mariano Rosas estaba allí, fresco como una lechuga. Se había bañado primero que yo. Nadie que no estuviera en el secreto habría sospechado la noche que había pasado. Los estragos hechos en su cuerpo por el aguardiente se descubrían, sin embargo, en la depresión de los párpados inferiores, cuyo tinte era violáceo.

En el instante de acercarme al corral, revoleaba el lazo para echar un piale. Lo recogió, y viniendo a mí con el mayor cariño y cortesía, me estiró la mano y me dio los buenos días, preguntándome cómo había pasado la noche, que si no me había incomodado.

Estuve tan galante y afectuoso como él.

–Esa vaca gorda es para usted, hermano –me dijo.

Y súbito, revoleó el lazo y echó un piale maestro, y volviéndose a mí, haciendo pie con una destreza admirable, me dijo:

–Esto se lo debo a su tío, hermano.

Enlazada y pialada la res, cayó en tierra.

Creí que iban a matarla como lo hacemos los cristianos, clavándole primero el cuchillo repetidas veces en el pecho, y degollándola en medio de bramidos desgarradores, que hacen estremecer la tierra.

Hicieron otra cosa.

Un indio le dio un bolazo en la frente dejándola sin sentido.

En seguida la degollaron.

–¿Para qué es ese bolazo, hermano? –le pregunté a Mariano.

–Para que no brame, hermano –me contestó–. ¿No ve que da lástima matarla así?

Que la civilización haga sus comentarios y se conteste a sí misma, si bárbaros que tienen el sentimiento de la bondad para con los animales son susceptibles o no de una generosa redención.

Degollada la res, la abandonaron a las chinas. Ellas la desollaron, la descuartizaron y la despostaron, recogiendo hasta la sangre.

Mariano Rosas y yo nos volvimos juntos a su toldo, conversando por el camino como dos viejos camaradas. Ni él ni yo hicimos mención para nada de las escenas de la noche anterior.

Mariano montaba un caballo oscuro de su predilección, aperado con sencillez.

Era un animal vigoroso. Tenía la marca del general don Angel Pacheco.

Llegamos a su toldo. Nos apeamos, nos sentamos, y poco a poco comenzaron a llegar visitas, entrando y saliendo las gentes de la casa. Yo era objeto de todo género de atenciones. Me cebaron mate, me sirvieron un churrasco gordo, suculento, chorreando sangre, a la inglesa.

Me lo comí todo entero, quemándome los dedos y chupándomelos después, como se estila en esta tierra. Donde no hay manteles ni servilletas, ¿qué otra cosa se ha de hacer?

Mariano me pidió permiso para dejarme solo un momento. Salió, desensilló el oscuro, lo soltó, ensilló un moro, y lo ató de la rienda en el palenque. Dio algunas órdenes y volvió a la enramada sobando una manea.

–Hermano –me dijo–, a mí me gusta hacer yo mismo mis cosas. Así salen mejor. Mi apero no lo maneja nadie, ni mis caballos tampoco. Mi padrino era lo mismo cuando yo lo conocí. A Dios gracias soy hombre sano.

Después de esto cambiamos algunas palabras sin interés. Por último me ofreció presentarme su familia. Mañana estaremos de recepción.

XXXV

El toldo de Mariano Rosas visto de la enramada. Preparativos para recibirme. Un bufón en Leubucó. De visita. Descripción de un toldo. La mesa. El indio y el gaucho. Paralelo afligente. Reflexiones. La comida. Un incidente gaucho.

La puerta del toldo de Mariano Rosas caía a la enramada.

Varias chinas y cautivas lo barrían con escobas de biznaga, regaban el suelo arrojando en él jarros de agua, que sacaban con una mano de un gran tiesto de madero que sostenían con otra; colocaban a derecha e izquierda asientos de cueros negros de carnero, muy lanudos, ponían todo en orden, haciendo líos de los aperos, tendiendo las camas, colgando en ganchos de madera, hechos de horquetas de chañar, lazos, bolas, riendas, maneadores y bozales.

Una cuadrilla de indiecitos sacaba en cueros, arrastrados mediante una soga de lo mismo, los montones de basura e inmundicia que las chinas y cautivas iban haciendo en simetría, revelando que aquella operación era hecha con frecuencia.

Un grupo de chinas de varias edades se peinaba con escobitas de paja brava, arreglando sus largos y lustrosos cabellos en dos trenzas de a tres gruesas guedejas cada una que remataban en una cinta pampa, y, para ajustarlas y alisarlas mejor, la humedecían con saliva, se pintaban unas a las otras con carmín en polvo, los labios y los pómulos, se sombreaban los párpados y se ponían lunarcitos negros con el barro consabido; se ponían zarcillos, brazaletes, collares, se ceñían el cuerpo bien con una ancha faja de vivos colores, y por último, se miraban en espejitos redondos de plomo de dos tapas, de unos que todo el mundo habrá visto en nuestros almacenes.

Yo veía todos estos preparativos, echando miradas furtivas al interior del toldo.

El negro del acordeón se presentó, con su instrumento en mano. Estaban identificados por lo visto, no podían separarse; sin negro no había acordeón, sin acordeón no había negro.

Preludió un airecito y entonó unas coplas de su invención.

También era poeta, ya lo previne, aunque haciendo constar que sus baladas no recordaban las de Tirteo.

Señor don Mariano Rosas
La familia ya lo espera.

Cantó el maestro de ceremonias de Leubucó, fiel judío de la política, resuelto a esperar allí hasta la consumación de sus días la venida del Mesías, el regreso del Restaurador.

Mariano lo miró con esa cara benévola, con esa sonrisa afectuosa con que los hombres ensoberbecidos por el poder miran a sus palaciegos y aduladores.

El negro, que conocía su posición, hizo algunas piruetas y danzó.

Parecía un sátiro.

Tenía la mota parada como cuernos, los ojos saltados enrojecidos por el alcohol, unas narices anchas y chatas llenas de excrecencias, unos labios gordos y rosados como salchichas crudas.

Se le hizo bueno el partido y siguió tocando su acordeón, mirándome picarescamente, como quien dice: ahora te tengo.

La buena crianza no permitía manifestarme disgustado de las gracias coreográficas, ni de la habilidad musical de aquel valido predilecto y mimado del dueño de la casa.

Al contrario, como Mariano Rosas me mirara, de cuando en cuando sonriéndose, tenía que sonreírme.

Los circunstantes festejaban las bufonadas del negro. Estaba radiante de júbilo; se sentaba al lado del cacique; lo palmeaba, lo abrazaba y mirándolo con admiración exclamaba: ¡Ah!, ¡toro lindo! ¡Este es mi padre! ¡Yo doy por él la vida! ¿No es verdad, mi amo?

Mariano hacía un movimiento de aprobación con la cabeza y en voz baja me decía: es muy fiel.

¡Miserable condición humana!

El hombre es lo mismo en todas partes, se inclina a los que lisonjean su necio orgullo, su amor propio, su vanidad; huye y se aleja de los que se estiman lo bastante para no envilecerse con la mentira.

No en balde Dante ha colocado a los aduladores en el Malebolge, la fosa maldita, hundidos hasta las narices en pestíferas letrinas.

Llegaron más visitas.

Todas fueron recibidas por Mariano con estudiada cortesía, observando estrictamente el ceremonial.

Ya sabemos que consiste en una serie monótona de preguntas y respuestas.

Para todo el mundo había asiento.

Después que terminaban los saludos, venía la presentación.

Yo tenía que levantarme, que dar la mano, que abrazar y que contestar con frases análogas, esas preguntas y salutaciones:

¡Me alegro de haberlo conocido!

¿Cómo le ha ido de camino?

¿No ha perdido algunos caballos?

¡Estamos muy contentos de verlo aquí!

El negro tocaba, cantaba, bailaba y a quien mejor le parecía le adjudicaba una patochada. Para él era lo mismo que fuera un cacique que un capitanejo; un indio que un cristiano. Tenía influencia en palacio y podía usar y abusar de sus festejadas gracias.

Llamé a los franciscanos para que los recién llegados los conocieran.

Vinieron. Con su aire dulce y manso saludaron a todos, siendo objeto de demostraciones de respeto. El sacerdote es para los indios algo de venerando.

Hay en ellos un germen fecundo que explotar en bien de la religión, de la civilización y de la humanidad. Mientras tanto ¿qué se ha hecho?

¿Cómo se llaman, pregunto yo, los mártires generosos que han dado el noble ejemplo de ir a predicar el Evangelio entre los infieles de esta parte del continente americano?

¿Cuántas cruces ha regado la barbarie con sangre de misioneros propagadores de la fe?

¡Ah!, esta civilización nuestra puede jactarse de todo, hasta de ser cruel y exterminadora consigo misma. Hay, sin embargo, un título modesto que no puede reivindicar todavía: es haber cumplido con los indígenas los deberes del más fuerte. Ni siquiera clementes hemos sido. Es el peor de los males.

La presencia de los franciscanos no fue un obstáculo para que siguiera funcionando el acordeón.

Yo estaba impaciente por entrar en el toldo de Mariano y conocer su familia.

En una de las vueltas que el negro daba, sentándose acá y allá, se puso a mi lado.

—Mira, le dije al oído, si sigues tocando, en cuanto llegue al río Cuarto mandaré lo que te dije, el organito para Mariano.

Me miró como diciéndome: "por piedad, no"; y haciendo callar el instrumento y dirigiéndose a Mariano, le dijo:

—Ya está todo pronto.

Mariano me invitó entonces a pasar al toldo, se puso de pie y me enseñó el camino.

Le seguí, dejando a los franciscanos con las visitas en la enramada.

Entramos.

Sus mujeres, que eran cinco, sus hijas que eran tres y sus hijos, que eran Epumer, Waiquiner, Amunao, Lincoln, Duguinao y Piutrín, estaban sentados en rueda.

A cierta distancia había un grupo de cautivas.

Las chinas me saludaron con la cabeza, los varones se pusieron de pie, me dieron la mano y me abrazaron. Las cautivas con la mirada. Me conmovieron.

¿Quién no se conmueve con la mirada triste y llorosa de una mujer?

Mariano me enseñó un asiento, me senté; él se puso a mi lado dándome la izquierda.

Enfrente había otra fila de asientos. Entraron varios indios y los ocuparon. Eran indios predilectos de Mariano. Las chinas se levantaron y se pusieron en movimiento. En el medio del toldo había tres fogones en línea y en cada uno de ellos humeaban grandes ollas de puchero y se tostaban gordos asados.

Un toldo es un galpón de madera y cuero. Las cumbres, horcones y costaneros son de madera; el techo y las paredes de cuero de potro cosido con vena de avestruz. El mojinete tiene una gran abertura; por allí sale el humo y entra la ventilación.

Los indios no hacen nunca fuego al raso. Cuando van a malón tapan sus fogones. El fuego y el humo traicionan al hombre en la pampa, son su enemigo. Se ven de lejos. El fuego es, un faro. El humo es una atalaya.

Todo toldo está dividido en dos secciones de nichos a derecha e izquierda, como los camarotes de un buque. En cada nicho hay un catre de madera, con colchones y almohadas de pieles de carnero; y unos sacos de cuero de potro colgados en los pilares de la cama. En ellos guardan los indios sus cosas.

En cada nicho pernocta una persona.

De las teorías de Balzac sobre los lechos matrimoniales, los indios creen que la mejor para la conservación de la paz doméstica es la que aconseja cama separada.

Como ves, Santiago amigo, el espectáculo que presenta el toldo de un indio, es más consolador que el que presenta el rancho de un gaucho. Y no obstante, el gaucho es un hombre civilizado. ¿O son bárbaros? ¿Cuáles son los verdaderos caracteres de la barbarie?

En el toldo de un indio hay divisiones para evitar la promiscuidad de los sexos: camas cómodas, asientos, ollas, platos, cubiertos, una porción de utensilios que revelan costumbres, necesidades.

En el rancho de un gaucho falta todo. El marido, la mujer, los hijos, los hermanos, los parientes, los allegados, viven todos juntos y duermen revueltos. ¡Qué escena aquélla para la moral!

En el rancho del gaucho, no hay generalmente puerta. Se sientan en el suelo, en duros pedazos de palo, o en cabezas de vaca disecadas. No usan tenedores, ni cucharas, ni platos. Rara vez hacen puchero, porque no tienen olla. Cuando lo hacen, beben el caldo en ella, pasándosela unos a otros. No tienen jarro, un cuerno de buey lo suple. A veces ni esto hay. Una caldera no falta jamás, porque hay que calentar agua para tomar mate. Nunca tiene tapa. Es un trabajo taparla y destaparla. La pereza se la arranca y la bota.

El asado se asa en un asador de hierro, o de palo, y se come con el mismo cuchillo con que se mata al prójimo, quemándose los dedos.

¡Qué triste y desconsolador es todo esto! Me parte el alma tener que decirlo. Pero para sacar de su ignorancia a nuestra orgullosa civilización, hay que obligarla a entablar comparaciones.

Así se replegará cuanto antes sobre sí misma, y comprenderá que la solución de los problemas sociales de esta tierra es apremiante.

La suerte de las instituciones libres, el porvenir de la democracia y de la libertad serán siempre inseguros mientras las masas populares permanezcan en la ignorancia y atraso.

El *cabrío emisario* de las leyes tienen que ser las costumbres. Dadme una asociación de hombres cualquiera con hábitos de trabajo, con necesidades, con decencia, y os prometo, en poco tiempo un pueblo con leyes bien calculadas. El bien es una utopía cuando la semilla que debe producirlo no está sazonada. La aspiración de la libertad nacional es una quimera, cuando los instrumentos que deben practicarla son corrompidos.

Dios ha ligado fatalmente los efectos a las causas. Ni los olmos dan peras, ni las instituciones son frutos donde las nociones del bien y del mal, de lo bueno y de lo malo, no están universalmente encarnadas en todo pecho. Siguiendo la ruta que llevamos, elevaremos los andamios del templo; pero al levantar la bóveda, el edificio se desplomará con estrépito y aplastará con sus escombros a todos.

Los artífices desaparecerán y el desaliento de los que contemplaban su obra conducirá a la anarquía. Por eso el primer deber de los hombres de Estado es conocer su país.

A los cinco minutos de estar en el toldo nos sirvieron de comer. A cada cual le pusieron delante un gran plato de madera con puchero abundante de choclos y zapallo, cubiertos –cuchara, tenedor, cuchillo– y agua.

Las cautivas eran las sirvientas. Algunas vestían como indias y estaban pintadas como ellas. Otras ocultaban su desnudez en andrajosos y sucios vestidos.

¡Cómo me miraban estas pobres! ¡Qué mal disimulada resignación traicionaban sus rostros! La que más avenida parecía era la nodriza de la hija menor de Mariano; había sido criada en la casa de don Juan Manuel de Rosas. La cautivaron en Mulitas, en la famosa invasión que trajo el indio Cristo, en la época del gobierno de Urquiza, cuando lo que se robaba aquí se vendía en las fronteras de Córdoba y San Luis.

Yo no había comido más que un churrasquito, desde el día antes; el puchero estaba muy apetitoso y bien condimentado. Me puse, pues, a comer con tanta gana como anoche en el Club del Progreso. Y como no habían olvidado los trapos, como olvidaron las servilletas allí, lo hice como un caballero.

Terminado el puchero, trajeron asado, después sandías.

Estábamos en los postres, cuando volvió a presentarse el negro con su inseparable acordeón. Se sentó como en su casa al lado de Mariano y comenzó la música. Afortunadamente se había puesto muy ronco y no podía cantar. Que te dure la ronquera, decía yo para mis adentros, y lo miraba, haciéndole con la cabeza una especie de amenaza de mandar el organito ofrecido y temido por él. El sátrapa me miraba comprensivamente. Lo dejé seguir.

Conversábamos como en un salón, cada uno con quien quería.

Los indios no dan cigarros a los cristianos que están de visita. Para fumar yo, tuve que regalar de los míos a todos.

Los indiecitos nos alcanzaban fuego, y cuando se quedaban jugando o distraídos, Mariano los aventaba diciéndoles: Salgan de ahí, no falten al respeto a sus mayores, eran sus palabras casi textuales. Observé que eran en este sentido bien criados.

Mariano, queriendo ponderarme uno de sus hijos, me dijo:

—Este es muy gaucho.

Después me explicaron la frase. El indiecito ya robaba maneas y bozales. Más tarde completaría su educación robando ovejas, después vacas. Es la escala.

En seguida me presentó otro.

Era un muchacho de trece años, no podía tener más. Y eso debía tener por la época en que me aseguraran había nacido. Su mérito consistía en tener mujer ya. Su cara no carecía de atractivos; tenía bastante expresión. Revelaba excesos prematuros, un tísico en perspectiva.

Fumábamos y charlábamos alegremente, cuando se presentó Epumer, con mi capa colorada, la capa causante de tantos malos ratos y dolores de cabeza. Confieso que no me pareció tan fea.

Me saludó con política y me habló con cariño.

Pidió aguardiente, y Mariano le dijo en su lengua que no era hora de beber.

Sentóse y tomó parte en la conversación.

Una cara que yo no había visto desde que llegamos, cuya aparición por allí debía preocuparme, se mostró por una rendija del toldo y con disimulo me hizo una seña significativa.

Fingí un pretexto. Se lo comuniqué a mi huésped y le pedí permiso para retirarme, y me retiré diciéndome a mí mismo, lleno de curiosidad: ¿qué habrá?

XXXVI[47]

Por qué se me presentaba Camilo Arias. Caracteres de este hombre y de nuestros paisanos. El indio Blanco. Sus amenazas.. Le pido una entrevista a Mariano Rosas. Me tranquiliza. Costumbres de los indios. No existe la prostitución de la mujer soltera. Qué es CANCANEAR. El pudor entre las indias. La mujer casada. De cuántos modos se casan las indias. Las viudas. Escena con Rufino Pereira. Igualdad. Miguelito intercede por Rufino.

La cara era la de Camilo Arias.

Salí del toldo, entré en la enramada, eché una visual hacia el lado por donde me habían llamado la atención, y viendo que aquél se dirigía a mi rancho, haciendo un rodeo, me apresuré a entrar en él.

Entré luego.

Hice salir a los que estaban dentro; al capitán Rivadavia le ordené que estuviera en acecho de los espías que, según su costumbre, debían observar mis movimientos y escuchar mis conversaciones; y a otro oficial, que con todo disimulo se acercara a Camilo y le dijera que podía entrar.

Mi fiel y adicto compañero de tantas correrías por la frontera no se hizo esperar.

Según mis instrucciones, no se me había acercado desde el día que llegamos a Leubucó.

Algo grave, alarmante o que convenía que yo no ignorase acontecía, cuando se me presentaba.

El no era hombre de alarmarse, ni de faltar a su consigna sin razón. Tenía toda la sangre fría, toda la astucia, toda la experiencia del mundo, que tan prematuramente adquieren nuestros paisanos; son condiciones características en ellos, que la vida errante y azarosa que llevan desarrolla en sumo grado.

Es cosa que pasma verlos desde chiquitos cruzar los campos solos, a toda hora del día y de la noche, en un mancarrón o picando una carreta; alejarse de las casas o de las poblaciones a bolear avestruces, guanacos ó gamas, a *peludear* o *quirquinchar,* dormir entre las pajas, desafiar las intemperies, casi desnudos, con el caballo de la rienda, y precaverse contra todas eventualidades, de los indios, de los cuatreros, de los ladrones.

Apenas entró Camilo en el rancho, le pregunté:

—¿Qué hay?

Miró a su alrededor, se cercioró de que no había nadie, y dudando, aún del testimonio de sus sentidos, se me acercó al oído y me dijo:

—El indio Blanco ha venido.

—¿Y qué...? —le contesté encogiéndome de hombros.

—Está en la pulpería y dice que si Mariano Rosas ha hecho la paz, él no la ha hecho.

—¿Y quién está con él?

—Varios indios y cristianos.

—¿Y qué dicen?

—Lo mismo que él: que si Mariano Rosas ha hecho la paz, ellos no la han hecho.

—¿Nada más dicen?

—Sí, dicen más; dicen que ya lo veremos.

—¿Y cómo lo has sabido?

—Haciéndome el zonzo, el que no entendía, me allegué a ellos, y como algo entiendo su lengua he comprendido todo.

—Bien, retírate, cuidado esta noche con los caballos.

—No hay cuidado, señor.

Se marchó y me quedé pensando qué haría. Después de un momento de reflexión, resolví decirle a Mariano Rosas lo que ocurría.

Llamé al capitán Rivadavia y le ordené que le anunciara mi visita.

Me contestó que podía ir cuando gustase.

Volví a su toldo, despidió a las visitas, y cuando nos quedamos solos le referí el caso.

Por más que quiso disimular, le conocí que la conducta del indio Blanco lo irritaba, porque desconocía su autoridad.

—No tenga cuidado, hermano —me dijo—, y mandó a uno de sus hijos que llamara a Camargo.

Mientras éste vino, me enteró de algunas costumbres de su tierra.

—Hermano —me dijo, más o menos—; aquí en mi toldo puede entrar a la hora que guste, con confianza, de día o de noche es lo mismo. Está en su casa. Los indios somos gente franca y sencilla, no hacemos ceremonia con los amigos, damos lo que tenemos, y cuando no tenemos pedimos. No sabemos trabajar, porque no nos han enseñado. Si fuéramos como los cristianos, seríamos ricos, pero no somos como ellos y somos pobres. Ya ve cómo vivimos. Yo no he querido aceptar su ofrecimiento de hacerme una casa de ladrillo, no porque desconozca que es mejor vivir bajo un buen techo que como vivo, sino porque, ¿qué dirían los que no tuviesen las mismas comodidades que yo? Que ya no vivía como vivió mi padre, que me había hecho hombre delicado, que soy un flojo.

Era excusado refutar estas razones, me limitaba a escuchar con atención y manifiesto interés.

Siguió hablando y me explicó, que entre los indios no existe la prostitución de la mujer soltera. Esta se entrega al hombre de su predilección. El que quiere penetrar en un toldo de noche, se acerca a la cama de la china que le gusta y le habla.

Ni el padre, ni la madre, ni los hermanos le dicen una palabra. No es asunto de ellos, sino de la china. Ella es dueña de su voluntad y de su cuerpo, puede hacer de él lo que quiera. Si cede, no se deshonra, no es criticada, ni mal mirada. Al contrario, es una prueba de que algo vale; de otra manera no la habrían solicitado, o *cancaneado*.

En lengua araucana, el acto de penetrar en un toldo a deshoras de la noche se llama *cancanear,* y *cancán* equivale a seducción.

Los filólogos franceses pueden averiguar si estos vocablos se los han tomado los indios a los galos o éstos a los indios.

Yo sólo sé decir que es muy curioso que entre indios y franceses *cancanear* y *cancán,* respondan a ideas que se relacionan con Cupido y sus tentaciones.

Como se ve, la mujer soltera es libre como los pájaros para los placeres del amor entre los indios.

Se creerá por esto que la licencia es general entre ellos, que los Lovelace abundan y que no hay más que fijarse en una china para exclamar después: *fui, vi y vencí.*

No tal.

La libertad es un correctivo en todo. Como la lanza del guerrero antiguo, ella cura las mismas heridas que hace. Esta verdad es vieja en el mundo.

La libertad trae la licencia, pero la licencia tiene su antídoto en la licencia misma.

En cuanto a la libertad de la mujer, esta observación social ha sido hecha ya no recuerdo por quién.

Las francesas se casan para ser libres; las inglesas para dejar de serlo. ¿Cuáles son los efectos? Que en Francia es mayor el número de mujeres solteras seducidas y en Inglaterra el de casadas.

Y, por regla general, los predestinados del matrimonio son los celosos. ¿Por qué? Porque el pudor es el mayor cancerbero de la mujer.

¿Existe el pudor entre las indias? se me preguntará quizá mañana por algunos curiosos.

Para ahorrarme contestaciones, anticiparé que en todas partes del mundo, así entre los pueblos civilizados, como entre las tribus salvajes más atrasadas, la mujer tiene el instinto de saber que el pudor aumenta el misterio del amor.

De lo contrario, sería cosa de hacerse uno indio mañana mismo, de renunciar a la seguridad de las fronteras y dejarnos conquistar por las ranqueles.

Al lado de la mujer soltera, la mujer casada es una esclava, entre los indios.

La mujer soltera tiene una gran libertad de acción; sale cuando quiere, va donde quiere, habla con quien quiere, hace lo que quiere.

La mujer casada depende de su marido para todo. Nada puede hacer sin permiso de éste.

Por una simple sospecha, por haberla visto hablando con otro hombre, puede matarla.

¡Así son de desgraciadas!

Y tanto más cuanto que quieran o no, tienen que casarse con quien las pueda comprar.

Hay tres modos de casarse.

El primero, es como en todas partes. Con consentimiento de los padres y por amor, con el apéndice de que hay que pagarles a aquellos. En este caso, si después de casada una china, se le escapa al marido y se refugia en casa de sus padres, el tonto que se casó por amor, pierde mujer y cuanto por ella dio.

El segundo, consiste en rodear el toldo de la china que se quiere, acompañado de varios y en arrancarla a viva fuerza, con el beneplácito y ayuda de sus padres. En este otro caso, también hay que pagar; pero más que en el anterior. Si la mujer huye después y se refugia en el toldo paterno, hay que entregarla.

El tercero es parecido al anterior. Se rodea el toldo de la china, con el mayor número de amigos posibles, y quiera ella o no, quieran los padres o no, se la arranca a viva fuerza. Pero en este caso hay que pagar mucho más que en el otro. Si la mujer huye después y se refugia en el toldo paterno, la entregan o no. Si no la entregan los padres, en uso de su derecho, el marido pierde lo que pagó. Y el loco que se casó a la fuerza, por la pena es cuerdo.

No están tan mal dispuestas las cosas entre los indios; el amor y la violencia exponen a iguales riesgos.

Un indio puede casarse con dos o más mujeres; generalmente no tienen más que una, porque casarse es negocio serio, cuesta mucha plata.

Hay que tener muchos amigos que presten las prendas que deben darse en el primer caso, y en el segundo y tercero las prendas y el auxilio de la fuerza.

Sólo los caciques y los capitanejos tienen más de una mujer.

La más antigua es la que regentea el toldo; las demás tienen que obedecerle, aunque hay siempre una favorita que se sustrae a su dominio.

Las viudas representan un gran papel entre los indios cuando son hermosas.

Son tan libres como las solteras en un sentido, en otro más, porque nadie puede obligarlas a casarse, ni robarlas. De manera que las tales viudas, lo mismo entre los indios que entre los cristianos, son las criaturas más felices del mundo.

Con razón hay mujeres que corren el riesgo de casarse a ver si enviudan.

El cacique Epumer está casado con una viuda y no tiene más que una mujer.

Yo la encontré muy hermosa[48] e interesante, y en una visita que le hice me recibió con suma amabilidad y gracia.

Es una india cuyo porte y aseo sorprenden.

¡Viuda había de ser la que lograse dominar a un hombre como Epumer, bravío, impetuoso, tremendo!

Terminaba Mariano Rosas sus lecciones ranquelinas, cuando llegó su hijo con Camargo.

–Teniente, le dijo, vaya dígale a Epumer que he sabido que Blanco ha llegado y que anda hablando lo que no debe; que lo cite para la junta que debe haber, que si no calla ya sabe.

Este *ya sabe* quería decir que lo matasen si era necesario, si no obedecía.

Camargo obedeció y salió, volviendo al rato con la contestación de Epumer.

Decía éste que ya había sabido lo que andaba hablando Blanco y que le había hecho decir que se moderase. Oyendo esto, Mariano me dijo:

–Ya ve, hermano, cómo no hay cuidado. No haga caso de ese indio. Yo he de hacer que se someta, y de no, que se vaya. Cuando oyó decir que nos iban a invadir, dejó el Cuero y sin mi permiso se fue para Chile con cuanto tenía. Y ahora que sabe que estamos en paz, que no hay temor de que nos invadan, vuelve. Ese es amigo para los buenos tiempos. No ha de hacer nada, es pura boca.

Camargo confirmó todo cuanto dijo Mariano y agregó algunas observaciones muy de gaucho, como por ejemplo: yo sé dónde ese indio pícaro tiene la vida.

En estas pláticas estábamos y la hora de comer se acercaba, cuando entrando el capitán Rivadavia, me dijo que me esperaban con la comida pronta.

Saqué el reloj, y haciéndoselo ver a Mariano, dije: las cuatro.

El indio lo miró, como dándome a entender que estaba familiarizado con el objeto y me dijo:

–Muy bueno, yo tengo uno de plata. Pero no lo uso. Aquí no hay necesidad.

–Es verdad –le contesté.

Y él repuso:

–Vaya no más, hermano, a comer, ya es un poco tarde.

Salí, pues, nuevamente del toldo, comí, y al entrarse el sol, volví a la enramada.

Mariano estaba sentado con unos cuantos indios, medio *achumado* como ellos.

Me ofrecieron asiento, lo acepté. Bebían aguardiente.

Me hicieron un *yapaí*, acepté. Me hicieron otro, acepté. Me hicieron otro, acepté.

Felizmente para mis entrañas, la copa en que echaban el aguardiente era un cuerno muy pequeñito, y la botella de aguardiente estaba ya por acabarse en los momentos que llegué.

Mariano se había quedado meditabundo con la vista fija en el suelo.

Los otros indios se iban durmiendo.

Yo me engolfaba no sé en qué pensamientos, cuando un hombre de mi séquito se presentó manteniendo el equilibrio con dificultad y teniendo un cuchillo en una mano y una botella de aguardiente en la otra.

Al verle, la cólera paralizó la circulación de mi sangre.

—¡Retírate, Rufino! —le grité.

No me obedeció y siguió avanzando.

—¡Retírate! —volví a gritarle con más fuerza.

No me obedeció tampoco y siguió avanzando, y ofreciéndole la botella a Mariano Rosas, le dijo:

—Tome, mi general. Mariano la tomó.

Se la quité. Aquel momento era decisivo para mí. Si me dejaba faltar al respeto por uno de mis mismos soldados era hombre perdido.

Y quitándosela, eché mano al puñal y gritándole al gaucho, *¡retírate!* con más fuerza que antes, me abalancé sobre él, saltando por sobre varios indios.

Rufino obedeció recién y huyó. Volví sobre mis pies y me senté agitadísimo: la bilis me ahogaba.

Mariano, que no se había movido de su sitio, me dijo con estudiada calma y siniestra expresión:

—Aquí somos todos iguales, hermano.

—No, hermano —le contesté—. Usted será igual a sus indios. Yo no soy igual a mis soldados. Ese pícaro me ha faltado al respeto, viniendo ebrio a donde yo estoy y negándose a obedecerme a la primera intimación de que se retirara. Aquí más que en ninguna parte me deben respetar los míos.

El indio frunció el ceño, tomando su fisonomía una expresión en la que me pareció leer: este hombre es audaz.

Yo no calculé el efecto, aunque comprendí que si me dejaba dominar por el borracho me desprestigiaba a los ojos de aquel bárbaro.

Nos quedamos en silencio un largo rato. Ni él ni yo queríamos hablar.

El murmuró de nuevo: "Aquí todos somos iguales". Mi contestación fue, viendo que Rufino armaba un alboroto en el fogón de mis asistentes, gritar, fingiéndome furioso, porque había recobrado la serenidad:

—Pónganle una mordaza.

El indio arrugó más la frente. Yo hice lo mismo y permanecimos mudos.

Miguelito nos sacó del abismo de nuestras reflexiones. Venía a interceder por Rufino, ofreciéndome cuidarlo él mismo.

Me pareció oportuno ceder.

–Llévalo –le dije–. Pero ¡cuidado!

Rufino oyó y contestó: no hay cuidado, mi coronel –y comenzó a dar vivas al coronel Mansilla.

Le hice señas con el dedo de que callara: obedeció. Un momento después oíase en un toldo vecino, en el que había una pulpería, su voz tonante:

Mariano me dijo:

–Están alegres los mozos.

–Sí –le contesté secamente, y dándole las buenas tardes, le dejé solo.

La noche se acercaba, lo mandé traer a Rufino y lo hice acostar a dormir.

Rufino tiene una historia. Es un tipo de gaucho malo.

XXXVII

El fogón al amanecer. Quién era Rufino Pereira. Su vida y compromisos conmigo. Cómo consiguen los indios que los caballos de los cristianos adquieran más vigor.

Dormí muy bien sin que nadie ni nada me interrumpiera.

El hombre se aviene a todo.

Mi cama desigual y dura, me pareció de plumas.

Si no me hubieran faltado algunas cobijas, podría decir que pasé una noche deliciosa.

Me levanté con el lucero del alba, gritando:

–¡Fuego!, ¡fuego!

En un abrir y cerrar de ojos hice mi *toilette*, a la luz de un candil.

Salí del rancho.

El fogón ardía ya y el agua hervía en la caldera.

Me puse a *matear*, divirtiéndome en escuchar los dicharachos y los cuentos de los soldados.

Cada uno tenía una anécdota que referir.

A todos les había pasado algo con los indios.

El uno había tenido que dar hasta los cigarros; el otro las botas; éste el poncho; aquél la camisa.

Sólo un mendocino, muy agarrado, había tenido el talento de hacerse sordo y mudo. Los pedigüeños no habían podido con él.

Mientras amanecía, me puse a hacerles un curso sobre la conducta y el porte que debían observar: sobre los inconvenientes de que no fuesen moderados, de que no cuidasen y respetasen a sus superiores más que nunca.

Comprendían perfectamente mis razones, y las escuchaban con religiosa atención.

A Rufino le eché un sermón con aspereza.

Este Rufino era un gaucho de Villanueva, con quien nadie podía.

Azote de los campos, lo tomaron y lo destinaron al 12 de línea, junto con otros de su jaez, haciéndome el comandante militar las mayores recomendaciones, previniéndome de que tuviera con él muchísimo cuidado, porque era un hombre de avería.

Comprendiendo que en el batallón 12 de línea sería un mal elemento, a los tres días de destinado lo hice venir a mi presencia.

Le habían cortado su larga cabellera, le habían encasquetado ya el kepis, plantificado la chaquetilla y la bombacha.

El gaucho había desaparecido bajo el exterior del recluta.

Era un hombre alto, fornido, de grandes ojos negros, de fisonomía expresiva, de mirada inquieta, de movimientos fáciles, de aspecto resuelto en suma.

Entablé con él el siguiente diálogo:

–¿Cómo te llamas?

–Rufino Pereira.

–¿De dónde eres?

–No sé.

–¿Dónde has nacido?

–No sé.

–¿Quiénes son tus padres?

–No sé.

–¿En qué trabajabas antes de ser soldado?

–En nada.

–¿Sabes por qué te han destinado?

–No sé.

–Dicen que eres ladrón, cuatrero y asesino.

–Así será.

–Pero, ¿tú que crees?

–Yo no soy hombre malo.

–¿Qué eres entonces?

–Soy hombre gaucho.

–Pero, por eso solamente no te han de haber destinado.

–Es que los jueces no me quieren.

–No te habrás querido someter a su autoridad.

–No me ha gustado ser soldado; cuando he sabido que me buscaban he andado a monte. He peleado algunas veces con la partida, y la he corrido.

–¿Eso es todo lo que has hecho?

–Todo.

–Pero me has dicho que no trabajabas en nada, y para vivir sin hacer daño al prójimo, es menester trabajar en algo. Te vuelvo a preguntar, ¿de qué vivías?

–Soy jugador.

–Pero, ¿cómo es posible que digan que eres ladrón, cuatrero y asesino, si no lo eres?

–Me han achacado las cosas de otros compañeros que no he querido delatar, y dirán que soy asesino, porque les he dado algunos tajos a los de la partida.

–¿Quieres que hagamos un trato?

–Como usted quiera, coronel.

–¿Tienes palabra?

–Sí, señor.

–¿Tienes honor?

Rufino no contestó.

–¿Sabes lo que es el honor?

Volvió a guardar silencio.

–El honor consiste en cumplir uno siempre su palabra, aunque le cueste la vida. ¿Me entiendes ahora?

–Sí, coronel.

–Bien, vas a ser mi asistente, vas a cuidar mis caballos, vas a ser mi hombre de confianza, y ahora mismo te voy a hacer poner en libertad.

El gaucho no contestó una palabra.

–¿Te animas a servirme bien? Yo no puedo darte la baja. Tienes que ser soldado; te ayudaré en tus necesidades. ¿Qué te parece? ¿Te animas?

–Sí, mi coronel.

Recién el gaucho me dijo al contestarme: *mi coronel.* Di las órdenes en el cuerpo, y al rato andaba Rufino por Villanueva, como uno de tantos militares.

Vinieron a avisarme que se había desertado, y expliqué lo que había.

Me aseguraron que se iría, y contesté que lo dudaba. Yo decía para mis adentros:

–Si el bandido se va, porque tiene la libertad de hacerlo, se irá solo, no llevará otros consigo.

Yo vivía en la casa de Belzor Moyano.

Allí vivía él.

Todo el mundo estaba asombrado, tal era el terror que Rufino Pereira inspiraba.

Una mañana estaba él en el zaguán, mientras yo hablaba en la puerta de la calle con un sargento de la partida de policía.

Entré con el sargento a mi cuarto, que tenía puerta al zaguán y detrás de mí, sin que yo lo viera, entró Rufino. Cuando me apercibí de su presencia, estaba sentado en una silla.

—¿Por qué no se acuesta, amigo, en la cama? —le dije con confianza.

Al oír esta irónica insinuación se puso de pie.

—Hola —le dije—, ¿conque sabías que no debías sentarte delante de tu jefe, ni entrar cuando él no te llamara? Y esto diciendo le saqué de allí a fuertes empellones. El gaucho hizo pie y se encrespó diciéndome con una tonada la más cordobesa, con tonada de la Sierra:

—¿Y si no sé, por qué no me enseña, pues?

—Pues, por esa compadrada, toma —le dije, y le di algo que solemos dar los militares cuando queremos aventar un recluta que no tiene instinto de la disciplina y del respeto a sus superiores.

Durante algunos días el gaucho anduvo con el ceño fruncido, mirándome de reojo, como viendo el lugar de mi cuerpo que más le convenía para acomodarme una puñalada.

No había más que un solo medio para dominarlo: despreciarlo e inspirarle confianza plena a la vez.

Llamélo y le dije:

—Mañana, en cuanto salga el lucero, ensillas mi zaino grande, empujas la puerta de mi cuarto, entras despacio, te acercas a mi cama, me llamas, y si no me despierto, me mueves.

Preparé un rollo de cincuenta bolivianos y una carta para el comandante Racedo, del batallón 12 de línea, que estaba allí cinco leguas, diciéndole:

"Eso que lleva Rufino Pereira, es con el objeto de probarlo, despáchelo sin demora, y anote la hora en que llega y la hora en que sale".

Yo tengo el sueño sumamente liviano.

A la hora consabida, sentí que abrían la puerta de mi cuarto; fingí que roncaba. Rufino entró, llegó hasta mi cama, caminando despacito, porque el cuarto estaba completamente a oscuras.

—Mi coronel —me dijo. No contesté. Volvió a llamarme. Hice lo mismo. Me llamó por tercera vez. Permanecí mudo. Me tocó y me movió. Entonces recién, contestando como quien despierta de un sueño profundo:

—¿Quién es? —pregunté.

—Yo soy.

—Busca los fósforos que están ahí, en la silla, al lado de la cabecera, y prende la vela.

Rufino obedeció, y tanteando encontró los fósforos, sacó fuego y se hizo la luz.

Sin incorporarme siquiera metí la mano bajo la cabecera, saqué el rollo de bolivianos y la carta, y dándoselos, le dije:

–¿Sabes dónde queda el arroyo de Cabral?

–Sí, mi coronel.

–¿Has ensillado el zaino?

–Sí, mi coronel.

–Llévale eso al comandante Racedo, y a las doce estás de vuelta. Son diez leguas. No tienes por qué apurarte. No me vayas a sobar el pingo.

No contestó. Se cuadró militarmente, hizo la venia, dio media vuelta y salió.

Apagué la luz y me quedé dormido. Me había acostado muy tarde. Esa noche había estado en un baile.

Dormía profundamente, sentí pisadas cerca de mi cama, me desperté, abrí los ojos, miré: Rufino Pereira estaba allí, de vuelta, alargándome la mano con una carta. La tomé, rompí la nema y leí.

Racedo me decía: "Entregó todo a las nueve y media y regresa".

Desde ese día seguí tratando a Rufino con la mayor confianza, y el gaucho me sirvió en todo honradamente, hasta en cosas reservadas.

Nuestros campos están llenos de Rufinos Pereiras.

La raza de este ser desheredado que se llama *gaucho*, digan lo que quieran, es excelente, y como blanda cera, puede ser modelada para el bien; pero falta, triste es decirlo, la protección generosa, el cariño y la benevolencia. El hombre suele ser hijo del rigor, pero inclinado naturalmente al mal, hay que contrariar sus tendencias, despertando en él ideas nobles y elevadas, convenciéndonos de que más se hace con miel que con hiel.

Durante dos años Rufino, el gaucho malo de Villanueva, el bandido famoso, temido por todos, acusado de todo linaje de iniquidades, sólo cometió un desliz: el que le hizo presentarse ebrio delante de Mariano Rosas y de mí.

Fiel a mi regla de conducta, a mis propósitos y a mis convicciones arraigadas, por el estudio que he hecho del corazón, de la humanidad, después del reto le di al gaucho una porción de consejos útiles, exhortándolo con cariño a que no los echase en saco roto.

Me prometió no volver a incurrir en la falta cometida, y lo cumplió.

El licor se le iba a la cabeza fácilmente. Mientras estuvimos entre los indios no volvió a beber.

El disco de fuego del sol, resplandeciendo en el horizonte, lo teñía con ricos colores de púrpura y mieles. Hacía un rato que había amanecido.

Resolví irme a bañar al jagüel. Me puse de pie, abandoné el fogón y tomé el camino del baño.

Había andado unos pocos pasos, cuando me encontré con Mariano Rosas. Venía del jagüel, sus mojadas melenas y la frescura de su tez lo revelaban.

Nos saludamos con cariño.

–Voy a bañarme, hermano –le dije.

–Yo acabo de hacer lo mismo –me contestó–, y ahora voy a varear mi caballo.

Marchamos en opuesto rumbo.

Yo regresaba del baño y él regresaba con su caballo cubierto de espumoso sudor.

Llegó, se apeó, lo desensilló, lo soltó y ensilló otro que estaba atado al palenque. Terminada la operación le puso el freno y lo volvió a atar de la rienda.

Los indios hacen esta operación todas las mañanas. Cuando nos roban caballos, empiezan por soltarlos en los montes para que se aquerencien y *tomen el pasto*. Una vez conseguido esto, hoy ensillan un caballo, mañana otro y así sucesivamente, y al salir el sol los galopean fuerte por el campo más quebrado, más arenoso, más lleno de médanos.

Nuestros caballos, mediante esa segunda educación, cobran un vigor extraordinario. Y como durante veinticuatro horas permanecen al palo, sin comer ni beber, con el freno puesto, resisten asombrosamente a las largas privaciones.

De ahí la superioridad del indio en la guerra de fronteras.

Toda su estrategia estriba en huir, esquivando el combate. Son ladrones, no guerreros. Pelear es para ellos el recurso extremo. Su gloria consiste en que el malón sea *pingüe* y en volver de él con el menor número de indios sacrificados en aras del trabajo.

¡Cómo han de competir nuestros caballos con los de ellos! ¡Cómo hemos de darles alcance cuando, llevándonos algunas horas de ventaja, salimos en su persecución! Es como correr tras el viento.

Después que Mariano ató su caballo, nos sentamos bajo la enramada y convinimos en ocuparnos de asuntos oficiales.

Mañana tendremos la primera conferencia diplomática.

XXXVIII

Visita del cacique Ramón. Un almuerzo y una conferencia en el toldo de Mariano Rosas. Mi futura ahijada. Ideas de Mariano Rosas sobre el gobierno de los indios comparado con el de los cristianos. Reflexiones al caso. Explico lo que es presupuesto, presidente y constitución. El pueblo comprenderá siempre mejor lo que es la vara de la ley, que la ley.

Al día siguiente recibí la visita del cacique Ramón, que llegó con una numerosa comitiva.

Charlamos duro y parejo, como se dice en la tierra; bebimos sendos tragos a la usanza araucana, y quedamos apalabrados para vernos en la raya de las tierras de Baigorrita, el día de la junta, que no tardaría en tener lugar.

Bustos, el mestizo que tan buena voluntad me manifestó en Aillancó, venía con él.

Le di algo de lo poco que me había quedado, y al cacique le regalé mi revólver de veinte tiros, enseñándole el modo de servirse de él, cómo se armaba y desarmaba. No pareció muy contento del arma. Es linda, me dijo; pero aquí no nos sirven las cosas así, porque cuando se nos acaban las balas no tenemos de dónde sacarlas.

Le prometí surtirlo de ellas, si teníamos la fortuna de observar fiel y estrictamente la paz celebrada.

Me contestó que por su parte no omitiría esfuerzo en ese sentido, apelando al testimonio de Bustos para probarme que él era muy amigo de los cristianos. En La Carlota tengo parientes; mi madre era de allí —me repitió varias veces, agregando siempre: —¡cómo no he de querer a los cristianos si tengo su sangre!

Después que se marchó, mandé ver con el capitán Rivadavia si Mariano Rosas estaba en disposición de que habláramos de nuestro asunto —el tratado de paz.

Mi viaje tenía por objeto orillar ciertas dificultades que surgían de la forma en que había sido aceptado.

Me contestó que estaba a mis órdenes, que fuera a su toldo cuando gustara.

No lo hice esperar. Entré en el toldo.

El hombre almorzaba rodeado de sus hijos y mujeres. Se pusieron de pie todos, me saludaron atenta y respetuosamente, y antes de que hubiera tenido tiempo de acomodarme en el asiento que me designaron, me pusieron por delante un gran plato de madera con mazamorra de leche muy bien hecha.

Me preguntaron si me gustaba así o con azúcar. Contesté que del último modo, y volando la trajeron en una bolsita de tela pampa.

No había almorzado aún. Comí, pues, el plato de mazamorra, sin ceremonias.

Me ofrecieron más y acepté.

Mis aires francos, mis posturas primitivas, mis bromas con los indiecitos y las chinas le hacían el mejor efecto al cacique.

—Usted ha de dispensar, hermano —me decía a cada momento.

Cuando lo miraba fijamente, bajaba la cara, y cuando creía que yo no lo veía, me miraba de hito en hito. Hablamos de una porción de cosas insignificantes, mientras duró la mazamorra, que a eso sólo se redujo el almuerzo.

Meses antes, por carta me había invitado para que nos hiciéramos compadres.

Me presentó a mi futura ahijada.

Era una chinita como de siete años, hija de cristiana.

Más predominaba en ella el tipo español que el araucano.

La senté en mis rodillas y la acaricié, no era huraña.

Por fin, entramos a hablar de las *paces*, como se dice allí.

Mariano fue quien tomó la palabra.

—Yo, hermano, quiero la paz porque sé trabajar y tengo lo bastante para mi familia cuidándolo. Algunos no la han querido; pero les he hecho entender que nos conviene. Si me he tardado tanto en aceptar lo que usted me proponía, ha sido porque tenía muchas voluntades que consultar.

En esta tierra el que gobierna no es como entre los cristianos.

Allí manda el que manda y todos obedecen.

Aquí, hay que arreglarse primero con los otros caciques, con los capitanejos, con los hombres antiguos. Todos son libres y todos son iguales.

Como se ve, para Mariano Rosas nosotros vivimos en plena dictadura y los indios en plena democracia.

No creí necesario corregir sus ideas.

Por otra parte, me hubiera visto un tanto atado para demostrarle y probarle que el gobierno, la autoridad, el poder, la fuerza disciplinada y organizada no son omnipotentes en nuestra turbulenta república.

Aquí donde todos los días declaramos sobre la necesidad de prestigiar, robustecer y rodear al poder, siendo así que el hecho histórico persistente, enseña a todos los que tienen ojos y quieren ver, que la mayor parte de nuestras desgracias provienen del abuso de autoridad.

Recién vamos adquiriendo conciencia de nuestra personalidad; recién va encarnándose en las muchedumbres, cuya aspiración ardiente es conquistar y afianzar la libertad racional sobre los inamovibles quicios de la eterna justicia; recién vamos convenciéndonos de que lo que se llama soberanía popular es el ejercicio y la práctica del santo derecho; recién vamos entendiendo que el pueblo es todo, y que así como nadie puede reivindicar el honroso título de caballero si deja que se juegue con su dignidad personal, así también la entidad colectiva no puede enorgullecerse de sus conquistas morales, de sus progresos, de su civilización si dócil y sumisa, irresoluta y cobarde se deja uncir al carro del poder para arrastrarlo según su capricho.

Por más entendido que fuera Mariano Rosas, ¿a qué había de perder tiempo en disertaciones políticas con él?

Como yo era en aquellos momentos embajador (sic), y como siendo uno embajador debe tomar las cosas a lo serio, después de algunas palabras encomiando su conducta entré a explicar que el tratado de paz, debiendo ser sometido a la aprobación del Congreso, no podía ser puesto en ejercicio inmediatamente.

Me valí para que el indio comprendiera lo que es Poder Ejecutivo, Parlamento, presupuesto y otras yerbas, de figuras de retórica campesinas. Y sea que estuve inspirado, cosa que no me suele suceder –no recuerdo haberlo estado más de una vez, cuando renuncié a estudiar la guitarra, convencido de la depresión frenológica[49] que puede notarse, observando en mi cráneo el órgano de los tonos–, y sea que estuve inspirado, decía, el hecho es que Mariano Rosas se edificó.

Me convencieron de ello sus bostezos.

Podía quedarse dormido si continuaba haciendo gala de mis talentos oratorios, de mis conocimientos en la ciencia del derecho constitucional, de las seducciones que el hombre civilizado cree siempre tener para el bárbaro. Me resolví, pues, a hacerle esta interpelación:

–¿Y qué le parece, hermano, lo que le he dicho?

–¡Qué me ha de parecer! Que estando firmado el tratado por el presidente, que es el que manda, nos costará mucho hacerles entender a los otros indios eso que usted me ha estado explicando.

–Haremos –continuó– una junta grande, y en ella entre usted y yo, diremos lo que hay.

–Mientras tanto, hermano, cuente conmigo para ayudarlo en todo.

–Yo cuento con usted, porque veo que si no quisiera a los indios no habría venido a esta tierra.

Le contesté, como era de esperarse, asegurándole que el presidente de la República era un hombre muy bueno; que se había envejecido trabajando porque se educaran todos los niños chicos de mi tierra; que no les había de abandonar a su ignorancia, que por carácter y por tendencias era hombre manso, que no amaba la guerra; y que por otra parte, la Constitución le mandaba al Congreso *conservar el trato pacífico con los indios y promover la conversión de ellos al catolicismo;* que el Congreso le había de dar al presidente toda la plata que necesitase para esas cosas, y que como eran muy amigos no se habían de pelear si pensaban de distinto modo, porque los dos juntos gobernaban el país.

–Y dígame, hermano –me preguntó–: ¿cómo se llama el presidente?

–Domingo F. Sarmiento.

–¿Y es amigo suyo?

–Muy amigo.

–Y si dejan de ser amigos, ¿cómo andarán las paces con nosotros que ha hecho usted?

–Pero bien, no más, hermano, porque yo no puedo pelearme con el presidente, aunque me castigue. Yo no soy más que un triste coronel y mi obligación es obedecer.

El presidente tiene mucho poder, él manda todo el ejército. Además, si yo me voy, vendrá otro jefe, y ese jefe tendrá que hacer lo que mande el general Arredondo, que es de quien dependo yo.

–¿Y Arredondo es amigo del presidente?

–Muy amigo.

–¿Más amigo que usted?

–Eso no le puedo decir, hermano, porque, como usted sabe, la amistad no se mide, se prueba.

–Y dígame, hermano, ¿cómo se llama la Constitución?

Aquí se me quemaron los libros. Y, sin embargo, si el presidente podía llamarse D. F. Sarmiento, ¿por qué para aquel bárbaro, la Constitución, no se había de llamar de algún otro modo también?

Me vi en figurillas.

–La Constitución, hermano... La Constitución.. se llama así no más, pues, Constitución.

–Entonces, ¿no tiene nombre?

–Ese es el nombre.

–¿Entonces no tiene más que un nombre, y el presidente tiene dos?

–Sí.

–¿Y es buena o mala la Constitución?

–Hermano, los unos dicen que sí, y los otros dicen que no.

–¿Y usted es amigo de la Constitución?

–Muy amigo, por supuesto.

–¿Y Arredondo?

–También.

–¿Y cuál de los dos es más amigo de la Constitución?

–Los dos somos muy amigos de ella.

–Y el Congreso, ¿cómo se llama?

–El Congreso... el Congreso... se llama Congreso.

–¿Entonces no tiene más que un solo nombre lo mismo que la otra?

–Uno solo, sí.

–¿Y es bueno o es malo el Congreso?

–(¡Hum!).

Confieso que esta pregunta me dejó perplejo. Pero había que contestar. Hice mis cálculos para responder en conciencia, y cuando iba a hacerlo, dos perros que andaban por allí se echaron sobre un hueso y armaron una singuizarra infernal, interrumpiendo el diálogo.

Mariano se levantó para espantarlos, gritando: "¡Fuera!, ¡fuera!".

Yo aproveché la coyuntura para retirarme.

Entré en mi rancho, me senté en la cama, apoyé los codos en los muslos, la cara en las manos y me quedé por largo rato sumido en profunda meditación.

–He perdido el tiempo –me decía con los ecos del espíritu. No es tan fácil explicar lo que es una Constitución, lo que es un Congreso.

Mariano Rosas había entendido perfectamente lo que es un presidente, primero porque tenía otro nombre, porque se llamaba Domingo lo mismo que había podido llamarse Bartolo; segundo, porque mandaba el ejército.

Por consiguiente, resulta de mi estudio sobre las entendederas de un indio, que el pueblo comprenderá siempre mejor lo que es la vara de la ley, que la ley.

Los símbolos impresionan más la imaginación de las multitudes, que las alegorías.

De ahí, que en todas las partes del mundo donde hay una Constitución y un Congreso, le teman más al presidente. Algunas horas después volví a verme con Mariano. Viéndole festivo, aproveché sus buenas disposiciones y le pedí permiso para decir una misa, al día siguiente, manifestándole el vehemente deseo de oírla que tenían muchos de los cristianos cautivos y refugiados en Tierra Adentro.

Lleveles la buena nueva a mis franciscanos, y, como verdaderos apóstoles de Jesucristo, la recibieron con júbilo.

Resolvimos decirla, si el tiempo estaba bueno, si no había viento o tierra, en campo raso, apoyando el altar sagrado en el viejo tronco de un chañar inmenso, cuyos gajos corpulentos le servirían de bóveda.

Mañana estaremos de misa.

XXXIX

Camargo y José de visita en los momentos de recogerme. Me llevaban una música. Horresco referens. *Fisonomía de Camargo. Zalamerías de José. Por qué lo respetan los indios a Camargo. Vida de Camargo contada por él mismo. Por qué produce esta tierra tipos como el de Camargo.*

Arreglaba mi cama para recogerme, después de haber cenado y convenido con los franciscanos que la misa se diría al día siguiente, de ocho a nueve, cuando una visita inesperada se presentó en mi rancho.

Mi futuro compadre Camargo, con uno de los lenguaraces de Mariano Rosas, llamado José, nativo de Mendoza, casado entre los indios, cuyos hábitos y costumbres ha adoptado hasta el extremo de hacer dudar que sea cristiano. Es hombre que tiene algo, porque como se dice allí, ha *trabajado bien*, y en quien depositan la mayor confianza, tanta cuanta depositarían en un capitanejo.

José está vinculado por el amor, la familia y la riqueza al desierto.

Los indios, que conocen el corazón humano, lo mismo que cualquier hijo de vecino, lo saben perfectamente bien.

Lo miran, pues, como a uno de ellos.

216

Ambos venían con los instrumentos del placer en la mano –con una botella de aguardiente.

Les ofrecí asiento, y haciendo grandísimos esfuerzos para disimular su estado, lo aceptaron, invitándome a saborear con ellos el alcohólico brebaje, usando, por supuesto, de la fórmula consagrada.

Tuve que aceptar el *yapaí*.

Pero como estábamos solos, entre puros nosotros, como dicen los paisanos, me creí eximido de ser tan deferente como en otras ocasiones.

No lo llevaron a mal.

Mis fueros de coronel, por una parte, por otra la comunidad de religión y de origen, circunstancia que en todas las situaciones de la vida establece fácilmente cierta cordialidad entre los hombres, ponían a mis huéspedes en el caso de no abusar de mi hospitalidad.

Además, ellos se consideraban honrados de ser admitidos a horas incompetentes en mi rancho; les bastaba fraternizar conmigo y beber solos con mi permiso.

Me lo pidieron con toda la picardía gauchesca, diciéndome:

–Dispénsenos, mi coronel, si no estamos muy buenos; queremos acabar esta botellita aquí, en su rancho; si le parece mal, si le incomodamos, nos retiraremos.

–Estén a gusto –les contesté–, yo no soy hombre etiquetero.

–Ya lo sabemos –contestaron a dúo–, por eso hemos venido.

Y esto diciendo, José, que era muy zalamero, que había sido muy obsequiado por mí en el río Cuarto, me abrazaba, diciéndole a Camargo:

–Este es mi padre –y mirándome significativamente: –Ya sabe, mi coronel, quién es José.

Quedo enterado, decía yo para mis adentros, sabiendo mejor que él a lo que me debía atener.

Declaraciones de beodos son lo mismo que promesas de mujer.

¡Necio de aquél que se chupa el dedo!

Necio de aquél que al entregarle su corazón, sus esperanzas y sus ilusiones, olvida el dicho de Ninón de Lenclos:

Tout passe, tout casse, tout lasse.

Ser amable no es pecado.

Al contrario, es un deber cuya práctica nos hace simpáticos a los ojos del mundo.

Yo era, pues, tan amable con mis visitas, como el tiempo y el lugar lo permitían.

Todos los días le doy gracias a Dios por haberme concedido bastante flexibilidad de carácter para encontrarme a gusto, alegre y contento, lo mismo en los suntuosos salones del rico, que en el desmantelado rancho del pobre paisano; lo mismo cuando me siento en elásticas poltronas, que cuando me acomodo alrededor del flamante fogón del humilde y paciente soldado.

Las botellas, que no tenían la magia de ser inagotables, *espichaban* ya: José estaba completamente en las viñas del Señor.

Camargo, más fuerte, se mantenía en completa posesión de sus sentidos.

—¿Sabe, mi coronel, que le traemos una música? Con su permiso.

—Muchas gracias, hombre, ¿para qué se han incomodado?

Camargo se levantó, apoyándose en los horcones del rancho, se asomó a la puerta, dijo algo, volvió a sentarse, y acto continuo se presentó —*horresco referens*—, el negro del acordeón.

—¡Uff! —hice—, eso no, Camargo —le dije—. Denme todas las músicas que quieran. Pero con el acordeón, no, no. Estoy harto de la facha de ese demonio.

Y dirigiéndome al negro, proseguí en estos términos:

—¡Vete!, ¡vete!

El negro no obedeció.

Como pegado al suelo describía con su cuerpo curvas a derecha e izquierda, adelante y atrás.

Estaba ebrio como una cabra.

—¡Vete!, ¡vete lejos de aquí! —volví a decir.

Y Camargo, viendo que el negro me revolvía la bilis, se levantó, y tomándole de un brazo le enseñó el portante. Libre de aquella bestia, verdaderamente negra, resollé dando un resoplido como cuando en día canicular, jadeantes de fatiga, nos tendemos a nuestras anchas sobre cómodo sofá, habiendo escapado a las garras de alguno de esos *soleros* cuya vida es contar sus pleitos o sus cuitas con la autoridad.

José se había quedado dormido.

Camargo se sentó, y bajo la influencia del aguardiente cayó en una especie de letargo.

Examiné su fisonomía.

Es lo que se llama un gaucho lindo.

Tiene una larga melena negra, gruesa como cerda, unos grandes ojos, rasgados, brillantes y vivos, como los de una caballo brioso; unas cejas y unas pestañas largas, sedosas y pobladas, una gran nariz algo aguileña, una boca un tanto deprimida, y el labio inferior bastante grueso.

Es blanco como un hombre de raza fina, tiene algunos hoyos en la cara y poca barba.

Es alto, delgado y musculoso.

Su frente achatada y espaciosa, sus pómulos saltados, su barba aguda, sus anchas espaldas, su pecho en forma de bóveda y sus manos siempre húmedas y descarnadas, revelan la audacia, el vigor, la rigidez susceptible de rayar en la crueldad.

Camargo es uno de esos hombres por cuyo lado no se pasa, yendo uno solo, sin sentir algo parecido al temor de una agresión.

Los indios lo respetan, porque ellos respetan todo lo que es fuerte y varonil, al que desprecia la vida.

Y Camargo se cura poco de ella.

Pruébanlo bien las cicatrices de cuchilladas que tiene en las manos, su existencia agitada, turbulenta, azarosa, que se consume contra el aguardiente y las reyertas de incesantes saturnales, entre el estrépito de los malones y de las montoneras, como que hoy está entre los indios, mañana en los llanos de La Rioja con Elizondo y Guayama, volviendo después de la derrota a su guarida de Tierra Adentro, sobre el lomo del veloz e indómito potro.

Este gaucho, séame permitido decirlo, reivindica en los casos heroicos el honor de los cristianos. Cuando le place, lo mismo cara a cara que por detrás, cuerpo a cuerpo, que entre varios, apostrofa a los indios de "bárbaros". Yo le oí decir muchas veces a voz en cuello:

"A mí, que no me anden con vueltas éstos, porque yo los conozco bien, y al que le acomode una puñalada se la ha de ir a curar al otro mundo".

Después que examiné detenidamente aquel tipo de férrea estructura, en el que los caracteres semíticos de la persistencia estaban estampados, le dirigí la palabra, sacándolo del silencio indeliberado en que había caído.

–¿Cómo te hallas aquí? –le pregunté.

Habla con mucha vivacidad, pero esta vez, contra su costumbre habitual, en lugar de contestarme, dio un suspiro, y se envolvió en las nieblas de sus recuerdos dolorosos.

–Vamos, hombre –le dije–, cuéntame tu vida.

–Señor –me contestó–. Mi vida es corta y no tiene nada de particular. No soy mal hombre pero he sido muy desgraciado.

Yo soy de San Luis, de allá por Renca; mis padres han sido gente honrada y de posibles. Me querían mucho y me dieron buena educación.

Sé leer y escribir, y también sé cuentas. Desde chiquito era medio soberbio. Cuando me hice hombrecito, se me figuraba que nadie podía ser más que yo. Cuando oía decir que había un gaucho guapo, lo buscaba a ver si me decía algo.

Me gustaba ser militar, y soñaba con ser general. No había hecho mal a nadie, aunque tenía bastante mala cabeza.

Siempre andaba en parrandas, jugadas y peleas; pero nadie dirá que le pegué de atrás.

Me enamoré de la hija del comandante N... La muchacha me quería. Yo era joven, pues aquí donde me ve no tengo más que veinticuatro años (parecía tener treinta y dos).

Además de eso, como mis padres tenían alguna platita, yo andaba siempre aviao. El comandante N. sabía mis amores con su hija; no le gustaban. Un día me atropelló en las carreras, y vino a darme una pechada; yo le enderecé mi caballo y lo puse patas arriba con flete y todo. Era muy fantástico y no me lo perdonó.

Desde esa vez, decía siempre que me había de matar. Yo estaba en guardia. Me achacaron varias cosas, nada me probaron. Hubo una bulla de revolución. Me fueron a *prender*. Eran cuatro de la partida. ¡Qué me habían de tomar! Sabía bien que me iba en la parada el número uno. Hice un desparramo y me fui a los montoneros.

Lo interrumpí preguntándole:

–¿Y qué opinión tenías?

–¿Opinión? Yo no tenía mas opinión que ser hombre alegre y divertirme. Las carreras y las mujeres eran toda mi opinión.

–¿Y qué hiciste con la montonera?

–Hicimos el diablo. Anduve una porción de tiempo con el Chacho, que era un bárbaro. Después que lo mataron anduve a monte. Cuando vino don Juan Saa, con otros nos juntamos a su gente. Nos derrotó en San Ignacio el general Arredondo, me vine con los indios de Baigorrita para acá.

–¿Y después de eso, qué has hecho, qué vida has llevado?

–Me fui para San Luis, de oculto, traje mi mujer, mis hijos y algunos parientes, y aquí están todos.

–¿Y has andado en las invasiones con los indios?

–En algunas, señor.

–¿Y es cierto que tú has tenido la culpa de que los indios matasen una porción de cristianos?

–Es falso.

He estado en las casas de algunos pícaros, pero me he opuesto a que los degüellen. ¡Ah, si no hubiera sido por mí! Habría unos cuantos diantres menos en este mundo.

Por aquí íbamos de nuestro coloquio cuando el negro del acordeón preludió una tocata, del lado de afuera. Camargo se levantó, salió y por ciertos vocablos con que rellenaba su intimación de que se alejara, calculé que el desgraciado Orfeo de Leubucó no era tratado como los artistas pretenden generalmente que se les trate, aunque sean malos.

Música y negro se fueron a otra parte. Camargo volvió, y sin entrar, me dijo de la puerta del rancho: Buenas noches, mi coronel, y dispense.

Era hora de pensar en dormir. Mis ayudantes Lemlenyi, Rodríguez,

Ozarowsky y los dos benditos franciscanos, que habían asistido a la visita y confidencias de Camargo, bostezaban a todo trapo.

Desperté a José, llamé dos asistentes, y lo hice llevar a un toldo vecino.

Y en tanto me aprestaba para pasar una noche toledana, porque soplaba viento muy fresco, y la tierra entraba al toldo como en su casa, por cuanto resquicio tenía, meditaba sobre esas existencias argentinas, sobre esos tipos crudos, medio primitivos, que tanto abundan en nuestro país, que se sacrifican o mueren por una opinión prestada. Porque nos sobran instituciones y leyes y nos falta la eterna justicia, la justicia que, cual genio tutelar, lo mismo debe velar el hogar del desvalido que la mansión suntuosa del rico potentado.

Bajo estas impresiones tuve un sueño –yo soy tan soñador–, *I had a, dream, which was not all a dream*[50].

–¡Soñaba!...

¡Si en este país hay quien ahorque a un hombre que tiene diez millones de pesos!

XL

Noche de hielo. Donde es realmente triste la vida. Preparativos para la misa. Resuena por primera vez en el desierto el Confiteor Deo Omnipotenti. *Recuerdo de mi madre. Trabajos de Mariano Rosas, preparando los ánimos para la junta. Como y duermo. Conferencia diplomática. El archivo de Mariano Rosas. En Leubucó recibe* La Tribuna. *Imperturbabilidad de Mariano Rosas. Mi comadre Carmen en el fogón.*

La noche fue de hielo, larga y fastidiosa.

La arena entraba en el rancho por todas partes, como zarandeada.

Cuando la luz del día alumbró el cuadro que formaban mis oficiales y los frailes, acostados en el suelo, y yo, sobre mi tantas veces mentada cama, miré por una abertura que a guisa de respiradero había formado con las cobijas.

Mis compañeros habían desaparecido, cubiertos por una capa amarillenta, que presentaba el aspecto sinuoso de un medanito, cuya superficie se movía apenas al compás del resuello de los que yacían bajo su leve peso, durmiendo tranquilos el sueño de la vida.

¡Qué pensamiento tirano podía preocuparnos en aquellas alturas!

La existencia no es realmente triste, agitada y difícil sino en los grandes centros de población; allí donde todas las necesidades que excitan las pasiones nos condenan sin apelación a la dura ley del trabajo, verdadera rueda de Ixión, que, mal de nuestro grado, tenemos que mover, hasta que llegando al instante supremo tantas veces ansiado como temido, les damos un eterno adiós a las eternas vanidades, que eternamente nos corroen, nos subyugan y nos dominan, gastando los resortes de acero de las almas mejor templadas.

Sacudimos la pereza, la enervante y dulce pereza, de la que lo mismo se goza cuando los miembros están fatigados, reclinándose en el frío y duro umbral de una puerta de calle, que en elástica y confortable otomana cubierta de terciopelo.

Una vez en pie, nos pusimos en movimiento.

Los franciscanos sacaron afuera el baúl que contenía los ornamentos sagrados, preparándolos en seguida para la ceremonia de la misa.

Yo, después de bañarme en el jagüel, y de un ligero desayuno de mate con yerba y café, fui a examinar un sitio donde debía hacerse el altar, si el viento calmaba. El cielo estaba límpido, el sol brillaba espléndido.

Las horas se deslizaron sin sentir, arreglando lo que se necesitaba.

Se avisó a los cristianos circunvecinos, y viendo que no era posible celebrar los oficios divinos en campo raso, como yo lo deseaba, se buscó un rancho.

Todos estábamos muy contrariados. El mismo sentimiento nos dominaba.

Como verdaderos creyentes, reconocíamos que a la inmensa majestad de Dios le cuadraba adorarla bajo las bastas cúpulas azuladas del firmamento, o bajo las bóvedas macizas de las soberbias basílicas, cuyas torres audaces, empinándose a grandes alturas, parecen querer tocar las nubes, y hacer llegar al cielo los cánticos sagrados.

Allí donde el hombre eleva su espíritu al Ser Supremo, debe procurarse que la grandeza del espectáculo le inspire recogimiento.

La mística plegaria es más ferviente cuando la imaginación sufre las influencias poéticas del mundo exterior. El viento no cesaba.

Tuvimos que resignarnos a recurrir al rancho de un sargento de la gente de Ayala.

Lo asearon lo mejor posible, y en un momento los franciscanos improvisaron el altar.

Poco a poco fueron llegando hombres y mujeres, y ocupando sus puestos.

Los pobres se habían vestido con la mejor ropita que tenían. Hincados, sentados, o de pie, esperaban con respetuoso silencio la aparición de los sacerdotes.

Miré el reloj, marcaba las nueve. Es la hora, padres, les dije, y me dirigí con ellos, acompañado de mis oficiales, a la capilla.

No podía ser más modesta.

Me consolé, recordando que aquél, cuyo sacrificio íbamos a honrar, había nacido en un establo, durmiendo en pajas.

Con ponchos y mantas los franciscanos habían tapizado el suelo y las paredes del rancho.

El viento no incomodaba, las velas ardían iluminando un crucifijo de madera, en el que se destacaba, salpicada de sangre, la demacrada y tétrica faz de Cristo; el altar brillaba cubierto de encajes y de brocado pintado de doradas flores, resaltando en él la reluciente custodia y las vinajeras plateadas.

Todo estaba muy bonito, incitaba a rezar.

El padre Marcos debía oficiar, ayudándolo el padre Moisés y yo, aunque de mi latín de sacristía no me habían quedado sino recuerdos confusos y vagos.

Pero mi deber era dar el ejemplo en todo.

Lo revestimos al padre Marcos, y los oficios empezaron.

Grupos de indios curiosos nos acechaban. Reinaba un profundo silencio.

La metálica campanilla vibró, invitando a hacer acto de contrición por la sangre del Redentor.

Era la primera vez que en aquellas soledades, que entre aquellos bárbaros, resonaban los ecos del humilde *Confiteor Deo Omnipotenti*.

Los cristianos oraban con intensa devoción.

Yo los miraba cada vez que la ceremonia me permitía darle el flanco al altar.

Entre ellos había varios indios.

En algunas mujeres sorprendí lágrimas de arrepentimiento o de dolor; en otras vagaba por su fisonomía algo parecido a un destello de esperanza.

Todos parecían estar íntimamente satisfechos de haberse reconciliado con Dios, elevando su espíritu a él en presencia de la cruz y del altar.

Mientras duraron los oficios sagrados, yo pensé constantemente en mi madre.

Recordaba los martirios infantiles por que me había hecho pasar, llevándome todos los domingos a la iglesia de San Juan, para que ayudara a misa bajo su vigilante mirada.

¡Pobre mi madre! –me decía–, ¡qué lejos estás!

Rogaba a Dios por ella y por todos los que amaba; y le daba gracias por esos martirios, porque debido a ellos me era permitido experimentar el placer de prestigiar a la religión entre los infieles, tomando parte en la celebración de la augusta ceremonia que allí nos congregaba.

Después que se acabó todo, que los padres repartieron sus bendiciones, se deshizo el altar, se arrancaron los ponchos y mantas, y la capilla volvió a quedar convertida en lo que era, en un miserable rancho.

Se guardaron los ornamentos, se puso el baúl en mi rancho, y en seguida nos fuimos con los franciscanos a darle las gracias a Mariano Rosas.

Estaba lleno de visitas y almorzaban. Cada cual tenía delante de sí un plato de abundante puchero con choclos y zapallo.

El cacique nos recibió como siempre, cortésmente, se puso de pie, nos dio la mano, hizo que nos sentáramos y nos presentó a todos los circunstantes.

Estaba ocupado en algo muy grave.

Preparaba los ánimos para la gran junta que debía tener lugar, para que se vea que entre los indios, lo mismo que entre los cristianos, el éxito de los negocios de Estado es siempre dudoso, si no se recurre a la tarea de la persuasión previa.

Los franciscanos se retiraron y me dejaron solo. Mariano Rosas hablaba unas veces en general, otras en particular, su palabra es fácil, calculada e insinuante, pero a veces se exaltaba levantando la voz, fijando la mirada en el indio a quien le contestaba, y accionando con los brazos, contra su costumbre.

Me trajeron de comer y comí.

La conferencia iba larga.

Me retiré, pues, conviniendo en que más tarde fijaríamos el día de la junta.

Yo quería saberlo con alguna anticipación, porque me proponía pasar hasta las tierras de Baigorrita.

Dormí una buena siesta.

El capitán Rivadavia me hizo interrumpirla.

Mariano Rosas se había quedado solo, estaba en la enramada y me invitaba a pasar a ella.

Acudí a su llamado.

Entrábamos en materia cuando el negro del acordeón, haciendo cabriolas y dándole duro a su instrumento, salió del toldo.

Aquel diablo me hacía el efecto de un *iettatore*. Pero allí no había más remedio que aguantarlo.

Ya he dicho que el dueño de casa gozaba inmensamente con él.

Mientras el negro estuvo ahí, fue excusado hablar de cosas serias.

El cacique no estaba sino para bromas.

Me hizo una larga serie de preguntas, referentes todas a Buenos Aires y a la familia de Rosas. Sus recuerdos eran indelebles.

Me parecía que su objeto se reducía a cerciorarse de si efectivamente yo era sobrino del dictador, cuyo retrato me pidió, diciéndome que era el único que no tenía en su colección.

Y, efectivamente, así era.

Díjole al negro que trajera los retratos.

Entró éste al toldo y volvió con una cajita de cartón muy sucia, en la que había una porción de fotografías, la de Urquiza, la de Mitre, la de Juan Saá, la del general Pedernera, la de Juan Pablo López, la de Varela, el caudillo catamarqueño, y otras.

Devolvióle al negro la cajita para que la pusiera *en su lugar*.

El favorito la llevó, y felizmente se quedó en el toldo. Entramos en materia.

Todo estaba arreglado con los notables del desierto. La junta se haría a los cuatro días porque había que hacer citaciones.

No habría novedad.

Yo expondría en ella los objetos de mi viaje, y Mariano me apoyaría en todo.

Sólo había un punto dudoso.

¿Por qué insistía yo tanto en comprar la *posesión* de la tierra?

Mariano me dijo:

—Ya sabe, hermano, que los indios son muy desconfiados.

—Ya lo sé; pero del actual Presidente de la República, con cuya autorización he hecho estas paces, no deben ustedes desconfiar —le contesté.

—¿Usted me asegura que es buen hombre? —me preguntó.

—Sí, hermano, se lo aseguro —repuse.

—¿Y para qué quieren tanta tierra cuando al sur del río Quinto, entre Langhelo y Melincué, entre Aucaló y el Chañar, hay tantos campos despoblados?

Le expliqué que para la seguridad de la frontera y para el buen resultado del tratado de paz, era conveniente que a retaguardia de la línea hubiera por lo menos quince leguas de desierto, y a vanguardia otras tantas en las que los indios renunciasen a establecerse y hacer boleadas cuando les diera la gana sin pasaporte.

Me arguyó que la tierra era de ellos.

Le expliqué que la tierra no era sino de los que la hacían productiva; que el gobierno les compraba, no el derecho a ella, sino la posesión, reconociendo que en alguna parte habían de vivir.

Me arguyó con el pasado, diciéndome que en otros tiempos los indios habían vivido entre el río Cuarto y el río Quinto y que todos esos campos eran de ellos.

Le expliqué que el hecho de vivir o haber vivido en un lugar no constituía dominio sobre él.

Me arguyó que si yo fuera a establecerme entre los indios, el pedazo de tierra que ocuparía sería mío.

Le contesté que si podía venderlo a quien me diera la gana.

No le gustó la pregunta, porque era embarazosa la contestación, y disimulando mal su contrariedad, me dijo:

—Mire, hermano, ¿por qué no me habla la verdad?

—Le he dicho a usted la verdad —le contesté.

—Ahora va a ver, hermano.

Y esto diciendo, se levantó, entró en el toldo y volvió trayendo un cajón de pino, con tapa corrediza.

Lo abrió y sacó de él una porción de bolsas de zaraza con jareta.

Era su archivo.

Cada bolsita contenía notas oficiales, cartas, borradores, periódicos.

El conocía cada papel perfectamente.

Podía apuntar con el dedo al párrafo que quería referirse.

Revolvió su archivo, tomó una bolsita, descorrió la jareta y sacó de ella un impreso muy doblado y arrugado, revelando que había sido manoseado muchas veces.

Era *La Tribuna* de Buenos Aires.

En ella había marcado un artículo sobre el gran ferrocarril interoceánico.

Me lo indicó, diciéndome:

—Lea, hermano.

Conocía el artículo y le dije:

—Ya sé, hermano, de lo que trata.

—¿Y entonces por qué no es franco?

—¿Cómo franco?

—Sí, usted no me ha dicho que nos quieren comprar las tierras para que pase por el Cuero un ferrocarril.

Aquí me vi sumamente embarazado.

Hubiera previsto todo, menos argumento como el que se me acababa de hacer.

—Hermano —le dije—, eso no se ha de hacer nunca, y si se hace, ¿qué daño les resultará a los indios de eso?

—¿Qué daño, hermano?

—Sí, ¿qué daño?

—Que después que hagan el ferrocarril, dirán los cristianos que necesitan más campos al sur, y querrán echarnos de aquí, y tendremos que irnos al sur de río Negro, a tierras ajenas, porque entre esos campos y el río Colorado o el río Negro no hay buenos lugares para vivir.

—Eso no ha de suceder, hermano, si ustedes observan honradamente la paz.

—No, hermano, si los cristianos dicen que es mejor acabar con nosotros.

—Algunos creen eso, otros piensan como yo, que ustedes merecen nuestra protección, que no hay inconveniente en que sigan viviendo donde viven, si cumplen sus compromisos.

El indio suspiró, como diciendo: ¡Ojalá fuera así! y me dijo:

—Hermano, en usted yo tengo confianza, ya se lo he dicho, arregle las cosas como quiera.

No le contesté, le eché una mirada escrutadora, y nada descubrí, su fisonomía tenía la expresión habitual. Mariano Rosas, como todos los hombres acostumbrados al mando, tiene un gran dominio sobre sí mismo.

Es excusado querer leer en su cara la sinceridad o la falsía de sus palabras, dice lo que quiere; lo que siente, lo reserva en los repliegues de su corazón.

Se puso a acomodar su archivo, y luego que estuvo en orden, cerró el cajón, y llamó, diciendo:

—¡Negro, negro!

Me estremecí.

Tomé un pretexto para no verle la cara, y me despedí. La hora de comer se acercaba. En el fogón había gordos asados extendidos ya sobre brasas. Despedían un tufo incitante y no era cosa de dejar que se chamuscaran.

–¡A comer, caballeros! –grité.

Se hizo la rueda y empezó la comilona.

Mi comadre Carmen andaba por allí. Le ofrecí asiento, sentóse, y nos entretuvo un largo rato contándonos su vida y enterándonos de algunas particularidades de los usos y costumbres ranquelinas.

A Mariano Rosas le llegaron vespertinas visitas, que pasaron la noche con él entregadas a los placeres de la charla y del vino.

XLI

Creencias de los indios. Son uniteístas y antropomorfistas. Gualicho. Respeto por los muertos. Plata enterrada. ¿Será cierto que la civilización corrompe? Crueldad de Bargas, bandido cordobés. Triste condición de los cautivos entre los indios. Heroicidad de algunas mujeres. Unas con otras. Modos de vender. Eufonía de la lengua araucana. ¿La carne de yegua puede ser un antídoto para la tisis?

Mi comadre Carmen vivía en Carrilobo, cerca del toldo de Villarreal, el casado con su hermana, y había venido a visitarme trayéndome mi ahijada.

Escuchándola pasamos un rato muy entretenido. Habla con facilidad el castellano y posee bastante caudal de expresiones para manifestar sus sentimientos e ideas y hacerse entender.

Sobre las creencias de los indios me dio las siguientes nociones: No se congregan jamás para adorar a Dios: lo adoran a solas ocultándose en los bosques.

No es ni el sol, ni la luna, ni las estrellas, ni la universalidad de los seres vivientes.

Por manera que no son idólatras, ni panteístas.

Son uniteístas y antropomorfistas.

Dios –*Cuchauentrú*, el Hombre grande, o *Chachao,* el Padre de todos–, tiene la forma humana y está en todas partes; es invisible e indivisible; es inmensamente bueno y hay que quererle.

A quien hay que temerle es al diablo –*Gualicho.*

Este caballero, a quien nosotros pintamos con cola y cuernos, desnudo y echando fuego por la boca, no tiene para ellos forma alguna. *Gualicho*, es indivisible e invisible y está en todas partes, lo mismo que *Cuchauentrú*. Otro, mientras el uno no piensa en hacerle mal a nadie, el otro anda siempre pensando en el mal del prójimo.

Gualicho ocasiona los malones desgraciados, las invasiones de cristianos, las enfermedades y la muerte, todas las pestes y calamidades que afligen a la humanidad.

Gualicho está en la laguna cuyas aguas son malsanas, en la fruta y en la yerba venenosa; en la punta de la lanza que mata; en el cañón de la pistola que intimida; en las tinieblas de la noche pavorosa; en el reloj que indica las horas; en la aguja de marear que marca el norte; en una palabra, en todo lo que es incomprensible y misterioso.

Con *Gualicho* hay que andar bien. *Gualicho* se mete en todo: en el vientre y da dolores de barriga; en la cabeza y la hace doler; en las piernas y produce la parálisis; en los ojos y deja ciego; en los oídos y deja sordo; en la lengua y hace enmudecer.

Gualicho es en extremo ambicioso. Conviene hacerle el gusto en todo. Es menester sacrificar de tiempo en tiempo yeguas, caballos, vacas, cabras y ovejas; por lo menos una vez cada año, una vez cada doce lunas, que es como los indios computan el tiempo.

Gualicho, es muy enemigo de las viejas, sobre todo de las viejas feas: se les introduce quién sabe por dónde y en dónde y las maleficia.

¡Ay de aquella que está *engualichada!* La matan.

Es la manera de conjurar el espíritu maligno.

Las pobres viejas sufren extraordinariamente por esta causa.

Cuando no están sentenciadas, andan por sentenciarlas.

Basta que en el toldo donde vive una suceda algo, que se enferme un indio, o se muera un caballo; la vieja tiene la culpa; le ha hecho daño; *Gualicho* no se irá de la casa hasta que la infeliz no muera.

Estos sacrificios no se hacen públicamente, ni con ceremonias. El indio que tiene dominio sobre la vieja la inmola a la sordina.

En cuanto a los muertos, tienen por ellos el más profundo respeto. Una sepultura es lo más sagrado. No hay herejía comparable al hecho de desenterrar un cadáver.

Como los hindúes, los egipcios y los pitagóricos, creen en la metempsicosis, que el alma abandona la carne después de la muerte, transmigrando en un tiempo más o menos largo a otros países y dándole vida a otros cuerpos racionales o irracionales.

Los ricos resucitan generalmente al sur del río Negro, y de allí han de volver, aunque no hay memoria de que hasta ahora haya vuelto ninguno.

Por esta razón los entierran junto con el mejor caballo y las prendas de plata más valiosas que tuvieron; y alrededor de la sepultura les sacrifican caballos, vacas, yeguas, cabras y ovejas, según la riqueza que dejan o la que poseen sus deudos o amigos.

El caballo y las prendas enterradas son para que tengan en qué andar en la tierra ésa, donde deben resucitar; los demás animales son para que tengan qué comer durante el viaje de ida y vuelta.

Las mujeres también resucitan, no se crea que no.

Pretenden algunos que han vivido mucho tiempo entre los indios, que a consecuencia de estas costumbres debe haber mucha plata labrada enterrada en el desierto. Por mi parte, creo que los cristianos que ni le tienen tanto miedo a *Gualicho,* ni son pitagóricos, se han encargado de desenterrarla.

Lo cierto es, que según las noticias que mi comadre me daba, las honras fúnebres no se hacen ahora con tanta pompa como antes.

Queriendo explicar el porqué del hecho, decía: –"Yo no sé si será porque los cristianos han solido registrar las sepulturas o porque ahora la plata vale más".

Yo me inclino a creer que las dos causas combinadas van haciendo que los entierros sean menos lujosos.

En efecto, los indios tienen ahora muchas necesidades, les gusta mucho beber, tomar mate dulce, fumar, vestirse con ropa fina; y fácilmente se comprende que muriendo un deudo querido honren su memoria con sacrificios de caballos, vacas, yeguas, cabras y ovejas, y que la plata se la guarden.

Mi comadre aseguró que mientras no hubo cristianos entre los indios, no hubo ejemplo de que se violaran las tumbas sagradas.

¿Será cierto que la civilización es corruptora?

A pesar de lo dicho los indios no son sanguinarios ni feroces; prueba de ello es que jamás sacrifican a los manes de sus muertos víctimas humanas.

Matan a las viejas, es cierto; pero lo hacen porque las creen poseídas de Satanás. Y al fin del cuento, no es tanto lo que se pierde, dirán algunos.

Hablando seriamente, hay una verdad desconsoladora que consignar, que ciertos cristianos refugiados entre los indios son peores que ellos.

Conozco uno que queriendo sobresalir por su ferocidad, tuvo la barbarie de hacer un sacrificio humano en holocausto a un miembro de su familia.

Referiré el hecho.

Bargas es un bandido cordobés, vive en Tierra Adentro, no sé por qué crímenes, está casado con varias mujeres y su vida es la de un indio, por no decir peor.

Murió uno de sus hijos. Pues bien, este malvado, fingiendo que participaba de la preocupación vulgar, de la creencia que hace enterrar al muerto con su caballo de predilección, para que en la tierra donde resucite tenga en qué andar, le inmoló a su hijo un cautivito de ocho años, enterrándolo vivo con él para que tuviese quien le sirviera de peón.

Por lo que dejo relatado, se ve que los cautivos son considerados entre los indios como cosas.

Calcúlese cuál será su condición. La más triste y desgraciada.

Lo mismo es el adulto que el adolescente, el niño que la niña, el blanco que el negro; todos son iguales los primeros tiempos, hasta que, inspirando confianza plena, se hacen querer.

Con rarísimas excepciones, los primeros tiempos que pasan entre los bárbaros son una verdadera viacrucis de mortificaciones y dolores.

Deben lavar, cocinar, cortar leña en el bosque con las manos, hacer corrales, domar los potros, cuidar los ganados y servir de instrumento para los placeres brutales de la concupiscencia.

¡Ay de los que se resisten!

Los matan a azotes o a balazos.

La humildad y la resignación es el único recurso que les queda.

Y sin embargo, yo he conocido mujeres heroicas, que se negaron a dejarse envilecer, cuyo cuerpo prefirió el martirio a entregarse de buena voluntad.

A una de ellas la habían cubierto de cicatrices; pero no había cedido a los furores eróticos de su señor.

Esta pobre me decía, contándome su vida con un candor angelical: "Había jurado no entregarme sino a un indio que me gustara y no encontraba ninguno".

Era de San Luis, tengo su nombre apuntado en el río Cuarto. No lo recuerdo ahora. La pobre no está ya entre los indios. Tuve la fortuna de rescatarla y la mandé a su tierra.

En aquellos mundos de barbarie pasan dramas terribles.

Cuantas más cautivas hay en un toldo, más frecuentes son las escenas que despiertan y desencadenan las pasiones, que empequeñecen y degradan a la humanidad.

Las cautivas nuevas, viejas o jóvenes, feas o bonitas tienen que sufrir, no sólo las asechanzas de los indios, sino, lo que es peor aún, el odio y las intrigas de las cautivas que les han precedido, el odio y las intrigas de las mujeres del dueño de casa, el odio y las intrigas de las chinas sirvientas y agregadas.

Los celos y la envidia, todo cuanto hiela y enardece el corazón a la vez que conjura contra las desgraciadas.

Mientras dura el temor de que la recién llegada conquiste el amor o el favor del indio, la persecución no cesa.

Las mujeres son siempre implacables con las mujeres.

Frecuentemente sucede que los indios, condoliéndose de las cautivas nuevas, las protegen contra las antiguas y las chinas. Pero esto no se hace sin empeorar su situación, a no ser que las tomen por concubinas.

Una cautiva a quien yo le averiguaba su vida, preguntándole cómo le iba, me contestó:

–Antes, cuando el indio me quería, me iba muy mal, porque las demás mujeres y las chinas me mortificaban mucho, en el monte me agarraban entre todas y me pegaban. Ahora que ya el indio no me quiere, me va muy bien, todas son muy amigas mías.

Estas palabras sencillas resumen toda la existencia de una cautiva.

Agregaré que cuando el indio se cansa, o tiene necesidad, o se le antoja, la vende o la regala a quien quiere.

Sucediendo esto, la cautiva entra en un nuevo período de sufrimientos hasta que el tiempo o la muerte ponen término a sus males.

Poco antes de salir de Leubucó, conocí por casualidad un cristiano que hacía diligencias por comprarle a un indio una cautiva, nada más que por hacerle a ésta un servicio, por humanidad.

La desdichada decía:

–El indio es muy bueno y me venderá si no me han de llevar a *otra parte*. Pero las chinas son *malazas*.

A propósito de llevar a otra parte, esto requiere una explicación.

Hay dos modos de vender: el uno consiste en cambiar simplemente de dueño, el otro en la redención. El último es el más caro.

Ya comprenderás, Santiago amigo, que todo lo que dejo dicho en esta carta no me lo contó mi comadre Carmen. Una parte se lo debo a ella, el resto a otros y a mis propias observaciones.

Lo que sigue, sí, se lo debo a ella exclusivamente.

La noche estaba templada y clara, incitaba a conversar y se podía leer sin más luz que la de las estrellas. Aprovechándola, tomé una lección de lengua araucana. Entonces vine a saber recién lo que querían decir ciertas palabras, cuyo significado buscaba hacía tiempo, como indios *picunches, puelches y pehuenches*.

Ché es un vocablo que significa, según el lugar que tiene en la dicción, *yo, hombre* o *habitante*.

Los cuatro vientos cardinales se denominan: norte, *puel;* sur, *cuerró;* este, *picú;* oeste *muluto*.

Así, pues, Picunche[51] quiere decir habitante del este, que es como se denominan los indios que viven en cierta parte de la misma cordillera; *Puelche*, habitante del norte; *Pehuenche,* siguiendo la misma regla, significa habitante de los pinos, que es como se denominan los indios que viven entre los pinares que crecen colosales en los valles de la falda occidental de la Cordillera de los Andes.

Para dar una idea de la eufonía de esta lengua, que se asimila, alterándolas ligeramente, todas las palabras de otras, verbigracia, llamándole *waca* a la vaca, y *cauallo* al caballo, enumeraré algunas palabras que me enseñó mi comadre, y que copio de mi vademécum[52].

Yo-*enchê;* tú o vos-*eimi,* nosotros– *inchin,* vieja-*cucé,* joven-*elchá,* linda-*comê,* fea-*uedá,* madre-*nuqué,* hijo de padre-*bótom,* hijo de madre-*píñem,* grande-*uchaima,* chico-*pichicai,* mucho-*entren,* poco-*pichin,* blanco-*lieu,* negro-*currü,* cielo-*ueno,* sol-*anti,* luna-*quién,* tierra-*truquen,* mujer-*curré,* hombre-*uentru,* sí-*maí,* así es-*pipi* (modismo muy usual), no-*müe,* agua-*có,* fuego-*quítral,* viento-*cürruf,* frío-*utré,* calor del sol-*comote anti,* calor sin sol-*comote arreün,* pronto-*matu,* despacio-*ñochi,* sueño-*umau,* amigo-*weni,* hermano-*peñi,* pasto-*cachu,* ceniza-*entruequen,* sal-*chadileubú* (de aquí, río Salado se dice *chadileubú),* monte-*mamil,* árbol-*quiñemamil* (*quiñe* quiere decir uno), cara-*angé,* ojos-*ñé,* boca-*ün,* orejas-*pilum,* nariz-*iu,* mano-*cui,* brazo-*lipan,* barba-*payun,* pecho-*rucú,* piernas-*chaam,* pies-*mamon,* dedo-*changil,* frente-*tol,* pelo-*loncó* (de aquí *loncotear*-tirarse del pelo), pescuezo-*pel,* cortar-*catril,* bailar-*pürrun,* morir-*lai,* se murió-*lai-pi,* risa-*aien,* rabia-*yarquen.*

Poco más sé de la lengua araucana, no porque no haya tenido tiempo de profundizar mis estudios, sino por las dificultades con que tropezaba a cada paso, cuando hacía una pregunta para aclarar alguna duda.

No se puede saber nada respecto a la conjugación de los verbos.

Lo mismo digo de los géneros.

Por ejemplo, vieja es *cucé,* viejo-*butá,* y sin embargo, en ciertos adjetivos, como overo, la terminación es la que indica el género.

La lengua es muy elíptica. Así, por ejemplo, yegua overa manca, se dice: *overa manca,* simplemente, y caballo overo manco *overo manco.*

En los dos casos se suprime el sustantivo, porque los adjetivos, *overa manca* u *overo manco,* no pueden calificar sino un caballo o una yegua, y deben sobreentenderse.

Para que comprendas las dificultades con que tenía que luchar para salvar ciertas dudas, bastará repetir lo que decía mi comadre cuando la apuraba demasiado: "Yo no sé bien la lengua, se necesita vivir mucho para aprenderla; aquí no cualquiera la sabe".

· Terminada la lección de araucano, le pedí a mi maestra –que aunque tenía hijos no era casada ni viuda–, me contara su vida; y, como la cosa más sencilla del mundo, nos refirió sus aventuras con cierto mancebo padre de mi ahijada.

Es una página verde que en cualquier parte pasaría por una seducción. Entre los indios es un accidente de la vida que no significa nada.

La especie humana está sujeta a la ley de la reproducción. Nada de extraño tiene que siendo mujer libre se entregue a quien le place, y que de la noche a la mañana resulte con hijos.

No es más que una dificultad para casarse; porque generalmente nadie quiere cargar con hijos ajenos, aun cuando provengan de matrimonio legítimo.

Para concluir ésta, y a propósito de mujeres que resultan con hijos de la noche a la mañana, ¡qué curiosa es la farmacopea de los indios!

Toda ella se reduce a yerbas astringentes y purgantes, y agua fría.

Lo último es un remedio por excelencia.

¿Pare una china? Pues en el acto, ella y el fruto de sus entrañas se meten en una laguna, sea invierno o verano. Una palabra más, antes de que me retire del fogón en que estoy, y me meta en la cama.

Es una observación ajena que puede interesarle al mundo médico.

Mi condiscípulo el doctor Jorge Macías, que ha pasado dos años entre los ranqueles, y que entre ellos estaría a no ser por mí, pretende que allí no hay *tísicos*, y lo atribuye al alimento de la carne de *yegua*.

Si la observación fuese exacta y la causa la consignada, de hoy en adelante podríamos exclamar: no más tísicos.

No me atrevo a decir si la cosa merece la pena de ser averiguada, aunque recuerdo que, no hace mucho tiempo, más de un galeno se reía cuando las curanderas recetaban *buche de avestruz*.

XLII

Preparativos para la marcha a las tierras de Baigorrita. Camargo debía acompañarme. Motivos de mi excursión a Quenque. Coliqueo. Recuerdo odioso de él. Unos y otros se han valido de los indios en las guerras civiles. En lo que consistía mi diplomacia. En viaje rumbo al sud. Confidencia de un espía. El espionaje en Leubucó. Poitaua. El algarrobo. Pasión de los indios por el tabaco. Cómo hacen sus pipas. Pitralauquen. Baño y comida. Mi lenguaraz Mora, su fisonomía física y moral.

Al día siguiente, me levanté con el sol, y me ocupé en los preparativos de la marcha para las tierras de Baigorrita.

Le anticipé un chasqui, de acuerdo con Mariano Rosas, y a las dos de la tarde mandé arrimar las tropillas. Se ensilló en un momento. Hacía días que no andábamos a caballo y todos estaban con ganas de sacudir la pereza.

Camargo debía acompañarme. Su misión consistía en observarme de cerca, a ver qué conversaba con Baigorrita. Mi hermano Mariano, a pesar de sus protestas de adhesión y simpatía, abrigaba desconfianza. Mi viaje lo preocupaba. No comprendía que debiendo verlo a Baigorrita en la junta que se celebraría a los cuatro días, me incomodase en ir hasta sus tolderías.

La idea de una intriga para hacerlo reñir con su aliado trabajaba su imaginación.

Por eso iba Camargo conmigo, con la orden terminante de asistir a todos mis parlamentos y entrevistas y el encargo de no separarse un momento de mi lado por nada ni para nada.

Debía ser mi sombra.

Mi excursión a Quenque tenía, sin embargo, la explicación más plausible. Baigorrita me había convidado hacía algunos meses para que nos hiciéramos compadres. Iba, pues, con los franciscanos a bautizar mi futuro ahijado, y, al mismo tiempo, a conocer más el desierto, penetrando hasta donde es muy raro hallar quien haya llegado en las condiciones mías, es decir, en cumplimiento de un deber militar.

Verdad es que las desconfianzas de Mariano tenían también su razón de ser. No una vez, sino varias, diferentes administraciones, por medio de sus agentes fronterizos, han intentado sembrar la discordia entre él y Baigorrita, entre estos dos y el cacique Ramón.

El ejemplo y el recuerdo de lo que sucedió con la tribu de Coliqueo no se borra de la memoria de los indios. La tribu de éste formaba parte de la Confederación de que antes he hablado; cuando los sucesos de Cepeda, combatió contra las armas de Buenos Aires, y cuando Pavón hizo al revés, combatió contra las armas de Urquiza.

Coliqueo es para ellos el tipo más acabado de la perfidia y de la mala fe. Mariano Rosas me decía en una de nuestras conversaciones: "Dios no lo ha de ayudar nunca, porque traicionó a sus hermanos".

Efectivamente, Coliqueo no solamente se alzó con su tribu, sino que peleó e hizo correr sangre, para venirse a Junín junto con el Regimiento 7° de Caballería de línea, que guarnecía la frontera de Córdoba; se pasó al ejército del general Mitre, que se organizaba en Rojas, meses antes de la batalla de Pavón.

Con estos antecedentes y tantos otros que podría citar, para que se vea que nuestra civilización no tiene el derecho de ser tan rígida y severa con los salvajes, puesto que no una vez sino varias, hoy los unos, mañana los otros, todos alternativamente hemos armado su brazo para que nos ayudaran a exterminarnos en reyertas fratricidas, como sucedió en Monte Caseros, Cepeda y Pavón; con estos antecedentes, decía, se comprenden y explican fácilmente las precauciones y temores de Mariano Rosas.

Así fue que al notificarme que Camargo me acompañaría, me felicité de ello y le di las gracias.

Me había propuesto hacer consistir mi diplomacia en ser franco y veraz. Me parecía un deber de conciencia y una regla imprescindible de conducta, en mi calidad de cristiano, nombre que debía procurar a toda costa dejar bien puesto. De consiguiente, nada tenía que temer de la fiscalización de mi astuto agregado.

Eran las dos y media de la tarde cuando nos movimos de Leubucó, alegres y contentos, felices y esperanzados, lo mismo que al salir del Fuerte Sarmiento.

¡Es tan agradable el varonil ejercicio de correr por la pampa, que yo no he cruzado nunca sus vastas llanuras, sin sentir palpitar mi corazón gozoso! Mentiría si dijese que al oír retemblar la tierra bajo los cascos de mi caballo, he echado alguna vez de menos el ruido tumultuoso de las ciudades, donde la existencia se consume en medio de tan variados placeres.

Lo digo ingenuamente, prefiero el aire libre del desierto, su cielo, su sublime y poética soledad a estas calles encajonadas, a este hormiguero de gente atareada, a estos horizontes circunscritos que no me permiten ver el firmamento cubierto de estrellas, sin levantar la cabeza, ni gozar del espectáculo imponente de la tempestad cuando serpentean los relámpagos luminosos y ruge el trueno.

Hacía un día hermoso.

Íbamos despacio. Las cabalgaduras habían sufrido bastante, extrañando la temperatura, el pasto y el agua; debía pensar no tanto en la vuelta a Leubucó, como en la vuelta a mi frontera.

Por otra parte, llevaba una mula aparejada, con lo poco que me había quedado para Baigorrita, y la jornada sería corta.

Saliendo de Leubucó, rumbo al sud, se entra en un arenal pesado, se cruzan algunos pequeños médanos y a poco andar se entra en el monte. A la salida de éste se encuentra la primera aguada, una lagunita con jagüeles, bordada de espadañas y de riente vegetación en sus orillas. El terreno es bajo y húmedo.

Son como dos leguas de camino que fatigan los caballos como cuatro.

Descansamos un rato. Nadie nos apuraba. Allí me hizo Camargo su primer conferencia. Como hombre de mundo, estaba convencido de mi buena fe y comprendía que no siendo honroso el papel que debía hacer a mi lado, convenía ponerme en autos para que me explicase su actitud, de la que no podía prescindir, porque a su vez él debía ser espiado por alguien, aunque no pudiera decir por quién.

El espionaje recíproco está a la orden del día en la corte de Leubucó.

Varias veces, hablando allí con personas allegadas a Mariano Rosas, sobre asuntos que no eran graves, pero que podían prestarse a conjeturas y malas interpretaciones, me dijeron aquéllas:

–Hable despacio, señor, mire que ése que está ahí nos escucha.

¿Quién era?

Unas veces, un cristiano sucio y rotoso, que andaba por allí haciéndose el distraído; otras, un indio pobre, insignificante al parecer, que; acurrucado se calentaba al sol, y a quien yo le había dirigido la palabra, sin obtener una contestación, no obstante que comprendía y hablaba bien el castellano.

De esta práctica odiosa nacen mil chismes e intriguillas, que mantienen a todos peleados, fraternizando ostensiblemente, y odiándose cordialmente en realidad. Mediante ella, Mariano sabe cuanto pasa a su alrededor y lejos de él.

Esas numerosas visitas que recibe cotidianamente, muchas de las cuales vienen juntas del mismo toldo y lugar, son sus agentes secretos; espían a los demás y se espían entre sí.

El cristiano o el indio más cuitado en apariencia, es su confidente, conoce sus secretos.

De ahí venían, en parte, la influencia, los fueros y el favor de que disfrutaba el negro del acordeón. No en vano experimentaba yo hacia él una repulsión instintiva. Refrescadas las cabalgaduras, siguió la marcha.

El terreno se iba doblando gradualmente, cruzábamos una sucesión de medanitos, que se encumbraban por grados, divisábamos una ceja de monte, y en lontananza, hacia el sudoeste, las alturas de Poitaua, que quiere decir: *Lugar desde donde se divisa,* o atalaya.

Las brisas frescas de la tarde comenzaban a sentirse, galopamos un rato y entramos en el monte.

Eran chañares, espinillos y algarrobos. Estos últimos abundaban más. Es el árbol más útil que tienen los indios. Su leña es excelente para el fuego, arde como carbón de piedra; su fruta engorda y robustece los caballos como ningún pienso, les da fuerzas y bríos admirables; sirve para elaborar la espumante y soporífera chicha, para hacer *patai* pisándola sola; pisándola con maíz tostado, una comida agradable y nutritiva.

Los indios siempre llevan bolsitas con vainas de algarroba, y en sus marchas la chupan, lo mismo que los coyas del Perú mascan la coca. Es un alimento, y un entretenimiento que reemplaza al cigarro.

A propósito de cigarro, aprovecharé este momento, Santiago amigo, para decirte que los indios aman tanto el tabaco como el aguardiente.

Prefieren el negro del Brasil a cualquier otro. Los pampas azuleros hacen este comercio, y los chilenos les llevan, con el nombre de tabaco, una planta que no he podido conocer, que he fumado, y me ha hecho el mismo efecto del opio, es fortísima.

Todos los indios saben fumar, lo mismo que saben beber; pasaría por persona mal educada quien no supiera hacerlo.

Fuman el tabaco de tres modos: en forma de cigarro puro, en forma de cigarrillo y en pipa.

Este último modo es el que les gusta más. No hay indio que no tenga su cachimbito.

Ellos mismos los hacen, y con bastante ingenio. Buscan un pedazo de madera blanca como una cuarta de largo y una pulgada de diámetro; le dan primero la forma de un paralelepípedo, en seguida le hacen una punta cilíndrica, luego un taladro y en uno de los lados un agujerito en el que colocan un dedal, con otro agujerito que coincide con el taladro.

El que quiera hacer una pipa a lo indio, ya tiene la instrucción.

Recomiendo esta clase de pipas a los aficionados al tabaco fuerte; en ellas, como que pronto las pasa la resina, casi todos los tabacos son iguales.

Los indios no fuman habitualmente sino de noche, antes de acostarse.

Cargan su pipa, se echan de barriga, se la ponen en la boca, le colocan una brasa de fuego en el recipiente y dan una fumada con toda fuerza, tragando todo el humo; en seguida otra, otra del mismo modo. A la cuarta fumada, les viene una especie de convulsión nauseabunda, se les cae la pipa de la boca y quedan profundamente dormidos.

Salíamos del monte, descendiendo por un plano ligeramente inclinado hacia una cañada. Allí íbamos a parar, haciendo noche al borde de una lagunita llamada *Pitralauquen,* lo que quiere decir *laguna de los flamencos.* Trae su nombre de que en aquel paraje hay siempre muchos de estos pájaros.

El sol se ponía tras de las alturas de Poitaua, y sus arreboles teñían las nubes del lejano horizonte, cuando hacíamos alto y echábamos pie a tierra.

La lagunita, que tiene como cien metros de diámetro y forma circular, estaba llena de agua. Centenares de rosados flamencos, de blancos cisnes y gansos, de pardos patos y gallaretas, se deslizaban mansamente sobre la líquida superficie.

Los indios no tienen costumbre de matar las aves acuáticas, así es que no se inquietaron por nuestra aproximación.

Campamos cerca de unos chañarcitos, se acomodaron bien las tropillas, organizando la ronda, no fueran a darnos un malón, se buscó leña y no tardó en alegrar el cuadro un hermosísimo fogón.

Los franciscanos se habían molido un poco.

Su pensamiento dominante era descansar; en tanto hacían un buen asado. Como verdaderos veteranos se echaron, pues, sobre las blandas pajas. Mis ayudantes y yo nos dimos un baño, turbando la quietud de las aves, que se dispersaron volando en todas direcciones, y cuyos nidos saqueamos inhumanamente haciendo un acopio de huevos.

Salimos del agua, junto con las primeras estrellas; nos vestimos de prisa, porque hacía fresco, y ganando el fogón, que a una vara de distancia quemaba, en un momento dejamos de tiritar.

Al rato comíamos, y Mora, mi lenguaraz, nos entretenía contándonos sus aventuras. Ya he dicho quién era en una de mis primeras cartas, y si no estoy trascordado, ofrecí contar su vida.

Mora es un hombrecito como hay muchos, de regular estatura. Un observador vulgar le creería tonto; se pierde de vista. Es gaucho como pocos, astuto, resuelto y rumbeador. No hay ejemplo de que se haya perdido por los campos. En las noches más tenebrosas él marcha rectamente a donde quiere. Cuando vacila, se apea, arranca un puñado de pasto, lo prueba, y sabe dónde está. Conoce los vientos por el olor. Tiene una retentiva admirable y el órgano frenológico en que reside la memoria de las localidades muy desarrollado. Cara y lugar que vio una vez no las olvida jamás. Sólo estudiando con mucha atención su fisonomía se descubre que tiene sangre de indio en las venas. Su padre era indio araucano, su madre chilena. Vino mocito con aquél a las tolderías de los ranqueles, formando parte de una caravana de comerciantes, se enamoró de una china, se enredó con ella, le gustó la vida y se quedó agregado a la tribu de Ramón. En Chile su padre había sido lenguaraz de un jefe fronterizo, peón y pulpero. Vivía entre los cristianos. Mora es industrioso y trabajador, tiene hijos, quiere mucho a su mujer, posee algo y saldría del desierto si pudiese arrear con cuanto tiene. Pero ¿cómo? Es empresa difícil, imposible. Mora ha estado a mi servicio unos cuantos meses, sirviéndome con decisión y fidelidad. Tiene buenos sentimientos, ideas muy racionales, conoce que la vida civilizada es mejor que la del desierto; pero ya lo he dicho, está vinculado a él hasta la muerte, por el amor, la familia y la propiedad. Habla el castellano a la chilena, perfectamente, disminuyendo lo mismo los sustantivos, que los adjetivos y los adverbios. *Nunquita,* me ha sucedido perderme por *allicito* yendo solito, es como él dirá. El araucano lo conoce bien, y es uno de los lenguaraces más inteligentes que he visto. Ser lenguaraz, es un arte difícil; porque los indios carecen de los equivalentes de ciertas expresiones nuestras. El lenguaraz no puede traducir literalmente, tiene que hacerlo libremente, y para hacerlo como es debido ha de ser muy penetrante. Por ejemplo, esta frase: Si usted tiene conciencia debe tener honor, no puede ser vertida literalmente; porque las ideas morales que implican *conciencia y honor* no las tienen los indios. Un buen lenguaraz, según me ha explicado Mora, diría: Si usted tiene corazón, ha de tener palabra, o si usted es bueno no me ha de engañar. Por supuesto que Mora, no obstante la pintura favorable que de él he hecho, no es nene que se retrae de ir a los *malones.* Al contrario, va en la punta, y por eso tiene con qué vivir. En unas tierras se trabaja de un modo y en otras de otro, como él me dijo, haciéndole yo cargos de que un hombre blanco, hijo de cristianos, bautizado en los Angeles, que podía ganar su vida honradamente, llevara la existencia de un salteador.

Cuando Mora dejó la palabra, habiendo dicho poco más o menos lo que queda consignado en el párrafo anterior, terminábamos de comer.

Estaba helando.

Hicimos las camas alrededor del fogón, dándole los pies, puse los frailes a mi lado –los cuidaba como a las niñas de mis ojos–, y traté de dormir.

La creación estaba en calma, el silencio del desierto no era interrumpido

238

sino por uno que otro relincho de los caballos, o por el graznido de las aves de la laguna.

La luna se levantaba, coronando de luces el firmamento, tachonado de mustias estrellas.

XLIII

Una noche eterna. Apresto del campo al amanecer después de la helada. En marcha. Encuentro con indios. Me habían descubierto de muy lejos. Medios que emplean los indios para conocer a la distancia si un objeto se mueve o no. La carda. Un monte. Gente de Baigorrita sale a encontrarnos. Baigorrita. Su toldo. Conferencia y regalos. Las botas de mis manos. Carneada. Una cara patibularia.

Hizo tanto frío que ni teniendo lumbre toda la noche pude conciliar el sueño. Me di cien vueltas en la cama. ¡Qué envidia me daba oír roncar a los soldados, lejos del fogón, hechos una bola como el mataco!

Ni la helada, ni el viento, ni la lluvia, ni el polvo les incomoda a ellos.

Este mundo se vuelve puras compensaciones. Yo tenía abundantes cobijas, quien atizara el fuego toda la noche, y no podía dormir.

Ellos apenas tenían con qué taparse, y dormían como unos santos varones.

La noche me parecía eterna.

En cuanto quiso aclarar, puse a todo el mundo en movimiento, hice dar vueltas las tropillas para que los animales entraran en calor, hasta que llegara la hora conveniente de bajarlos a la laguna, que es cuando el sol pica un poco; mandé agrandar el fogón, se calentó agua, se pusieron unos churrascos, tomamos mate y nos desayunamos.

El campo presentaba el aspecto brillante de una superficie plateada; había helado mucho, la escarcha tenía, en los lugares donde la tierra estaba más húmeda, cuatro líneas de espesor.

Junto con el sol sopló el cierzo pampeano y comenzó a levantarse la niebla en todas direcciones.

La helada iba desapareciendo gradualmente, y los rayos solares, abriéndose paso al través del velo acuoso que pretendía interceptarlos.

El calórico, causa y efecto de todo cuanto constituye el planeta en que vivimos, disipaba el fenómeno que él mismo había originado.

Eran las ocho de la mañana, y el horizonte y el cielo estaban ya completamente despejados.

Bebieron los caballos, ensillamos, montamos y, rumbeando al sud, tomamos el camino de Quenque, dejando a la izquierda el que conducía a las tolderías de Calfucurá.

Galopamos un rato, hasta que los animales sudaron, subiendo siempre por un terreno arenoso, salpicado de arbustos; descendimos después entrando en una zona más accidentada, y, al rato, descubrimos hacia el oriente los primeros toldos de la tribu de Baigorrita y algún ganado vacuno y yeguarizo.

Hice alto para no alarmar a los vigilantes y desconfiados moradores de aquellas comarcas, que veloces como el viento no tardaron en ponerse a tiro de fusil de nosotros para reconocernos.

Destaqué sobre ellos a Mora; les habló, y al punto estuvieron junto con él a mi lado, saludándome y dándome la bienvenida.

Nada sabían de mi visita a Baigorrita.

Pero sabiendo que me hallaba días antes en Leubucó, habían calculado que era yo el que llegaba, afirmándoles sus conjeturas el aire de mi marcha y el orden en que la efectuaba.

Me habían descubierto desde que se levantaron los primeros polvos en Pitralauquen. La mirada de los indios es como la de los gauchos. Descubren a inmensas distancias, sin equivocarse jamás los objetos, distinguiendo perfectamente si el polvo que asoma lo levantan animales alzados o jinetes que corren.

Cuando vacilan, dudando de si el objeto se mueve o no, recurren a un medio muy sencillo para salir de dudas. Toman el cuchillo por el cabo, lo colocan perpendicularmente en la nariz y dirigen la visual por el filo, que sirve de punto de mira; y es claro que si el objeto no se desvía de él está inmóvil, debe ser un árbol, un arbusto, una espadaña, una carda, cuyas proporciones crecen siempre en el espacio por los efectos caprichosos de la luz.

A propósito de *carda*, no vayas a creer, Santiago amigo, que me refiero al *cardo*, que no existe en la pampa, propiamente hablando.

La carda se le parece algo, es más bien una especie de cactus, crece hasta tres varas y produce unas bellotas verdes granulentas, como la fruta mora, en las que, cuando están secas, se encuentra un gusanillo que es la crisálida del tábano.

La carda es un gran recurso en el campo. Su leña no es fuerte, pero arde admirablemente. Es como yesca, y las bellotas cuando se queman forman unos globulitos preciosos que parecen fuegos artificiales y distraen en sumo grado la imaginación.

Alrededor de un fogón de carda puede uno quedarse horas enteras entretenido, viendo al fuego devorar sin saciarse con pasmosa rapidez cuanta leña se le echa, brillar y desaparecer las bellotas incandescentes como juegos diamantinos.

La carda tiene otra virtud recóndita.

Cuando el caminante fatigado de cansancio y apurado por la sed, encuentra una carda frondosa, se detiene al pie de ella, como el árabe en el fresco oasis. Arranca el tallo, y en el alvéolo que queda entre las hojas encuentra siempre gotas de agua cristalina, fresca y pura, que son el rocío de la noche guarecido allí contra los inclementes rayos del sol.

Conversé un momento con los recién llegados, y después, que los avié con yerba, azúcar, tabaco y papel, seguí la marcha, cortando ellos para sus toldos.

Galopamos un rato y llegamos a un monte bastante tupido y abundante en árboles seculares. Las quemazones habían hecho estragos en aquellos gigantes de la vegetación. Algunos estaban carbonizados desde el tronco hasta la copa, y al menor empuje perdían su quicio y caían deshechos en mil pedazos.

Encontré buen pasto y resolví descansar allí un rato. Aunque no lo hubiera resuelto habría tenido que hacer alto largo tiempo.

Una mula espantadiza se asustó del ruido de un calderón medio quemado, que se vino al suelo por arrancar un gajo para hacer fuego y calentar agua, disparó e hizo disparar las tropillas.

El tiempo que se tardó en repuntarlas bastó para tomar algunos mates.

Mudamos, y estando a medio camino de Quenque, y siendo temprano, seguí la marcha por entre el bosque, tardando como una hora en salir de él.

Caímos a un bajo, cruzamos un salitral y avistamos al mismo tiempo, en las cuchillas de unos médanos lejanos, unos polvos que venían hacia nosotros.

Poco tardamos en encontrarnos.

Era gente de Baigorrita que salía a recibirme. Hicimos alto, destacamos nuestros respectivos parlamentarios, cambiamos muchas *razones*, y formando un solo grupo nos lanzamos al gran galope.

Otros polvos que se alzaron en la misma dirección de los anteriores, anunciaron que Baigorrita venía ya.

Yo no podía olvidar que conmigo iban los franciscanos y que me había comprometido a que volvieran a su convento sanos y salvos. Veía por momentos el instante en que daban una rodada y se rompían el bautismo. Recogí la rienda a mi caballo, acorté el galope y seguimos al trote.

Baigorrita se acercaba como con unos cincuenta jinetes. Estábamos a la altura de la casa del capitanejo Caniupán, amigo ranquelino, que había conocido en la frontera; indio manso y caballero, de los pocos que no piden cuanto sus ojos ven.

Baigorrita no anduvo con las ceremonias imponentes de Ramón, ni con los preámbulos fastidiosos de Mariano Rosas. En cuanto nos pusimos a distancia de podernos ver las caras, hicimos alto.

Se destacó solo, y yo también.

Picamos al mismo tiempo nuestros caballos, y sin más ni más, nos dimos un apretón de manos y un abrazo, como si fuera la milésima vez que nos veíamos.

El grupo que venía y el que iba se confundieron en uno solo.

Galopábamos y conversábamos con Baigorrita, sirviéndole a él de lenguaraz Juan de Dios San Martín, un chilenito, de quien hablaré en oportunidad, y a mí, Mora. Baigorrita no habla en castellano, lo entiende apenas. En media hora más de camino estuvimos en su toldo. Allí nos esperaba alguna gente reunida. Todos me saludaron, lo mismo que a mi gente, con respeto y cariño.

El toldo de Baigorrita no tenía nada de particular. Era más chico que el de Mariano Rosas, y estaba desmantelado.

Entramos en él. Mi compadre no brillaba por el aseo de su casa. En su toldo había de cuanto Dios crió, muchos ratones, chinches, pulgas y algo peor.

A cada rato sorprendía yo en mi ropa algún animalito imprudente que, hambriento, buscaba sangre que chupar. Para un soldado esto no es novedad. Los tomaba y con todo disimulo los pulverizaba.

Tuvimos una conferencia larga y pesada. Mi compadre me presentó a su principales capitanejos y a varios indios viejos, importantes por la experiencia de sus consejos.

Les regalé sobre tablas algunas bagatelas. A mi compadre le di mi revólver de seis tiros, una camisas de Crimea, calzoncillos y medias. A mi ahijado dos cóndores de oro.

Los franciscanos y mis ayudantes hicieron también sus regalitos. La recepción había sido tan sencilla y cordial que todos habían simpatizado con aquella indiada.

Después que los saludos y presentaciones oficiales pasaron, vino la conversación salpicada de dichos y agudezas.

Un indio, que por lo menos tendría sesenta años, muy jovial y chistoso, grande amigo de Pichún, el finado padre de Baigorrita, muy querido y respetado de éste, viendo mis manos cubiertas con algo de que él no tenía idea, me preguntó en buen castellano:

–¿Qué es eso, ché?

Eran mis gruesos guantes de castor, prenda que yo estimaba mucho, porque tengo la debilidad de cuidarme demasiado quizá las manos.

Me vi embarazado momentáneamente para contestar. Si decía guantes, me iba a entender tanto como si dijera matraca.

Rumiando la respuesta, le contesté:

–Son las botas de las manos.

Los ojos del indio brillaron como si hubiera hecho un descubrimiento, y agregó:

–Cosa linda, *güena*.

Y esto diciendo me agarró las dos manos con las suyas.

Retiré una, desabroché el guante y ayudándole a tirar me lo saqué.

El indio se lo puso en el acto.

Hice lo mismo con el otro y se lo di.

También se lo puso, tenía las manos más chicas que yo, así es que le hacían el efecto de un par de manoplas, de esas que suelen verse colgadas en las vidrieras de las armerías.

El indio parecía un mono. Abría los dedos y se miraba las manos encantado.

Lo dejé gozar un rato, y cuando me pareció que había estado bastante tiempo en posesión de mis guantes, se los pedí para ponérmelos.

—Eso no dando —me contestó.

La jugada no estaba en mis libros. Perder mis guantes equivalía a estropearme las manos, sin remisión.

—Te los compro —le dije, viendo que cerraba los puños como para asegurar mejor su presa.

Hizo un movimiento negativo con la cabeza.

Metí la mano al bolsillo, saqué una libra esterlina y se la ofrecí, creyendo picar su codicia.

Tomóla; pero no me dio los guantes.

—Dame las botas de las manos —le dije.

—Eso no vendiendo —me contestó—, llevando a la Junta como cristiano.

—Entonces dando la libra esterlina —le dije.

—Yo indio pobre, vos cristiano rico —repuso.

Y junto con la contestación se guardó la libra, dejándome con un palmo de narices.

Todos los circunstantes festejaron con risotadas espontáneas la treta del indio.

Mi compadre Baigorrita, me dijo: Viejo diablo, ¿eh?

Tuve que amoldarme a las circunstancias y declararme neófito en materia de escamoteos.

Las visitas se fueron retirando poco a poco.

Yo estaba cansado, y por ciertas razones tenía necesidad de mudarme la ropa.

Salí sin ceremonia del toldo.

Había mucha gente afuera, charlando alegremente con los de mi comitiva, al mismo tiempo que le daban un avance a una parva de algarroba. Había dos cosechas para el invierno.

Tenía hambre.

Llamé a Juan de Dios San Martín, el chilenito, y lo mismo que si hubiera estado en la estancia del amigo más íntimo, le dije: Dile a mi compadre que me haga carnear una res para la gente.

Se fue y al punto volvió diciéndome que ya la traían. Con efecto, un rato después, dos indios traían una vaca enlazada.

La carnearon las chinas, entregándole la mayor parte a mi gente.

El fogón estaba pronto ya.

No queriendo pernoctar en el toldo de mi compadre, campé al raso.

La tarde se acercaba.

Las chinas recogían el ganado manso, arreándolo a pie, seguidas de muchos perros tan grandes como flacos, que llamaban la atención.

Las cabras y las ovejas venían mezcladas.

Llegaron a la puerta de los corrales; los perros separaron las especies, y las chinas las majadas, encerrando cada una de ellas en su respectivo corralito.

La operación se hizo con la misma facilidad con que un niño separaría de una canastilla llena de cuentas negras y blancas las que quisiera.

Cuando alguna cabra u oveja se quedaba en la majada que no le correspondía, los perros la volvían al redil. Me avisaron que el asado estaba pronto. Acabé de mudarme, y ocupé mi puesto en la rueda del fogón.

Al sentarme vi cruzar una cara patibularia. Parecía un indio.

¿Quién era?

XLIV

Qué es la vida. Reflexiones. Los perros de los indios. Recuerdos que deben tener de mi magnificencia. Un intérprete. Cambio de razones. Sans façon. Yapaí y yapaí. Detalles. En Santiago y Córdoba los pobres hacen lo mismo que los indios. Fingimiento. Otra vez la cara patibularia. Averiguaciones. Una navaja de barba mal empleada.

La vida se pasa sin sentir.

Como dice la sentencia árabe, no es más que el camino de la muerte.

Cuando menos lo esperamos, nos sorprende el invierno y recién como la cigarra imprevisora, nos apercibimos de que hemos pasado el verano cantando, sin pensar en nada.

Nuestros cabellos, con los que jugueteaba ebúrnea y afilada mano, se han puesto canos. Nadie los toca ya.

Nuestros ojos han perdido su brillo magnético. Nadie los mira.

Nuestra tez tersa y sonrosada, se ha vuelto amarillento y seco pergamino. Nadie repara en ella.

En el corazón apenas arde una llama moribunda semejante al pálido resplandor de una lámpara sepulcral. Pero ¡ay! ¿Quién se inflama en el tibio calor suyo?

De esperanza en esperanza, de ilusión en ilusión, de desengaño en desengaño, de decepción en decepción, de caída en caída, de percance en percance, de desvarío en desvarío, rodamos fatalmente y llegamos al borde de la tumba, cayendo en su misteriosa oscuridad para cesar de sufrir, o sufrir más.

Hemos aspirado, no hemos hecho nada por nosotros ni por la humanidad, hemos consumido una existencia robusta, exuberante, con cuya savia se han alimentado quién sabe cuántos parásitos afortunados, exclamando mil veces: *En vain, hélas en vain!*

Y por todo consuelo, nos contentamos con darle al mundo y a sus pompas vanas un adiós irónico, escribiendo en forma de epigrama póstumo un epitafio:

Ci-git Piron, qui ne fut rien,
Pas méme académicien.[53]

Si la vida se pasa así, de cualquier modo, con más razón se pasa cualquier noche.

La primera que dormí en Quenque, al raso, cerca del toldo de mi compadre Baigorrita, pertenece a ese género. Creo que ni recuerdos tuve.

De ella sólo puedo decir que dormí.

Mi fatigado cuerpo no sintió ni el aire de la noche, ni la dureza del suelo, ni la famélica inquietud de los perros, que devoraban los rezagos y huesos de nuestro fogón, haciendo crujir sus afilados dientes, hasta romperlos y chupar el escondido tuétano.

Los indios no les dan de comer a sus perros, y, sin embargo, tienen muchos; en cada toldo tienen una jauría. Los pobres viven de los bichos del campo, que cazan, o como los avestruces, pescando moscas al vuelo.

El hambre les hace adquirir una destreza increíble. Mosca que zumba por sus narices va a parar a su estómago.

Los tratan con la mayor dureza; el que no está lleno de chichones tiene alguna cicatriz agusanada.

Es lo que sacan cuando se acercan a algún fogón, o cuando al carnear una res se arriman tímidamente a ella para chupar siquiera la sangre que riega el suelo.

Las chinas son las que tienen alguna compasión de ellos.

Son sus compañeros inseparables. Van al monte y al agua con ellas; con ellas recogen el ganado; y al lado de ellas duermen.

A los indios no los siguen jamás.

En mi fogón se dieron una panzada que debe haber hecho época entre ellos.

En esta hora deben estar cantando con himnos caninos, y en el mismo bronco lenguaje con que ladran a la luna, por no decir adoran, la generosidad y espléndida magnificencia de unas gentes extrañas, que anduvieron por allí, con caras desconocidas, vistiendo trajes que no habían visto jamás y hablando un idioma ininteligible, aunque agradable a su oído.

Amaneció.

Nos dimos los buenos días con los franciscanos, nos levantamos, tomamos mate y nos preparamos para recibir visitas que no tardaron en llegar.

Mi compadre Baigorrita se había bañado muy temprano, y descalzo y con los calzoncillos arrollados sobre la rodilla y las mangas de la camisa arremangadas, atusaba un caballo que estaba en el palenque.

Me acerqué a él, lo saludé, y sin interrumpir su faena me contestó con una sonrisa afable, haciéndome decir con Juan de Dios San Martín que andaba por ahí: "Que estuviera a gusto, que aquélla era mi casa".

Le contesté dándole las gracias.

Y, pegando el último tijeretazo, me invitó a pasar a su toldo.

Acepté, y entramos en él.

Tres fogones ardían.

Alrededor de ellos las chinas y las cautivas preparaban el almuerzo, que consistía en puchero y asado.

Nos sentamos, quedando mi compadre enfrente de mí. Empezaron a entrar visitas, se colocaron en dos filas y la charla no se hizo esperar.

Eran todas personas de importancia.

No siendo Juan de Dios San Martín bastante buen lenguaraz, mandaron llamar otro cristiano, hombre de la entera confianza de Baigorrita.

Era necesario que todos los circunstantes se enterasen perfectamente bien de mis *razones*.

Vino Juancito, que así se llamaba el perito, y se colocó entre mi compadre y yo, dando la espalda a la entrada del toldo.

Era un zambo motoso, de siete pies de alto, gordo como un pavo cebado.

Su traje consistía en un simple chiripá de jerga pampa. En su fisonomía estaban grabados con caracteres inequívocos los instintos animales más groseros. Todas sus facciones eran deformes, y a la manera de los indios, se había arrancado con pinzas los pelos de la cara, pintando los pómulos y los labios. Su mirada era chispeante, pero no revelaba ferocidad.

Le dije mis primeras *razones,* intentó traducirlas. No pudo, sus oídos no habían jamás escuchado un lenguaje tan culto como el mío. Y eso que yo me esforzaba siempre en expresarme con toda sencillez. No entendía jota.

Al trasmitirle a mi compadre Baigorrita mis razones, Camargo y Juan de Dios San Martín, le decían:

–El coronel no ha dicho eso.

Las visitas, impacientadas, gruñían contra el zambo. Él, avergonzado y turbado de su imbecilidad, sudaba la gota gorda. Su cara y su pelo transpiraban como si estuviera en un baño ruso, despidiendo un olor grasiento peculiar que volteaba.

Cuando su confusión llegó hasta el punto de sellarle los labios, cayó en una especie de furor concentrado. Levantóse de improviso, y diciendo: "Me voy, ya no sirvo" se marchó.

Nadie hizo la menor observación.

La conversación continuó, haciendo de intérpretes los otros lenguaraces.

Las mujeres de mi compadre, las chinas y cautivas se pusieron en movimiento, y el almuerzo vino.

A cada cual le tocó, lo mismo que en el toldo de Mariano Rosas, un enorme plato de madera con carne cocida, caldo, zapallos y choclos.

Comí *sans façon*.

Tomaba las posturas que me cuadraban mejor, y calculando que lo que iba a hacer produciría buen efecto en el dueño de la casa y en los convidados, me quité las botas y las medias, saqué el puñal que llevaba a la cintura y me puse a cortar las uñas de los pies, ni más ni menos que si hubiera estado solo en mi cuarto, haciendo la policía matutina.

Mi compadre y los convidados estaban encantados. Aquel coronel cristiano parecía un indio. ¿Qué más podían ellos desear? Yo iba a ellos. Me les asimilaba. Era la conquista de la barbarie sobre la civilización. El *Lucius Victorius Imperator* del sueño que tuve en Leubucó la noche en que Mariano Rosas me hizo beber un cuerno de aguardiente, estaba allí transfigurado.

Cuando acabé la operación de cortarme las uñas de los pies, me limpié las de las manos, y para completar la comedia me escarbé los dientes con el puñal.

Trajeron el asado, agua y trapos. En lugar de hacer uso del cuchillo de la casa, hice uso del mío.

El indio del día antes, se presentó a la sazón con mis guantes, se me sentó al lado y le dio por jugar con mi pera, insistiendo en que la había de trenzar, porque era linda, según él decía. Le dejé hacer su gusto.

Terminado el almuerzo, trajeron unas cuantas botellas de aguardiente y entre *yapaí y yapaí* las apuramos.

Mi ahijado, a quien el día antes había acariciado, se acercó a mí. Le hice un cariño. Una cautiva le habló en la lengua, y el chiquilín juntó las manos, y todo ruborizado me dijo: "bendición".

–Dios te haga un buen cristiano, ahijado –le contesté; y echándole los brazos lo senté en mis piernas.

El chiquilín se quedó como en misa. Saqué el reloj y se lo puse al oído para que oyera el tictac de la rueda: siguió inmóvil. Guardé el reloj, y viendo que por sobre su cabecita caminaban ciertos animalitos de mil pies, me puse a espulgarlo.

Comprendo, Santiago amigo, que estos detalles son poco filosóficos e instructivos; pero hijo mío, ya que no puedo cantar las glorias de mi espada, permíteme describirte sin rodeos cuanto hice y vi entre los ranqueles.

El pulcro y respetable público tendrá la bondad de ser indulgente, a no ser que prefiera, lo que suele ser raro, la mentira a la verdad.

Rien n'est beaun que le vrai.[54]

Tomo el dicho por los cabellos, y continúo.

Mi ahijado estaba acostumbrado a la operación. Los indios se la hacen unos a otros, al rayar el sol, con un apéndice que dejo a tu perspicacia adivinar.

De gustos no hay nada escrito.

Una ostra cruda es para algunos el bocado más sabroso. Vitelio se comía, para abrir el apetito, cuarenta docenas de una sentada.

Algunos buscan el queso hediondo, y prefieren *el que camina.*

Mientras tanto, otros, no pueden pasar ni lo uno ni lo otro.

No nos admiremos de la costumbre de los indios.

He de repetir, hasta el cansancio, que nuestra civilización no tiene el derecho de ser tan orgullosa.

En Santiago del Estero, donde lengua y costumbres tienen un sabor primitivo, los pobres hacen lo mismo que los indios.

El que quiera verlo, no tiene más que tomar la mensajería del norte y dar un paseo por aquella provincia argentina.

Y en la sierra de Córdoba hacen igual cosa. Está más cerca y la excursión sería más pintoresca.

Mi ahijado se quedó dormido.

Le acomodé la cabecita sobre uno de mis muslos y lo dejé quieto.

Las visitas se fueron retirando.

Algunas se echaron, quedándose dormidas.

Yo, siguiendo mi plan de *hacerme interesante,* las imité.

¡Qué iba a dormir! Era imposible. Cuerpos extraños al mío, me tenían en una agitación indescriptible.

Me quedé no obstante en el toldo haciendo que dormía. Ronqué.

Mi compadre impuso silencio. Debía mirarme con placer.

De repente llamé con voz trémula y débil a Rufino Pereira.

No contestó; no podía oírme. Lo calculaba.

Entonces, fingiendo un enojo terrible, me incorporé de súbito y grité con todas mis fuerzas:

–¡Rufino!, ¡Rufino!

Rufino contestó de lejos:

–Voy, señor –y entró volando en el toldo.

–¿Por qué no venías?

–No había oído.

Le apostrofé.

Mi compadre fumaba tranquilamente su pipa, rodeado de sus tres hijos menores dormidos.

Me miró como diciendo para sus adentros: Este hombre, es un hombre.

Mis contrastes les seducían. La dulzura, la aspereza, la calma y la irascibilidad hablan muy alto a la imaginación de un salvaje.

–Tráeme mi navaja de barba –le dije a Rufino.

Salió.

–Compadre –continué, dirigiéndome a mi huésped–, le voy a hacer un regalo: veo que usted se afeita.

No contestó, porque no entendía. Los lenguaraces se habían retirado. Llamó a Juan de Dios San Martín. Entró éste y junto con él Rufino, trayendo la navaja y el asentador, que tenía cuatro faces, una con piedra.

Tomélos y haciéndole ver a mi compadre cómo se asentaba la navaja, le di ambas cosas.

Las tomó, y viendo primero si se adaptaban al bolsillo de su tirador, las colocó en seguida en él.

Salí del toldo. Me mudé la ropa, después que Carmen me ayudó a eliminar los intrusos que se habían guarecido en mis cabellos; di un paseo porque tenía necesidad de respirar el aire libre y puro del campo, haciendo fuego con el revólver sobre algunos caranchos y teruteros; y al rato volví al fogón para acabar de disipar con café los efectos del aguardiente.

De regreso de la caminata, pasé por detrás del toldo de mi compadre y volví a ver la *cara patibularia* del día antes, apoyada con aire sombrío en la costanera del ranchito, que servía de cocina, y que sobresalía media vara.

Junto con ella estaba otra juvenil, de aspecto extraño y marcadamente de cristiano.

La curiosidad me acercó a ellos. Les dirigí la palabra, callaron.

–¿No entienden? –les dije, con cierta acritud. Me contestaron en lengua de indio.

Comprendí que no querían hablar conmigo. El hecho acabó de despertar mi curiosidad.

No puedo decir por qué, pero lo cierto es que la primera cara me alarmaba.

Seguí mi camino con el intento de averiguar quiénes eran aquellos desconocidos.

Entré en el toldo de mi compadre.

Estaba solo con sus hijos, en la misma postura en que lo había dejado hacía un rato, y picaba tabaco.

¿Con qué?

Nada menos que con la navaja de barba que le acababa de regalar.

El asentador le servía de punto de apoyo.

Bien empleado me está, dije para mi coleto, por haber gastado pólvora en chimangos.

Mi compadre se sonrió complacido y con una cara como unas pascuas, y mirándose en la superficie tersa y lustrosa de la navaja, me dijo:

–Lindo.

–Es verdad –le contesté, murmurando–, ¡no te degollarás con ella! –y agregando al mismo tiempo que hacía el ademán de afeitarme–, mejor es para esto.

Me entendió, y repuso:

–Cuchillo.

Quería decirme que el cuchillo era más aparente para afeitarse.

Llamó a Juan de Dios San Martín.

Mientras éste venía, salí del toldo para contarles a mis ayudantes y a los franciscanos qué suerte había corrido la navaja de Rodgers.

XLV

Dos desconocidos. El cuarterón. El mayor Colchao y su hijo. Una cautiva explica quién era Colchao y refiere su historia. Provocaciones de Caiomuta. Gualicho *redondo. Contradicciones del cuarterón. Juan de Dios San Martín. Dudas sobre la fidelidad conyugal. Picando tabaco. Retrato de Baigorrita. Un espía de Calfucurá.*

En el fogón no había nadie.

Todos estaban detrás de la cocina, porque en ese sitio no estaba el sol.

Buscaba a quién contarle el uso que mi compadre hacía de mi rica navaja de barba.

Fui, pues, en busca de mis compañeros de peregrinación.

Hablaban con los dos desconocidos.

Les llamé aparte, hicieron una rueda, dejándome dentro, y les conté el caso, riéndome a carcajadas.

Unos cuantos ¡qué bárbaro! se oyeron al mismo tiempo.

Después de un instante de hilaridad, pregunté, ¿qué hombres son ésos con quienes hablaban ustedes?

–No sabemos –contestaron unos.

–Tratábamos de averiguarlo –los franciscanos.

–Vamos a ver –repuse.

Me dirigí a ellos. Todos me siguieron.

–Cómo te llamas –le pregunté al primero que había visto.

Era un cuarterón tostado por el sol como de cuarenta años.

Tenía una cara que daba miedo, grandes ojos negros, redondos, sin brillo, nariz aplastada, por cuyas ventanas salían algunos pelos, boca grande, en la que vagaba una sonrisa sardónica, dejando entrever dos filas de dientes enormes, separados, como los del cocodrilo, todo ello encerrado dentro de un óvalo que empezaba con una frente estrecha, erizada, de cabellos duros y parados como las espinas del puercoespín, y terminaba con una barba aguda ligeramente retorcida para arriba.

Estaba gordo y no tenía una sola arruga en el cutis. Llevaba un aro de oro en la oreja izquierda, y la barba y el bigote se las había arrancado con pinzas, a lo indio, de manera que en los poros irritados, se había infiltrado el polvo más tenue, dándole con la transpiración, a su antipática facha, el mismo aspecto que hubiera tenido si la hubiesen escarificado con finísimas agujas y tinta china.

Vestía ropa andrajosa. No llevaba calzado, y sus pies encallecidos resaltaban unas grandes uñas incrustadas como conchas fósiles en calcárea roca.

No me contestó. Pero fijó su mirada vaga en mí. Volví a interrogarlo.

Siguió callado, bajó la vista, la fijó en la tierra, e hizo un ademán con los hombros, hundiendo el pescuezo en ellos, como quien dice: no sé, qué le importa a usted.

—Tú has de ser algún bellaco —le dije.

No contestó.

Entonces, dirigiéndome al más joven:

—Y tú, ¿quién eres? —le pregunté.

Parecía un cuadrumano. Era un mono vestido de gaucho. También estaba afeitado a lo indio, y su ropa era nueva y de buena calidad. Tendría diez y ocho años.

—Soy hijo del mayor Colchao —me contestó.

—¿Hijo del mayor Colchao? —repuse con extrañeza.

Una cautiva que se había llegado a nosotros, me dijo:

—Es mi marido.

—¿Tu marido?

—Sí, señor.

—¿Cómo es eso?

—El cacique me ha casado con él.

Me refirió entonces que era de San Luis, que durante algún tiempo había vivido con un indio muy malo. Que éste había muerto a consecuencia de heridas recibidas en la última invasión que llevaron los ranqueles al río Quinto cuando los derroté en los Pozos Cavados, cerca de Santa Catalina; y que no habiendo dejado herederos, Baigorrita la había recogido y se la había dado al

mayor Colchao, montonero de la gente del Chacho, refugiado en Tierra Adentro. Agregó que Colchao era muy bueno y que ahora era feliz.

–Vea, señor –me decía–, cómo castigaba el indio.

Y mostraba los brazos y el seno cubiertos de moretones empedernidos y de
cicatrices.

–Así –añadía con mezclada expresión de candor y crueldad–, yo rogaba a
Dios que el indio echara por la herida cuanto comiese. Porque tenía un balazo
en el pescuezo y por ahí se salía todo, envuelto con el humor y...

Me dio asco aquella desdichada, cuyos ojos eran hermosísimos. Tenía una
lubricidad incitante en la fisonomía.

Era esbelta y graciosa.

A fin de que no continuara el repugnante relato de las agonías de su opresor,
y queriendo saber quién era ese mayor Colchao, preguntándole:

–¿Y quién es Colchao?

–Ese hombre que habrá visto, señor, aquí, el que traía enlazada la res que le
carneamos.

Yo lo había tomado por un indio.

Era un hombre insignificante. Mi compadre tenía mucha confianza en él.
Hacía de capataz suyo.

–¿Y este muchacho, dices que es hijo de Colchao? –volví a preguntarle.

–Sí, señor –repitió.

–¿Y dónde vives tú? –le pregunté a aquél.

–En la toldería del capitanejo Estanislao.

–¿Cerca de aquí?

–No, señor.

–¿Qué distancia hay?

–Un día de camino (son treinta leguas en lenguaje convencional de los
indios).

–¿Y a ese hombre lo conoces? –le pregunté, señalándole al cuarterón.

–Sí, señor.

–¿Desde cuándo?

–Hace tres días.

–¿Tres días no más?

–Sí, señor.

–¿Cómo, así?

–Lo he conocido en el campo, viniendo para acá.

–¿De donde venías?

–Del toldo de Estanislao.

–¿En qué rumbo queda?

–Aquí (señalando al sudeste).

—¿En qué venía?

—A caballo.

—¿Con cuántos caballos?

—En el montado.

—¿Y de dónde venía?

—De lo de Calfucurá.

—¿Qué, por ahí va el camino?

—Por ahí.

—¿Y cuántos días de camino hay del toldo de Estanislao a lo de Calfucurá?

—Dos días y medio.

—¿Y habla castellano ese hombre?

—Sí, señor.

Aquí interrumpí el diálogo con el hijo de Colchao, y dirigiéndome al otro, le dije:

—¿Conque te estabas haciendo el zonzo?

No contestó.

—Habla, imbécil —le dije.

—Tengo vergüenza —me contestó.

—Has de ser algún bandido —repuse, y dándole las espaldas, le dije en voz baja a mis ayudantes:

—Averígüenle la vida.

Iba a retirarme, pero se me ocurrió una pregunta esencial. Se la hice.

—¿De dónde eres?

—De Patagones.

—¡Ah! —dijo mi ayudante Rodríguez—, a mí me has dicho hace un rato que chileno.

—Y a mí, no recuerdo quién, que de Bahía Blanca.

—Sí, ha de ser algún pícaro —les contesté.

Y esto diciendo, me dirigí al toldo de mi compadre. Estaba como lo había dejado, en la misma postura, seguía picando tabaco con la navaja y hablaba con Juan de Dios San Martín.

Me senté, y le hice preguntar por el lenguaraz quién era el desconocido.

Me contestó que no sabía, que lo había visto; pero que había creído que era de mi gente.

Juan de Dios San Martín dijo que él no había reparado en semejante hombre.

Le observé a mi compadre que cómo había podido tomar por hombre mío un rotoso como ése.

Se encogió de hombros, y le ordenó a San Martín que averiguase quién era, de dónde venía, qué quería.

San Martín salió.

Yo me eché en el suelo, como en un mullido sofá.

Mi compadre siguió imperturbable picando su tabaco. Estuvimos en silencio, mientras San Martín indagó lo que queríamos saber. Juan de Dios San Martín era el lenguaraz de mi compadre, su secretario, su amigo, sirviente y confidente. Varias veces como representante suyo estuvo en el río Cuarto.

Es un *roto* chileno, vivo como un rayo, taimado y melifluo; que sabe tirar y aflojar cuando conviene. Tiene treinta años y sabe leer y escribir perfectamente bien. Tenía varios libros, entre ellos un tratado de geografía.

Como su cara hay muchas. No tiene nada notable. Es blanco y de sangre pura. Según él, está entre los indios por rescatar algunos parientes mendocinos. Será o no verdad. Yo sólo sé que estando en el río Cuarto, entre varias cautivas que me mandó Mariano Rosas, que entregué al padre Burela, venía una de unos diez y siete años, que se decía prima suya y que le estaba muy agradecida.

Pretendía también San Martín estar muy enamorado de una chiquilla de catorce años, que había sido ya querida de mi compadre, quien se la había vendido. Y decía que saldría de los indios cuando se la acabara de pagar. La chiquilla andaba por ahí, era bonita y muy mocentona al parecer. Lo mismo que estaba con San Martín hubiera estado con otro. Era mendocina y vestía exactamente como una india. Su donosura contrastaba en extremo con su desaseo. Reía y jugaba con todos mis ayudantes con infantil desenfado, y su *dueño* no se curaba de ello.

El derecho de vida o muerte que tenía sobre la pobre le inspiraba sin duda esa confianza. La institución es bárbara, nadie lo pondrá en duda. Pero hay que reconocer que entre los indios nadie se *mata* por celos. Algo más; hay que reconocer que los casos de infidelidad son rarísimos allí.

Mientras llega San Martín con las noticias que ha ido a traer, se me ocurre preguntar:

La virtud de la fidelidad conyugal, que no puede ser convencional sino que debe tener por base un sentimiento, el amor, ¿dónde está más segura, entre los ranqueles o entre los cristianos?

Me guardo bien de contestar.

Prefiero esperar a San Martín, llamando tu atención, Santiago amigo, sobre los tipos que se refugian entre los indios. Calcula si ellos conocerán bien a los cristianos, sus ideas, sus tendencias, sus proyectos futuros, teniendo a su lado secretarios, lenguaraces, amigos íntimos por el estilo del que te acabo de bosquejar.

Aquel mundo es realmente digno de estudio. Lo tenemos encima, golpeando diariamente nuestras puertas, como los enemigos de Roma, en sus horas aciagas, ¿y qué sabemos de él?

Que nos roban.

Es bastante; pero no es una noticia nueva para el país. Tanto valiera decirle: hay guerra civil en Entre Ríos. La conciencia pública lo sabe, no lo ve, pero lo siente. Ella pregunta otra cosa. ¿Cuál es el remedio que costando menos sangre puede conciliar el *hecho con el derecho*? ¿Y por qué pregunta eso? Porque mientras para todo le presentéis el filo de una espada, la clemencia humana estará en su derecho de exclamar: *¡Fratricidas!*

San Martín volvió diciendo que el desconocido venía de las tolderías de Calfucurá.

Mi compadre no manifestó extrañeza alguna.

–¿Y cómo es –le pregunté– que ustedes no se fijan en los que vienen y están una porción de días en sus casas?

–Aquí viene el que quiere, compadre –me contestó.

–¿Y si vienen a espiar?

–¿Y qué van a espiar?

–Pero lo que Uds. hacen.

–Nosotros hacemos toda la vida lo mismo.

Le hice una seña a San Martín, salí del toldo y me siguió.

Mi compadre continuó picando su tabaco, le quedaba aún un rollo tucumano.

San Martín me había servido con lealtad en otras ocasiones. Le encargué que tomara más informes sobre el desconocido, y se marchó.

Al separarse de mí, el padre Marcos vino a decirme que aquél me pedía una camisa y unos calzoncillos, yerba, tabaco y papel.

Todo se me había concluido. Pero donde hay soldados no faltan jamás corazones desprendidos y generosos. Llamé un asistente y le dije que me buscara entre sus compañeros una camisa y un calzoncillo, y todo lo demás que pedía el desconocido.

Hizo una junta; a éste le pidió una cosa, a aquél otra, al uno yerba, al otro azúcar, tabaco y papel, y volvió al punto con la contribución.

Le di todo al padre Marcos, y el buen franciscano se fue muy contento, llevándoselo todo a su protegido.

Me senté a descansar en un diván que con caronas y ponchos me improvisaron los soldados.

Dormitaba, cuando oí un tropel de caballos y una voz de indio que con acento de embriaguez preguntaba:

–¿Dónde está ese coronel Mansilla?

Hablaba con los que estaban detrás de la cocina.

–Ahí –le contestaron.

Un jinete indio se me presentó, pisándome casi, con las patas del caballo.

Lo reconocí en el acto, era Caiomuta, y viendo que estaba ebrio lo miré con afectado desprecio y no le dije nada.

–Vos, coronel Mansilla –gritó el bárbaro, clavándole ferozmente las espuelas al caballo, *rayándolo* y levantando una nube de polvo que me envolvió.

255

Creí que iba a atropellarme.

Callé, me puse en pie y en ademán de defenderme.

–Vos, coronel Mansilla –volvió a gritarme.

–Sí –le contesté secamente.

–¡Ahhhh! –hizo.

Permanecí en silencio, y como se retirara unos cuantos pasos, avancé sobre él cubriendo mi frente con el fogón que presentaba el obstáculo de unos grandes montones de leña.

–¿Vos amigo indio? –me dijo.

–Sí –le contesté, y avancé para darle la mano.

Me rechazó, diciendo:

–Yo dando mano amigo no más.

–Yo soy tu amigo.

–¿Por qué entonces midiendo tierra, *gualicho* redondo?

Gualicho redondo, era mi aguja de marear óptica, de la que me había servido infinidad de veces, en la travesía del río Quinto a Leubucó.

–Eso no es para medir la tierra –le contesté.

–Vos engañando –repuso.

–Yo no miento.

–¿Y entonces qué haciendo *gualicho* redondo?

–Era para saber el rumbo, dónde quedaba el norte.

–¿Y para qué haciendo eso, teniendo camino y baquiano?

–Porque cuando ando por los campos me gusta saber derecho a dónde voy.

–¡*Winca!, ¡winca!* –murmuró. Y en voz alta y volviendo a rayar el caballo, en círculos concéntricos para lucir la rienda del animal y su destreza, gritó–: ¡engañando!

Llegaron varios indios, hablaron a un mismo tiempo y rodeándome, me dijeron:

–Dando camisa.

–No tengo –contesté secamente.

Caiomuta, con ojos mal intencionados, me echó encima el caballo, balanceándose sobre él con dificultad, y me dijo:

–Vos rico, dando, pues, pobre indio.

–Yo no doy nada a quien no es mi amigo –le contesté, frunciendo el ceño y apostrofándole de bárbaro. Recogió el caballo como para atropellarme. Me retiré. Llegaron mis ayudantes y mis asistentes y me rodearon.

–¡*Winca!, ¡winca!* –bramó el indio.

Juan de Dios San Martín se presentó en ese momento y me dijo, que decía Baigorrita que no le hiciera caso a su hermano, que me fuera a su toldo. Y de su cuenta agregó: Ese indio, señor, tiene muy malas entrañas.

Me pareció desdoroso abandonar el campo.

Le contesté a mi compadre que no tuviese cuidado. Caiomuta se echó al coleto un trago, como un chorro, de una limeta de aguardiente que llevaba en la mano derecha, y picando el caballo y vociferando insultos contra Baigorrita, a quien tachaba de ladrón, y diciéndoles a los otros que le siguieran, se lanzó a toda brida, por unos arenales donde parecía imposible que el caballo corriera.

Queriendo evitar un segundo diálogo, me dirigí al toldo de mi compadre; pero viendo al padre Marcos con el desconocido, hice un rodeo y me acerqué a ellos.

–Y al fin, ¿de dónde eres? –le pregunté–, ¿de Chile, de Patagones o de Bahía Blanca?

No me contestó.

–¿Conque tienes lengua para pedir y no la tienes para contestar? –agregué.

–Yo no he pedido nada –contestó por primera vez con acento porteño.

–Lo que yo debía hacer era quitarte por soberbio lo que te he dado –le dije.

—Ahí está –murmuró con desprecio.

Me retiré. Aquel hombre me alteraba la sangre, y entré en el toldo de mi compadre. Seguía picando tabaco.

Me hizo señas de que tomara asiento. Me senté.

Trajeron puchero. Comí.

A mi compadre le sirvieron un riñón de cordero, caliente, crudo y un bofe de vaca fiambre, aliñado con cebolla y sal.

Me ofreció un bocado. Acepté.

El riñón era incomible, hedía como álcali volátil; pero lo mastiqué procurando no hacer gestos y lo tragué.

El bofe era pasable; pero prefiero no volver a probarlo en mi vida.

Como no había lenguaraz no hablábamos sino una que otra palabra.

Aproveché el tiempo para observar la fisonomía de aquel *picador de tabaco,* imperturbable, especie de patriarca.

Manuel Baigorria, alias Baigorrita, tiene treinta y dos años.

Se llama así porque su padrino de bautismo fue el gaucho puntano de ese nombre, que en tiempos del cacique Pichún, de quien era muy amigo, vivió en Tierra Adentro. Su madre fue una señora cautiva del Morro. Allí vivía no ha mucho con su familia, rescatada, no puedo decir en qué época. Baigorrita tiene la talla mediana, predominando en su fisonomía el tipo español. Sus ojos son negros, grandes, redondos y brillantes; su nariz respingada y abierta; su boca regular; sus labios gruesos; su barba corta y ancha. Tiene una cabellera larga, negra y lacia, y una frente espaciosa, que no carece de nobleza. Su mirada es dulce, bravía algunas veces. En este conjunto sobresalen los instintos carnales y cierta inclinación a las emociones fuertes, envuelto todo en las brumas de una melancolía genial.

Con otro tipo mi compadre sería un árabe.

Es muy aficionado a las mujeres, jugador y pobre, tiene reputación de valiente, de manso, y prestigio militar entre sus indios.

Sus costumbres son sencillas, no es lujoso ni en los arreos de su caballo.

Me habló varias veces con ternura de la madre, manifestándome el deseo de ir al Morro a visitar sus parientes. Caiomuta es su hermano menor por parte de padre. Son enemigos. Caiomuta es rico, ladrón como Caco, borracho como Baco y malo como Satanás. Insolente, violento, audaz, aborrecido de la generalidad. Pero es fuerte, porque tiene un circulito de desalmados que lo siguen ciegamente, ayudándole a perpetrar todas sus maldades.

Concluía el estudio de los rasgos fisonómicos de mi compadre, cuando se presentó San Martín.

Cambió algunas palabras en lengua araucana con aquél, y diciéndome en un aparte que tenía algo que comunicarme, se retiró.

Hasta luego, le dije a Baigorrita, que sin dejar de picar su tabaco, me contestó *iadió!* (Los indios, como los negros, no pronuncian generalmente las eses finales), y fui a ver qué me quería San Martín.

En cuanto me acerqué a él, me dijo:

—Señor, el hombre es un espía de Calfucurá.

—¿Y tras de qué anda?

—Viene a ver qué hace usted aquí. Allí temen que usted mueva estas indiadas contra aquéllas.

—¿Y se lo has dicho a Baigorrita ahora lo que hablaste con él?

—No, señor.

—Avísaselo, pues.

San Martín obedeció.

Yo me quedé pensando en la cautelosa previsión de Calfucurá, el gran político y guerrero de la pampa, tan temido por su poder como por su sabiduría.

La noticia de mi arribo a las tolderías de los ranqueles, le había sido trasmitida por Mariano Rosas, junto con una consulta, en su calidad de aliado por simpatía de raza.

Su contestación había sido, que la paz convenía, que no trepidase en sellarla y cumplirla.

Al mismo tiempo había enviado un emisario secreto. ¿Hombres de Estado cultos habrían procedido de otra manera?

¿La diplomacia moderna es más sincera y menos desconfiada?

Tú, que vives en Europa, donde nacieron y gobernaron Richelieu, Mazarino, Walpole, Alberoni, Talleyrand y Metternich, en Europa, que nos da la norma en todo, lo dirás.

XLVI

Cansancio. Puesta del sol. Un fogón de dos filas. Mis caballos no estaban seguros. Aviso de Baigorrita. Los indios viven robándose unos a otros. La justicia. Los pobres son como los caballos patrios. Cena y sueño. Intentan robarme mis caballos. Cantan los gallos. Visión. El mate. Un cañonazo.

El día había sido fecundo en impresiones. La tarde, esa hora dulce y melancólica, avanzaba. El fuego solar no quemaba ya. La brisa vespertina soplaba fresca, batiendo la grama frondosa, el verde y florido trébol, el oloroso poleo, y arrancándoles sus perfumes suaves y balsámicos a los campos, saturaba la atmósfera al pasar con aromáticas exhalaciones. Los ganados se retiraban pausadamente al aprisco.

Mi cuerpo tenía necesidad de reposo. Mi estómago pedía un asadito a la criolla. Teníamos una carne gorda, que sólo mirarla abría el apetito.

Mandé hacer un buen fogón, con asientos para todos. Proclamé cariñosamente a los asistentes, para que trajeran leña gruesa de chañar y carda.

Había una enramada llena de cueros viejos, de trebejos inútiles, de guascas y chala de maíz. Le eché el ojo, la mandé limpiar, y me dispuse a cenar como un príncipe, y a pasar una noche de perlas.

Mis pensamientos eran plácidos, como los del niño que alegre corre y juguetea, en tarde primaveral, por las avenidas acordonadas de arrayán del verde y pintado pensil.

Las penas andaban huidas, también ellas son veleidosas.

A veces suelo echarlas de menos.

El sol hundió su frente radiosa tras de las alturas de Quenque, augurando el limpio horizonte y el cielo despejado de nubes un nuevo hermoso día; las estrellas comenzaron a centellear tímidamente en el firmamento; las sombras nocturnas fueron envolviendo poco a poco en tinieblas el vasto y dilatado panorama del desierto, y cuando la noche extendió completamente su imponente sudario, el fogón ardía, rechinando al quemarse los gruesos troncos de amarillento caldén, chisporroteando alegre la endeble carda, como si festejara el poder del elemento destructor.

La rueda se había hecho sin orden en dos filas. Detrás de cada franciscano y de cada oficial había un asistente. El chusco Calixto Olazábal atizaba el fuego, repasaba el asado, tomaba mate y soltaba dicharachos sin pararle la lengua un minuto.

A no haber estado allí los frailes, hubiera podido decirse que parecía un Vulcano jocoso entre las llamas, rodeado de condenados; porque aquéllas, flameando al viento, chamuscaban su barba, siendo motivo de que hiciera toda clase de piruetas y gesticulaciones, lo que provocando la risa de los circunstantes completaba el cuadro.

Los ojos se me iban, viendo el apetitoso asado. Pensaba en el pincel y en la paleta de Rembrandt, cuando una voz conocida, dijo detrás de mí, con acento respetuoso:

–¡Buenas noches, señores!

Era Juan de Dios San Martín.

–Buenas noches; siéntese, amigo, si gusta –le contesté.

–Gracias, señor –repuso–, no puedo ahora. Vengo a decirle que dice Baigorrita que los caballos están mal donde los tiene; que ha sabido que andan unos indios ladrones por darle un golpe, y que sería mejor los encerrase en el corral.

No pude resolverme de pronto a contestarle que estaba bueno, porque los animales tenían necesidad de alimentarse bien. Pero entre que sufrieran más y perderlos, el partido no era dudoso.

Después de un instante de reflexión, contesté:

–Dile a mi compadre que si hay peligro los haré encerrar.

–Es mejor –contestó San Martín.

–Pues bien –repuse–, que los encierren.

Y esto diciendo, le ordené al mayor Lemlenyi le hiciera prevenir a Camilo Arias que los caballos no dormirían a ronda abierta, sino en el corral.

San Martín se fue y volvió diciéndome:

–Dice Baigorrita que el corral tiene un portillo, que es preciso taparlo con ramas y que pongan una guardia.

Mandé dar las órdenes correspondientes, y como Calixto gritara en ese momento, ¡ya está! invité nuevamente al mensajero de mi compadre a que se sentara.

Aceptó, ocupó un puesto en la rueda, le entramos al asado, como se dice en la tierra, y mientras lo hacíamos desaparecer, se pusieron algunos choclos al rescoldo, para tener postre.

Una jauría de perros hambrientos había formado a nuestro alrededor una tercera fila. Viendo que no los trataban como los indios, nos empujaban, y a más de uno le sucedió le arrebataran la tira de carne que llevaba a la boca. La confianza de aquellos convidados de piedra de cuatro patas llegó a ser tan impertinente, que para que nos dejaran comer en paz hubo que tratarlos a la baqueta.

–Pero hombre –le dije a San Martín–, aquí no respetan nada. ¿Será posible que se atrevan a robarme mis caballos hasta del corral de Baigorrita?

–Qué, señor, si son muy ladrones estos indios; el otro día, no más, se le han perdido sus caballos a Baigorrita; lo tienen a pie –me contestó.

–¿Y qué ha hecho?

—Los andan campeando.

—¿Entonces aquí viven robándose los unos a los otros?

—Así no más viven, ya es vicio el que tienen.

—¿Y qué hacen con lo que roban?

—Unas veces se lo comen, otras se lo juegan, otras lo llevan y lo cambalachean en lo de Mariano o en lo de Ramón, o se van a lo de Calfucurá, o se mandan cambiar a Chile.

—¿Y se castiga a los ladrones?

—Algunas veces, señor.

—¿Pero cuando a un indio le roban, qué hace?

—Según y conforme, señor. Unas veces le pone la queja al cacique, otras él mismo busca al ladrón y le quita a la fuerza lo que le han robado.

Le hice algunas preguntas más, y de sus contestaciones saqué en conclusión que la justicia se administraba de dos modos, por medio de la autoridad del cacique y por medio de la fuerza del mismo damnificado.

El primer modo es el menos usual.

1° Porque el cacique manda averiguar quiénes son los ladrones, se descubre el hecho y se prueba, se pasa mucho tiempo; 2°, porque los agentes de que se vale se dejan seducir por los ladrones; 3°, porque este procedimiento no le reporta ningún beneficio al juez. El segundo modo es el que se practica con más generalidad.

Le roban a un indio una tropilla de yeguas, por ejemplo.

Es fulano, dice por adivinación, o porque lo sabe. Cuenta el número de hombres de armas llevar que tiene en su casa, recluta sus amigos, se arman todos, le pegan un malón al ladrón, y le quitan el robo y cuanto más pueden.

Generalmente no hay lucha, porque los que van a vindicar la justicia son más numerosos que los que acaudilla el ladrón. Contra la fuerza toda la resistencia es inútil, máxime si no se tiene razón.

Hecho esto, se le da cuenta al cacique, y de lo que a título de indemnización se ha quitado se le hace parte. Este hecho hace inútil todo reclamo ante él. Es perder tiempo.

El indio que vaya a decirle:

—Yo le robé a Fulano diez yeguas. Me las ha quitado anoche, y cincuenta más —recibirá esta contestación:

—¿Para qué robaste, pues? Robale vos otra vez, y quítale lo que te ha robado.

Cuando llegaba a esta parte de mis investigaciones sobre la justicia pampa, le pregunté a San Martín:

—¿Y cuando le roban a un indio pobre, que tiene poca familia y pocos amigos, y el ladrón es más fuerte que él, qué hace?

—Nada —me contestó.

—Cómo, ¿nada?

—Señor, si aquí es lo mismo que entre los cristianos, los pobres siempre se embroman.

Calixto Olazábal metió su cuchara, y quemándose los dedos y la boca con una tira de asado revolcado en la ceniza, dijo:

—Y así no más es, pues. Yo entré una vez en una revolución con don Olazábal. Después que las bullas pasaron a él lo hicieron Juez en el río Cuarto y a mí me echaron de veterano en el 7º de Caballería de línea. ¡Eh! como a él no le faltaban macuquinos, la sacó bien.

—Tú eres un entrometido y un bárbaro —le dije.

—Así será, mi coronel; pero yo creo que tengo razón —repuso.

—¿Qué sabes tú, hombre?

—Mi coronel, si los pobres son como los caballos patrios, todo el mundo les da.

La contestación, o mejor dicho la comparación, les pareció muy buena a los circunstantes y todos la festejaron.

Efectivamente, no hay nada comparable a la desgraciada condición de lo que en nuestro lenguaje argentino se llama un *caballo patrio*.

Empecemos porque le falta una oreja, lo que, desfigurándolo, le da el mismo antipático aspecto que tendría cualquier conocido sin narices. Está siempre flaco, y si no está flaco, tiene una matadura en la cruz o en el lomo; es manco o bichoco; es rengo o lunanco; es rabón o tiene una porra enorme en la cola; está mal tusado, y si tiene la crin larga hay en ella un abrojal; cuando no es tuerto tiene una nube; no tiene buen trote ni buen galope, ni tranco, ni sobrepaso. Y sin embargo, todo el que lo encuentra lo monta. Y no hay ejemplo de que un patrio haya podido decir al morir: a mí no me sobaron jamás. Todo el que alguna vez lo montó le dio duro hasta postrarlo. ¡Ah! si los patrios que a millares yacen sepultados por los campos formando sus osamentas una especie de fauna postdiluviana, se levantaran como espectros de sus tumbas ignoradas y hablasen ¡qué no contarían! ¡Qué ideas no suministrarían para la defensa y seguridad de las fronteras! ¡Pobres patrios! ¿Quién no les echó la culpa de algo? ¡Cuántas batallas perdidas por ellos desde el año 20 hasta la guerra del Paraguay, cuántas campañas prolongadas como la actual de Entre Ríos! ¡Cuántas reputaciones vindicadas a sus costillas por no haber vivido en tiempos de Esopo! Los tiempos hacen todo. Está visto. ¡Pobres patrios! Sólo ellos han callado. Resignados han sufrido, sufren y sufrirán su suerte impía. ¡Pobres patrios! Desde el día en que los hubo, ¿quién no ha murmurado y gritado contra la patria?

Todo el mundo menos ellos.

Such is life!

¡Así es la vida! Los que no deben quejarse se quejan.

Los choclos se cocieron y los comimos; se acabó la cena, siguió un rato más la conversación y luego cada cual pensó en hacer su cama.

La mía estaba deliciosa; con cueros le habían hecho cortinas a la enramada; el airecito fresco de la noche no podía incomodarme. Me acosté.

Después que los asistentes acomodaron las camas de los franciscanos y de los oficiales, se posesionaron del fogón y churrasquearon bien.

Yo me dormí arrullado por su charla, y por la bulla del toldo de mi compadre, que junto con unos cuantos amigos íntimos y sus chinas, saboreaba en el mayor orden el aguardiente que yo le había llevado.

Varias veces me desperté sobrecogido, creyendo ver al negro del acordeón y oír su voz.

Estaba profundamente dormido, cuando San Martín, acercándose a mi cabecera, me despertó diciéndome:

–¡Mi coronel!

Temiendo que mi compadre quisiera hacerme las de Mariano Rosas, no contesté.

–¡Mi coronel!, ¡mi coronel! –repitió San Martín.

No contesté.

Acercóse entonces a la cama de uno de mis oficiales, y le dijo:

–El coronel está muy dormido, no oye, vengo a decirle que acaban de correr a unos ladrones que andaban por robarle los caballos, que es bueno que mande más gente al corral.

Viendo que no había riesgo en darme por despierto, llamé y ordené que cuatro asistentes fueran a reforzar la ronda del corral. Y llamándolo a San Martín, le pregunté qué hacía mi compadre.

–Se está divirtiendo –me contestó.

–Bueno –le dije–, que no me vayan a incomodar llamándome.

–No hay cuidado, señor, Baigorrita me ha encargado que repare no lo incomoden. No quiere que usted lo vea achumado, tiene vergüenza. Por eso ha empezado a beber de noche.

Respiré. Me acomodé en la cama, me di unas cuantas vueltas, porque algo había que no permitía conciliar el sueño con facilidad, y por fin me volví a quedar dormido.

El cuerpo se acostumbra a todo. Dormí sin interrupción una cuantas horas seguidas.

La vida se pasa sin sentir, ya lo he dicho. Pero ni todos los días, ni todas las noches son iguales. Si lo fuesen, el peor de los suplicios sería vivir. Felizmente en la existencia humana hay contrastes.

Imaginaos un hombre que no hace más que divertirse –o a quien todo le sabe bien–, que no sabe lo que es una contrariedad, y decidme, lector sesudo, que acabáis quizá de estar maldiciendo vuestra estrella, si os cambiaríais por él. ¡Ah! el que tiene hambre no sabe lo que es un opulento enfermo del estómago. Con razón un magnate inglés, a quien, en los momentos de sentarse a su opípara mesa, se le presentó un desconocido pidiéndole una limosna y diciéndole que era tan desgraciado que se moría de hambre, contestó:

–Vete de mí, tienes hambre y dices que eres desgraciado. El desgraciado soy yo, que rodeado de manjares no puedo pasar ninguno: el que no me hace daño me empalaga.

Por eso las mujeres de más talento, las que más interesan, son las que renovándose más, se prodigan menos.

Quería decir que la segunda noche de Quenque, no había sido como la primera.

En cuanto cantaron los gallos me desperté, llamé a Carmen y le pedí mate.

Mientras hacía fuego, calentaba agua y lo cebaba, pasé revista de impresiones nocturnas. Había tenido un sueño, un sueño extravagante, como son todos los sueños, por más que hayan dicho y escrito sobre el particular los grandes soñadores como Simonide, Seyano, el sucesor de Pertinax, la madre de Paris, Alejandro, Amílcar y César.

De una novela de Carlos Joliet, de una fiesta veneciana dada a Luigi Metello, de mi almuerzo en el toldo de Baigorrita y otras reminiscencias, mi imaginación había hecho un verdadero imbroglio.

Había asistido a una cena. Los manjares eran todos de carne humana; los convidados eran cristianos disfrazados de indios y la escena pasaba a la vez en Quenque y en casa de Héctor Varela. El anfitrión era una mujer, Concordia, la hija de Júpiter y de Temis, y alrededor de ella estaban los principales hombres argentinos. Cada cual tenía una vincha pampa y en ella se leía un mote. Mitre-*Tout ou rien*. Rawson-*Frères unis et libres*. Quintana-*Sempre Diritto*. Alsina-*Remember!* Argerich-*Liberté*. Gutiérrez, José María-*Odi et amo*. Avellaneda-*¿Dormir? ¿Réver?* Varela, Mariano-*Honni soit qui mal y pense*. Vélez Sársfield-*De l'or!* Gorostiaga-*Assez*. Elizalde *Jamáis, Toujours*. Gainza-*Veni, vide, vinci*. López Jordán *Muriamur*. Sarmiento-*Lasciate ogni speranza*.[55]

Había muchos otros convidados, veía aún como entre sueños sus caras, mas no podía recordar quiénes eran.

¡Algunos comían, los más rechazaban la carne humana con asco y con horror!

Una gran orquesta de instrumentos, que parecían de viento, como trompetas de papel de diario tocaba un aire militar, y un coro como el que producía el eco del pueblo agrupado en la plaza pública, cantaba:

There is no hope for nations! Search the page
Of many thousand years –the daily scene;

The flow and ebb of each recurring age,
The everlasting to be which hath been,
Hath tought us nougth or little.[56]

Lo que traducido en prosa, quiere decir:

No hay ya esperanza para las naciones. Recorred las páginas de los siglos. ¿Qué nos han enseñado sus vicisitudes periódicas, el flujo y reflujo de las edades y esa eterna repetición de los acontecimientos? Nada o muy poco.

Carmen llegó con el mate y me sacó de la meditación retrospectiva en que estaba.

En ese momento se oyó un cañonazo.

Era una descarga eléctrica, un trueno seco.

El fenómeno es frecuente en la Pampa.

XLVII

Baigorrita se levanta al amanecer y se baña. Saludos. En el toldo de mi futuro compadre. El primer bautismo en Quenque. Deberes recíprocos del padrino y del ahijado. Nociones de los indios sobre Dios. Promesas de mi compadre sobre mi ahijado. Me hablan de una cosa y contesto otra. Lucio Victorio Mansilla, sería algún día un gran cacique. Pensamientos locos. Visita al toldo de Caniupán. Usos y costumbres ranquelinas. Un fumador sempiterno.

Baigorrita se levantó muy temprano, se fue a la laguna y se bañó, para corregir los excesos de la noche. Sus huéspedes y las chinas hicieron lo mismo, regresando todos frescos y acicalados, con los labios y las mejillas pintados y lunarcitos postizos en los pómulos.

Las chinas asearon el toldo, recogieron leña, hicieron fuego, carnearon una res y se pusieron a cocinar el almuerzo.

Baigorrita y sus amigos ensillaron los caballos que estaban en el palenque, montaron en ellos, y durante media hora los varearon, haciéndolos correr el tiro de una legua por el campo más quebrado y escabroso.

Mi compadre regresó solo, soltó su caballo, ensilló otro, entró a su toldo, se sentó, armó cigarros y se puso a fumar.

Juan de Dios San Martín vino de parte de él a preguntarme, cómo había pasado la noche, y si no se habían perdido algunos caballos.

Le contesté que había dormido muy bien, que no había ninguna novedad y que así que almorzara iría a hacerle una visita.

Llevó San Martín el mensaje y volvió diciéndome que mi compadre se alegraba mucho de que hubiera pasado la noche a gusto, que me invitaba a ir a su toldo; que iban a llegar visitas nuevas y quería que me conocieran; que allí almorzaría, si no tenía algo mejor que comer que lo suyo. Hablaba con San Martín, cuando se presentó un indio con otro mensaje de Caniupán y un regalo. Me mandaba saludar, vivía de allí legua y media, y me enviaba una bola de patai, pisada con maíz tostado, grande como una bala de cañón de a cuarenta y ocho.

Traté al mensajero como lo merecía, con todo cariño. Le hice algunos regalitos, sacando contribuciones a los oficiales y soldados; le agradecí a Caniupán su atención y le envié una camisa de Crimea que llevaba ex profeso para él, azúcar, tabaco, yerba y papel, prometiéndole visita para la tarde.

En seguida me fui al toldo de mi compadre. Fumaba tranquilamente rodeado de sus hijos: no se movió, me insinuó un asiento con la sonrisa más dulce y amable, y apenas me había acomodado en él, le dijo a mi ahijado: padrino, bendición.

El indiecito vino hacia mí con cierta timidez, lo atraje del todo echándole los brazos, le cogí las manecitas que había unido obedeciendo al mandato de su padre, lo acaricié y lo senté a mi lado, contestándole a su bendición, padrino, Dios lo haga bueno, ahijado.

La madre, que hablaba español, le preguntó desde el fogón:

—¿Cómo te llamas?

No contestó. Le repitió la pregunta en lengua araucana y respondió mirándome con recelo:

—Lucio Mansilla.

Mi compadre se sonrió complacido. La madre, las chinas y cautivas que cocinaban festejaron mucho la respuesta. Una de las más ladinas, dijo: coronel Mansilla, chico. Mi compadre llamó a San Martín.

San Martín me dijo:

—Dice Baigorrita que cuándo se hace el bautismo.

—Dile que cuando quiera, que ahora mismo, si le parece, antes que entren visitas.

Contestó que bueno.

Llamé al padre Marcos, y el franciscano no se hizo esperar.

En cuanto entró, mi compadre le hizo decir con San Martín que si le hace el favor de bautizarle su hijo. —Con mucho placer —contestó el padre.

Salió, volvió con Fray Moisés Alvarez, se revistieron, nos hincamos, rezamos el Padre Nuestro, haciendo coro los cautivos que lo sabían y mi ahijado fue bautizado con el nombre de Lucio Victorio.

Terminada la ceremonia, Baigorrita les dio las gracias a los franciscanos y los invitó a sentarse a almorzar. Hizo una seña y nos sirvieron. Había puchero de dos clases, de carne de vaca y de yegua; asado ídem. Yo comí carne de yegua, mi compadre lo mismo, los frailes de vaca. Mientras almorzábamos, llegaron visitas. A todos se les obsequió como a nosotros; los unos eran conocidos del día antes, los otros recién llegados. Baigorrita me presentó a todos sucesivamente. Hubo abrazos y apretones de mano hasta el fastidio, las preguntas y respuestas de siempre.

Mi compadre explicó lo que significaba entre los indios darle al ahijado el nombre y apellido del padrino. Era ponerlo bajo su patrocinio para toda la vida; pasar del dominio del padre al del padrino; obligarse a quererlo siempre, a respetarlo en todo, a seguir sus consejos, a no poder en ningún tiempo combatir contra él, so pena de provocar la cólera del cielo.

El padrino se obliga por su parte a mirar al ahijado como hijo propio, a educarlo, socorrerlo, aconsejarlo y encaminarlo por la senda del bien, so pena de ser maldecido por Dios.

Eran dos seres que se identificaban por un voto solemne.

Con este motivo me habló del gaucho puntano Manuel Baigorria, manifestando el deseo de que se le diera permiso para que le hiciera una visita.

Le dije que una vez hecha la paz, no había inconveniente en que tuviera ese gusto, si Mariano Rosas lo permitía.

Le agregué que Baigorria no era buen hombre, que había sido mal cristiano y mal indio, que a unos y a otros los había traicionado.

Me contestó que no desconocía mis razones. Pero que al fin era su padrino, que llevaba su nombre y que él no podía dejar de quererle.

Le dije que sus sentimientos le honraban, porque probaban su lealtad, y que le honraban tanto más cuanto que convenía en que su padrino había sido infiel a sus compromisos y a su palabra.

Varios de los visitantes aprobaron mis observaciones. Los franciscanos a su turno explicaron con mansedumbre, claridad y sencillez lo que significaba el bautismo. Dijeron que el que se bautizaba entraba en gracia a Dios.

Que Dios era eterno, inmenso, misericordioso; que tenía un poder infinito, que hacía cosas grandes que los hombres no podían comprender; que su voluntad era que todos se amaran como hermanos, que no mataran, que no robaran, que no mintieran; que los que se casaran lo hicieran con una sola mujer, que los que tuvieran hijos los educaran y enseñaran a vivir del trabajo; que para ser buen cristiano era necesario tener presente siempre esas cosas.

San Martín tradujo las *razones* de los franciscanos, y todos los presentes las escucharon con suma atención. Mi compadre prometió educar a su hijo en la ley de los cristianos, que no se casaría can varias mujeres, ni con dos, que le enseñaría a vivir de su trabajo.

Entraron más visitas. Tuvimos una larga conferencia y expliqué el tratado de paz celebrado con Mariano Rosas. Todo el que quería me dirigía una pregunta. Baigorrita me hacía decir con San Martín que tuviera paciencia, y Camargo me aconsejaba que no dejara de contestar.

Cuando la interpelación era impertinente, Camargo me zumbaba al oído:

–Diga, señor, cuántas yeguas se dan por el tratado.

–Pero, hombre –le observaba yo–, ¿qué tiene que ver la pregunta con eso?

–Nada, señor, conteste lo que yo le digo: yo le diré después cómo son éstos.

Era una comedia. Me hablaban de pitos y contestaba flautas. Y el resultado de cada diálogo era siempre el mismo:

–Bueno, lo que haga Baigorrita está bien hecho.

Mi compadre agachaba la cabeza en señal de asentimiento; y Camargo me decía entre dientes, como hombre que sabía el terreno que pisaba:

–No ve, señor, si lo que quieren es hacerle creer a Baigorrita que ellos también saben hablar.

No menos de cuatro horas duró la broma aquella. Poco a poco fueron desapareciendo los grandes dignatarios de la tribu. Por fin nos quedamos *tête a tête* con mi compadre. Me dijo entonces que todo el tratado le parecía bueno. Pero que deseaba saber quién le iba a entregar a él su parte. Le contesté que Mariano Rosas era quien debía hacerlo; que tanto él como Ramón lo habían apoderado para tratar. Convino en ello, y terminamos pidiéndome dejara bien arreglado con Mariano, que a su tribu le tocaba la mitad de todo lo que el gobierno iba a entregar, lo que prometí hacer.

Mi ahijado, el futuro cacique Lucio Victorio Mansilla, no se movió de mi lado mientras duró la conferencia.

Viéndolo cabecear le acomodé la cabecita en el respaldo de mi asiento y se quedó dormido. Era hora de siesta. Me acosté sin decirle una palabra a mi compadre, y dormí hasta que el desasosiego me despertó. Mi cuerpo hervía.

Me levanté, salí del toldo y lo dejé a mi compadre fumando y haciéndose espulgar por una de sus chinas. Cambié de ropa, y en tanto que me vestía pensaba que el plan soñado de hacerme proclamar emperador de los Ranqueles bien valía la pena de aquellos sacrificios.

Murmuré: *Lucius Victorius, Imperator*. Me pareció sonoro. Pero la onomancia me dijo: ¡Loco! Me miré la palma de la mano, consulté sus rayas, y la quiromancia me dijo, dos veces: ¡Loco! Vi cruzar una bandada de loros, observé su vuelo, y la ornitomancia me dijo, tres veces: ¡Loco!

La visión de la patria cruzó entre una nube de fuego por mi mente en ese instante, y viéndola tan bella me ruboricé de mis pensamientos y de no haber hecho hasta ahora nada grande, útil, ni bueno por ella.

Mandé ensillar un caballo, y me fui a visitar a Caniupán.

Galopé media hora y llegué a su toldo.

Iba a echar pie a tierra, San Martín que me acompañaba, me dijo:

–Todavía no, señor, la costumbre es otra.

Salió un indio del toldo, y haciendo callar los perros, que habían sido los heraldos de nuestra aproximación, dijo:

–¡Buenas tardes, hermanos!

–¡Buenas tardes! –contestó San Martín.

–¿No quieren apearse? –añadió.

–Vamos a hacerlo –repuso San Martín.

Y dirigiéndose a mí:

–Ahora es tiempo, señor, apéese –me dijo.

Quise avanzar y me detuvo.

El indio dijo:

–Pase, adelante.

–Vamos, señor –me dijo San Martín contestando:

–Ya vamos.

Quise manear mi caballo y San Martín me dijo:

–Todavía no.

–¿Por qué no atan los caballos? –dijo el indio.

–Vamos a hacerlo –contestó San Martín.

Y dirigiéndose a mí:

–Atemos, señor, los caballos y entremos.

Los atamos y entramos en el toldo.

Caniupán estaba sentado, se levantó, nos recibió con gran agasajo y nos hizo sentar.

–¿Vienen a quedarse?

–No, vengo por un rato –le contesté.

San Martín me explicó la pregunta. Si hubiera dicho que sí, en el acto habrían mandado desensillar mi caballo, las chinas o cautivas habrían hecho un lío del apero y lo habrían guardado como cosa sagrada.

Al toldo de un indio se acerca el que quiere. Pero no puede apearse del caballo, ni entrar en él sin que primero se lo ofrezcan. Una vez hecho el ofrecimiento, la hospitalidad dura una hora, un día, un mes, un año, toda la vida. Lo que entra al toldo es cuidado escrupulosamente. Nada se pierde. Sería una deshonra para la casa. Sólo de los caballos no responden. Sea conocido o desconocido el huésped, se lo previenen, diciéndole:

–Aquí ni lo de uno está seguro.

Y es la verdad.

El indio no rehúsa jamás hospitalidad al pasajero. Sea rico o pobre, el que llame a su toldo es admitido. Si en lugar de ser ave de paso se queda en la casa, el dueño de ella no exige en cambio del techo y de los alimentos que da – tampoco da otra cosa–, sino que en saliendo a malón lo acompañen.

El toldo de Caniupán estaba perfectamente construido y aseado. Sus mujeres, sus chinas y cautivas, limpias. Cocinaron con una rapidez increíble un cordero, haciendo puchero y asado, y me dieron de comer.

El indio hizo los honores de su casa con una naturalidad y una gracia encantadoras. Me habría quedado allí de buena gana un par de días. Los cueros de carnero de los asientos y camas, las mantas y ponchos parecían recién lavados, no tenían una mancha, ni tierra ni abrojos.

Me presentó todas sus mujeres, que eran tres, sus hijos, que eran cuatro, y varios parientes, excepto la suegra, que vivía con él, pero con la que según la costumbre no podía verse, porque, como me parece haberte dicho antes, los indios creen que todas las suegras tienen gualicho, y el modo de estar bien con ellas es no verlas ni oírlas.

Pasé un rato muy entretenido, comí un buen asado de cordero, excelente pataí de postre, bebí un trago de aguardiente, y al caer la tardecita me despedí y me volví al toldo de Baigorrita.

A mi compadre lo encontré como lo había dejado, sentado y fumando.

Unas chinas de los alrededores me esperaban de visita. Iban a dormir conmigo, es decir, a pasar la noche cerca de mi fogón, como lo hizo Villarreal con su familia cuando me tenían detenido a la orilla de la lagunita de Calcumuleu. Es una costumbre de la tierra.

Camargo no estaba. Unos indios amigos lo habían llevado a un baile esa tarde. Se había ido con mi permiso, sin pedírmelo.

Cuando pregunté por él me dijeron que había encargado me avisaran, que con mi permiso se había ido a divertir. Era un verdadero mensaje de gaucho. Mandé cebar mate y obsequié a mis visitas como correspondía. Eran cuatro, se habían puesto muy currutacas y las encabezaba una llamada María de Jesús Rodríguez, que hablaba el castellano como yo.

Su nombre derivaba del de su madrina. No era cristiana. Se me olvidaba decir que entre los indios, el compadrazgo se establece sin necesidad de bautismo.

Pero dejemos a las visitas y vamos al fogón. El cuarterón conversa con mis ayudantes, oigo que dice que conoce a Julián Murga, y esto pica mi curiosidad.

XLVIII

El cuarterón cuenta su historia. Recuerdo de Julián Murga. Los niños de hoy. Diálogo con el cuarterón. Insultos. Nuestros juicios son siempre imperfectos. Un recuerdo de la Imitación de Cristo. *Dudas filosóficas. Ultima mirada al fogón. El cuarterón me da lástima. Alarma. Caiomuta ebrio, quiere matarme. Un reptil humano.*

Me acerqué al fogón, sin que me vieran, y permanecí de pie para no interrumpir al cuarterón. Las llamas iluminaban el cuadro, destacándose en él la horrible y deforme cara del espía de Calfucurá.

Contaba su historia.

No había conocido padres. Era natural de Buenos Aires, y había sido soldado del coronel Bárcena, de repugnante y sangrienta memoria. Sus campañas eran muchas y había presenciado y sido ejecutor de inauditas crueldades.

El pronunciamiento de Urquiza contra Rosas le tomó en la Banda Oriental, militando en las filas de Oribe. De allí vino incorporado a la División de Aquino, ese tipo noble, caballeresco y valiente que sucumbió a manos de una soldadesca fanática y desenfrenada.

Estuvo en Caseros, en el sitio de Buenos Aires y en el Azul con el general Rivas. De allí desertó. Vivió errante algún tiempo haciendo fechorías, mató a uno de una puñalada en una pulpería, ganó los indios, anduvo por Patagones comerciando, en calidad de Picunche, y allí conoció al coronel Murga.

Yo me he criado con Julián, lo quiero mucho; los recuerdos de nuestra infancia no se borrarán jamás de mi imaginación; en nuestro barrio, el de San Juan, había, como en todos, un caudillo, él era el nuestro. Los pulperos, los zapateros, los tenderos y las viejas nos temblaban. Éramos el azote de los negros que vendían pasteles, de los lecheros y panaderos.

Teníamos nuestro arsenal de piedras para ellos; y una colección de apodos que todavía sobreviven. Perseguíamos a muerte los gatos y los perros del vecino. Pescábamos por los fondos sus gallinas.

No dejábamos llamador en su lugar, zócalo recién pintado, pared recién blanqueada, vidrio sano que no rayáramos o rompiéramos.

Los locos nos aborrecían, los vigilantes y los serenos preferían estar de amigos con la cuadrilla. Nos disfrazábamos y asustábamos a las viejas, prefiriendo a nuestras tías.

Los criados de todas las casas conocidas nos abominaban y las sirvientas nos toleraban. Julián prometía desde chiquito. Era audaz, inventivo, estratégico. Diablura que a él se le ocurría era siempre heroica. Una vez se le ocurrió tirarse de una azotea y lo hizo, se rompió una pierna; otra que incendiáramos una pulpería lanzando en ella un gato bañado en alquitrán y espíritu de vino al que le pegamos fuego, y armamos un alboroto de marca mayor. Teníamos la ciudad dividida en secciones. Un día le tocaba a una, otro a otra. Esta noche le robábamos a Chandery la bota que tenía de muestra y a una paragüería el paraguas, y por la mañana, Chandery anunciaba paraguas y la paragüería botas.

Aquellos compañeros auguraban ya lo que serían más adelante algunos de la infantil decuria. ¡Cuántas tradiciones y debilidades no denunciaron nuestros planes! ¡Cuántas cobardías no los hicieron fracasar! ¡Hasta espías había entre nosotros, pagados por el celo maternal! ¡Ah!, ¡los niños, los niños! Los niños de hoy han de ser los hombres del porvenir.

Tomad nota de sus buenas y malas cualidades, de sus arranques de cólera, de sus ímpetus generosos. Porque más tarde o más temprano, ellos serán comerciantes, sacerdotes, coroneles, generales, presidentes, dictadores. El fondo de la humanidad persiste hasta la tumba. El barro del océano nada lo remueve.

Me allegué al fogón, saludé dando las buenas noches, se pusieron todos de pie, menos el cuarterón; me hicieron lugar y me senté.

El espía había referido su vida con una ingenuidad y un cinismo que revelaba a todas luces cuán familiarizado estaba con el crimen. Robar, matar o morir había sido lo mismo para él.

–¿Conque conoces al coronel Murga? –le pregunté.

–Sí, lo conozco –me contestó.

Pero no cambió de postura, ni se movió siquiera. Conocía el terreno; sabía que allí éramos todos iguales, que podía ser desatento y hasta irrespetuoso.

–¿Y qué cara tiene?

Me describió la fisonomía de Julián, su estatura.

–¿Dónde lo has conocido?

–En Patagones.

Me explicó a su modo dónde quedaba.

–¿Y cómo has ido a Patagones?

–Por el camino.

–¿Por qué camino?

–Por el que sale de lo de Calfucurá.

–¿Y cuántos ríos pasaste?

–Dos.

–¿Cuáles?

–El Colorado y el Negro.

–¿Sabes leer?

–No.

–¿Cómo te llamas?

—Uchaimañé (ojos grandes).

—Te pregunto tu nombre de cristiano.

—Se me ha olvidado.

—¿Se te ha olvidado...?

—Sí.

—¿Quieres irte conmigo?

—¿Para qué?

—Para no llevar la vida miserable que llevas.

—¿Me harán soldado?

No le contesté.

El prosiguió:

—Aquí no se vive tan mal, tengo libertad, hago lo que quiero, no me falta qué comer.

—Eres un bandido —le dije; me levanté, abandoné el fogón y me apresté a dormir.

La terturlia se deshizo, el cuarterón se quedó como una salamandra al lado del fuego. Los perros lo rodearon lanzándose famélicos sobre los restos de la cena. Refunfuñaban, se mordían, se quitaban la presa unos a los otros.

El espía permanecía inmóvil entre ellos. Tomó un hueso disputado y se lo dio a uno de los más flacos acariciándolo.

Noté aquello y me abismé en reflexiones morales sobre el carácter de la humanidad.

El hombre que no había tenido una palabra, un gesto de atención para mí, que se había mostrado hasta soberbio en medio de su desnudez, tenía un acto de generosidad y un movimiento de compasión para un hambriento y ese hambriento era un perro.

Yo le había creído peor de lo que era.

Así son todos nuestros juicios, imperfectos como nuestra propia naturaleza.

Cuando no fallan porque consideramos a los demás inferiores a nosotros mismos, fallan porque no los hemos examinado con detención. Y cuando no fallan por alguna de esas dos razones, fallan porque faltos de caridad, no tenemos presentes las palabras de la *Imitación de Cristo*:[57]

—Si tuvieses algo bueno, piensa que son mejores los otros.

¿Quién era aquel hombre? Un desconocido. ¿Qué vida había llevado? La de un aventurero. ¿Cuál había sido su teatro, qué espectáculos había presenciado? Los campos de batalla, la matanza y el robo, ¿qué nociones del bien y del mal tenía? Ningunas. ¿Qué instintos? ¿Era intrínsecamente malo? ¿Era susceptible de compadecerse del hambre o de la sed de unos de sus semejantes? No es permitido dudarlo después de haberle visto, entre las tinieblas, sentado cerca del moribundo fogón, sin más testigos que sus pensamientos, apiadarse de un

273

perro, que por su flacura y su debilidad parecía condenado a presenciar con avidez el nocturno festín de sus compañeros.

¿Sería yo mejor que ese hombre, me pregunté, si no supiera quién me había dado el ser; si no me hubieran educado, dirigido, aconsejado; si mi vida hubiera sido oscura, fugitiva; si me hubiera refugiado entre los bárbaros y hubiera adoptado sus costumbres y sus leyes y me hubiera cambiado el nombre, embruteciéndome hasta olvidar el que primitivamente tuviera?

Si jamás hubiera vivido en sociedad, aprendiendo desde que tuve uso de razón a confundir mi interés particular con el interés general, que es la base de nuestra moral, ¿sería yo mejor que ese hombre?, me pregunté por segunda vez.

Si no fuera el miedo del castigo, que unas veces es la reprobación, y otras los suplicios de la ley, ¿sería yo mejor que ese hombre?, me pregunté por tercera vez.

No me atreví a contestarme. Nada me ha parecido más audaz que Juan Jacobo Rousseau, exclamando:

"Yo, sólo yo conozco mi corazón y a los hombres. No soy como los demás que he visto, y me atrevo a decir que no me parezco a ninguno de los que existen. Si no valgo más que ellos, no soy como ellos. Si la naturaleza ha hecho bien o mal en romper el molde en que me fundió, no puede saberse sino leyéndome".

Eché la última mirada al fogón.

El cuarterón atizaba el fuego maquinalmente con una mano, y con la otra acariciaba al perro flaco, que apoyado sobre las patas traseras dobladas y sujetando con las delanteras estiradas un zoquete, en el que clavaba los dientes hasta hacer crujir el hueso, miraba a derecha e izquierda con inquietud, como temiendo que le arrebataran su presa. Una llama vacilante, iluminaba con cambiantes al claroscuro la cara patibularia, Me dio lástima y no me pareció tan fea.

Hacía fresco.

Me acerqué a él y le pregunté:

—¿No tienes frío?

—Un poco —me contestó, mirándome con fijeza por primera vez al mismo tiempo que le aplicaba una fuerte palmada a su protegido, que al aproximarme gruñó, mostrando los colmillos.

Una calma completa reinaba en derredor; todos dormían, oyéndose sólo la respiración cadenciosa de mi gente.

La luna rompía en ese momento un negro celaje, y eclipsando la luz de las últimas brasas del fogón, iluminaba con sus tímidos fulgores aquella escena silenciosa, en que la civilización y la barbarie se confundían, durmiendo en paz al lado del hediondo y desmantelado toldo del cacique Baigorrita, todos los que me acompañaban, oficiales, frailes y soldados.

Cuidando de no pisarle a alguno la cabeza, el cuerpo o los pies, busqué el

sitio donde habían acomodado mi montura. Estaba a la cabecera de mi cama.
Saqué de ella un poncho calamaco, volví al fogón y se lo di al espía de Calfucurá,
cuyos grasientos pies lamía el hambriento perro, diciéndole:

–Toma, tápate.

–Gracias –me contestó tomándolo.

Iba a sentarme para seguir interrogándolo, aprovechando la quietud que
reinaba, cuando oí el galope de varios caballos y gritos de:

–¿Dónde está ese coronel Mansilla?

El espía se puso de pie. Tenía un gran cuchillo medio atravesado por delante. Lo miré. Su cara revelaba curiosidad, pero no mala intención.

–¿Qué gritos son ésos? –le pregunté.

–Parecen borrachos –me contestó.

–A ver; fíjate –le dije.

Paró la oreja; los gritos seguían aproximándose. Yo no percibía bien lo que
decían. Ya no resonaba en el silencio de la noche mi nombre, sino ecos araucanos.

–¿Qué dicen? –le pregunté, pareciéndome oír una voz conocida.

–Es Camargo –me contestó.

–¿Camargo?

–Sí, viene con unos indios borrachos, ya llegan.

En efecto, sujetaron los caballos e hicieron alto detrás del toldo de Baigorrita,
presentándoseme acto continuo Camargo.

–¡Mi coronel –me dijo, echándome el tufo–, acuéstese pronto!

–¿Por qué, hombre?

–¡Acuéstese, señor, acuéstese!

–Pero, ¿por qué?

–Caiomuta viene muy borracho.

Y esto diciendo, me tomó del brazo y me empujó hacia la enramada en que
estaba mi cama.

–Acuéstese, señor –dijo el espía también. Me acosté volando.

Caiomuta había entrado en el toldo de su hermano y lo había despertado.
Hablaban con calor, en su lengua. Yo nada comprendía.

Estaba tranquilo; pero receloso.

De repente, un hombre tropezó en mis piernas y se cayó encima de mí.

–¡Eh! –grité.

–Dispense, señor –me dijo Camargo, reconociendo mi voz.

–¿Qué haces, hombre?

–Cállese, señor –me contestó en voz baja.

Y arrastrándose en cuatro pies, lo vi acercarse al toldo de Baigorrita, quedando bastante cerca de mi cama para poder conversar sin alzar la voz.

–¡Qué indio tan pícaro! –me dijo.

–¿Qué hay?

–Le dice a Baigorrita que lo quiere matar a usted.

–¿Y mi compadre, qué dice?

–Le ha dado una trompada y le ha dicho que se atreva.

En ese momento, Baigorrita gritó:

–¡San Martín!

Camargo se reía, apretándose la barriga y me decía:

–¡Ah!, ¡indio malo!, no se puede levantar de la trompada que le ha dado el hermano. Toma, por pícaro, ¿sabe, señor, que me han robado los estribos? ¡Ladrones!, les he tirado todo y me he venido en pelos, ni las riendas he traído, le he echado al pingo un medio bozal.

–¡San Martín! ¡San Martín! –gritaba Baigorrita.

Vino San Martín, entró en el toldo de mi compadre, habló con él, repitiendo mi nombre varias veces.

–Dice –me dijo Camargo–, que lo cuide a usted; que no haga ruido y que si Caiomuta quiere hacer barullo, que lo maten.

Caiomuta, ebrio como estaba, no podía levantarse del sitio en que lo había tendido el membrudo brazo de su hermano mayor.

Camargo se arrastró como un reptil, saliendo de donde estaba, y acostándose a los pies de mi cama, me pidió mil disculpas por haber venido alegre; me contó el robo que le habían hecho otra vez; me dijo que los indios eran unos pícaros, que él los conocía bien; que por eso no les andaba con chicas; que Caiomuta era quien le había hecho robar los estribos de plata; que para saberlo había tenido que asustarlo a un indio; que le había ofrecido matarlo si no le confesaba la verdad, y que, de miedo, no sólo le había contado todo, sino que le había dado un chifle de aguardiente que tenía muy guardado hacía tiempo; que al día siguiente habían de parecer los estribos, que si no aparecían se había de volver en pelos a lo de Mariano y lo había de avergonzar a Caiomuta, que a una visita no se le roban las prendas.

Yo no podía pegar los ojos. Oía rugir a Caiomuta y estaba alerta.

San Martín se allegó a mi cama y me miró de cerca.

–¿Qué? –le dije.

–Nada, señor, duerma no más, no hay cuidado –me contestó.

–Gracias –repuse.

Me dio las buenas noches y se marchó, entrando en el toldo de Baigorrita.

A ese tiempo, el otro indio que había venido con Caiomuta, y que al apearse del caballo, se había caído, permaneciendo un rato tirado en el suelo, se levantó y preguntó:

–¿Dónde está ese Camargo?

Nadie le contestó.

–Ese Camargo mucho asesino –dijo.

Nadie le contestó.

–¡Mucho asesino! –gritó.

Camargo se despertó, le echó un terno y el indio no replicó.

Así estuvieron más de una hora. Yo, al fin me quedé dormido.

De improviso me desperté sobresaltado.

Una cosa blanda, húmeda y tibia pasaba sobre mi cara.

XLIX

*Medio dormido. Un palote humano. Un baño de aguardiente. Los perros
son más leales que los hombres. Preparativos. El comercio entre los indios.
Dar y pedir con vuelta. Peligros a que me expuso mi pera. En marcha
para Añancué. Una águila mirando al norte, buena señal.*

La luna había terminado su evolución, las estrellas brillaban apenas al través
de cenicientos nubarrones, reinaba una oscuridad caótica.

Abrí los ojos, no vi nada.

Me apretaban fuertemente, quitándome la respiración; una sustancia glutinosa, fétida, corría como copioso sudor por mi cara; una mole me oprimía el
pecho, palpitaba y confundía sus latidos con los míos; otro peso gravitaba sobre
mi vientre, y algo, como brazos, aleteaba.

El sobresalto, el cansancio, el sueño reparador interrumpido, las tinieblas
me ofuscaban.

Oía como un gruñido y sentía como si diese vuelta por encima de mi estirada humanidad, un inmenso palote de amasar.

No podía sacar los brazos de abajo de las cobijas, porque las sujetaban de
ambos lados; hice un esfuerzo y conseguí sacar uno.

Tanteando con cierto inexplicable temor, a la manera que entre las sombras de
la noche penetramos en un cuarto cuyos muebles no sabemos en qué disposición
están colocados, toqué una cosa como la cara de un hombre de barba fuerte, que
se ha afeitado hace tres días. Me hizo el efecto de una vejiga de piel de lija.

Conseguí sacar el otro brazo, y siguiendo la exploración, lo llevé a la altura
del primero; toqué una cosa como la crin de un animal. Luego, tanteando con
las dos manos a la vez, hallé otra cosa redonda, que no me quedó la menor duda
era una cabeza humana. Un líquido aguardentoso, cayendo sobre mi cara como
el último chorro de una pipa al salir por ancho bitoque, me ahogó.

Llamé a Camargo angustiosamente. No me oyó. Creí morirme. No sabía lo que embargaba mis sentidos. Pegué un empujón con entrambas manos a lo que me parecía una cabeza; formé con mis rodillas un triángulo dándole un fuerte empellón al peso que las oprimía, eché a rodar un bulto pesado, que gritó, *peñi* (hermano).

Me puse de pie, como Don Quijote en la escena con Maritornes, y vi un cuerpo revolcándose a mi lado. Volví a llamar a Camargo, con todos mis pulmones, se levantó rápido, se acercó a mi cama y oyendo que le decía: ¿qué es eso? señalándole el bulto, se agachó, miró, echóse a reír y exclamó:

–Es el indio borracho.

Comprendí lo que había pasado; su interlocutor de un rato antes, al cruzar por mi enramada había tropezado, se había caído y con la tranca no había podido levantarse; había posado su cara sobre la mía y me había bañado con sus babas y sus erupciones alcohólicas.

Tuve que llamar a Carmen, que lavarme y mudar de ropa.

El crepúsculo empezaba. Mandé hacer fuego, calentar agua, y fui a sentarme en el fogón.

El cuarterón y el perro estaban allí, dormían.

La madrugada me sorprendió tomando mate. Mi compadre se levantó cuando las últimas estrellas desaparecían. Llamó a San Martín, le dio sus órdenes, y un momento después Caiomuta salía de su toldo en brazos de cuatro indios, como un cuerpo muerto.

Le enhorquetaron sobre un caballo, le dieron a éste un rebencazo y el animal tomó el camino de la querencia, llevándose a su dueño y señor.

Mi compadre vino en seguida al fogón, y saludándome, se sentó a mi lado. Preguntóme si había dormido bien. Le contesté que sí; le di un mate y un cigarro, tomó ambas cosas, no habló más y se marchó.

Varias veces, mientras permaneció a mi lado, clavó sus ojos en el cuarterón con indiferencia.

Despertóse éste, me dio los buenos días y se levantó. Siéntate no más, le dije, pasándole un mate. Obedeció y lo tomó.

Nuevos parroquianos llegaron en ese momento.

Al tomar asiento, mi ayudante Rodríguez, viendo al cuarterón allí, le dijo:

–¿Conque sabías escribir? El hombre no contestó.

El alférez, Ozarowski, dijo:

–Si no sabe, ha querido hacer creer que sabía; lo que estuvo escribiendo eran unas rayas, y contó que la tarde antes le había visto con un lápiz y aire misterioso detrás de la cocina hacer como que tomaba nota de lo que se conversaba. Pero que todo había sido una pantomima.

El espía de Calfucurá era un tipo.

Oyendo que se ocupaban de él, se marchó; el perro lo siguió.

Había encontrado un hombre que parecía indio, que hablaba una lengua que conocía y se había adherido a él por la gratitud.

Los perros son más leales que los hombres; los hombres son más generosos que los perros. El mundo está bien así, mientras no se presente otro planeta mejor a dónde emigrar. Pero la raza humana tiene, sin embargo, mucho que aprender de la canina y viceversa.

Me acordé de que ese día era el prefijado para la gran junta. Llamé a San Martín y le hice preguntar a mi compadre a qué hora marcharíamos. Me contestó que cuando ladeara el sol.

Di mis órdenes, se pasó la mañana en preparativos para la marcha, y cuando todo estuvo dispuesto me fui al toldo de Baigorrita, entrando en él como en mi casa.

Yo observaba movimiento en su gente, y tenía curiosidad de saber en qué consistía.

La hora se acercaba.

Mi compadre me vio entrar sin salir de su apatía habitual. Había vuelto a la faena de picar tabaco con la navaja de Rodgers.

En la cara me conoció que alguna curiosidad me llevaba.

Llamó a San Martín.

Vino éste, y le hice preguntar que si todavía no era hora de ensillar.

Me contestó que teníamos bastante tiempo aún; que de allí a *Añancué,* línea divisoria de sus tierras, no había más que dos galopes, que ya había mandado traer sus caballos y buscar una res, para que mi gente carneara antes de partir; pero que la res tardaría un rato largo en llegar, porque estaba lejos.

–¿Y qué, mi compadre no tiene vacas gordas aquí? –le pregunté a San Martín.

–No, señor, si está muy pobre –me contestó.

–¿Muy pobre?

–Sí, señor.

–¿Y cuánto vale una vaca?

–No tiene precio.

–Cómo ¿no tiene precio?

–Cuando es para comercio depende de la abundancia, cuando es para comer, no vale nada; la comida no se vende aquí: se le pide al que tiene más.

–¿De modo que los que hoy tienen mucho, pronto se quedarán sin tener qué dar?

–No, señor; porque lo que se da *tiene vuelta.*

–¿Qué es eso de vuelta?

–Señor, es que aquí el que da una vaca, una yegua, una cabra o una oveja para comer, la cobra después, el que la recibe algún día ha de tener.

–Y si a un indio rico le piden veinte indios pobres a la vez, ¿qué hace?

–A los veinte les da *con vuelta* y poco a poco se va cobrando.

–Y si se mueren los veinte, ¿quién le paga?

–La familia.

–¿Y si no tiene familia?

–Los amigos.

–¿Y si no tiene amigos?

–No puede dejar de tener.

–Pero todos los hombres no tienen amigos que paguen por ellos.

–Aquí sí; no ve, señor, que en cada toldo hay *allegados*, que viven de lo que agencia el dueño.

–¿Y si se les antoja no pagar?

–No sucede nunca.

–Puede suceder, sin embargo.

–Podría suceder, sí, señor; pero si sucediese, el día que a ellos les faltase. nadie les daría.

–¿Cada indio tendrá una cuenta muy larga de lo que debe y le deben?

–Todo el día hablan de lo que han recibido y dado con vuelta.

–¿Y no se olvidan?

–Un indio no se olvida jamás de lo que da ni de lo que le ofrecen.

–¿Me has dicho que cuando una vaca era para comercio tenía precio?

–Sí, señor.

–Explícame eso.

–Señor, comercio es, que el que tiene le haga un cambio al que no tiene.

–¿Entonces, si un indio tiene un par de estribos de plata y no tiene qué comer, y quiere cambiar los estribos por una vaca, los cambia?

–No se usa; le darán la vaca con *vuelta* y él dará los estribos con *vuelta* también.

–¿Y si un indio tiene un par de espuelas de plata y las quiere cambiar por un par de estribos?

–Las cambia, *con vuelta* o *sin vuelta,* según el trato.

–¿Y con los indios chilenos, cómo hacen el comercio, lo mismo?

–No, señor; con los chilenos el comercio lo hacen como los cristianos, a no ser que sean parientes.

–¿Y con los indios de Calfucurá y con los pampas?

–Lo mismo, señor.

–¿Y hay pleitos aquí?

–No faltan, señor.

–¿Y cuando los indios tienen una diferencia, quién los arregla?

–Nombran jueces.

–¿Y si alguno no se conforma?

–Tiene que conformarse.

Estos bárbaros, dije para mis adentros, han establecido la ley del Evangelio, hoy por ti, mañana por mí, sin incurrir en las utopías del socialismo; la solidaridad, el valor en cambio para las transacciones; el crédito para las necesidades imperiosas de la vida y el jurado civil; entre ellos se necesitan especies para las permutas, crédito para comer.

Es lo contrario de lo que sucede entre los cristianos. El que tiene hambre no come si no tiene con qué. Está visto que las instituciones humanas son el resultado de las necesidades y de las costumbres, y que la gran sabiduría de los legisladores consiste en no perderlo de vista al modelar las leyes. Los que a cada rato nos presentan el cartabón de otras naciones cuya raza, cuya religión, cuyas tradiciones difieren de las nuestras, deberían tomar nota de estas observaciones.

Por aquí iba de mi soliloquio, cuando el indio que me escamoteó los guantes de castor se presentó. Venía algo *achumado*.

En cuanto me vio me dijo una cuchufleta. Sentóse a mi lado y me pidió el pañuelo de seda que llevaba al cuello. Me negué a dárselo, porque su desaparición importaba *una señal*. Pero insistió e insistió y no tuve más recurso que ceder. Era una prenda insignificante y quién sabe qué se imaginaba mi compadre si no lo daba. De la suspicacia de un indio hay que esperarlo todo.

Gran contento experimentó el indio al recibir el pañuelo y en el acto se lo puso como yo lo usaba, calándose encima el sombrero.

Siguió jaraneando, siendo mi larga pera objeto de los mayores elogios y admiración. Grande, linda, me decía, pasando por ella su puercas manos. Quería levantarme y no me dejaba. Estaba cargoso como cuatro. Y no me era dado manifestarle que me atosigaba con sus monadas, porque a mi compadre le hacían suma gracia. Además yo sabía todo el cariño y respeto que tenía por él.

Me abrazaba, me besaba, se quedaba mirándome, y gozoso exclamaba:

–¡Ese coronel Mansilla, toro!

Era el mayor cumplimiento que podía dirigirme.

Ser *toro* es ser todo un hombre.

No sabiendo qué más hacerme, se le ocurrió *trenzarme la pera*.

Era la otra seña convenida con Camilo si algún peligro me amenazaba. ¿Cómo dejarlo satisfacer su capricho? Se aferró a él con tanta tenacidad, que me preocupó seriamente.

Y no era para menos, Santiago amigo, si tienes presente la composición de lugar hecha con Camilo, para el caso de que los indios no quisieran dejarme salir de entre ellos.

Que me hubiera pedido y sacado el pañuelo, se explicaba. A cualquier indio podía habérsele ocurrido pedírmelo. Me había puesto en ese caso. Pero que después de haber dado el pañuelo me quisiera trenzar la barba, era inexplicable, extraordinario.

No hay previsión que alcance ciertas cosas; con razón dice Napoleón, que en la guerra dos tercios deben concedérsele al cálculo y uno a la casualidad.

No podía ocurrírseme la idea de una traición porque los *muchachos* de Camilo eran todos hombres muy seguros. Han conversado entre ellos sobre lo convenido, algún espía los ha oído, me decía, y me tienden un lazo; quieren ver qué hago.

El indio no declinaba de su empeño. A Roma por todo, exclamé interiormente, y me dejé trenzar la barba, tomando la precaución de darle la espalda a la entrada del toldo, no fuera a pasar Camilo, viera la señal y se largara para la Villa de Mercedes, llevándole un parte falso al general Arredondo.

Estaba en ascuas; los caballos debían llegar de un momento a otro y con ellos Camilo, quien según la consigna no me veía hacía días.

Darle aviso de lo que acontecía era imposible. El indio no me dejaba salir del toldo. Un hombre *achumado* es más pesado y fastidioso que una mujer enamorada celosa.

La res que había mandado pedir mi compadre llegó, y me sacó de apuros. Preguntáronle si la carneaban, contestó que sí, y me hizo decir que cuando gustara podía mandar ensillar.

Me levanté, y destrenzándome la malhadada pera, salí del toldo, a pesar de los repetidos, "no se vaya, amigo", del indio.

Tres trompas tocaron llamada, y algunos momentos después comenzaron a llegar grupos de jinetes, montando buenos caballos y vistiendo trajes de gala. Uno de ellos tenía uniforme completo de teniente coronel y la pata en el suelo.

Mi gente estaba pronta. Arrimaron las tropillas y ensillamos.

Me despedí tiernamente de mi ahijado. ¡Extraños fenómenos de la simpatía, el chiquilín lagrimeó! Montamos y partimos al gran galope en dispersión. El cuarterón iba con nosotros y el perro del toldo de Baigorrita lo seguía.

Por el camino se incorporaron varios grupos de indios, y cuando llegábamos a las alturas de Poitaua era la tarde ya.

Sujeté para esperar a los franciscanos que se habían quedado atrás, y mi compadre también.

Sobre la copa de un algarrobo estaba un águila, mirando al norte.

Baigorrita me hizo decir con San Martín, que era buena seña, que el águila nos indicaba el rumbo.

Si hubiese estado mirando al sud, *todos* los indios se habrían vuelto.

Es el ave sagrada de ellos y tienen esa preocupación.

Los franciscanos llegaron y seguimos la marcha al trote; iba a reírme de la superstición del águila, diciéndoles lo que me había hecho notar mi compadre. Pero me acordé de que yo no como donde hay trece, ni mato arañas por la noche.

Hay un mundo en el que todos los hombres son iguales; es el mundo de las preocupaciones. El más sensato es un bárbaro.

Decidme si no, lector, ¿por qué aborrecéis a don fulano?

L

Mi compadre Baigorrita me pide caballos prestados. El que entre lobos anda, a aullar aprende. Aves de la pampa. En un monte. Perdido. Las tinieblas. Fantasmas de la imaginación. ¿Somos felices? Disertación sobre el derecho. El miedo. Hallo camino. Me incorporo a mis compañeros. Clarines y cornetas.

En Pitralauquen, volvimos a hacer alto; los flamencos atornasolados saludaron nuestra llegada, batiendo con estrépito sus sonrosadas alas, y en ondas caprichosas se perdieron por el éter incoloro.

Mi compadre y sus indios allegados iban tan mal montados, que me pidió por favor le prestara algunos caballos para llegar a la raya.

Ordené que se los dieran, y diciéndole a San Martín:

–Parece increíble que Baigorrita no tenga más caballos –me contestó.

–Si anoche casi lo han dejado a pie.

Descansamos un rato y seguimos la marcha.

Al tiempo de subir a caballo, le robé al indio de los guantes un naco de tabaco que llevaba atado a los tientos. El que entre lobos anda, a aullar aprende.

Se lo dije a mi compadre y se rió mucho, festejando la ocurrencia y la burla que le harían los demás cuando supieran que se había dejado robar por mí.

Galopábamos a toda brida.

Éramos como doscientos y ocupábamos media legua, por el desorden en que los indios marchan.

El sol se ponía con un esplendor imponente; sus rayos como dardos de fuego despejaban los celajes que intentaban ocultarlo a nuestras miradas y refractándose sobre las nubes del opuesto hemisferio, teñían el cielo con colores vivaces.

Las aves acuáticas, en numerosas bandadas, hendían los aires con raudo vuelo y graznando se retiraban a las lagunas, donde anidaban sus huevos.

Es increíble la cantidad de cisnes, blancos como la nieve, de cuello flexible y aterciopelado; de gansos manchados, de rico pico; de patos reales, de plumas azules como el lapislázuli; de negras bandurrias, de corvo pico, de pardos chorlos, de frágiles patitas; de austeras becacinas, de grises alas, que alegran la pampa. En cualquier laguna hay millares.

¡Cómo gozaría allí un cazador!

Imaginaos que en la "Ramada" los soldados recogieron un día ocho mil huevos, después de haber recogido toda la semana grandes cantidades.

¡Cuánto echaba de menos mi escopeta!

Entramos en el monte. Anocheció y seguimos al galope. El polvo y la oscuridad envolvían en tinieblas profundas los árboles que, como fantasmas, se alzaban de improviso al acercarnos a ellos: no nos veíamos a corta distancia; nos llevábamos por delante unos a los otros; mi caballo era superior, yo iba a la cabeza, perdí la senda y me extravié.

Sujeté, hice alto, puse atento el oído en dirección al rumbo que me pareció traerían los que me precedían; nada oí.

¿Qué peligro corría?

Ninguno, en realidad.

Un tigre no podía hacerme nada. El caballo me habría librado de él. Nuestros tigres, el jaguar argentino, no atacan como el tigre de Bengala, sino cuando los buscan. Por otra parte, el monte había sufrido los estragos de la quemazón y el tigre vive entre los pajonales.

¿Qué me imponía entonces?

Las tinieblas de la noche.

Las sombras tienen para mí un no sé qué de solemne. En la oscuridad, cuando estoy solo, me siento anonadado. Me domino; pero tiemblo.

La noche y los perros son mis dos grandes pesadillas. Yo amo la luz y a los hombres, aunque he hecho más locuras por las mujeres. No puedo decir lo que me aterra cuando estoy solo en un cuarto oscuro, cuando voy por la calle en tenebrosas horas, cuando cruzo el monte umbrío; como no puedo decir lo que sentía cuando trepaba las laderas resbaladizas de la gran cordillera de los Andes, sobre el seguro lomo de cautelosa mula.

Pero siento algo de pavoroso, que no está en los sentidos, que está en la imaginación; en esa región poética, mística, fantástica, ardiente, fría, límpida, nebulosa, transparente, opaca, luminosa, sombría, risueña, triste, que es todo y no es nada, que es como los rayos del sol y su penumbra, que cría y destruye, que forja sus propias cadenas y las rompe, que se engendra a sí misma y se devora, que hoy entona tiernas endechas al dolor, que mañana pulsa el plectro aurífero y canta la alegría, que hoy ama la libertad y mañana se inclina sumisa ante la oprobiosa tiranía.

¡Ah!, ¡si pudiéramos darnos cuenta de todo lo que sentimos!

¡Si nuestra impotente naturaleza pudiera tocar los lindes vedados que separan lo finito de lo infinito! ¡Si pudiéramos penetrar en los abismos del mundo psicológico, como alcanzamos con el telescopio a las más remotas estrellas!

¡Si pudiéramos descomponer los rayos de la mirada del hombre, como el espectro solar descompone los rayos del gran luminar! ¡Si pudiéramos sondar el corazón, como los bajíos tempestuosos del mar!

¿Seríamos más felices?

¡Más felices...!

¿Somos acaso felices?

Si constantemente hablamos de la felicidad, es porque tenemos idea de ella. Definidme, pues, lo que es.

Quiero saberlo, necesito saberlo, debo saberlo, es mi derecho.

Sí, yo tengo derecho a ser feliz, como tengo derecho a ser libre. Y tengo derecho a ser libre, porque he nacido libre.

¿Qué es la libertad?

¿No es el poder de obrar, o de no obrar, no es la facultad de elegir; no es el ejercicio de mi voluntad consciente, reflexiva, deliberada, calculada, espere daño o bien?

¡Os atrevéis a tacharme la definición!

¿Qué vais a decir?

Que no es jurídica; ¿porque la libertad *es el poder de hacer lo que no daña a otro?*

Os advierto que no hablo como un legista, sino como un filósofo, y os admito la diferencia.

Convenido; la libertad es eso, mi derecho corriendo en línea paralela con el vuestro; una abstracción susceptible de asumir una fórmula gráfica.

—A mi derecho: – –

—A vuestro derecho: – –

Luego un derecho que se sobrepone a otro no es derecho, es abuso o tiranía.

Yo tengo el derecho de hablar, vos también. Si os impongo silencio y no callo, os oprimo. Yo tengo el derecho de trabajar para mí, vos también. Si os hago mi esclavo, os tiranizo.

Estamos acordes.

Pues bien. Insisto en ello. Yo tengo el derecho de ser feliz. Lo reconozco, me contestáis; no me opongo a ello, no tengo cómo oponerme; lo intentaría en vano.

Es mentira, puesto que mi felicidad consiste en que me devolváis el amor de la mujer que me habéis robado.

No depende de mí. En todo caso dependerá de ella.

Pero es que si ella volviese a mí no volvería como antes era; para que lo fuera, hubiera debido permanecer inmaculada y la habéis corrompido.

Suponiendo que yo pueda ser responsable de vuestra felicidad, os prevengo que hacéis un sofisma cuando la comparáis con el derecho.

No os entiendo.

Quiero decir que el derecho regla las relaciones naturales de la humanidad; que si la libertad es un derecho, la felicidad no lo es.

¿Y por qué no ha de ser un derecho aquello que más necesito?

Tanto valiera que me dijerais que respirar no es mi derecho, siendo así que tengo el derecho de vivir y que si no respiro muero.

Es que el sofisma consiste en que hacéis de un accidente una necesidad; de una cosa contingente una cosa absoluta; de una cosa que está en nuestras manos, una cosa que depende de los demás.

¿Pero mi libertad, mi derecho están en ese mismo caso?

No, porque vuestra libertad y vuestro derecho están garantidos por la libertad y el derecho ajenos. *Alteri non feceris quod tibi fieri non vis.* No hagas a los demás lo que no quieres que te hagan a ti mismo. *Alteri feceris quod tibi fieri velis.* Haz a los demás lo que quieres que te hagan a ti mismo. Estos dos aforismos encierran todos los deberes del hombre para con sus semejantes y con la familia.

No protesto contra esos principios, arguyo sólo, que si mi felicidad no daña a los demás, tengo el derecho de exigir ser feliz.

¿A quién?

¿A quién...?

–Sí, ¿a quién?

Contestadme.

Os he pedido que me defináis la felicidad.

¿Que os defina la felicidad?

Si la felicidad no es absoluta, es relativa. No es como el bien y el mal, como lo bueno y lo malo. Es objetiva y subjetiva. Depende de las circunstancias, del carácter, de las aspiraciones, de accidentes sin fin.

Os entiendo.

Queréis decirme, que un fraile de la Trapa, vicioso, descreído, puede vivir más tranquilamente en su retiro que yo, creyente y sano, en el bullicio de la sociedad.

Precisamente.

Entonces, ¿qué recurso nos queda a los que rodamos fatalmente en ese torbellino?

Tomarlo como viene, resignarse.

La conformidad puede convenirle a un esclavo.

¿Y creéis haber dicho algo?

Si no lo creyese, no hubiera hablado.

Os prevengo, sin embargo, que sois esclavo de vuestras pasiones.

¿Y qué me queréis decir?

Quería recordaros, que Dios es inescrutable, que el hecho de no poder definir satisfactoriamente una cosa en abstracto, no prueba que la cosa deje de existir; en una palabra, que habéis sido insensato al exclamar con desaliento: ¿somos acaso felices?

De consiguiente, porque no pueda definir lo que experimenté cuando me vi perdido en el monte, no por eso dejará de creerse que fue miedo.

¿Cuánto duró? Pocos instantes.

Quizá si hubiera durado más, lo hubiera podido definir.

Me hallaba perplejo, sin saber qué hacer, mi caballo caminaba en la dirección que quería, yo estaba desorientado y todo era igual, lo mismo un rumbo que otro.

Así había vagado un breve instante a la ventura, cuando sentí un tropel, cerca, muy cerca de mí. La emoción, sin duda, no me había permitido oírlo antes.

Hay situaciones en que, según las disposiciones del espíritu, el zumbido de una mosca, el susurro de una hoja parecen una tempestad; y otras en que no se oye ni el estampido del cañón. Yo he visto en el campo de batalla hombres asustados, poseídos de terror, pánico, huir hacia el enemigo, que no reconocían a quien les hablaba, ni oían lo que se les decía.

Dando vueltas había caído al camino. Me incorporé a un grupo que pasaba al galope y seguí. Salimos a un descampado. Algunas estrellas brillaban entre nubes errantes, que a impulsos de un vientecito que se había levantado, corrían de naciente a poniente, presagiando que al salir la luna tendríamos luz.

Volvimos a entrar en la espesura; caímos a unos barrancos con lagunas salitrosas, que parecían espejos de bruñida plata; subimos a la falda de los médanos, y al llegar a la cumbre de uno de ellos, la errante reina de los cielos asomó su blanca faz, y clavándola en la inmóvil superficie de las lagunas, hizo brotar de su seno diamantinas luces.

Oyéronse toques de clarín. Jamás el bélico instrumento resonó en mis oídos con más solemnidad. Me hizo el efecto de la trompeta del arcángel el día del juicio final. Sus vibraciones se alcanzaban tremulantes unas a otras, recorriendo las ondulaciones del vacío.

Las cornetas de Baigorrita contestaron. Estábamos en la raya.

Hicimos alto. Llegó un parlamento, habló y habló; le contestaron razón por razón; los despacharon; volvió otro y otro, se hizo lo mismo y a las cansadas llegó un hijo de Mariano Rosas, invitándonos a avanzar.

Marchamos y llegamos, pasando por una gran playa, que es donde los indios, después de sus grandes juntas, juegan a la *chueca*.

LI

Mariano Rosas y su gente. ¡Qué valiente animal es el caballo! Un parlamento de noche. Respeto por los ancianos. Reflexiones. La humanidad es buena. Si así no fuese estaría perturbado el equilibrio social. El arrepentimiento es infalible. Lo dejo a mi compadre Baigorrita y me retiro. Un recién llegado. Chañilao. Su retrato.

Mariano Rosas y su gente estaban campados en una colina escarpada; trepábamos dificultosamente a la cima, los caballos se hundían hasta los ijares en la esponjosa arena; cada paso les costaba un triunfo, caían y se enderezaban; temblaban, se esforzaban ardorosos y volvían a caer; la espuela y el rebenque los empujaban, por decirlo así; endurecían los miembros, recogían las patas delanteras, y sacándolas al mismo tiempo, se arrastraban y desencajaban poco a poco las traseras; sudaban; jadeaban, se paraban, resollaban y subían; a veces teníamos que apearnos, que tirarlos de la rienda y animarlos, accionando con los brazos, gritando:

–¡Aaaah!

¡Qué potente y valiente animal es el caballo!

Llegamos a la cumbre de la colina.

Bajo dos coposos algarrobos, había sentado sus reales el cacique general de las tribus ranquelinas. Parlamentaba solemnemente con los capitanejos e indios circunvecinos y lejanos que sucesivamente llegaban al lugar de la cita.

A todos los recibía con la misma consideración; a todos les hacía las mismas preguntas; a todos los conocía por sus nombres, sabía de dónde venían, cómo se llamaban sus abuelos, sus padres, sus mujeres, sus hijos; y a todos, les explicaba el motivo de la junta, que al día siguiente se celebraría. Y todos contestaban lo mismo, y después de contestar se sentaban en hilera dándoles la derecha a los capitanejos más caracterizados y a los viejos. Entre éstos fue objeto de las mayores atenciones un tal Estanislao. Venía de muy lejos, de la raya de las tierras de Baigorrita con Calfucurá.

Tendría como setenta años; era alto pero estaba encorvado bajo el peso de la edad; sus largos cabellos canos cayendo en lacias crenchas sobre sus hombros, le daban a su rugosa cara, tostada por el sol, un aspecto simpático de veneración.

Su traje era el de un paisano.

Poncho y chiripá de tela pampa, camisa de Crimea, calzoncillos con fleco, botas de potro cerradas en la punta. No llevaba sombrero. Una ancha vincha azul y blanca adornaba su frente.

Para bajarse del caballo tuvo necesidad de que dos indios robustos le prestaran ayuda.

Una vez en tierra le colocaron un par de muletas hechas de tosca madera de chañar. Apoyado en ellas, y abriéndole paso todo el mundo avanzó sobre Mariano Rosas. Púsose éste de pie y lo recibió con marcadas muestras de cariño, echándole los brazos y estrechándolo con efusión.

Los capitanejos e indios de importancia que ocupaban los asientos preferentes se corrieron a la derecha, cediéndole el primer puesto en el que se colocó. Aquel homenaje respetuoso en medio del desierto, a la luz de las estrellas tributado por los bárbaros, me hizo comprender que el respeto hacia los que nos han precedido en la difícil y escabrosa carrera de la vida es innato al corazón humano.

Yo tengo la peor idea de los que no se inclinan reverentes ante la ancianidad.

Cuando me encuentro con algún viejo, conocido o desconocido, instintivamente le cedo el paso.

Cualquiera que sea la condición del hombre, sea su porte distinguido o no, vista el rico paño de la opulencia, o los sucios harapos del enemigo, una cabeza helada por el invierno de la vida, me infunde siempre religioso respeto.

¡Quién sabe, me digo, al verlo pasar, cuántas injusticias no han herido ese corazón!

¡Quién sabe cuántos dolores no han desgarrado su alma!

¡Quién sabe de cuántos desdenes no es víctima, después de haber sacrificado los más caros intereses en aras de la patria y de la amistad!

¡Quién sabe cuántos infortunios indecibles no han anticipado su vejez!

¡Quién sabe si habiéndose hecho la ilusión de ver en el último tercio de la vida, amenizado el hogar con los afanes de la tierna esposa, y de los hijos, no es un desterrado de la familia por sus liviandades o por la fatalidad!

¡Quién sabe si esa existencia trémula, enfermiza, que se apaga, que no destella ya sino moribundos rayos, como el sol de brumosos días al ponerse, no necesita un poco de consideración social para disfrutar de un soplo más de vida!

Los niños y los viejos son como los polos del mundo: opuestos, pero iguales. En los unos hay el candor prístino, en los otros hay la inofensiva debilidad.

... "Last scene of all,
That ends this strange eventful history
Is second childishness, and more oblivious;
Sans teeth, sans eyes, sans taste, sans everything"[58]

Los unos merecen nuestra atención, y nuestro amparo, porque vienen; los otros nuestra lástima y nuestro sostén porque se van.

Como la luz del día, bella al nacer, bella al morir, así son ellos. El alfa y el omega de la humanidad se encierra en estas dos palabras: *nacer y morir.*

Nacer es elevarse, sentir, aspirar; morir, es hundirse en el abismo del tiempo. La vida y la muerte son dos instantes solemnísimos.

Pensad en el placer de ver venir al mundo un hijo, placer inefable, inmenso, y veréis que sólo es comparable a la amarga pesadumbre de ver el objeto querido que nos dio el ser darle a esta vida fugaz y transitoria un eterno adiós. ¡Los niños! ¡Ah!, ¡los niños son una cifra!

¡Cuántas esperanzas para la madre, para el padre, para la familia no encierra el recién nacido! ¡Ellos labrarán algún día la soñada felicidad de todos! Gratas esperanzas mecen su cuna. Hasta el egoísmo se afana por ellos sin darse cuenta de sus recelos. Si muriera, ¡cuántas ilusiones desvanecidas!

¡El tiempo pasa, la vejez llega. Todos han desaparecido. Sólo el objeto de tantos anhelos y cuidados sobrevive, y solo, solo en el mundo, su pecho encierra impenetrables arcanos!

¡Cuántas historias lúgubres no sabe!

¡Sus ojos no lloran ya, su corazón está frío, helado! Pero palpita aún. El mundo de los recuerdos es su suplicio. ¡Si pudiera olvidar! ¿Olvidar? ¡No! Debe arrastrar la pesada cadena de sus decepciones, o de sus remordimientos.

¡Ah!, ¡los viejos! No desdeñéis esas existencias retrospectivas, que adustas o risueñas, ocultan en insondables profundidades terribles misterios de amor y de odio, de constancia y versatilidad, de nobleza y ambición, de generosidad y cálculo frío y meditado.

Si ellos os abrieran su pecho, leeríais allí severas lecciones para conformar vuestras acciones; para no incurrir en las mismas faltas y errores que ellos cometieron.

Callan, porque son discretos; porque la discreción es la última y la más difícil de las virtudes que aprendemos. ¡Ah! ¡Si los viejos hablaran!

¡Si en lugar de contarnos sus grandezas, sus glorias, sus triunfos juveniles, nos contaran sus miserias! ¡Cuánto desaliento no nos infundirían!

Su silencio es la postrer prueba de amor que nos dan. Ellos son como las páginas de un libro atroz. Si hablan con su experiencia, desencantan, confunden, anonadan.

No os empeñéis en leerlas.

Amad y respetad a los viejos, no porque hayan sido buenos, sino porque deben haber sufrido.

El dolor es fecundo y purifica.

No les creáis cuando haciendo esfuerzos levantan erguida la cerviz, diciendo con orgullo insolente como J. J. Rousseau: ¿Cuál de vosotros ha sido mejor que yo?

Van haciendo su papel en la comedia de la vida.

Todos han sido iguales en un sentido. En otro tribunal que no está en este mundo habrá quien les arranque con mano segura el antifaz.

Allí será en vano disimular. Mientras tanto, inclinaos ante sus canas.

¡Quién sabe si cuando lleguéis como ellos al último término de la jornada no habéis incurrido en sus mismas debilidades!

La vida es así. Lo que no se hace por amor debe hacerse por caridad; lo que no se hace por caridad, debe hacerse por reflexión.

Trabajados por opuestos sentimientos y pasiones, caminamos vacilantes, pretendiendo que tenemos confianza en nosotros mismos, y es mentira: todo lo esperamos de los demás.

En las tribulaciones pasamos revista de los que nos pueden ayudar, y, dudando, ocurrimos a ellos. Y el último de los castigos, es que nos sirvan los que menos obligación de servirnos tienen. Sí, es el último castigo de los hombres sin fe.

Viven quejándose de la humanidad, y ella está siempre presente ahí para socorrerlos en todo, con su bolsa, su sangre y su vida. La misma blasfemia se escapa de sus labios; haz bien y espera mal.

¡Qué ingratos somos!

La mano que ayer recibió nuestra limosna generosa, mañana nos desconocerá, quizá. ¡Pero cuántos hijos pródigos no se cruzarán por nuestro camino!

El equilibrio social sería perturbado si las cosas pasaran de otra manera. Y Dios que ha echado a rodar en los espacios sin fin, para que giren eternamente sin chocar jamás, ha querido que la ley consoladora de la solidaridad nunca sufra tampoco perturbación alguna.

En buena hora; no esperéis el bien de aquel que recibió vuestros favores. Esperadlo, sin embargo, de los desconocidos.

Maldeciréis vuestra estrella, renegaréis de la vida en las amargas horas, y al encontraros cara a cara con la muerte tendréis que reconocer que los hombres no han sido tan malos.

No hay quien a las puertas de la eternidad maldiga a sus hermanos. Sea justicia o pavor, cuando el cuadrante del tiempo marca el minuto solemne entre el ser y no ser, todos se arrepienten del mal que hicieron o del bien que dejaron de hacer.

¡Los viejos!, ¡los viejos!, no les neguéis, os lo vuelvo a repetir, ni el paso, ni la mirada, ni el saludo.

¡Cuesta tan poco complacer a los que con un pie en el último escalón de este mundo y otro en el dintel de las puertas de la eternidad, esperan sin rencor ni odio el instante fatal!

Estanislao tuvo un largo diálogo con Mariano Rosas. En seguida le llegó su turno a Baigorrita y demás capitanejos e indios de importancia que los acompañaban.

Yo saludé al cacique particularmente, me senté al lado de mi compadre, y como el ceremonial no rezaba conmigo, me llamé a sosiego. El galope había excitado mi estómago, despertando el apetito. Traté de abandonar el campo, pero Baigorrita, que se fastidiaba mucho de aquella inacabable letanía de dimes y diretes, me dijo que no me fuera, que lo esperara, que acamparíamos juntos.

Di mis órdenes, mandé que los caballos los rondaran lejos, en lugar seguro, que hicieran campamento allí cerca, en un montecito muy tupido, y que nos esperaran con buen fuego, puchero y asado.

Mientras mi compadre se desocupaba, no faltó quien me obsequiara con mate; Hilarión me pasó una torta riquísima hecha al rescoldo y a hurtadillas; lo mismo que un niño mimado y goloso delante de las visitas, me la manduqué.

No hay quien no conserve algún recuerdo imperecedero de ciertas escenas de la vida: éste, de una cena espléndida en el Club del Progreso; aquél, de otra en el Plata; el uno, de un almuerzo campestre; el otro, de un *lunch* a bordo. Yo no puedo olvidar la torta cocida entre las cenizas que me regaló Hilarión con disimulo, diciéndome:

—Para usted la tenía, coronel.

La mirada perspicaz de Mariano Rosas se apercibió de ello, y calculando que tenía hambre me hizo pasar un par de palomas asadas, diciéndome el conductor que las había hecho cazar para mí. Efectivamente, el doctor Macías fue quien cumplió la orden. Al día siguiente lo supe. ¡Pobre Macías! ¡Ya tendré ocasión de ocuparme de él! ¡Qué pena me daba verle! No habíamos sido nunca amigos. Pero conservaba por él ese afecto de escuela que muchas veces vincula más a los corazones que la sangre misma. ¡Cuántas veces al través del tiempo, lo mismo en el seno de la patria que en extranjera playa, sean cuales sean las borrascas que hayan azotado el bajel de nuestra fortuna, el título de condiscípulo suele ser un talismán!

Viendo que la charla no cesaba y que amenazaba continuar hasta media noche, según el número de personajes que aún no habían cambiado sus saludos; viendo también que el negro del acordeón andaba por allí y que se preparaba para darnos una serenata, le hice una indicación a mi compadre.

Me contestó que no podía retirarse todavía; que me fuera, que más tarde iría él.

Mariano Rosas estaba en lo más fuerte del entrevero; lucía su remarcable retentiva y hacía gala de sus habilidades oratorias. Le hice una seña, como diciéndole, me voy, me contestó con otra, como diciéndome, hace bien, esto no es con usted; me levanté, me abrí paso por entre una espesa muralla de chusma que escuchaba el parlamento, llamé a mi asistente, me acercó el caballo, puse pie en el estribo y me disponía a montar, cuando unos *acordes destemplados* hirieron mis oídos, de atrás. ¡Era el negro del acordeón! Al mismo tiempo que volteaba la pierna derecha, le pegué con la izquierda en el pecho un fuerte puntapié, le di contra el suelo y me tendí al galope. El artista estaba *achumado*.

Llegué al montecito donde me esperaba mi gente; el fogón ardía resplandeciente lo mismo que una hoguera de la inquisición; daba ganas de saltarlo, como los muchachos saltan las fogatas de viruta y alquitrán en el día de San Juan. Hay tentaciones irresistibles. Piqué mi valiente caballo, pasé por encima del fuego e hice un desparramo. Y como ni el asado, ni el puchero, ni la caldera cayeron, todos aplaudieron de corazón.

Contento de mi triunfo eché pie a tierra, con más agilidad que otras veces, ocupé mi puesto en la rueda y empecé a *pegarle* al mate.

Mi compadre no venía, cenamos; ordené que le guardaran algo, y antes de recogerme mandé ver dónde y cómo estaban los caballos.

Más de veinte formábamos el círculo del fogón. Hablábamos quién sabe de qué; de repente oyóse un tropel de caballos. Es Baigorrita, dijeron unos. Los jinetes sujetaron casi encima de nosotros, y una voz firme, varonil, desconocida para mí, dijo:

–¡Buenas noches!

–Es Chañilao –dijeron unos.

–Buenas noches –dijeron otros.

–Eche pie a tierra, si gusta –dije yo, fingiendo que no había reparado en el recién llegado. Pero a la vislumbre del fogón había visto perfectamente bien su cara.

Chañilao se apeó, y hablando en lengua araucana y haciendo sonar unas enormes espuelas, se acercó a mí y con aire indiferente se sentó a mi lado.

No me moví.

Nadie, excepto los indios, lo conocía.

Era un hombre alto, delgado, de facciones prominentes y acentuadas, de tez blanca, poco quemada; de largos cabellos castaños, tirando al rubio; de ojos azules, penetrantes; de ancha frente, cortada a pico; de nariz recta como la de un antiguo heleno; de boca pequeña, cuyos labios apenas resaltaban; de barba aguda, retorcida para arriba, en la que se veía un hoyo; lampiño; de modales fáciles, vestido como un gaucho rico; llevaba un sombrero de paja de Guayaquil, fino; espuelas de plata, y un largo facón de lo mismo atravesado en la cintura; rebenque con virolas de oro, y su gran cigarro de hoja en la boca.

Sin cuidarse de mí, habló con varios indios ostentando un aire y un tono marcadísimos de superioridad.

Me parecía estudiado.

Les hice una seña a mis ayudantes con el dedo, para que no dijeran quién era yo.

Le hice pasar un mate y al recibirlo preguntó:

–¿Dónde está el amigo Camilo Arias?

Mi compadre Baigorrita se hacía sentir en ese momento.

LII

Quién es Chañilao. Su historia. El carácter es un defecto para las medianías. Diferencia entre el paisano y el gaucho. El primero no es nada, el segundo es siempre federal. ¿Tenemos pueblo propiamente hablando? Sentimientos de un maestro de posta cordobés, cuando estalló la guerra con el Paraguay. Chañilao y yo. Frescas. Intrigas. Una china.

Chañilao es el célebre gaucho cordobés Manuel Alfonso, antiguo morador de la frontera de río Cuarto.

Vive entre los indios hace años.

No hay un baquiano más experto, ni más valiente que él.

Tiene la carta topográfica de las provincias fronterizas en la cabeza.

Ha cruzado la pampa en todas direcciones millares de veces, desde la sierra de Córdoba hasta Patagones, desde la Cordillera de los Andes hasta las orillas del Plata.

En ese inmenso territorio, no hay un río, un arroyo, una laguna, una cañada, un pasto que no conozca bien. Él ha abierto nuevas rastrilladas y frecuentado las viejas abandonadas ya.

En la peligrosa travesía, donde pocos se aventuran, él conoce escondido *guaico,* para abrevar la sed del caminante y de sus caballos.

Ha acompañado a los indios en sus más atrevidas excursiones, y muchas veces se salvaron por su pericia y su arrojo.

Sus constantes correrías, de noche, de día, con bueno o mal tiempo, llueva o truene, brille el sol o esté nublado, haya luna o esté sombrío el cielo, le han hecho adquirir tal práctica, que puede anticipar los fenómenos meteorológicos con la exactitud del barómetro, del termómetro y del higrómetro.

Es una aguja de marear humana; su mirada marca los rumbos y los medios rumbos, con la fijeza del cuadrante. Habla la lengua de los indios como ellos, tiene mujer propia y vive con ellos. Es domador, enlazador, boleador, pialador. Conoce todos los trabajos de campo como un estanciero; ha tenido tratos con Rosas y con Urquiza, ha caído prisionero varias veces y siempre se ha escapado, gracias a su astucia o su temeridad.

Poco antes de la batalla de Cepeda lo tomaron, junto con veinte indios, en la frontera oeste de Buenos Aires. Sólo él burló la vigilancia de las guardias y se salvó.

Es un oráculo para los indios cuando invaden y cuando se retiran; vive por desconfianza en *Inché,* treinta leguas más al sud que Baigorrita, a cuya indiada pertenece; tiene séquito y es *capitanejo,* con lo cual está dicho todo sobre este tipo, planta verdaderamente oriunda del suelo argentino.

Chañilao no es sanguinario; ha vivido entre los cristianos y entre los indios alternativamente. En el río Cuarto tiene amigos; Camilo Arias, mi fiel e inseparable compañero, es uno de ellos. La última vez que emigró de allí fue por prevenciones infundadas.

Esa es nuestra tierra, como nuestra política suele consistir en hacer de los amigos enemigos, parias de los hijos del país, secretarios, ministros, embajadores de los que nos han combatido.

Solemos ser justos con los *nuestros,* con los adversarios somos siempre débiles.

Solemos ser tolerantes con los que transigen; con los que se hacen un honor y un deber de tener conciencia, jamás.

Para ellos está reservada la crítica irritante, acerba.

El peor papel que puede representar el patriotismo a los ojos de las medianías, es tener carácter.

Más hábiles en el arte de reclutar nulidades, de seducir traficantes y especuladores, que dispuestos a admirar el talento y la probidad; más capaces de claudicar que de imponerse por la elevación moral, prefieren a los que se doblegan a los que firmes sobre el pedestal de sus creencias tienen la osadía de exclamar: iyo pienso así!

¡Ah!, ¡si el país no estuviera jadeante! ¡Ah!, ¡si no estuviera arraigado en todos los corazones el convencimiento de que hay que preparar la tierra antes de arrojar en sus entrañas fecundas la semilla!

¡Ah!, ¡si no fuera que el hierro mata! ¡Ah!, ¡si no fuera que una verdad escrita con sangre es siempre una conquista fratricida!

Camilo me había hablado largamente de Manuel Alfonso. Había sido el apoderado de los pocos intereses que dejó en la frontera la última vez que huyó de ella. Tenía por él ese cariño respetuoso que el paisano le profesa siempre al gaucho cuando no lo cree malo; había sido su maestro en los campos; y como aborrecía de muerte a los indios, con los que se había batido muchas veces cuerpo a cuerpo, perdiendo dos hermanos en dos invasiones, se hacía la ilusión de arrancarlo de su guarida.

Camilo Arias, es igual a Manuel Alfonso en un sentido, su reverso en otro.

Camilo sabe tanto como Alfonso; es rumbeador como él, jinete como él, valiente como él; pero no es aventurero.

Camilo es un paisano gaucho, pero no es un gaucho. Son dos tipos diferentes. Paisano gaucho es el que tiene hogar, paradero fijo, hábitos de trabajo, respeto por la autoridad, de cuyo lado estará siempre, aun contra su sentir.

El gaucho neto, es el criollo errante, que hoy está aquí, mañana allá; jugador, pendenciero, enemigo de toda disciplina; que huye del servicio cuando le toca, que se refugia entre los indios si da una puñalada, o gana la montonera si ésta asoma.

El primero, tiene los intentos de la civilización; imita al hombre de las ciudades en su traje, en sus costumbres. El segundo, ama la tradición, detesta al *gringo;* su lujo son sus espuelas, su chapeado, su tirador, su facón. El primero se quita el poncho para entrar en la villa, el segundo entra en ella haciendo ostentación de todos sus arreos. El primero es labrador, picador de carretas, acarreador de ganado, tropero, peón de mano. El segundo se conchaba para las *yerras.* El primero ha sido soldado varias veces. El segundo formó alguna vez parte de un contingente y en cuanto vio la luz se alzó.

El primero es siempre *federal,* el segundo ya no es nada. El primero cree todavía en algo, el segundo en nada. Como ha sufrido más que la *gente de frac,* se ha desengañado antes que ella. Va a las elecciones, porque el comandante o el alcalde se lo ordena, y eso se hace sufragio universal. Si tiene una demanda la deja porque cree que es tiempo perdido, se ha dicho con verdad. En una palabra, el primero es un hombre útil para la industria y el trabajo, el segundo es un habitante peligroso en cualquier parte. Ocurre al juez, porque tiene el instinto de creer que le harán justicia de miedo, y hay ejemplos, si no se la hacen se venga, hiere o mata. El primero compone la masa social argentina; el segundo va desapareciendo. Para los que, metidos en la crisálida de los grandes centros de población, han visto su tierra y el mundo por un agujero; para los que suspiran por conocer el extranjero, en lugar de viajar por su país; para los que han surcado el océano en vapor; para los que saben dónde está Riga, ignorando dónde queda Yavi; para los que han experimentado la satisfacción febril de tragarse las leguas en ferrocarril, sin haber gozado jamás del placer primitivo de andar en carreta, para todos esos el *gaucho* es un ser ideal.

No lo han visto jamás.

La libertad, el progreso, la inmigración, la larga y lenta palingenesia que venimos atravesando hace diez y ocho años lo va haciendo desaparecer.

El día en que haya desaparecido del todo será probablemente aquél en que se comprenda que tenemos una masa de pueblo sin alma, que en nada, ni en nadie cree; que desparramada en inmensas campañas, no tiene iglesias, ni escuelas, ni caminos, ni justicia, nada que la ampare eficazmente, que la prepare para el gobierno propio, para la verdad del sufragio popular, para el respeto siquiera del, extranjero que viene a compartir con nosotros todo, menos el dolor, porque no nos estimula; nada, nada en fin, sino un caudillejo armado o togado que la oprima o la explote.

Entonces recién tendremos, propiamente hablando, pueblo; pueblo con corazón, con conciencia, con convicción y pasión.

Entonces no habrá paisanos honrados, con intereses que perder, que encerrándose en el egoísmo, que todo lo seca, hasta el patriotismo, sientan solos los males sociales que pueden asolar su casa.

Entonces no habrá en Córdoba, un maestro de posta, hacendado, que conteste lo que me contestaron a mí en el Molle.

Era el mes de abril del año 1865. Íbamos de pasajeros, de Mendoza para Córdoba en una galera, el doctor don Eduardo Costa, Alejandro Paz y don Francisco Civit, todos excelentes compañeros de viaje. En el primero, sobre todo, nadie habría sospechado un hombre tan avenido y varonil.

En el río Cuarto el general don Emilio Mitre nos había dado la noticia de la primera agresión de López. Teníamos una impaciencia febril de llegar a Córdoba, donde se hallaba el doctor Rawson.

En la referida posta le pregunté yo al dueño de casa, que era un vejete bastante alentado:

–¿Y, qué noticias tiene, paisano?

–Ninguna –me contestó.

–Pero hombre –agregué asombrado–, ¿no sabe usted que los paraguayos han invadido la provincia de Corrientes con cuarenta mil hombres; que nos han apresado unos vapores; que han robado, incendiado y cautivado muchas familias?

Por toda contestación exclamó, con la tonada consabida:

–¡Lo bueno es que por aquí no han de llegar!

¡Qué consoladora ingenuidad! Pero qué bien pinta el estado moral de un país.

Después de esto habladme cuanto queráis del patriotismo argentino. Yo os diré que el patriotismo es una virtud cívica, que no apasiona las multitudes sino cuando la noción del deber se ha encarnado en ellas; que todo deber responde a un ideal; que la libertad, la religión, la patria, el honor nacional son un ideal; pero que ese ideal no está sino en la conciencia de cierto número de elegidos. Tenemos el germen, falta difundirlo.

¿De qué manera? Haciendo que la patria sea para el hombre del pueblo, la libertad en todas sus manifestaciones, la justicia, el trabajo bien remunerado, no el abuso, el privilegio, la miseria.

Entonces no se encontrará quien diga lo que frecuentemente se oye: ¡para lo que yo le debo a la patria!

No basta que las constituciones proclamen que todo ciudadano está obligado a armarse en defensa de la patria. Es menester que la patria deje de ser un mito, una abstracción, para que todos la comprendan y la amen con el mismo acendrado amor. Hay fanatismos necesarios, que si no existen se deben crear.

Manuel Alfonso volvió a preguntar por el amigo Camilo Arias.

–Que lo llamen –dije yo.

El gaucho, ni me miró siquiera.

Pero comprendiendo quién era, y con la intención sin duda de *calmarme*, preguntó:

–¿Y cómo se entienden estas paces? Aquí de amigos ya, Calfucurá invadiéndolo los porteños.

–Mire, amigo –le contesté–, delante de mí no me venga hablando barbaridades. Si no le gusta la paz mándese mudar.

Se dio vuelta entonces, me miró, y pegando maquinalmente con el rebenque en el suelo unas cuantas veces, repuso:

–Yo digo lo que me han dicho.

–Pues le repito que es una barbaridad –le contesté.

Me miró con más fijeza y por toda contestación se sonrió maliciosamente como diciendo: ¡mozo malo!

Estaba provocativo. Iba mal parado si le aflojaba; así es el gaucho taimado.

–Y este fogón es mío –le agregué, como diciéndole: "no quiero que en él se hablen cosas que no me gustan".

–¿Y usted quién es? –repuso, jugando siempre con el rebenque y fijando la vista en el fogón.

–Averigüe –le contesté.

En ese momento una voz conocida dijo al lado mío:

–Ordene, señor.

Era Camilo Arias que venía a mi llamado.

–Aquí tienes un amigo –le dije, señalándole a Manuel Alfonso.

Los paisanos son generalmente fríos, se saludaron como si se hubieran visto el día antes.

–Vamos –le dijo Camilo.

–Vamos –contestó el gaucho, levantándose. Dio las buenas noches y se marchó.

Me quedé sumamente preocupado. En un hombre tan sagaz como él, tan conocedor de los indios, tan influyente entre ellos por sus servicios, sus conocimientos y su valor, aquellas palabras soltadas en mi fogón, revelaban malísima intención.

No había subido aún a caballo Manuel Alfonso, cuando mi compadre Baigorrita se presentó.

Echó pie a tierra y se sentó a mi lado; pedí su cena, se la trajeron, y sacando el cuchillo, me dijo:

–¿Conociendo Chañilao?

–Ahí va –le contesté indicándoselo. Acababa de armar un cigarro en ese instante y lo encendía, montado ya.

–Ahí –hizo mi compadre.

–¿Hay algo? –le pregunté a San Martín.

–¡Creo que sí! –me contestó.

Baigorrita estaba más pensativo que de costumbre. Sus preguntas, sus exclamaciones, su aire sombrío, acabaron de convencerme de que Manuel Alfonso no había venido a mi fogón a hablar de la paz y de Calfucurá sin objeto.

¿Qué podía haber?

En víspera de una gran junta, cualquier mala disposición era alarmante.

–¿Hay alguna cosa, compadre? –le hice preguntar a Baigorrita con San Martín.

–Sí, compadre –me contestó él mismo.

Habló con San Martín y en seguida me dijo éste:

Que Mariano Rosas le había contado muchas cosas de mí; que estando campado en Calcumuleu los había tratado muy mal a los indios; que a él le había mandado decir una porción de desvergüenzas; y que yo era muy altanero.

Le referí todo lo que había sucedido y su respuesta fue por boca de San Martín:

–Alguna intriga, compadre, porque nos ven de amigos.

Comprendí todo.

Durante mi permanencia en Quenque, me habían hecho la cama en Leubucó.

Mi compadre acabó de cenar, él y yo éramos los únicos que quedaban al lado del fogón; los demás se habían recogido.

–Vamos a dormir, compadre –le dije.

–Bueno –me contestó.

Llamé a Carmen.

Me enseñó mi cama. Estaba al pie de un hermoso caldén.

Me sentaba en ella, cuando una china se apeó allí cerca del caballo, y viniendo a mí me dijo con aire misterioso:

–Tengo que hablarle.

LIII

Mi compadrazgo con Baigorrita había alarmado a los de Leubucó. Censura pública. Nubes diplomáticas. Camargo conocía bien a los indios. Confío en él. Camilo y Chañilao no se entienden. En marcha para la junta grande. Quieren que salude a quien no debo. Me niego a ello. Ceden saludos. Empieza la conversación. Discurso inaugural. Entusiasmo que produce Mariano Rosas. El debate. Un tonto no será nunca un héroe.

Al día siguiente, antes de amanecer, ya sabía yo con interesantes detalles qué intrigas habían tenido lugar en Leubucó, mientras había andado por Quenque.

La noticia de mi compadrazgo con Baigorrita había producido mal efecto en Mariano Rosas.

La consagración de ese vínculo es tan sagrada para los indios, que aquél se alarmó de una amistad naciente, sellada con el bautismo del hijo mayor de su aliado.

Sus allegados, en lugar de tranquilizarlo, halagaban sus preocupaciones, diciéndole que no se descuidara, que estuviese en guardia.

Mi conducta era públicamente censurada; se me acusaba de haber tratado descortésmente a los indios, desde el día en que llegué á Aillancó. Se me hacía el cargo de no haber avisado con anticipación de mi viaje; criticaban mi mezquindad, comparándola con la magnificencia del padre Burela, conductor de cincuenta cargas de bebida; decían que no era bueno; que les había impuesto el tratado de paz, mandándoles un ultimátum; que había llevado un instrumento para medir las tierras; que eso era porque los cristianos se preparaban para una invasión; que el tratado no tenía más objeto que entretener a los indios para ganar tiempo.

El padre Burela parecía ajeno a estas murmuraciones. Pero no las había reprobado; y no teniendo nada que hacer en la junta, se hallaba al lado de Mariano Rosas. Con él estaba la noche antes, dábase los aires de un valido y pretendía que Baigorrita le había desairado, haciéndome su compadre, queja asaz extraña en un sacerdote.

El horizonte diplomático se me presentaba cargado de nubes.

La persona que se había tomado el trabajo de venir furtivamente a contarme lo que había pasado durante mi ausencia para que estuviera prevenido, opinaba que tendríamos una junta tumultuosa.

Las voces malignas que traía Chañilao, hacían más vidriosa la situación.

Antes de estar en mi fogón había estado en el sitio donde parlamentaba Mariano Rosas; había hablado con él y con otros; había desparramado sus noticias, y la atmósfera de desconfianza se había hecho.

Rayaba el día cuando llegó un mensajero de Mariano Rosas; mandaba informarse de cómo había pasado la noche y prevenirme que en cuanto saliera el sol nos moveríamos y que la señal sería un toque de corneta.

Le contesté que había pasado la noche sin novedad; que me alegraba de que él y su gente hubiesen dormido bien; y que estaba a su disposición.

Hice llamar a Camilo Arias, ordené que arrimaran los caballos, púsose toda mi gente en pie y nos aprestamos a marchar.

Mientras llegaban los caballos se calentó agua y tomamos mate.

Camargo me inspiraba confianza. Le referí lo que me había sucedido con Chañilao; lo que había pasado en Leubucó durante nuestro paseo por las tierras de Baigorrita; lo que Mariano Rosas había conversado en éste; y le pedí que me diera con franqueza su opinión.

Me la dio sin titubear. Su corazón no carecía de nobleza. Me tranquilicé;

pero no del todo. Cada mundo tiene sus misterios. Él conocía muy bien los del suyo, como nadie quizá.

Prueba de ello era que no volvía en pelos de Quenque; que se había hecho devolver los estribos que le robaron en el toldo de Caiomuta y las demás prendas que le arrojó con desprecio para humillarlo y afearle su proceder. Llegaron los caballos y Camilo.

Mandé ensillar. En tanto lo hacían, me contó éste su entrevista con Manuel Alfonso.

Habían dormido juntos; no se habían entendido, porque el gaucho no había simpatizado conmigo; pero se habían separado amigos.

Se oyó un toque de corneta.

Los clarines de Baigorrita contestaron, montamos a caballo y nos movimos, rompiendo la marcha en dispersión.

A poco andar avistamos la gente de Mariano Rosas, coronando la cumbre de una cuchilla.

Tocaron alto, llamada y reunión.

Los toques fueron obedecidos, lo mismo que lo habría hecho una tropa disciplinada.

Formamos en batalla, Baigorrita, yo y mi séquito nos pusimos al frente de la línea, y en ese orden avanzamos. La indiada de Mariano Rosas hizo la misma maniobra. Las dos líneas marchaban a encontrarse. Seríamos trescientos de cada parte.

El sol se levantaba en ese momento inundando la azulada esfera con su luz; la atmósfera estaba diáfana; los más lejanos objetos se transparentaban, como si se hallaran a corta distancia del observador; el cielo estaba despejado, sólo una que otra nube nacarada navegaba por el vacío, con majestuosa lentitud; la blanda brisa de la mañana apenas agitaba la grama color de oro; el rocío, salpicando los campos, los hacía brillar como si estuvieran cubiertos por inmenso manto de rica y variada pedrería.

Cuando las dos líneas, que avanzaban al paso, estuvieron a cincuenta metros una de otra, los clarines y cornetas tocaron alto, y las dos indiadas se saludaron golpeándose la boca.

Los ecos se perdían por los aires, quedaba todo en el más profundo silencio, y los gritos se repetían.

Nadie llevaba armas; todo el mundo montaba excelentes caballos, vestía su mejor ropa y ostentaba las prendas de plata y los arreos más ricos que tenía.

Mariano Rosas destacó un indio; Baigorrita otro; colocáronse equidistantes de las dos líneas; cambiaron *sus razones,* y volvieron a sus respectivos puntos de partida.

Los dos caciques acababan de saludarse y de invocar la protección de Dios para deliberar con acierto. Tocaron atención, dieron voces de mando en lengua araucana, la segunda fila de cada línea retrocedió dos pasos, los que miraban al norte giraron a la izquierda, tocaron marcha y las dos líneas quedaron formadas en alas.

Mariano Rosas destacó un indio que se acercó a mí y me habló en su lengua. Camargo, haciendo de lenguaraz, me dijo:

–Dice el general Mariano que eche pie a tierra para saludar al padre Burela.

Me pareció haber entendido mal.

–¿Para saludar a quién? –le pregunté a Camargo con extrañeza.

–¡Al padre Burela! –me contestó.

–¿Al padre Burela? –exclamé mirando a los franciscanos y a mis oficiales.

–Es pretensión –agregué.

–Dile –proseguí, dirigiéndome a Camargo–, que le conteste a Mariano que yo no tengo que saludar al padre Burela, que soy aquí el representante del Presidente de la República; que en todo caso es el padre Burela quien debe saludarme a mí.

El mensajero se marchó y yo me quedé refunfuñando. Estaba indignado.

Lo que pasaba no era más que la consecuencia de las intrigas de Leubucó.

Volvió el indio insistiendo lo mismo.

Contesté con malísimo modo, que antes que hacer lo que se me exigía, me *cortaría* con mi gente, que hicieran la junta sin mí, si querían, que yo no estaba para bromas. Llevó el indio mi contestación.

Baigorrita, que entendía todo lo que yo contestaba, porque Camargo lo repetía en lengua araucana, me hizo decir:

–Echemos pie a tierra, compadre.

Mariano Rosas recibió mi contestación sin visible alteración; conferenció con sus consejeros y su embajador volvió por tercera vez, diciéndome:

–Dice el general que es para saludar a todos.

–Eso es otra cosa –contesté.

Y esto diciendo, mandé echar pie a tierra a los míos haciéndolo yo primero. Mariano Rosas y los suyos me imitaron.

Vino otro indio, habló con Camargo, y siguiendo las indicaciones de éste, comenzó el ceremonial.

Mariano Rosas y su séquito estaban formados en ala; Baigorrita y mi séquito lo mismo, es decir, que mi izquierda venía a quedar frente a la derecha de aquél.

Tiramos a la derecha marchando al naciente unos cuantos pasos, volvimos a girar al norte, seguimos hasta quedar perpendicularmente a la izquierda del séquito de Mariano Rosas, que permanecía inmóvil, formando un ángulo, y los saludos empezaron, consistiendo en fuertes apretones de manos y abrazos.

Desfilamos por delante de aquellos, y cuando Baigorrita estrechaba la mano de Mariano Rosas y yo la de Epumer, mi cola, hablando militarmente, se abrazaba con el último indio del séquito de Mariano Rosas.

Hecho esto, seguimos desfilando, hasta que el último de mis asistentes saludó a aquél, y volvimos a ocupar el puesto en que estábamos al echar pie a tierra.

En seguida Mariano Rosas y los suyos avanzaron veinte pasos; Baigorrita, yo y los míos hicimos simultáneamente otro tanto, formando dos pelotones.

Las dos líneas de jinetes formaron un círculo conservando a vanguardia, a derecha e izquierda, sus respectivas alas; echaron pie a tierra Mariano Rosas y los suyos; Baigorrita, yo y los míos quedamos encerrados en dos círculos concéntricos, formados el exterior por caballos y el interior por indios.

Todas estas evoluciones se hicieron en silencio, con orden, revelando que estaban sujetos a una regla de ordenanza conocida.

Ningún indio maneó ni ató su caballo en las pajas. Sólo le bajó las riendas. Los mansos animales no se movían de su puesto.

Mariano Rosas invitó a todo el mundo a sentarse.

Nos sentamos, pues, sobre el pasto humedecido por el rocío de la noche, sin que nadie tendiera poncho ni carona, cruzando la pierna a la turca.

Mariano Rosas me cedió a su lenguaraz José; colocóse éste entre él y yo, y el parlamento empezó.

Yo estaba bajo la influencia desagradable de las revelaciones que me habían hecho y fastidiado con la pretensión rechazada de que saludara al padre Burela.

Apoyé los codos en las rodillas, y ocultando la cara entre las manos, me dispuse a escuchar el discurso inaugural de Mariano Rosas.

El lenguaraz me previno que todavía no empezaba a hablar conmigo.

El cacique general tomó la palabra y habló largo rato, unas veces con templanza, otras con calor, ya bajando la voz hasta el punto de no percibirse los vocablos, ya a gritos; ora accionando, con la vista fija en tierra, ora mirando al cielo. Por momentos, cuando su elocuencia rayaba, sin duda, en lo sublime, sacudía la cabeza y estremecía el cuerpo como poseído de un ataque epiléptico.

Las palabras: *Presidente, Arredondo, Mansilla, yeguas, achúcar, yerba, tabaco, plata* y otras castellanas que los indios no tienen, flotaban entre la peroración a cada paso.

Los oyentes aprobaban y desaprobaban alternativamente.

Cuando aprobaban, el orador bajaba la voz; cuando desaprobaban, gritaba como un condenado.

Terminado el discurso inaugural, en medio de entusiastas manifestaciones de aprobación, llegó el turno del debate.

El cacique empezó por invocar a Dios.

Me dijo que protegía a los buenos, y castigaba a los malos; me habló de la lealtad de los indios, de las *paces* que en otras épocas habían tenido, que si habían fallado, no había sido por culpa de ellos; me hizo un curso sobre la libertad con que entre ellos se procedía; agregó que por eso había reunido los principales capitanejos, los indios más importantes por su fortuna o por sus años para que dijesen si les gustaba el tratado, porque él no hacía sino lo que ellos querían; que su deber era velar por su felicidad; que él no les imponía jamás; que entre los indios no sucedía como entre los cristianos, donde el que mandaba, mandaba; y terminó pidiéndome leyera los artículos del tratado referentes a la donación trimestral de yeguas, etc., etc.

Me disponía a contestar, cuando oí que le gritaban con desprecio al doctor Macías, que teniendo al hombro una escopeta, regalo mío a Mariano Rosas, se había confundido con su gente.

—¡Afuera!, ¡afuera el *doctor!*

El pobre Macías agachó la cabeza, y resignado a su suerte se alejó de allí, siendo objeto de las risas y rechiflas de los indios más ladinos y de algunos cristianos.

Metí la mano al bolsillo, saqué mi libro de memorias; busqué en él el extracto del tratado de paz, y procurando imitar la mímica oratoria de la escuela ranquelina, tomé la palabra.

Expliqué el tratado, punto por punto; hablé de Dios, del Diablo, del cielo, de la tierra, de las estrellas, del sol y de la luna; de la lealtad de los cristianos; del deseo que tenían de vivir en paz con los indios, de ayudarlos en sus necesidades, de enseñarles el trabajo, de hacerles cristianos para que fueran felices, del Presidente de la República, del general Arredondo y de mí.

Este fue mi primer discurso.

Es posible que entre cristianos me hubieran aplaudido. El efecto que produjo mi retórica y mi acción entre los bárbaros lo deduje viendo al indio que me robó los guantes en Quenque, los cuales se había puesto, dormido como una piedra a mi lado.

Paturot[59] fue más feliz que yo, la primera vez que de la noche a la mañana se vio convertido en orador republicano popular.

Decididamente, estamos destinados a recorrer una escala interminable de desengaños en la complicada travesía por este pícaro mundo.

No hay más, digan lo que quieran ciertos fanáticos, ni un tonto será nunca un héroe, porque la palabra héroe, despertando la idea de grandeza, implica inteligencia; ni yo he nacido para orador ministerial, mucho menos entre los indios.

LIV

Repito la lectura de los artículos del tratado de paz. Los indios piden más qué comer. Mi elocuencia. Mímica. Dificultades. El recuerdo de un sermón de Viernes Santo me salva. El representante de La Liberté en Bruselas y yo. Cargos mutuos. Argumentos etnográficos. Recursos oratorios. En el banco de los acusados. Interpelaciones ad hominem. *El traidor calla. Redoblo mi energía e impongo con ella. Se establece la calma. Apéndice. Once mortales horas en el suelo.*

Mariano Rosas me exigió que repitiera la lectura de los artículos que estipulaban la entrega de yeguas, yerba, azúcar, tabaco, etc., diciéndome que quería que todos los indios se enterasen bien de la paz que se iba a hacer.

Esta última frase, *que se iba a hacer,* dicha después de estar firmado, ratificado y canjeado el tratado de paz, era otra originalidad verdaderamente ranquelina.

No una vez sino varias la había oído ya. Me hacía muy mal efecto.

Las disposiciones de los indios en aquellos momentos, no eran las más favorables para obtener de ellos un triunfo oratorio; y la junta parecía que iba a tomar el carácter de un *meeting,* aprobatorio o reprobatorio, de la conducta del cacique.

Lo deducía de que varias veces me había soltado esta otra frase: "recién voy a dar cuenta a mis indios de lo que hemos arreglado, y lo que ellos decidan, eso será lo que se haga".

Yo estaba prevenido desde la noche anterior.

Accedí a la exigencia, leyendo otra vez los artículos del tratado que más preocupaban e interesaban.

Comer será siempre un capítulo primordial para la humanidad.

Varias voces gritaron en araucano:

–¡Es poco! ¡Es poco!

Lo comprendí porque ciertos cristianos repitieron la frase en castellano, con intención, apoyándola con repetidos isí!, isí!

Mariano Rosas, notando aquello, me echó un discurso sobre la pobreza de los indios, exigiéndome la entrega de más cantidad de yeguas, yerba, azúcar y tabaco.

Contesté que los indios eran pobres porque no amaban el trabajo; que cuando le tomaran gusto se harían tan ricos como los cristianos, y que yo no podía comprometerme a dar más de lo convenido, que no era poco, sino mucho.

–¡Es poco!, ies poco! –volvieron a gritar varios a una.

–¿Lo ve usted? –me dijo Mariano Rosas, que no me trataba ya de hermano–. Dicen que es poco.

–Lo veo –le contesté–, pero es que no es poco; al contrario, es mucho.

–¡Poco, poco, poco! –gritaron simultáneamente más voces que antes.

Tomé la palabra, volví a leer los artículos del tratado estipulando la entrega de yeguas, etc., los comparé con lo que se les entregaba a las indiadas de Calfucurá y probé que iban a recibir más que ellos.

–Díganme que no es cierto –exclamaba yo, viendo que nadie había contradicho mis demostraciones. Y aprovechando la coyuntura, fulminé mis rayos oratorios contra Calfucurá.

–Calfucurá –les dije– ha roto la paz porque es un indio muy pícaro y de muy mala fe que no teme a Dios. Ha sabido que lo que hemos arreglado con Mariano Rosas para estas paces es más de lo que él recibe, y se ha vuelto a hacer enemigo de los cristianos, diciendo que los indios ranqueles son preferidos. Pero todo es para ver si consigue que le den lo mismo que estas indiadas van a recibir por el tratado de paz que ya hemos arreglado con mi hermano.

Y al decir *mi hermano,* acentuaba la palabra cuanto podía y me dirigía a Mariano Rosas.

–Ya ven ustedes –gritaba con toda la fuerza de mis pulmones y mímica indiana, para que todos me oyeran y creyendo seducirles con mi estilo–, cómo los indios ranqueles son preferidos a los de Calfucurá.

Mariano Rosas me preguntó, que cuántas yeguas se debían a los indios por el tratado.

Quería decir que desde cuándo había empezado a tener fuerza.

Como se ve, el tratado era y no era tratado.

Le contesté que el tratado obligaba a los cristianos desde el día en que el Presidente de la República le había puesto su firma al pie.

Me contestó que él había creído que era desde el día en que me lo devolvió aprobado.

Le contesté que no.

Me preguntó que cuándo lo había firmado el presidente de la República.

Satisfice su pregunta, y entonces, haciendo sus cuentas, me dijo que ya se les debía tanto.

Expliqué lo que antes le había explicado en Leubucó, lo que es el presidente de la República, el Congreso y el presupuesto de la Nación. Les dije que el Gobierno no podía entregar inmediatamente lo convenido, porque necesitaba que el Congreso le diera la plata para comprarlo, y que éste antes de darle la plata tenía que ver si el tratado convenía o no.

Eso era lo que en cumplimiento de órdenes recibidas debía yo explicar, como si fuera tan fácil hacerles entender a bárbaros lo que es nuestra complicada máquina constitucional.

Pero por lo pronto, continué diciéndoles:

–Se va a entregar algo a cuenta, lo demás se completará cuando el Congreso apruebe el tratado. El presidente de la República quiere manifestarles de ese modo a los indígenas su buena voluntad.

Mientras yo hacía estas observaciones, me parecía que entre la manera de discurrir de los indios y la mía, había una perfecta similitud.

Mariano Rosas, me decía para mis adentros, mientras mi lengua funcionaba, ha firmado el tratado, yo lo creía concluido, y ahora resulta que la junta lo puede anular. Pues es lo mismo que sucede con el presidente y el Congreso.

¿No es verdad que el caso era idéntico? Los extremos se tocan.

Esperaba una interpelación de Mariano Rosas.

Varios indios la hicieron antes que él.

–¿Y si el Congreso no aprueba el tratado –preguntaron–, ya no habrá paz?

Ponte, Santiago amigo, en mi caso, y dime si no te habrías visto en figurillas como yo para contestar. Contesté que eso no sucedería, que el Congreso y el presidente eran muy amigos, que el Congreso le había de aprobar lo que había hecho, que así hacía siempre, dándole toda la plata que necesitaba.

Mariano Rosas me dijo:

–¿Pero el Congreso puede desaprobar?

Yo no podía confesar que sí; me exponía a confirmar la sospecha de que los cristianos sólo trataban de ganar tiempo; recurrí a la oratoria y a la mímica, pronuncié un extenso discurso lleno de fuego, sentimental, patético. Ignoro si estuve inspirado.

Debí estarlo o debieron no entenderme; porque noté corrientes de aprobación.

La elocuencia tiene sus secretos.

Yo me acuerdo siempre, en ciertos casos, cuando veo a la muchedumbre conmovida por la resonancia de una dicción eufórica, rimbombante, sonora, de un predicador catamarqueño.

Predicaba un sermón de Viernes Santo.

Un muchacho oculto en el fondo del púlpito se lo soplaba.

Había llegado a lo más tocante, al instante en que el Redentor va a expirar ya ultimado por los fariseos. La agonía del mártir había empezado a arrancar lágrimas de los fieles, amargos sollozos vibraban en las bóvedas del templo.

El predicador conmovido a su vez, iba perdiendo el hilo.

Miró al fondo del púlpito; el muchacho se había dormido.

Era imposible continuar hablando. Recurrió a la mímica.

Cicerón lo ha dicho: *quasi sermo corporis*. Esta vez quedó probado.

El dolor crecía como la marea. No había más que ayudar un poco para producir la crisis y completar el cuadro. A falta de palabras, el orador apeló a sus brazos y a sus pulmones; accionaba y se estremecía dando ayes desgarradores.

El auditorio sobreexcitado, jadeante, aturdido por sus propios gemidos, nada oía. Veía, sentía, calculaba que el predicador debía estar sublime y lo ahogaba con su lloro y sus lamentaciones.

La sacra efigie inclinó la cabeza por última vez, una oleada de dolor estremeció a todo el mundo y el predicador desapareció.

Últimamente en Bruselas, en un banquete de periodistas presidido por el rey Leopoldo, el más aplaudido de los oradores ha sido el representante de *La Liberté* de París. A los repetidos ¡que hable *La Liberté*!, se puso en pie. Las luces, el vino, la penosa elaboración de la digestión de una comida opípara, la charla, habían producido en todos una especie de mareo.

Era un rapaz vivo como él solo.

—Señores —dijo—, en presencia de *sa majesté* —¡aplausos!

No lo dejaban continuar.

Comenzó a mover la cabeza, a batir los brazos como remos, ¡aplausos!, ¡hurras!

—¡*Liberté*! —dijo, ¡más aplausos!, ¡más hurras!

—¡*Egalité*! —¡dobles aplausos!, ¡dobles hunas!

—¡*Fraternité*! —¡triples aplausos!, ¡triples hurras!

El orador deja de hablar, los aplausos, los hurras, cesan por fin, y un éxito completo corona el triunfo de la pantomima sentimental sobre el arte ciceroniano.

Hay resortes de los que no se debe abusar. Traté de no gastar los míos.

Dejé la palabra, viendo que los oyentes estaban convencidos de que el Presidente y el Congreso no se habían de pelear por cuatro reales, ni por un millón, ni por cosas mayores.

Mariano Rosas la tomó.

Me preguntó que con qué derecho habíamos ocupado el río Quinto; dijo que esas tierras habían sido siempre de los indios, que sus padres y sus abuelos habían vivido por las lagunas de Chemecó, la Brava y Tarapendrá, por el cerrillo de la Plata y Langhelo; agregó que no contentos con eso todavía los cristianos querían *acopiar* (fue la palabra de que se valió) más tierra.

Estas interpelaciones y cargos hallaron un eco alarmante.

Algunos indios estrecharon la rueda, acercándose a mí para escuchar mejor lo que contestaba.

Me pareció cobardía callar contra mis sentimientos y mi conciencia, aunque el público se compusiera de bárbaros.

Siempre con los codos en los muslos y la cara entre las manos, fija la mirada en el suelo, tomé la palabra y contesté:

Que la tierra no era de los indios, sino de los que la hacían productiva trabajando.

No me dejó continuar, e interrumpiéndome, me dijo:

–¿Cómo no ha de ser nuestra cuando hemos nacido en ella?

Le contesté que si creía que la tierra donde nacía un cristiano era de él; y como no me interrumpiera proseguí:

–Las fuerzas del Gobierno han ocupado el río Quinto para mayor seguridad de la frontera; pero esas tierras no pertenecen a los cristianos todavía; son de todos y no son de nadie; serán algún día de uno, de dos o de más, cuando el gobierno las venda, para criar en ellas ganados, sembrar trigo, maíz.

¿Usted me pregunta que con qué derecho acopiamos la tierra?

Yo les pregunto a ustedes, ¿con qué derecho nos invaden para acopiar ganados?

–No es lo mismo –me interrumpieron varios–; nosotros no sabemos trabajar; nadie nos ha enseñado a hacerlo como a los cristianos, somos pobres, tenemos que ir a malón para vivir.

–Pero ustedes roban lo ajeno –les dije–, porque las vacas, los caballos, las yeguas, las ovejas que se traen no son de ustedes.

–Y ustedes los cristianos –me contestaron–, nos quitan la tierra.

–No es lo mismo –les dije–; primero, porque nosotros no reconocemos que la tierra sea de ustedes y ustedes reconocen que los ganados que nos roban son nuestros; segundo, porque con la tierra no se vive, es preciso trabajarla.

Mariano Rosas observó:

–¿Por qué no nos han enseñado ustedes a trabajar, después que nos han quitado nuestros ganados?

–¡Es verdad!, ¡es verdad! –exclamaron muchas voces, flotando un murmullo sordo por el círculo de cabezas humanas.

Eché una mirada rápida a mi alrededor, y vi brillar más de una cara amenazante.

–No es cierto que los cristianos les hayan robado a ustedes nunca sus ganados –les contesté.

–Sí, es cierto –dijo Mariano Rosas–; mi padre me ha contado que en otros tiempos, por las Lagunas del Cuero y del Bagual había muchos animales alzados.

–Eran de las estancias de los cristianos –les contesté–. Ustedes son unos ignorantes que no saben lo que dicen; si fueran cristianos, si supieran trabajar, sabrían lo que yo sé; no serían pobres, serían ricos.

Oigan, bárbaros, lo que les voy a decir:

Todos somos hijos de Dios, todos somos argentinos. ¿No es verdad que somos argentinos?, decía mirando a algunos cristianos; y esta palabra mágica, hiriendo la fibra sensible del patriotismo, les arrancaba involuntarios:

–Sí, somos argentinos.

–Y ustedes también son argentinos –les decía a los indios–. Y si no, ¿qué son? –les gritaba–; yo quiero saber lo que son.

Contéstenme, díganme, ¿qué son? ¿Van a decir que son indios?

Pues yo también soy indio. ¿O creen que soy *gringo*? Oigan lo que les voy a decir:

Ustedes no saben nada, porque no saben leer; porque no tienen libros. Ustedes no saben más de lo que les han oído a su padre o a su abuelo. Yo sé muchas cosas que han pasado antes.

Oigan lo que les voy decir para que no vivan equivocados.

Y, no me digan que no es verdad lo que están oyendo; porque si a cualquiera de ustedes le pregunto cómo se llamaba el abuelo de su abuelo no sabrían dar razón.

Pero los cristianos sabemos esas cosas:

Oigan lo que les voy a decir:

Hace muchísimos años que los *gringos* desembarcaron en Buenos Aires.

Entonces los indios vivían por ahí donde sale el sol, a la orilla de un río muy grande; eran puros hombres los *gringos* que vinieron, y no traían mujeres; los indios eran muy zonzos, no sabían andar a caballo, porque en esta tierra no había caballos; los *gringos* trajeron la primera yegua y el primer caballo, trajeron vacas, trajeron ovejas.

¿Qué están creyendo ustedes?

Ya ven como no saben nada.

–No es cierto –gritaron algunos– lo que está diciendo ése.

–No sean bárbaros, no me interrumpan, óiganme –les contesté, y proseguí.

Los *gringos* les quitaron sus mujeres a los indios, tuvieron hijos en ellas, y es por eso que les he dicho que todos los que han nacido en esta tierra, son indios, no *gringos*.

Óiganme con atención.

Ustedes eran muy pobres entonces; los hijos de los *gringos,* que son los cristianos, que somos nosotros, indios como ustedes, les hemos enseñado una porción de cosas. Les hemos enseñado a andar a caballo, a enlazar, a bolear, a usar su poncho, chiripá, calzoncillo, bota fuerte, espuela, chapeado.

–No es cierto –me interrumpió Mariano Rosas–; aquí había vacas, caballos y todo antes que vinieran los *gringos,* y todo era nuestro.

–Están equivocados –les contesté–; los *gringos,* que eran españoles, trajeron todas esas cosas. Voy a probárselo:

Ustedes le llaman al caballo *cauallo,* a la vaca *uaca,* al toro toro, a la yegua *yegua,* al ternero *ternero,* a la oveja *oveja,* al poncho *poncho,* al lazo *lazo,* a la yerba *yerba,* al azúcar *achúcar,* y a una porción de cosas lo mismo que los cristianos.

¿Y por qué no les llaman de otro modo a esas cosas? Porque ustedes no las conocían hasta que las trajeron los *gringos*. Si las hubieran conocido les habrían dado otro nombre.

¿Por qué le llaman al hermano *peñi?*

Porque antes de que vinieran los padres de los cristianos ustedes ya sabían lo que era hermano.

¿Por qué le llaman a la luna *quién,* y no luna, como los cristianos? Por la misma razón. Porque antes de que vinieran los *gringos* a Buenos Aires, ya la luna estaba en el cielo y ustedes la conocían.

No pudiendo Mariano refutar esta argumentación etnológica, me contestó irritado:

–¿Y qué tiene que ver todo eso con el tratado de paz? ¿Cuándo yo le he preguntado esas cosas para que me las diga?

–¿Y qué tienen que ver las preguntas que usted me ha hecho con el tratado de paz que ya está firmado por usted? ¿Acaso he venido a la junta para que lo aprueben? Ya está aprobado por usted y lo tiene que cumplir.

–¿Y ustedes lo cumplirán? –me contestó.

–Sí lo cumpliremos –repuse–, porque los cristianos tenemos palabra de honor.

–Dígame, entonces, si tienen palabra de honor –repuso–, ¿por qué estando en paz con los indios, Manuel López hizo degollar en el Sauce doscientos indios? Dígame, entonces, si tienen palabra, ¿por qué estando en paz con los indios, su tío Juan Manuel Rosas mandó degollar ciento cincuenta indios en el cuartel del Retiro? (cito casi textualmente sus palabras).

–¡Qué diga!, ¡que diga! –gritaron varios indios.

La junta empezaba a tomar todo el aspecto de la efervescencia popular, y yo, de embajador, me convertía en acusado.

–A mí no me pidan cuentas –les dije– de lo que han hecho otros; el Presidente que ahora tenemos no es como los otros que antes teníamos. Yo tampoco les pido a ustedes cuenta de las matanzas de cristianos que han hecho los indios siempre que han podido –y devolviéndole la pelota a Mariano Rosas, le pregunté:

–¿Qué tienen que hacer las degollaciones de López y de Rosas con el tratado de paz?

No le di tiempo para que me contestara, y proseguí:

–Ustedes han hecho más matanzas de cristianos que los cristianos de indios.

Inventé todas las matanzas imaginables, y las relaté junto con las que recordaba.

–¡Winca!, ¡winca!, ¡mintiendo! –gritaron algunos.

Y en varios puntos del círculo se hizo como un tumulto.

Era el peor de los síntomas.

Varios de mis ayudantes se habían retirado guareciéndose bajo la sombra de un algarrobo.

El sol quemaba como fuego, y hacía ya largas horas que la discusión duraba.

A mi lado no habían quedado más que los frailes fransciscanos y el ayudante Demetrio Rodríguez.

Viendo que la situación se hacía peligrosa, lo miré a mi compadre Baigorrita, que no había hablado una palabra, permaneciendo inmóvil como una estatua. No hallé su mirada.

Busqué otras caras conocidas para decirles con los ojos: Aplaquen esta turba desenfrenada.

Todas ellas estaban atónitas.

Si me miraban no me veían.

—Es que —dijo Mariano Rosas— los indios somos muy pocos y los cristianos muchos. Un indio vale más que un cristiano.

Estuve por no contestar.

Pero antes que arriar la bandera, exclamé interiormente:

Que me maten; pero me han de oír.

—No diga barbaridades, hermano —le contesté–, todos los hombres son iguales, lo mismo un cristiano que un indio, porque todos son hijos de Dios.

Y dirigiéndome al padre Burela que, como el convidado de piedra de Don Juan Tenorio, presenciaba aquella escena turbulenta sin tener ni una mirada ni una palabra de apoyo para mí, dije:

—Que conteste ese venerable sacerdote, que se encuentra entre los indios en nombre de la caridad cristiana; que diga él a quien el Gobierno y los ricos de Buenos Aires le han dado plata para que rescate cautivos, si no es cierto lo que acabo de decir.

El reverendo no contestó; tenía la cara larga, caídos los labios, más abiertos los ojos que de costumbre, inflamada la nariz, sudaba la gota gorda y estaba pálido como la cera.

¡Qué contraste hacía con el padre Marcos y el padre Moisés!

Ellos no hablaban porque no podían hablar, nadie los interpelaba; pero en sus rostros simpáticos estaba impresa la tranquilidad evangélica, y la inquietud generosa del amigo que ve a otro comprometido en una demanda desigual.

—Que diga —continué— el padre Burela, que no tiene espada, de quien ustedes no pueden desconfiar, si los cristianos aborrecen a los indios.

El reverendo no contestó, su facha me hacía el efecto de un condenado.

La voz de la conciencia, sin duda, le trababa la lengua al hipócrita.

—Que diga el padre Burela —proseguí— si los cristianos no desean que los indios vivan tranquilos, todos juntos, renunciando a la vida errante, como viven los indios de Coliqueo cerca de Junín.

El reverendo no contestó.

En ese momento, sea que los caballos se espantaron; sea lo que fuere, no puedo decir lo que hubo, sintióse algo parecido a un estremecimiento de la multitud. Lo confieso, temí una agresión.

Redoblé mi energía y seguí hablando.

–Yo soy aquí –les dije– el representante del Presidente de la República; yo les prometo a ustedes que los cristianos no faltarán a la palabra empeñada, que si ustedes cumplen el tratado de paz se cumplirá.

Ustedes pueden faltar a su compromiso; pero tarde o temprano tendrán que arrepentirse; como les sucederá a los cristianos si los engañan a ustedes.

Yo no he venido aquí a mentir. He venido a decir la verdad y la estoy diciendo.

Si los cristianos abusasen de la buena fe de ustedes harían bien en vengarse de la falsía de ellos, así como si ustedes no me tratasen a mí y a los que me acompañan con todo respeto y consideración, si no me dejasen volver o me matasen, día más, día menos, vendría un ejército que los pasaría a todos por el filo de la espada, por traidores; y en estas pampas inmensas, en estos bosques solitarios, no quedarían ni recuerdos, ni vestigio de que ustedes vivieron en ellos.

Camargo se acercó a mí en ese instante, y me dijo al oído:

–Hable de lo que se da por el tratado, coronel, hable de eso.

–¿Y qué más quieren –continué diciendo– que hagan los cristianos? ¿No les van a dar dos mil yeguas para que se repartan entre los pobres; azúcar, yerba, tabaco, papel, aguardiente, ropa, bueyes, arados, semillas para sembrar, plata para los caciques y los capitanejos? ¿Qué más quieren?

Mariano Rosas tomó la palabra después de un largo silencio, y dijo:

–Ya estamos arreglados; pero queremos saber qué cantidad de cada cosa nos van a dar.

Diga, hermano, agregó.

Y, dirigiéndose a los indios:

–Oigan bien.

Volví a hacer la enumeración de lo que se había de entregar según el tratado.

La calma se restablecía y la junta parecía tocar a su fin.

Aproveché las buenas disposiciones que renacían para hacer presente, a fin de quitar todo motivo de resentimiento futuro:

Que la paz no era hecha conmigo, que yo era un representante del Gobierno y un subalterno del general Arredondo, mi jefe, con cuyo permiso me hallaba entre los indios; que no creyesen si otro jefe me reemplazaba que por eso la paz se había de alterar, que ese jefe tendría que cumplir el tratado y las órdenes que el Gobierno le diera; que ellos estaban acostumbrados a confundir a los jefes con quienes se entendían con el Gobierno; que así, en ningún tiempo la desaparición mía de la frontera debía ser un motivo de queja, una razón para que se negaran a observar fielmente lo convenido; que cerca o lejos tendrían siempre en mí un amigo que haría por el bien de ellos, si lo merecían, todo cuando pudiera.

Mariano Rosas se puso de pie, y con una sonrisa la más afable, me dijo:

—Ya se acabó, hermano.

Nueve horas consecutivas los frailes y yo habíamos estado sentados en la misma postura y en el mismo lugar; cuando quisimos levantarnos, las piernas entumecidas no obedecían.

Para incorporarnos tuvimos que prestarnos mutua ayuda.

Nos levantamos.

Mariano Rosas me dijo que algunos indios de importancia querían conversar particularmente conmigo.

Para conferencias estaba yo.

¡Pero qué hacer!

Accedí.

Mi primer interlocutor fue el viejo de las muletas.

Nos sentamos cara a cara en el suelo, nombramos nuestros respectivos lenguaraces y empezó la plática.

El viejo era un conversador de lo más recalcitrante. Me habló de sus antepasados, de sus servicios, de su ciencia y paciencia, de las leguas que había galopado para venir a la junta, de este mundo y el otro, en fin y cuando yo creía que me iba a decir que había tenido muchísimo gusto en conocerme, me salió con esta pata de gallo:

—He oído con atención todas las razones de usted y ninguna de ellas me ha gustado.

—Pues estoy fresco, dije para mi capote. ¿Si querrá éste armarme alguna gresca?

Varios indios le habían formado rueda, asintiendo a lo que acababa de decir.

Tomé la palabra y le contesté:

Que me alegraba mucho de haberle conocido, que sentía infinito que un anciano tan respetable como él, tan lleno de experiencia y de servicios, tan digno de aprecio de los indios, se hubiera incomodado en venir desde tan lejos por verme; que cuando fuera de paseo por río Cuarto tendría mucho gusto en alojarlo en mi casa y regalarlo, y que ahora que la paz estaba hecha y que iban a recibir tantas cosas —las enumeré todas—, todos debíamos mirarnos como hijos de un mismo Dios.

El indio reprodujo al pie de la letra todo lo que me había dicho anteriormente, y acabó con la muletilla:

—He oído con atención todas las razones de usted y ninguna de ellas me ha gustado.

Hice lo mismo que él: reproduje mi contestación.

Así estuvimos larguísimo rato. Nueve veces dijo él lo mismo, nueve veces le contesté yo lo mismo también.

Cedió el viejo.

En pos de él vinieron otros personajes; con todos tuve que hablar, todos me dijeron casi la misma cosa y a todos les contesté casi la misma cosa también.

Dios se apiadó de mí; después de once mortales horas inolvidables, como jamás las he pasado ni espero volverlas a pasar en lo que me resta de vida, me vi libre de gente incómoda.

Aquel día valió por todos los otros, y eso que no he hecho sino pintar a brocha gorda el cuadro. Para iluminarlo con todos sus colores habría tenido necesidad del marco de un libro entero.

Estaba harto y cansado; me eché sobre la blanda yerba, y me quedé pensativo un rato viendo a los indios desparramarse como moscas en todas direcciones y desaparecer veloces como la felicidad.

LV

Revelación. Más había sido el ruido que las nueces. Nuevas representaciones. El último abrazo y el último adiós de mi compadre Baigorrita. Otra vez adiós. Mariano Rosas después de la junta. ¡Qué dulce es la vida lejos del ruido y de los artificios de la civilización! Los enanos nos dan la medida de los gigantes y los bárbaros la medida de la civilización. Una mujer azotada. No era posible dormir tranquilo en Leubucó.

Mientras arrimaban las tropillas, descansaba y pensaba en el extraño concilio a que acababa de asistir; estaba completamente abstraído cuando se me presentó mi compadre Baigorrita.

Después de haberlo acompañado a Mariano Rosas cierta distancia, por el camino de Leubucó, volvía sobre sus pasos con la intención de ir a dormir en Quenque.

Llegó donde yo estaba, echó pie a tierra, se sentó a mi lado y me hizo decir con San Martín:

Que ya se iba, que no me extrañase que no hubiera hablado en la junta en defensa mía, que no lo había hecho por los indios de Mariano, que si lo hubiese hecho habrían dicho que era más amigo mío que de ellos; que yo tenía mucha *razón en mis razones,* que los hombres de experiencia lo habían conocido, que ninguno lo había conocido mejor que el mismo Mariano Rosas, pero que había tenido que portarse así, porque si no, sus indios habrían dicho que era más amigo mío que de ellos; que me fuera sin cuidado, que Mariano era mi amigo, que tenía confianza en mí, y que con él contara en todo tiempo para lo que gustara, que para qué nos habíamos hecho compadres entonces.

Este lenguaje fue una revelación.

Recién comencé a ver claro y explicarme la actitud indiferente, reconcentrada, ceñuda de mi compadre durante toda la junta. A fuer de diplomático, que conoce perfectamente bien el terreno que pisa, había estado haciendo su papel.

Más había sido el ruido que las nueces, según se ve. Faltaba averiguar si aquellos discípulos de Maquiavello me habrían dejado sacrificar, dado el caso que el *pueblo bárbaro,* exasperado por la razón de mis sinrazones, se me hubiera ido encima.

Estaba impaciente de conversar con Mariano Rosas a ver si me hablaba con la misma franqueza de Baigorrita su aliado, a la vez que su rival en la justa pretensión de adquirir prestigios entre todas las indiadas.

San Martín, completando el pensamiento de mi compadre, me dijo de su cuenta:

—Así son los indios, señor; y como Baigorrita es cacique principal, tiene que tener mucho cuidado con Mariano; los indios son muy desconfiados y celosos; para andar bien con ellos, es preciso no aparecer amigo de los cristianos.

Baigorrita le interrumpió y me hizo decir que ya era tarde, que quería ponerse en marcha.

Mis tropillas acabaron de llegar; mandé mudar, la operación se hizo prontamente y un momento después abandonamos la raya.

Ordené que mi séquito se fuera despacio por el camino de Leubucó, y con Camilo Arias y un asistente tomé para el sud en compañía de mi compadre.

Varios indios, entre ellos el de las muletas, lo acompañaban. Me presentó a algunos que no me habían visitado en Quenque; tuve que sufrir sus saludos, apretones de mano, abrazos y pedido, y en el sitio donde habíamos pasado la noche que precedió a la junta, nos dijimos adiós.

Conforme fue cordial la recepción de Baigorrita, así fue fría la despedida.

Partimos al galope en opuestas direcciones. Silencioso, contemplando la verde sabana de aquellas soledades, dejaba que mi caballo se tendiera a sus anchas, cuando sentí un tropel a retaguardia. Sin sujetar di vuelta, vi un grupo de jinetes; entre ellos venía Baigorrita corriendo por alcanzarme.

Hice alto; alguna novedad ocurría.

Mi compadre llegó y San Martín me dijo:

—Dice Baigorrita, que viene a darle el último abrazo y el último adiós.

Nos abrazamos, pues.

El indio me estrechó con efusión, y al desapartarnos, tomándome vigorosamente la mano derecha y sacudiéndomela con fuerza, me dijo, con visible expresión de cariño: ¡Adiós!, ¡compadre!, ¡amigo!

—¡Adiós!, ¡compadre!, ¡amigo! —le contesté, y volvimos a separarnos.

Galopaba yo, apurando mi caballo por ver si alcanzaba mi gente antes de que se pusiera el sol, cuando un jinete me alcanzó.

Era San Martín; lo mandaba Baigorrita a decirme otra vez adiós, me enviaba sus más fervientes votos de felicidad, me hacía presente que el había ofrecido otra visita, y para no desmentir en ningún momento que era indio, me pedía que le mandara unas espuelas de plata.

Contesté a todo como debía, despaché el mensajero y seguí por el camino que acababa de tomar.

A poco andar me incorporé a mi gente. Adelante de ella iban varios indios desparramados.

Entre ellos reconocí a Mariano Rosas, lo acompañaba a la par su hijo mayor.

Sintió el tropel de mis caballos, miró atrás, y al ver que era yo, sujetó.

—Buenos tardes, hermano —me dijo con marcada amabilidad.

Jamás le había visto un aire tan amistoso.

—Buenas tardes —le contesté con estudiosa sequedad.

—Cómo le ha ido —prosiguió, diciéndole a su hijo—: Saca esas perdices para mi hermano.

El hijo obedeció, y de unas alforjas sacó dos hermosas martinetas cocidas y una torta.

Yo contesté:

—Me ha ido regular, hermano.

Tomó las perdices y la torta y me las pasó, diciéndome:

—Coma, hermano.

Su cara tenía una expresión de malicia particular; parecía que el indio se reía interiormente.

Tomé las perdices, le pasé una, y media torta a los frailes, y el resto lo partí con él.

Íbamos al trote masticando sin hablar.

—Galopemos —me dijo.

—No, mis caballos están pesados, no tengo apuro en llegar, galope usted si tiene prisa —le contesté.

—¿Qué le ha parecido la junta? —me preguntó.

—¿Qué me ha parecido? —repuse, fijando en él mis ojos, como diciéndole: Ya lo calculará usted.

Me entendió y dijo:

—Con estos indios se precisa mucha paciencia, es preciso conocerlos bien, son muy desconfiados, en cuanto ven que uno es amigo de los cristianos, ya piensan que los engañan. ¡Los han traicionado tantas veces! Ya ve cómo ha estado su compadre Baigorrita.

–¿Pero de mí, qué podían temer? –le contesté.

–Nada, de usted, nada.

–¿Y entonces?

–Pero si yo hubiera aprobado todas sus razones, quién sabe qué hubieran dicho.

–¿Y si me hubiesen insultado, o me hubieran querido matar?

–¡Cuándo! –fue toda su respuesta.

Y esto diciendo, se tendió al galope, añadiendo:

–Bueno, hermano, hasta luego, lo espero a comer.

–Bueno, hermano, ahorita no más estoy en Leubucó, voy a descansar un rato en la Aguada –le contesté.

El sol se hundía del todo en la raya lejana; una ancha faja cárdena, resplandeciente, radiosa, teñía el horizonte y con su lumbre purpúrea, cambiante, hermosa, doraba las apiñadas nubes de occidente, que, como encumbradas montañas movedizas coronadas de eternas nieves, se alzaban hasta el cielo a la manera de inmensas espirales y de informes figuras de inconmensurable grandor.

El seco aquilón plegaba sus alas, las mansas y apacibles auras jugueteaban galanas, refrescando la frente del viajero; el pasto ondulaba como el irritado mar en sus profundidades insondables después de la tempestad; las silvestres flores se erguían sobre sus flexibles tallos, pintando los campos con colores vivaces; un perfume suavísimo, delicado, imperceptible como la confusa reminiscencia del primer ósculo de amor, vagaba envuelto entre las brisas embriagadoras.

Los últimos rayos solares, refractándose en la atmósfera, envolvían la tierra con el poético manto crepuscular; la moribunda luz del día confundiéndose con las místicas sombras de la noche le abrían el paso a la celeste viajera.

La luna brillaba ya entre tremulantes estrellas, como casta matrona de plateados cabellos, entre púdicas doncellas de rubia faz; cuando llegábamos al borde de una lagunita, en cuyo espejo cristalino innumerables aves acuáticas piaban en coro.

Hicimos alto, mandé mudar caballos, y sediento de reposo, me tendí sobre las blandas pajas, haciendo de mis brazos cruzados cómoda almohada.

¡Qué dulce es la vida, lejos del ruido y de los artificios de la civilización!

¡Ay!, una hora de libertad por los campos es un placer salvaje que yo trocaría mañana mismo por un día entero de esta existencia vertiginosa.

Mientras ensillaban pensé en los sucesos del día, y, francamente, los indios me trajeron a la memoria lo que pasa en los parlamentos de los cristianos.

Mariano Rosas y Baigorrita, como dos jefes de partidos, tenían el terreno preparado, la votación segura; pero uno y otro antes de imponer su voluntad habían lisonjeado las preocupaciones populares.

¿No es esto lo que vemos todos los días?

La paz y la guerra, ¿no se resuelven así?

¿El pueblo no tolera todo, hasta que se juegue su destino, con tal que se le deje gritar un poco?

¿No hacen presidentes, gobernadores, diputados, en nombre de ciertas ideas, de ciertas tendencias, de ciertas aspiraciones, y las camarillas, no hacen después lo que quieren y las muchedumbres callan?

¿No pretende que lo gobierne la justicia y no lo gobierne eternamente esa inicua inmoralidad, que los políticos sin conciencia llaman la *razón de estado?*

¿Pasa otra cosa en el mundo civilizado?

Mariano Rosas, después de haber resuelto la paz, acusándome en público de las matanzas de López y Rosas; Baigorrita, dominado por la misma idea, silencioso, irresoluto en presencia de la multitud, ¿no hacían el mismo papel de Napoleón III proclamando: *el imperio es la paz,* al mismo tiempo que se armaba hasta los dientes?

¿No mentían?

¿No hacían lo mismo que los que en nombre de la Constitución y de las leyes, de la civilización y de la humanidad arman al pueblo contra el pueblo?

¿No mentían?

¿No hacían lo mismo que los que después de haber sostenido que el pueblo tiene el derecho de equivocarse se han rebelado contra él, porque tuvo la energía de inmolar uno de sus tiranos?

¿No mentían?

Mariano Rosas y Baigorrita, declarando en una junta, después de haber firmado el tratado de paz, que harían lo que la mayoría resolviese, ¿no imitaban a los que más de una vez han declarado en nuestros Congresos lo contrario de lo que habían convenido con el extranjero?

¡Cuánto he aprendido en esta correría!

Si me hubieran dicho que los indios me iban a enseñar a conocer la humanidad, una carcajada homérica habría sido mi contestación.

Como Gulliver, en su viaje a Liliput, yo he visto al mundo tal cual es en mi viaje a los ranqueles.

Somos unos pobres diablos.

Los enanos nos dan la medida de los gigantes y los bárbaros la medida de la civilización.

Resta saber si seríamos más felices poniendo en la silla curul de nuestros magnates, a pigmeos, y cambiando el coturno francés por la bota de potro.

Los héroes prueban tan mal y la moda es tan tiránica en sus imposiciones, que vale la pena meditar sobre las ventajas y las consecuencias de una revolución social.

De todos modos nuestros ídolos de ayer no resisten a la crítica, son como los ranqueles, capaces de engañar al más pintado.

Por esos trigales de Dios iban mis reflexiones, en el instante en que Calixto Oyarzábal, acercándoseme, me dijo:

—Ya está el caballo, señor.

Me levanté:

¡A caballo! grité y diciendo y haciendo monté y tomé al galope la gran rastrillada de Leubucó, entrando luego en el monte.

El cielo se encapotaba; caímos a un descampado pantanoso; unas lucecitas fugaces, macilentas, aparecían y desaparecían; creía llegar a ellas, y se alejaban de mí como rápidas mariposas. Eran las emanaciones de la tierra; cruzábamos un cementerio de indios y estábamos a las puertas de la toldería de Mariano Rosas.

Llegamos.

Me esperaban con la comida pronta y con música. Comí, soporté al negro del acordeón una vez más, y viendo que mi presunto compadre Mariano estaba muy bien templado, le pedí la libertad del doctor Macías.

Me contestó que sí.

Veremos después lo que vale el *sí* de un indio.

Me despedí, salí del toldo, me senté al lado del fogón de los asistentes, y aunque no tenía sueño, me quedé dormido.

Unos ladridos de perro me despertaron.

En el toldo de Mariano Rosas se oían gritos de mujer.

Me acerqué ocultándome.

El cacique había castigado una de sus mujeres, quería castigar otra y el hijo se oponía, amenazando al padre con un puñal si tocaba a la madre.

Era una escena horrible y tocante a la vez.

Habían bebido, el toldo era un caos, las mujeres y los perros se habían refugiado en un rincón, los indiecitos y las chinitas desnudas lloraban, y un fogón expirante era toda la luz.

Mariano Rosas rugía de cólera.

Pero retrocedía ante la actitud del hijo protector de la madre.

Según se dijo al día siguiente, era muy capaz de haber muerto al padre, si no se hubiera contenido, para que se vea que, hasta entre los bárbaros, el ser querido que nos ha llevado en sus entrañas, que nos ha amamantado en su seno y nos ha mecido en su regazo, es un objeto de culto sagrado.

Me acosté con la intención y la esperanza de dormir. Pero estaba de Dios que en Leubucó las noches habían de ser toledanas para mí.

Cuando conciliaba el sueño, una serenata de acordeón con negro y todo, presidida por los cuatro hijos de Mariano Rosas, *achumados* a cual más, me despertó. Fue en vano resistir.

Hubo cohetes y aguardiente como para que los *yapaí* duraran un buen rato.

Yo, en lugar de beber hacía el ademán y derramaba el nauseabundo líquido por donde caía.

Al fin se *remató* la impertinente chusma y me escurrí, pasando el resto de la noche sin novedad.

LVI

La paz estaba definitivamente hecha. El doctor Macías. Gotas maravillosas. Padre e hijo indios. Lo pido a Macías. Visita a Epumer.

Las paces estaban definitivamente hechas.

El sufragio popular les había puesto su sello soberano en la junta.

Las sospechas habían desaparecido.

Yo era mirado ya como un indio.

Numerosas visitas llegaban a saludarme.

El viento de Leubucó me era favorable.

Los intrigantes, corridos y avergonzados, solicitaban mi perdón con estudiadas sonrisas y amabilidades. Fingí que no me había apercibido de sus manejos, estaba en tierra diplomática, y reservé el castigo para la oportunidad debida.

El doctor Macías me preocupaba.

Su espíritu abatido por las humillaciones y padecimientos que había sufrido durante dos años, nada esperaba de los hombres.

Como el náufrago que después de haber luchado brazo a brazo con la muerte viendo venir la onda irritada que va a tragarlo y sumergirlo en las frías y tenebrosas cavernas del océano, hace un esfuerzo supremo y coge una tabla de salvación, que otros le arrebatan desesperados, en el instante mismo en que la barca del arrojado pescador viene en su ayuda, así es la vida.

Las penas secan los ojos, las ingratitudes hielan el corazón; los desengaños matan las últimas ilusiones; parecemos momias ambulantes, descendiendo marcialmente sin consuelo por los oscuros escalones de la eternidad, y sin embargo, algo nos estremece y nos conforta aun a la manera de un sacudimiento galvánico, inefable, es la esperanza en Dios.

¡Ay de aquel que después de haber perdido la fe en todo, no conserva en su esqueleto un santuario siquiera para refugiar en él esa fe pura!

Macías no creía que yo me atrevería a exigir su libertad; aunque no me lo decía, lo comprendía. Abatido por el infortunio, me confundía con los aduladores del cacique.

Su actitud era digna; aprovechaba toda ocasión de manifestar que su existencia se hacía cada día más insoportable, pero no suplicaba.

El desgraciado tenía impresas en su frente las huellas de un dolor punzante, reconcentrado; celaje de amargura; sus grandes ojos negros rasgados, vagaban inquietos, fijábanse a veces en tierra, y al recordar, sin duda, la dulce libertad perdida, brillaban cristalizados por comprimido lloro.

Macías tiene cuarenta años; es hijo de una respetable familia de Buenos Aires y está enlazado a una joven de origen inglés.

Su padre es un español conocido en este comercio. Imaginaos un árabe con gran nariz aguileña, de barba y cabellos canos y tendréis su retrato.

Sus primeros estudios los hizo en la escuela del señor don Juan A. de la Peña, donde yo lo conocí.

Después cursó las aulas universitarias, preparándose para entrar en la escuela de medicina, de la que salió doctor.

Su vida ha tenido grandes alternativas. Ha sido médico, leñatero en las islas del Paraná e industrial en el Chaco, entre cuyos indios pasó algunos años voluntariamente. Hay algo de poético, de novelesco y misterioso en esta existencia, mas yo no debo descorrer el velo sino hasta aquí.

Por muchísimos años, Macías y yo nos perdimos de vista; desde la última vez que nos vimos en la escuela de primeras letras, no nos habíamos vuelto a encontrar hasta el día de mi arribo a Leubucó.

Macías había tenido el desgraciado talento de ponerse mal en Tierra Adentro con casi todos los que habrían podido ayudarle a pasar los menos malos tratos posibles.

Tiene un carácter extraño, indómito y dócil, firme y versátil a la vez. Es capaz de acometer una empresa arriesgada y no tiene valor personal.

Estas dos últimas fases de su carácter explican su presencia entre los indios, sin ser cautivo, y su falta de prestigio entre ellos.

Macías estaba en el río Cuarto por el año 1867.

El coronel Elía, jefe de la frontera de Córdoba, había iniciado una negociación de paz con los indios.

Se ofreció y partió con las credenciales correspondientes.

Pero sea que el coronel Elía no estaba autorizado para negociar un tratado de paz, sea lo que fuera, el hecho es que el plenipotenciario fue abandonado a sus propios recursos y a su suerte.

Por falta de tacto o por falta de suerte, fatalidad que suele oscurecer las dotes más relevantes del hombre, burlar sus planes y desvanecer sus ilusiones unas tras otras, lo mismo que los vendavales deshojan los árboles más frondosos, Macías se convirtió de plenipotenciario en prisionero.

Escribió y escribió; sus cartas no fueron contestadas. Hasta el soldado que en calidad de asistente lo acompañaba, lo abandonó.

Solo, sin sirviente ni medios de subsistencia, *maturrango*, ¿de qué había de vivir, ni cómo había de escaparse?

Tuvo que aceptar el pan de los indios y de los cristianos refugiados entre ellos por causas políticas.

Por debilidad, por falsos cálculos, por conveniencia, qué sé yo por qué, se vinculó a los últimos y riñó con ellos después.

No le quedaba más arbitrio que apelar a los indios; se hizo amigo de Mariano Rosas.

Mejoró de condición, y de prisionero se elevó a la categoría de *secretario*.

Las primeras notas que yo recibí en el río Cuarto de aquel cacique eran escritas por mi antiguo condiscípulo. A la distancia lo juzgué mal.

Corrían tantas historias sobre los motivos que lo llevaron a los indios, que era muy difícil sustraerse a la influencia de las sospechas populares.

¿Quién resiste a los juicios de los conocidos sobre los desconocidos?

¿Cuál es la cabeza bastante fuerte para despreciarlos, para esperar?

¿El criterio que tenemos de la generalidad de las personas es acaso el resultado de nuestra observación directa?

¿No amamos, no aborrecemos, no simpatizamos, no *antipatizamos* por refracción?

Una secretaría hace celosos en cualquier parte, lo mismo en París que en Berlín, en Buenos Aires, que en Leubucó.

Macías despertó la emulación de los cristianos.

Temieron su ascendiente.

Comenzaron a intrigarle y lo consiguieron.

Yo, desde el río Cuarto, contribuí sin intención dañina a su caída.

Lo juzgaba mal, ya he dicho por qué, y le escribí a Mariano Rosas, que el secretario que tenía no era bueno, que sus notas decían todo lo contrario de los recados que me llevaban sus mensajeros.

El hecho era cierto.

Lo que faltaba averiguar era si Macías ponía lo que le mandaba o no; si las contradicciones entre lo que me escribían y me decían, no eran gramática parda, diplomacia ranquelina.

El tiempo, iniciándome en las cosas de Leubucó, me aclaró el misterio de todo.

Macías cumplía al pie de la letra las órdenes que recibía, sus notas le eran leídas a Mariano Rosas por otros cristianos antes de salir de la cancillería de Tierra Adentro.

Macías cayó, pues, de la gracia y del favor.

Los que viéndole de secretario le consideraban, lo abandonaron, y los que ni por eso le habían considerado, redoblaron sus hostilidades.

Tuvo que pasar por todo linaje de humillaciones, quedando agregado como uno de tantos al toldo del cacique. Dormía donde lo tomaba la noche; comía donde le daban la limosna de una *tumba* de carne; sus vestiduras eran pobrísimas.

¡Desgraciado Macías!

Cuando yo lo vi, su traje consistía en una camisa sucia y rota, en un calzoncillo de algodón ordinario y en un chiripá de paño viejo colorado; un resto de sombrero cubría su frente y unas botas llenas de agujeros eran todo su calzado. Sus pies estaban destrozados, sus manos encallecidas.

En una bolsa de cuero de gato tenía todo su caudal, hilo, botones, piedritas, agujas, azúcar, yerbas medicinales, tabaco, yerba, papel, y envuelto en un trapito un relicario de oro, de cuatro faces, con los retratos de sus padres y de sus dos hijos.

¡Desgraciado Macías!

¡Ah!, imaginaos el efecto que me haría ver aquel hombre que había nacido bien, que había recibido educación, gozado de la vida y frecuentado la buena sociedad, reducido a aquella condición!

¡El mismo no lo comprendió!

Me veía alegre, festivo, contento, fingiendo que todo cuanto me rodeaba me parecía óptimo, y me creía insensible al infortunio.

Su corazón, atrofiado por el dolor, creía que el mío estaba seco.

¡Desgraciado Macías!

Los indios hablaban mal de él, lo creían loco.

Los cristianos lo mismo; contaban cosas horribles del pobre.

Todos sus vicios se los atribuían a él.

En tal situación escribió al Presidente de la República. No le contestaron.

¿Cómo le habían de contestar?

Sus cartas habían sido interceptadas y detenidas.

Llamé al capitán Rivadavia y le mandé preguntar con él a Mariano Rosas, si estaba visible.

Me contestó que fuera cuando quisiese, que estaba por almorzar.

Entré a su toldo.

Su cara revelaba la agitación de la noche; estaba más pálido que de costumbre.

Al verme entrar, me dijo, sin cambiar de postura (estaba sentado al lado del fogón):

—Buenos días, hermano, dispense que no me pare, estoy medio enfermo.

Me insinuó un asiento a su lado.

Sentándome le contesté:

–Esté cómodo, hermano, ¿cómo ha pasado la noche?

–Mal –repuso, arrugando la frente como cuando un recuerdo mortificante nos asalta.

–¿Qué tiene?

–Me duele la cabeza.

–¿Quiere tomar un remedio muy bueno que yo traigo?

–Lo tomaré si usted lo conoce.

Salí y volví al punto con un frasquito de gotas maravillosas de la corona. Era todo mi botiquín.

Abrí el frasquito, pedí un jarro de agua, lo derramé dejándole sólo dos dedos y eché en él sesenta gotas. Para que las bebiera sin aprensión, le dije:

–Vea –proseguí, y esto diciendo tomé un trago.

–Si no tengo recelo, hermano –me contestó, y tomándome el jarro bebió hasta la última gota que contenía.

–Un poco amargo no más –dijo.

–Sí –repuse.

–¿Y ha descansado bien?

–Muy bien.

–¡Qué diablo de indios, eh!

–¡Hum!, anduvo medio mal la cosa en la junta.

–¡Eh!, no todos comprenden.

–¡Es cierto!

–Y su amigo, el padre Burela, ¿por qué no lo ayudó?

–No sé, estaba medio asustado, me parece.

Se sonrió, como diciendo, "uno y medio", y acariciando a uno de sus hijos que se echó sobre sus rodillas, exclamó:

–¡Ese toro!

Era el hijo que había defendido a la madre la noche antes.

–Tiene muy buena cara –le dije.

–Pero no es bueno, ya me ha querido matar –repuso, mirando al hijo con una mezcla de complacencia y admiración.

El indiecito entendía lo que su padre hablaba; pero no le prestaba atención.

Se desperezó, bostezó, se levantó, habló en la lengua y salió *quebrándose* como lo hacen sólo nuestros gauchos.

Mariano lo siguió con la vista hasta la puerta del toldo, y volvió a repetir:

–¡Toro, hermano!

–¿Cuántos años tiene?

–Debe tener... –me hizo la seña de doce con las manos.

—Es muy chico todavía.

—Pero es gaucho ya.

Trajeron el almuerzo; era lo de siempre: puchero con choclos y zapallo, carne asada, de vaca y de yegua.

—Bueno, hermano –le dije–, yo pienso irme pronto para mandarle cuanto antes las raciones.

—Cuando quiera, hermano –me contestó–; yo no tengo ya sino un poquito que conversar con usted.

—Pienso irme dentro de dos días.

—Hablaremos mañana entonces.

—Está bien. Me lo voy a llevar a Macías.

No me contestó; en su cara leí una negativa.

—A usted no le sirve de nada aquí.

Siguió callado.

—Es un pobre diablo –le dije.

—Mire, hermano –me contestó; iba a proseguir; unas visitas nos interrumpieron.

Saludaron y se sentaron.

Yo seguí almorzando, acabé, me levanté y diciéndole a Mariano, luego conversaremos, salí del toldo bastante contrariado.

En seguida, me fui a visitar al cacique Epumer. Mariano Rosas me prestó su caballo.

En el toldo de Epumer me recibieron con toda galantería.

En un rincón, acurrucado como un tullido, estaba el espía de Calfucurá, que tanta curiosidad me dio en Quenque.

Me vio entrar como a un perro.

¿Qué hacía allí?

LVII

Fama de Epumer. Me esperaban en su toldo. Recepción. Indias y cristianas. Pasteles y carbonada entre los indios. Amabilidades. Celo apostólico del padre Marcos. Puchero de yegua. Insisto en sacar a Macías. Negativas. Un indio teólogo. Un espectro vivo.

El toldo de Epumer distaba un cuarto de legua del de Mariano Rosas.

No hay indio más temido que Epumer; es valiente en la guerra, terrible en la paz cuando está *achumado*.

El aguardiente lo pone demente.

Sea adulación, sea verdad, todos dicen que no estando malo de la cabeza es muy bueno.

No tiene más que una mujer, cosa rara entre los indios, y la quiere mucho.

Vive bien y con lujo; todo el mundo llega a su casa y es bien recibido.

A mí me esperaban hacía rato.

El toldo acababa de ser barrido y regado; todo estaba en orden.

Epumer estaba sentado en un asiento alto de cueros de carnero y mantas.

Enfrente había otro más elevado, que era el destinado para mí.

Las chinas aguardaban de pie, con la comida pronta para servirla a la primera indicación.

Las cautivas atizaban el fuego.

Epumer se levantó, me estrechó la mano, me abrazó, me dijo que aquélla era mi casa, me hizo sentar, y después que me senté se sentó él.

Los demás circunstantes, que eran todos *chusma* agregada al toldo, no se sentaron hasta que Epumer se lo insinuó.

La conversación roló sobre las costumbres de los indios, pidiéndome disculpas de no poder obsequiarme, en razón de su pobreza, como yo lo merecía.

Un cristiano bien educado, modesto y obsequioso, no habría hecho mejor el agasajo.

Epumer me presentó su mujer, que se llamaba Quintuiner, sus hijas, que eran dos, y hasta las cautivas, cuyo aire de contento y de salud llamó grandemente mi atención.

–¿Cómo les va, hijas? –les pregunté a éstas.

–Muy bien, señor –me contestaron.

–¿No tienen ganas de salir?

No contestaron y se ruborizaron.

Epumer me dijo:

–Sí, tienen hijos, y no les falta hombre.

Las cautivas añadieron:

–Nos quieren mucho.

–Me alegro –repuse.

Una de ellas, exclamó:

–Ojalá todas pudieran decir lo mismo, *güeselencia*.

Era una cordobesa.

Epumer les indicó a su mujer y a sus hijas que se sentaran, y mandó que sirvieran la comida.

Obedecieron.

Estaban vestidas con lo más nuevo y rico que tenían.

El *pilquen* era de paño encarnado bastante fino; los collares y cinturones, las pulseras de pies y manos, de cuentas, los grandes aros en forma triangular y el alfiler de pecho redondo, de plata maciza labrada.

La manta era, contra la costumbre, de pañuelo escocés de lana.

Se habían pintado los labios y las uñas de las manos con carmín, se habían puesto muchos lunarcitos negros en las mejillas y sombreado los párpados inferiores y las pestañas.

Estaban muy bonitas.

La mujer de Epumer, sobre todo, me recordaba cierta dama elegantísima de Buenos Aires, que no quiero nombrar.

¡Pues no faltaría más; compararla a ella, tan simpática y prestigiosa por la gracia y la belleza, por su carácter dulce, su talle flexible como el mimbre, su voz de soprano, que tan bien interpreta los acentos delicados de Campagna, con una china!

Trajeron la comida, platos de loza, cubiertos, vasos y mantel.

Empezamos por pasteles a la criolla. Una cautiva los había hecho. Aunque acababa de almorzar con Mariano, comí dos. Luego trajeron carbonada con zapallo y choclos. Epumer me dijo que me habían buscado el gusto, que le habían preguntado a mi asistente lo que me gustaba. No pude rehusar y comí un plato. Estaba inmejorable; la carne era gorda, la grasa finísima.

En seguida vino el asado, de cordero y de vaca, después puchero. El pan eran tortas al rescoldo. El postre fueron miel de avispa, queso y maíz frito pisado con algarroba.

Con la carbonada quedé repleto como un lego; rehusé de lo demás. Fue en vano. Me instaron y me instaron. Tuve que comer de todo.

¡Pobres gentes! A cada rato me decían:

—Si no está bueno, dispense. Aquélla lo ha hecho —y señalaban a tal o cual cautiva, y ésta me miraba, como diciendo: Por usted nos hemos esmerado.

¡Qué escena aquélla! En medio del desierto, en la pampa, entre los bárbaros, un remedo de civilización es cosa que hace una impresión indescriptible.

El espía de Calfucurá, como un búho, observaba con inquieta mirada cuanto pasaba.

—¿Quién es ése? —le pregunté a Epumer.

—No lo conozco —me contestó.

—Pues yo sí.

—Llegó hace un rato, tenía hambre y le hemos dado de comer.

—¿Y no lo conocen ustedes?

—¡No!

—Es un pillo mentiroso.

—¡Y aquí, qué mal nos puede hacer un pobre!

La contestación me avergonzó. El perro de Quenque estaba con el cuarterón. Me acordé de que aquel hombre tenía corazón, que era quizá más desgraciado que yo, y cambié de conversación.

El espía me oyó hablar de él y no hizo mas que lanzarme una mirada extraña y replegarse más y más sobre sí mismo.

Saqué mi libro de memorias, les pregunté a Epumer y su familia qué querían que les mandara del río Cuarto y tomé nota de sus encargos.

Bien poca cosa me pidieron: tela para pilquenes, hilo y agujas.

Epumer me dijo: que quería un chaleco de seda...

—¿Colorado?—le interrumpí.

—No —me contestó—, negro.

Me levanté, me despedí, me acompañaron, violando los usos de la tierra, hasta el palenque, monté a caballo y partí. A cierta distancia di vuelta.

Me seguían con la vista.

Saludé con la mano, me contestaron con el pañuelo.

Llegué al toldo de Mariano Rosas.

Estaba sentado en la enramada, solo. Las visitas se habían retirado.

Eché pie a tierra, até su caballo en el palenque, le di las gracias, pasando de largo, y me metí en mi rancho. Los franciscanos disfrutaban en santa paz las delicias de la siesta.

El ruido que hice al entrar los despertó.

Les conté mi visita al toldo de Epumer, discurrimos un rato sobre la franca y cordial hospitalidad que me había dispensado después de las escenas tumultuarias de los primeros días, y, por último, les comuniqué que había resuelto partir a los dos días.

El padre Marcos me manifestó el deseo de quedarse, a ver si arreglaba lo concerniente a la fundación de la capilla de que hablaba el tratado de paz. No pareciéndome prudente su resolución, me opuse amistosamente a ella. Le hice algunas reflexiones con tal motivo, y el padre Moisés, deduciendo de ellas que mi negativa provenía de que no quería que su compañero se quedara solo, me observó que él lo acompañaría, permaneciendo a su lado. Lo tranquilicé viendo su generosa oferta; amplié las razones de mi negativa, y, finalmente, les dije que pensaran en hacer al día siguiente algunos bautismos.

Al efecto le indiqué al padre Marcos fuera a hablar con Mariano Rosas solicitando como cosa suya el permiso competente.

Mandó ver con su asistente si estaba en disposición de recibirle y contestó que sí.

Salió el padre y entró en el toldo del cacique, que acaba de recibir visitas.

Detrás de él me fui yo.

Mariano Rosas le había sentado a su lado; le había concedido el permiso solicitado y le había rogado le bautizara su hija mayor, de la que yo sería padrino.

Trajeron de comer.

Era un puchero de carne de yegua.

—Padre —le dijo Mariano al buen franciscano—, para probarle que soy buen cristiano, y el gusto con que veo aquí unos hombres como ustedes, comamos en el mismo plato.

Y esto diciendo puso entre él y el padre uno que le daban en ese momento.

—Con mucho gusto —le contestó aquél.

Y sin más preámbulo, empuñó el tenedor y el cuchillo y sin repugnancia alguna comenzó a engullir la carne de yegua, como si hubiera sido bocado de cardenal.

Yo rehusé comer, explicando el porqué, no lo atribuyeran a desaire.

En la tierra, la costumbre es comer al cabo del día tantas veces cuantas hay ocasión.

Algunas de las visitas eran conocidos. Entablé conversación con ellos. El padre Marcos por su parte, le hizo a Mariano Rosas una larga explicación de lo que significaba el bautismo, quien varias veces contestó:

—Ya sé.

Le exigió que a la hijita que iban a bautizar la educara como cristiana, lo que le fue prometido; dejó de comer puchero, cuando el plato dijo no hay más, y en seguida se despidió y salió.

Yo me quedé en mi puesto, busqué una postura cómoda, la hallé acostado, dejé que Mariano Rosas hablara con sus visitas y me dormí.

Cuando me desperté, el toldo estaba solo.

Salí de él; Mariano había vuelto a la enramada, me senté a su lado y le dije:

—Hermano, y, ¿me lo llevo o no a Macías?

—Entremos —me contestó, levantándose y dirigiéndose al toldo.

Lo seguí y entramos, cediéndome él el paso en la puerta.

Nos sentamos.

Tomó la palabra y habló así:

—Hermano, el *doctor* es mejor que se quede.

—Usted me lo había cedido ya —le contesté.

—Es cierto; pero es mejor que se quede.

—¿Y el tratado de paz, hermano? ¿Usted olvida que Macías no es cautivo, que si me exige que lo saque, yo lo debo reclamar y que usted no me lo puede negar?

—Yo no se lo niego, hermano, le digo que se lo daré después.

—¿Y qué dirán en el río Cuarto los cristianos luego que sepan que vuelvo sin Macías? Dirán que no me he atrevido a reclamarlo, se quejarán y con razón. Usted me compromete, hermano.

Macías entró en ese momento, con el intento de cruzar por el toldo.

Mariano Rosas lo miró airado, y con voz irritada le dijo *textualmente:*

–Donde conversa la gente no se entra. Salga.

Macías retrocedió humillado, murmurando:

–Creía...

–¡Salga, dotor! –le repitió con énfasis, y el desdichado salió.

Comprendí que alguien había influido en el ánimo del indio y me pareció de buena táctica no insistir mucho.

Hice, empero, una insinuación final diciéndole con expresión:

–¿Y, hermano?

Fijó sus ojos en los míos, y me dijo *textualmente:*

–¡Hermano, el corazón de ese hombre es mío!

¿Qué misterio hay aquí?, dije para mis adentros, y como no le contestara y siguiera mirándole, añadió *textualmente:*

–La conciencia de ese hombre es mía.

Una mezcla de asombro y de temor por la vida de Macías me selló los labios.

Se levantó el indio, tomó de sobre su cama el cajón del archivo, lo abrió, revolvió sus bolsitas, halló lo que quería, sacó de ellas unos papeles y dándomelos, me dijo:

–¡Lea, hermano!

Tomé los papeles, que eran manuscritos, abrí uno de ellos, reconocí la letra de Macías y leí.

Era una larga carta dirigida al Presidente de la República.

Macías le relataba cómo se hallaba entre los indios; pintaba con colores bastante animados su vida; daba una noticia de lo que eran los cristianos en Tierra Adentro; los comparaba con los indios, quedando aquellos en peor punto de vista; y por último invocaba la protección del Gobierno para reivindicar su libertad perdida.

La carta estaba mal redactada. Macías no escribe bien; pero tenía la elocuencia del dolor.

Mientras yo leía, Mariano Rosas se limpiaba las uñas con el puñal.

Acabé de leer la carta y lo miré; no me vio.

Leí otro de los papeles, era otra carta, muy parecida a la anterior, dirigida al gobernador de Mendoza.

Los otros papeles eran apuntes sin importancia, eran de un corazón lacerado por el infortunio.

Terminada la lectura de todo el mamotreto, exclamé:

–¡Ya he concluido!

–¿Ya ha visto?

–Sí.

–¿Qué le parece?

—No hallo nada contra usted.

—¿Nada?

Y esto diciendo me miró, como preguntándome: ¿me engaña usted?

—¡Nada! ¡Nada! —repetí.

—¡Hermano! —me dijo con intención.

—Nada, hermano, le doy mi palabra.

Y como no me contestara y no me quitara los ojos y le conociera que quería sondar mis pensamientos, agregué:

—Hermano, si alguien le ha dicho que estas cartas hablan mal de usted, lo ha engañado.

—Léamelas, hermano.

—¿Quiere más bien que venga el padre y se las lea él?

—No, léamelas usted, hermano.

Se las leí; la lectura duraría un cuarto de hora.

Mientras leía lo miré varias veces; tenía los ojos clavados en el suelo y la frente plegada.

Cuando acabé de leer, dije:

—¿Y qué dice ahora?

—Que ese hombre es un desagradecido. (Textual.)

—¿Por qué, hermano?

—Porque habla mal de los cristianos que le han dado de comer. (Textual.)

Hice una composición de lugar con la rapidez del relámpago, y dije:

—Tiene usted razón hermano, que se quede entonces.

—Sí, me contestó, dos años más.

—El tiempo que usted quiera.

Tomó los papeles, los puso en orden, los colocó en su bolsita, cerró el cajón y me dijo:

—Mañana bautizaremos a su ahijada.

—Está bien —le contesté y salí, dándole las buenas tardes.

Macías estaba a la puerta del rancho. Parecía un espectro.

Nada había oído. Pero su corazón sabía lo que había pasado.

El corazón de los que sufren suele ser profético; anticipándose al dolor, lo prolonga.

Lo miré sonriéndome por tranquilizarlo, y exhalando un hondo supiro, me dijo al pasar:

—Ya sé que te ha ido mal.

—Nunca es tarde, hombre, cuando la dicha es buena —le contesté.

Meneó la cabeza como diciéndome: Me había engañado; y para acabar de tranquilizarlo, agregué:

—Todavía no le he hablado.

LVIII

Intrigas contra Macías. Envidia de los cristianos. Preparativos para el bautismo. Animación de Leubucó. Aspavientos de las madres. Sentimiento que las dominan. El mal de este mundo es materia de religión. Mi ahijada, la hija de Mariano Rosas. De gala, con botas de potro de cuero de gato, y vestido de brocado. Invencible curiosidad. No puedo explicar lo que sentí. Una cristalización en el cerebro. Regalos recíprocos. Pobre humanidad.

Macías me inspiraba tanta lástima, que toda la noche soñé con él.

Redimirlo del cautiverio era para mí no sólo una obra de caridad, sino el cumplimiento de un deber.

La paz estaba solemnemente hecha y Mariano Rosas obligado, por un tratado, a dejar en completa tranquilidad a todos los que, habiéndose refugiado en Tierra Adentro, quisieran volver a sus hogares.

En cuanto amaneció llamé al capitán Rivadavia para tener una consulta con él.

Era el único hombre que me inspiraba completa confianza.

Había vivido más tiempo que yo entre los indios, haciéndose respetar de ellos y de los cristianos, que no es poco decir, y Mariano Rosas le tenía gran afición.

Conocía las costumbres de los unos, las mañas de los otros, todos los títeres, en fin, de aquel mundo, donde el estudio del corazón humano es tan difícil como en cualquier otra parte.

Si él no salvaba mis dudas, ¡quién las había de salvar! Le referí todo lo que había sucedido, cambiamos nuestras ideas y resultó que Macías era víctima de una nueva intriga.

Mariano Rosas, les había, sin duda alguna, comunicado sus conferencias conmigo a sus confidentes y éstos le habían disuadido de su resolución de cedérmelo.

Había en esto represalias por parte de los que se creían ofendidos con los informes consignados en la correspondencia interceptada, egoísmo o envidia.

Los cristianos refugiados entre los indios por causas políticas, fingían toda la mayor conformidad. Otra cosa tenían en el fondo de su alma.

La salida de Macías, a quien tanto habían mortificado y ultrajado, haciéndole pagar caro el pedazo de carne que le daban, los contrariaba.

El se iba y ellos se quedaban. ¡Ellos, que gozaban del favor del cacique, no podían volver al seno de su familia, y Macías, el loco Macías, de quien tantas veces se habían mofado, de quien todavía delante de mí se reían, estaba a punto de romper las cadenas de su cautividad!

Ellos eran libres y se quedaban; Macías no lo era y se marchaba.

En verdad, sólo nobles corazones podían regocijarse de que un desgraciado sacudiera el ominoso yugo.

Los galeotes reciben con júbilo al nuevo condenado y maltratan en vísperas de su salida al que ha cumplido la terrible condena.

Mal de muchos, consuelo de tontos, dice el refrán. Mal de muchos, consuelo de ingratos, debiera decir.

Era preciso aprovechar el día.

Teníamos que bautizar una porción de criaturas, hijas de cristianos refugiados, de cautivas y de indios.

Les recordé a los buenos franciscanos que no teníamos tiempo que perder; mandamos mensajeros en todas direcciones y se preparó el altar, en el mismo rancho en que se había celebrado la misa el día antes.

Poco a poco fueron llegando hombres y mujeres cristianos con sus hijos e indios e indias con los suyos.

El toldo de Mariano Rosas era un jubileo.

Reinaba verdadera animación; todo el mundo se había vestido de gala. Yo estaba encantado viendo aquellos infelices honrar instintivamente a Dios. Los frailes, contentos, como si se tratara de unos óleos regios.

Cualquiera que hubiese llegado a aquellas comarcas ese día –sin estar en antecedentes–, se habría creído transportado a una tribu indígena convertida al cristianismo.

Cuando todo estuvo pronto, se le mandó prevenir a Mariano Rosas, pidiéndole permiso para empezar, e invitándolo a presenciar la ceremonia.

Contestó que podíamos dar comienzo cuando gustáramos, y que no le era posible acompañarnos, porque en ese momento acababan de entrarle visitas.

El rancho que hacía de capilla era estrecho para contener la concurrencia. Con cada criatura venían los padres, sus parientes, sus amigos, los padrinos y madrinas.

Los chiquillos estaban azorados. Todos ellos, lo mismo los grandes que los chicos, lloraban. El altar, los sacerdotes revestidos, las caras extrañas, el aire de solemnidad de los circunstantes, el empeño inusitado en que estuvieran con juicio o callados, todo, todo les impresionaba. Las madres se volvían puros aspavientos. Esta decía: ¡Jesús, qué criatura! Aquélla: ¡Ay! ¡qué chiquilla! La una: ¡Qué vergüenza! La otra: ¡Cállate, por Dios! Acariciaban, reprendían, amonestaban, amenazaban, recurrían, en fin, a todos los ardides maternales, para imponer silencio.

¡Imposible!, el destemplado coro seguía.

Yo observaba aquella escena *sui generis,* y al través de la parodia veía la tendencia humana hacia las cosas graves y solemnes.

Esas pobres mujeres, andrajosas las unas, bastante bien vestidas las otras, cristianas unas, chinas otras, hacían allí, al pie del improvisado altar, lo mismo que habrían hecho bajo las naves monumentales de una catedral.

¿Qué sentimiento las dominaba cuando llorosas o radiantes de júbilo exclamaban, como varias veces lo escuché, viéndolas abrazar con efusión el fruto de sus entrañas: ¡Al fin va a ser cristiana, hija mía, hijo mío!

Sí, ¿qué sentimiento las dominaba?

¡Ah!, un sentimiento innato al corazón humano.

Un sentimiento que Voltaire mismo ha explicado en una frase célebre: *Si Dieu n'existait pas, il faudrait l'inventer.* (Si Dios no existiese sería menester inventarlo.)

Aquellas gentes, alejadas de la civilización quién sabe desde cuándo, desgraciadas o pervertidas, resignadas a su suerte o desesperadas, ignorantes, vulgares; aquellas mujeres cristianas en el nombre; aquellas chinas, aquellos indios sosteniendo en sus brazos sus hijos con recogimiento y devoción, comprendían por un instinto especialmente humano que entre este mundo y el otro, entre esta vida y la otra, necesitamos un vínculo, y que ese vínculo es Dios, cualquiera que sea la forma en que lo adoremos.

El mal de este mundo no consiste en profesar una mala religión, sino en no profesar ninguna.

¡Ah!, y si la religión que se profesa es consoladora por su moral, si como una fuente inagotable de poesía, ella nos ofrece un refugio en las tribulaciones y una tabla de salvación en las últimas congojas de la vida, ¡qué bien inmenso no es creer, adorar y confiar en Dios!

Con razón aquellas gentes estaban de fiesta y consideraban dichosos a sus hijos de que recibieran el bautismo.

Cualquier ceremonia que hubiese sido como la consagración de un culto, habría sido lo mismo.

Bautizar treinta o más criaturas una después de otra, era obra de todo el día. El ritual permitía, lo que yo ignoraba, administrar el sacramento en masa.

Respiré.

Mi ahijada no comparecía.

Mandé decir a mi compadre que la esperábamos, y un instante después la pusieron en mis brazos.

Era una chiquilla como de ocho años, hija de cristiana, trigueñita, ñatita, de grandes y negros ojos, simpática, aunque un tanto huraña. Lloró como una Magdalena un largo rato, haciendo llorar a otras criaturas, cuyas lágrimas se habían aplacado y obligándonos a diferir el momento de empezar.

Calmóse por fin y la sagrada ceremonia empezó, Resonaban los latines y los *Padre Nuestros;* mi ahijada permanecía en mis brazos, ora inquieta, ora tranquila.

Me miraba, huía de mis ojos, se sonreía, hacía fuerzas, cedía, a mí me dominaba sólo una idea.

La chiquilla había sido vestida con su mejor ropa, con la más lujosa, era un vestido de brocado encarnado bien cortado, con adornos de oro y encajes, que parecían bastante finos. A falta de zapatos, le habían puesto unas botitas de potro, de cuero de gato. La civilización y la barbarie se estaban dando la mano.

¿Qué vestido es ése?, ¿de dónde venía?, ¿quién lo había hecho?, era todo mi pensamiento.

Quería atender a lo que el sacerdote hacía y decía. ¡En vano!

El vestido y las botas me absorbían. Examinaba el primero con minucioso cuidado. Estaba perfectamente bien hecho y cortado.

Las mangas eran a la María Estuardo. Aquello no era obra de modista de Tierra Adentro. Tampoco podía ser regalo de cristianos ni tomado en el saqueo de una tropa de carretas, estancia, diligencia o villa fronteriza. Entre nosotros ninguna niña se viste así.

Mi curiosidad era sólo comparable a la incongruencia del traje y de las botas de potro.

Era una curiosidad rara.

A veces me venía como un rayo de luz y me decía: Ya caigo, ese vestido viene de tal parte. No, no podía ser eso, era una extravagancia. Cuando me tocaba contestar Amén otro tenía que hacerlo por mí. Distraído, no veía sino el vestido, no pensaba sino en el contraste que formaban con él las botas.

A mi lado estaba un cristiano, agregado al toldo de Mariano Rosas, cuya cara de forajido daba miedo.

Era uno de esos tipos repelentes, cuya simple vista estremece. Jamás me había dirigido la palabra, ni yo se la había dirigido a él.

La curiosidad pudo más que la repugnancia que me inspiraba, le pregunté con disimulo:

–¿De dónde ha sacado mi compadre este vestido?

–¡Oh! –me dijo, con voz bronca y tonada cordobesa–, ése es el vestido de la Virgen de Villa de la Paz.

–¿De la Virgen? –le pregunté, haciéndome la ilusión de que había oído mal, aunque el hombre pronunció la frase netamente.

–Sí, pues –repuso–; cuando la invasión que hicimos lo trajimos y lo dimos al general.

Y esto diciendo, sostuvo a mi ahijada, que casi se me escapó de los brazos. Con unas pobres palabras humanas, yo no puedo expresar el efecto extraño que hizo en mis nervios, la voz, el aire y la tonada de aquella revelación.

No sentí lo que se siente en presencia de una profanación; no experimenté lo que se experimenta ante un sacrilegio; no me conmoví como cuando un sortilegio nos llena de estúpida superstición. Sentí y experimenté una impresión fenomenal, me conmoví de una manera diabólica, como en la infancia me imaginaba que se estremecía el diablo cuando le echaban agua bendita.

Mi ahijada María, la hija de Mariano Rosas, está ligada a los recuerdos de mi vida, por una impresión tan singular, que su vestido y sus botas me hacen todavía el efecto de un *cauchemar*.

Yo no puedo ya ver una Virgen sin que esos atavíos sarcásticos se presenten a mi imaginación. Tengo el retrato de mi ahijada como cristalizado en el cerebro, y el vozarrón del bandido que me sacó de dudas me zumba al oído todavía. Hay ecos inolvidables. Son como el rugido del mar cuando, silbando el viento, azota encrespado la pedregosa orilla. Se le oye una vez en la vida y no se le olvida jamás.

Terminados los bautismos, el padre Marcos dirigió a las madres de los recién cristianizados un breve sermón, exhortándolas a educar a sus hijos en la ley de Jesucristo, único modo de que ganaran el cielo después de la muerte.

Todos quedaron muy alegres y contentos y me agradecieron el favor que acababan de merecer, debido a mí.

—¡Ah! si no fuera por usted, señor, qué habría sido de nosotras —me dijeron varias mujeres.

Yo fui padrino de cuatro criaturas, inclusive la hija de Mariano Rosas.

Poco tenía para obsequiar a mis ahijados y ahijadas. Pero como cuando hay deseo y buena voluntad nunca falta algo con qué manifestarlo, con todos ellos quedé bien.

Deshicimos el altar, guardamos los ornamentos y en seguida nos fuimos al toldo de Mariano Rosas.

Nos esperaba con el almuerzo pronto. Estaba plácido como nunca.

—Ya somos compadres, hermano —me dijo—: ahora usted dirá cómo nos hemos de tratar.

—Compadre —le contesté—, como antes, no más, de hermanos.

—Es lo mismo, le doy las gracias —repuso; y dirigiéndose a los frailes, añadió—: ¿muchos cristianos ahora aquí, eh?

—Es verdad —le contestaron—. ¡Dios los ayude a todos!

Sirvieron el almuerzo, almorzamos y nos despedimos para retirarnos.

Yo antes de salir le dije a mi compadre:

—Esta tarde acabaremos de conversar.

—Cuando guste —me contestó.

Iba a salir del toldo; me llamó y sacándose el poncho pampa que tenía puesto, me dijo, dándomelo:

—Tome, hermano, úselo en mi nombre, es hecho por mi mujer principal.

Acepté el obsequio que tenía una gran significación y se lo devolví, dándole yo mi poncho de goma.

Al recibirlo, me dijo:

–Si alguna vez no hay paces, mis indios no lo han de matar, hermano, viéndole ese poncho.

–Hermano –le contesté–: si algún día no hay paces y nos encontramos por ahí, lo he de sacar a usted por esa prenda.

La gran significación que el poncho de Mariano Rosas tenía, no era que pudiera servirme de escudo en un peligro, sino que el poncho tejido por la mujer principal, es entre los indios un gaje de amor, es como el anillo nupcial entre los cristianos.

Cuando salí del toldo y me vieron con el poncho del cacique, una expresión de sorpresa se pintó en todas las fisonomías.

La gente de *palacio* se mostró más atenta y solícita que nunca.

¡Pobre humanidad!

LIX

Se acerca la hora de la partida. Desaliento de Macías. El negro del acordeón y un envoltorio. Era un queso. Calixto Oyarzábal anuncia que hay baile. Baile de los indios y de las chinas. En un detalle encuentro a los indios menos civilizados que nosotros.

Macías veía llegar la hora de mi partida, y con suspiros y monosílabos me hacía comprender que iba perdiendo hasta la esperanza.

Me senté en el fogón y él se puso a mi lado.

Yo estaba de muy buen humor, quizá porque al día siguiente pensaba rumbear para la *querencia*. Somos así, versátiles aun en medio de la felicidad. Todo es poco, nada nos sacia. Y tarde, muy tarde, recién comprendemos que en este mundo sublunar, los que lo han pasado mejor son los que, contentos con el presente, no se han apurado nunca por nadie ni por nada; los que estrechando el horizonte de sus miradas, limitando sus aspiraciones y sacudiendo la férula de las exigencias sociales, han *subjetivado* la vida hasta el extremo de identificarse con su frac.

¡Ah! cuántos a quienes estériles combates consumieron; cuántos que despiertos o dormidos tuvieron visiones de amor, de odio, de gloria, de orgullo, de riqueza, de envidia, de miedo, olvidando que *velar es soñar de pie* y que *el sueño no es más que el noviciado de la muerte,* cuántos de ésos, decía, no habrían sido más dichosos si al fin de la jornada hubiesen podido exclamar:

Sois-moi fidèle ó pauvre habit que j'aime!
Ensemble nous devenons vieux.
Depuis dix ans je te brosse moi-mime,
Et Socrate n'eût pas fait mieux.
Quand le sort á ta mince étoffe
Livrerait de nouveaux combats.
Imite-moi résiste en philosophie.
Mon vieil ami, ne nous séparons pas[60-61]

Yo reía, charlaba, jaraneaba con todos los que rodeaban el fogón, en el que un apetitoso asado se doraba al calor de abundante leña.

El triste prisionero, taciturno, reconcentrado, sombrío, como la imagen de la desesperación, me echaba de vez en cuando miradas furtivas.

Quería decirme algo y no se atrevía; quería hacerme un reproche y no hallaba palabras adecuadas; sus pensamientos fluctuaban, como algas marinas entre opuestas corrientes; iba a hablar y callaba; sus ojos brillaban, sin rencor; pero sus labios comprimidos revelaban claramente que balbuceaba una ironía.

–¿En qué piensas? –le dije.

–En que estás muy alegre –me contestó.

–El que se aflige se muere –repuse.

–¡Ah!, tú te vas, yo me quedo.

–Ya te he dicho que nunca es tarde cuando la dicha es buena –le contesté.

–¡Cómo ha de ser! –volvió a exclamar y levantándose de improviso se quiso marchar.

En ese momento Calixto Oyarzábal, tomando el asador, poniéndolo horizontalmente y raspando el asado con un cuchillo, para quitarle la ceniza, dijo:

–Ya está, mi coronel.

–¡A comer, caballeros! –grité yo a mi vez, y dirigiéndome a Macías, le dije–: Ven, hombre, come: sobra tiempo para ahorcarse de desesperación.

Volvió sobre sus pasos, se sentó nuevamente a mi lado, sacó su cuchillo, y como el asado incitaba, siguiendo los usos campestres de la tierra, cortó una tira.

Una olla de puchero hervía, rebosando de choclos y zapallo angola.

Acabamos con el asado y en un santiamén con ella. Íbamos a tomar el mate de café, no teniendo postre, cuando el negro del acordeón se presentó, trayendo una cosa en la mano envuelta en un trapo.

¡El acordeón!, dije para mis adentros, y me espeluzné y con aire y voz imperativa:

–¡Fuera de aquí, negro! –le grité, antes que desplegara los labios.

–Mi amo –contestó sonriéndose–, si vengo solo.

–¿Y eso? –le pregunté, señalándole la cosa que traía envuelta.

–Esto –repuso, mostrando dos filas de dientes, tan blancos y tan iguales que me dieron envidia–, esto, ¡es un queso!

–¡Un queso!

–Sí, mi amo, y se lo manda el general a su *mercé* para que lo coma en nombre de su ahijada, la niña María. Y esto diciendo, desenvolvió el queso y lo puso en mis manos.

–Dile a mi hermano que le doy las gracias –le dije, y haciéndole una indicación con la mano, agregué–: ¡Vete!

Obedeció, y él, que estuvo a cierta distancia, me preguntó con malicia:

–¿Quiere su *mercé* que vuelva con el instrumento?

Le contesté con un caracú que estaba a mano, en medio de una explosión de risa de los circunstantes.

–Y está de baile –dijo Calixto.

–¿De baile? –le pregunté.

–Sí, mi coronel.

–¿Y dónde hay baile?

–Allí, en un toldo –dijo señalándolo.

–Pues, probemos el queso, tomemos el café y vamos a ver el fandango, aunque haya acordeón y negro.

Despachamos todo, mandé a Calixto a averiguar a qué hora era el baile y volvió diciendo que ya iban a empezar. Dejamos el fogón y nos fuimos a ver la fiesta.

Era lo único que me faltaba.

Mi reloj marcaba las cuatro, las cuatro de la tarde, bien entendido.

Los indios, más razonables que nosotros, duermen de noche y se divierten de día.

Esta costumbre tiene una ventaja sobre la usanza de la civilización: no hay que pensar en luminarias de ningún género, ni en velas, ni en kerosene, ni en gas.

El baile era de varones y al aire libre.

En aquellas tierras, las mujeres no tienen sino dos destinos: trabajar y procrear.

No me atrevo a decir, si a este respecto los indios andan más acertados que nosotros.

Pero considerando los infinitos desaguisados que acontecen y presenciamos de enero a enero, con motivo de la mescolanza de sexos, las mujeres que abandonan a sus maridos, los maridos que olvidan sus mujeres, las reyertas por celos, los pleitos por alimentos, los divorcios, los raptos voluntarios de inocentes doncellas, hechos desconocidos en Tierra Adentro, considerando todo esto, decía: lo cierto es que nuestra civilización es un asunto muy serio.

¡Con razón se predica tanto contra el baile!

Yo comprendo la indispensable necesidad que un hombre de Estado tiene de saber bailar. Porque, como decía Moliére por boca de uno de sus personajes, cuando se dice que un ministro ha dado un mal paso, es porque no ha aprendido la danza, con lo cual el maestro de este arte le probaba al del florete la superioridad del baile sobre la esgrima.

Pero no comprendo la necesidad de que un médico o un abogado bailen.

Por supuesto que los indios, comprendiendo que bailar es un ejercicio, que a la vez obra sobre el sistema nervioso de una manera furtiva, conviene a la higiene del cuerpo; porque despierta el apetito y contribuye al desarrollo de la musculatura, les permiten a sus mujeres bailar solas de vez en cuando, reservándose ellos la parte que más adelante se verá.

El salón de baile, o mejor dicho, la arena, tendría unas cuarenta varas de circuito.

Imagínate la era de trillar las mieses; rodeada de palos a modo de corral; ponle con el pensamiento, Santiago amigo, un mogote de tierra en el centro como de dos varas de diámetro y una de alto y tendrás una idea de lo que he intentado describir.

Los concurrentes estaban colocados alrededor del círculo del lado de afuera.

Aquí viene bien hacer notar que los indios en materia de coreografía son menos egoístas que nosotros.

Ellos bailan para divertir a sus amigos, nosotros por divertirnos nosotros mismos.

Para divertirnos viendo bailar, tenemos que gastar nuestro dinero.

Es otro inconveniente de la civilización.

La música instrumental consistía en unas especies de tamboriles; eran de madera y cuero de carnero y los tocaban con los dedos o con baquetas.

El baile empezó con una especie de llamada militar redoblada.

Oyéronse unos gritos agudos, descompasados, y cinco indios en hilera se presentaron haciendo piruetas *acancanadas*.

Venían todos tapados con mantas.

Entraron en la arena. Dieron unas cuantas vueltas al son de la música, alrededor del mogote de tierra, como pisando sobre huevos, de repente arrojaron las mantas y se descubrieron.

Se habían arrollado los calzoncillos hasta los muslos, la camisa se la habían quitado, se habían pintado de colorado las piernas, los brazos, el pecho, la cara; en la cabeza llevaban plumas de avestruz en forma de plumero, en el pescuezo collares que hacían ruido y las mechas les caían sobre la frente.

Las mantas las arrojaron sin hacer alto, sacudieron la cabeza, como dándose a conocer, y empezó una serie de figuras, sin perder los bailarines el orden de hilera.

Mareaba verlos girar en torno del mogote, agitando la cabeza a derecha e izquierda, de arriba abajo, para atrás, para adelante, se ponían unos a otros las manos en los hombros excepto el que hacía cabeza, que batía los brazos; se soltaban, se volvían a unir formando una cadena, se atropellaban, quedando pegados como una rosca; se dislocaban, pataleaban, sudaban a mares, hedían a potro, hacían mil muecas, se besaban, se mordían, se tiraban manotones obscenos, se hacían colita; en fin, parecían cinco sátiros beodos, ostentando cínicos la resistencia del cuerpo y la lubricidad de sus pasiones.

El aire de las evoluciones determinaba el compás del tamborileo, que de cuando en cuando era acompañado de una especie de canto ora triste, ora grave, ora burlesco, según lo que la infernal cuadrilla parodiaba.

Quince fueron los que bailaron, en tres tandas; la concurrencia guardó el mayor orden; no aplaudía, pero se comía con los ojos a los bailarines.

Aquello era un verdadero *Alcázar lírico* en plena Pampa.

Sin mujeres, sin *garçons,* sin mesas de mármol, sin limonada gaseosa y otras yerbas.

Le hallé la ventaja de la entrada gratis.

Cerca de dos horas duró la farsa; se ponía el sol cuando yo volvía a mi fogón, harto de gestos, alaridos y tamboriles.

Mi buena estrella quiso que el negro del acordeón no formara parte de la orquesta.

Se hizo de noche, y como estuviese fresco, me guarecí tras de mi rancho, dándole la espalda al viento.

En el acto brilló el fogón.

A la luz de su lumbre me contaron cómo bailan las chinas.

En un local como el que ya describí, pintadas y ataviadas, entran quince o veinte; se toman las manos, hacen una rueda, y comienzan a dar vueltas alrededor del mogote, ni más ni menos que si jugaran a la *ronda catonga.*

Los concurrentes entran en el recinto del baile, y al pasar las chinas por delante de ellos les hacen una porción de iniquidades, hasta que no pudiéndolas soportar deshacen la rueda y escapan por donde pueden.

Francamente, en este detalle encuentro a los indios menos civilizados que nosotros, aunque hay ejemplos en las crónicas policiales de caballeros que durmieron bajo las llaves de la alcaldía por tener las manos demasiado largas en los atrios de la iglesias.

El efecto de esos abusos y licencias de los indios con las chinas cuando bailan, hace que ellas se abstengan de la inofensiva diversión, lo que prueba que en todas partes la mujer es igual.

Perdona todo, menos que la maltraten.

Yo les hallo muchísima razón, aunque declaro que ellas, sin maltratarnos, abusando de sus ventajas, suelen *tratarnos mal.*

LX

Solo en el fogón. ¿Qué habría pensado yo si hubiera tenido menos de treinta años? Con las mujeres es mejor no estar uno solo. El crimen es hijo de las tinieblas. El silencio es un síntoma alarmante en la mujer. Visitas inesperadas. Yo no sueño sino disparates. Los filósofos antiguos han escrito muchas necedades.

Me había quedado solo en el fogón, viendo arder las brasas.

Brillaban carbonizadas, y cuando más bellas estaban, el viento las redujo a cenizas, lo mismo que los desengaños desvanecen nuestras más gratas ilusiones.

Mis pensamientos flotaban entre dos mundos.

Ya eran prácticos, ya quiméricos, ora me parecían de fácil realización, ora imposibles de realizar; me sentía grande y fuerte; pequeño y débil; dormitaba y me despertaba; quería salir de allí y no salía.

¿Por qué?

Porque el hombre no es dueño de sí mismo, sino cuando tiene ideas fijas o determinadas.

Una voz dulce me sacó de aquella indecisión, murmurando a mi oído:

–Buenas noches.

Di vuelta y al pálido resplandor de las últimas brasas que se apagaban, reconocí a una mujer.

Era mi comadre Carmen.

–Comadre, ¿usted por aquí y a esta hora? –le dije.

–Compadre, he sabido que se va mañana —me contestó.

La hice que se sentara.

Su rostro tenía una expresión tierna; su seno palpitaba con violencia, agitando levemente los pliegues de su camisa, más ajustada al cuello que de costumbre, y su mirada traicionaba una inquietud mal disimulada.

–¿Usted tiene algo, comadre? –le dije.

–No, compadre –me contestó, clavando la vista en el moribundo fogón y comprimiendo un suspiro.

Si yo no me hubiese hallado en ese período de la vida en que el poeta exclamaba:

My days are in the yellow leaf,
The flowers and fruits of love are gone.[62]

¡Quién sabe qué hubiera pensado!

El viento había calmado, el cielo estaba cubierto de nubes, las estrellas brillaban tímidamente, como luces lejanas al través de opacas cortinas, el fogón eran tibias cenizas, mi visita y yo nos veíamos como dos sombras envueltas en sutil crespón.

El silencio de la noche, interrumpido apenas por la respiración acompasada de los que dormían cerca de allí; la soledad poética del lugar; los pensamientos, que como visiones de una edad más bella, cruzaron como ráfagas de fuego por mi imaginación, le dieron momentáneamente al cuadro un tinte novelesco.

Desperté a Calixto, se levantó, le ordené que avivara el fuego y cebara mate.

Removió las cenizas, descubrió algunas brasas, sopló haciendo con las manos una especie de fuelle y un momento después el fogón flameaba.

Durante un rato, mi comadre y yo permanecimos mudos, oyendo hervir el agua y crujir la leña.

El fuego ejerce una influencia magnética, irresistible, sobre los sentidos, y he observado que al calor de las llamas resplandecientes el corazón se dilata, que las ideas germinan placenteras y el alma se eleva hacia la cumbre de lo grande y de lo bello, en alas de ráfagas generosas y sublimes.

Por eso el crimen es hijo de las tinieblas y se ceba en la oscuridad.

Calixto me pasó un mate; lo tomé, y dándoselo a mi comadre, le dije:

–¿Por qué se ha quedado tan callada?

Suspiró por toda contestación.

Está visto que las mujeres son iguales en todas las constelaciones, lo mismo en las montañas, donde las nieves reinan eternamente, que entre las selvas románticas donde el tímido *urutaú* entona tristes endechas;[63] lo mismo a orillas de majestuoso Río de la Plata, que en las dilatadas llanuras de la pampa argentina.

Suspirar, creen que es hablar.

Confieso que es un lenguaje demasiado místico para un ser tan prosaico como yo.

–¿Pero qué tiene, comadre? –le volví a preguntar.

–Compadre –me contestó–, estoy triste porque se va.

–¿Y qué, le gustaría a usted que no me dejaran volver?

–No quiero decir eso.

–¿Y entonces?

–Quiero decir, que siento no poder acompañarlo.

–¿Y por qué no se viene a pasear al río Cuarto conmigo?

–Porque no puedo.

–¿No es usted libre?

–¡Libre!

–Libre, sí, ¿no es usted viuda?

–¡Ah!, compadre –exclamó con amargura–, usted no sabe cómo es mi vida; usted no conoce esta tierra.

Y esto diciendo, miró en derredor, como buscando si alguien había escuchado su indiscreta confesión.

Su voz tenía algo de significativo y de misterioso.

Me parecía que quería decirme algo más y que estaba temerosa de que algún espía nocturno la oyera.

Me levanté, di una vuelta, me aseguré de que estábamos solos y me senté más cerca de ella, diciéndole:

–No hay nadie.

–Compadre –me dijo–; no se vaya sin pasar por mi toldo que queda en Carrilobo, cerca de Villarreal; allí lo espero; estará mi hermana, es mujer de confianza y lo quiere, tengo algo que decirle, que le interesa mucho saber; esta noche lo voy a acabar de averiguar, por eso he venido; nadie me ha visto todavía...

En ese momento se sintió un tropel y se oyeron como voces de indios *achumados*.

Se levantó de golpe, y diciéndome:

–No quiero que me vean aquí –se deslizó por entre las sombras de la noche.

La seguí un instante con la vista, hasta que se perdió en la oscuridad, y me quedé perplejo y lleno de inquietud, de una inquietud inexplicable, oyendo al mismo tiempo retemblar el suelo y acercarse el vocerío de la chusma ebria.

La luz de mi fogón los atrajo.

Llegaron, se apearon unos, y otros se quedaron a caballo.

Epumer los encabezaba; venían de un toldo vecino, donde habían estado de *mamaran*.

Traía en la mano una limeta de bebida y venía bastante *caldeado*.

Sin apearse, me dijo:

–¡Yapaí, hermano!

–Yapaí, hermano –le contesté.

Bebimos alternativamente, y tras el primer yapaí, vinieron otros y otros.

Afortunadamente, el aguardiente estaba muy aguado y no traía cuerno, ni vaso, lo que me permitía mojar sólo los labios, pues teníamos que tomar de la botella.

Viendo que se ponían muy fastidiosos, que me amenazaban con un largo *solo* le dije a Calixto:

–Ché, mira que hace frío, alcánzame el poncho.

No tenía más que el que esa mañana me había regalado Mariano Rosas; quise ver qué impresión hacía verme con él.

Me trajo Calixto el poncho y me lo puse.

Como lo había calculado, surtió un efecto completo mi ardid.

–¡Ese coronel Mansilla toro! –exclamaron algunos.

–¡Ese coronel Mansilla gaucho! –otros.

Muchos me dieron la mano y otros me abrazaron y hasta me besaron con sus bocas hediondas.

Epumer me dijo repetidas veces:

—¡Mansilla *peñi!* (hermano).

En esos coloquios estábamos cuando un ruido semejante al de un organito descompuesto se oyó, junto con unas coplas, dedicadas a mí.

Me dieron escalofríos, experimentando frío y calor a la vez y una destemplanza nerviosa como la que produce el roce de una lima en los dientes.

¿De dónde salía aquel maldito negro con su execrable acordeón?, pues él en cuerpo y alma era el de la música. ¡A qué averiguarlo!

No pude resistir, y explotando la respetabilidad de que me revestía el poncho de mi *compadre y hermano,* le dije a Epumer y a su séquito:

—Caballeros, buenas noches, es tarde, estoy cansado y mañana me voy; tengo ganas de dormir.

Y los dejé y me metí en mi rancho, y le mandé a Calixto que cerrara bien la puerta, atando con *guascas* el cuero de que la cubría.

Las visitas me saludaron con varias exclamaciones, como ¡adiós, *peñi!* ¡adiós, amigo! ¡adiós, toro!, gritaron un rato, apagaron el fogón saltando por encima con los caballos, alborotaron los perros, hicieron un gran barullo, y cuando se cansaron se fueron.

Arrullado por su infernal gangolina me dormí.

Toda la noche tuve los sueños más estrafalarios Así como casi todos los sentimientos de nuestra alma proceden de las sensaciones de la *bestia,* así también casi todas las visiones del espíritu dormido vienen de lo que hemos visto o contemplado despiertos, con los ojos del cuerpo o con los de la imaginación.

Yo soy como los patanes.

Nunca tengo presentimientos en sueños.

Yo no he de ver nunca, como Píndaro, que las abejas depositan su miel en mis labios.

Ni como Hesíodo, nueve mujeres hechiceras, que fueron las musas que lo inspiraron.

Ni como Escipión, Numancia destruida, o Cartago derribada.

Ni como Alejandro delante de Tiro, que Hércules me presenta la mano desde lo alto de las murallas.

Para que yo viese a la verdad, en sueños, sería menester que fuese más sobrio y virtuoso, o es falso lo que dice Sócrates, que un cuerpo saciado de placer o repleto de alimentos y de vino, le hace experimentar al alma sueños extravagantes; de donde se deduce que los emperadores, los reyes, los presidentes, los ministros y los diputados, todos, todos aquellos, en fin, que deben saber lo que hacen, y que a más de esto deben procurar leer en lo futuro, *desde que gobernar es prever*, deben ser gente muy parca en el comer y muy moderada en el beber amén de otras cosas indispensables para que la digestión se haga regularmente.

Yo no puedo tener sueños como los que tuve la última noche que pasé en Leubucó.

O he de ver disparates, que no se han de cumplir; o he de ver disparatadas las cosas que se cumplieron.

O he de soñar que me han proclamado emperador de los ranqueles, que *Lucius Victorius, Imperator*, ha hecho coronar emperatriz a la china Carmen; o he de soñar que el baile de los indios está en moda en Buenos Aires y que el botín con taco a lo Luis XI ha sido reemplazado por la botita de potro de cuero de gato.

Por el estilo fueron mis sueños.

Y diga después Platón que el espíritu divino nos revela en sueños el porvenir; y diga después Estrabón, que los sueños nos dan a conocer la verdad, porque durante la noche, el entendimiento es más activo, más puro, más claro que durante el día.

Los tales antiguos eran unos utopistas de marca mayor.

Los respeto sólo porque ya son viejos y murieron.

LXI

La loca de Séneca. El sueño cesáreo se me había convertido en sustancia. Salida inesperada de Mariano Rosas. Un bárbaro pretende que un hombre civilizado sea su instrumento. Confianza en Dios. El hijo del comandante Araya. Dios es grande. Una seña misteriosa.

Me desperté con la cabeza hecha un horno; había soñado tanto que mis ideas eran un embolismo.

De pronto no pude darme cuenta de lo sucedido durante la noche.

Confundía los hechos reales con las visiones; me parecía que había soñado con mi comadre Carmen, con Epumer y el negro del acordeón, y que lo que había visto en sueños era verdad.

Amanecía recién; la luz del crepúsculo entraba en el rancho por sus innumerables agujeros y lo iluminaba con fantásticos resplandores.

La cama era tan dura que estaba entumecido; me movía con dificultad.

Las impresiones del sueño persistían; no dormía y veía lo mismo que había visto dormido.

Durante un largo rato estuve como la loca de Séneca: era ciega y no lo sabía; pedía que la hicieran cambiar de casa porque en la que habitaba no se veía nada.

Yo estaba despierto y no lo sabía.

¡Caramba! ¡Cómo cuesta cuando se ha soñado un imperio convencerse al despertar que no es uno emperador!

De tal modo se me había convertido en sustancia el sueño del poder, que a no ser los ladridos de unos perros, que despertaron a mis oficiales, creo que me levanto arrastrando el poncho de Mariano Rosas a guisa de imperial manto de armiños.

Unos Buenos días, mi coronel, de mi ayudante Rodríguez, me despejaron los sentidos del todo.

Abrí los ojos, que apretaba nerviosamente. Era de día. La claridad del rancho completa.

La visión del imperio ranquelino desapareció de mi retina. Pero como una sombra chinesca que se desvanece, todavía cruzó por mi imaginación.

Me pareció que había dormido un año. Yo no sé por qué pintan al tiempo con alas. Yo lo pintaría con pies de plomo. Sería que las cosas que más deseo, son siempre las que más tardan en suceder.

Verdad es que las que más me gustan me parece que pasan con demasiada velocidad.

Llamé un asistente, vino, abrió la puerta, me levanté, me vestí y salí del rancho.

Decididamente me iba ese mismo día y no era emperador. Lo uno me consoló de lo otro. Francamente, el imperio ranquelino era más hermoso visto en sueños que despierto.

Me trajeron el parte de que en las tropillas no había novedad y le hice prevenir a Camilo Arias que las tuviera prontas para cuando cayera el sol.

En seguida le hice preguntar a Mariano Rosas con el capitán Rivadavia si estaba en disposición de que acabáramos de conversar.

Me contestó que sí.

Entré en su toldo; se acababa de bañar, tomaba mate y una china le desenredaba los cabellos.

—Hermano —me dijo al entrar, sin moverse—, siéntese y dispense.

—No hay de qué —repuse, sentándome.

—¿Y cómo ha pasado la noche? —me preguntó.

—Muy bien —le contesté.

—¿Y, siempre se va hoy?

—Si usted no dispone otra cosa.

—Usted es libre, hermano.

—Bueno; quiero que me diga, ¿qué se le ofrece?

—Hermano, deseo que no me apure por los cautivos que debo entregar.

—Entréguemelos según pueda.

–Ya faltan pocos.

–¿Cómo pocos?

–Sí, pues.

–No lo entiendo.

Me hizo una relación de los cautivos que en diversas épocas había remitido al río Cuarto, y concluyó diciéndome: que agregando a esa cuenta ocho, se completaba el número.

Era una salida inesperada.

¿Qué tenía que hacer el nuevo tratado de paz con los cautivos anteriores?

¿La idea era de él, o se la habían sugerido?

Quise explorar el campo, fue en vano; circunspecto y reservado, no soltaba prendas.

Resolví hablarle categóricamente, porque el incidente era de tal naturaleza que las paces podían frustrarse, y le dije:

–Hermano, usted está equivocado; los cautivos que ha dado antes no tienen nada que ver con los que me debe dar a mí; lea bien el tratado y verá.

–Sí, ya sé; pero yo lo decía porque usted pudiera ser que lo pudiese arreglar.

–¿Y cómo quiere que lo arregle?

–Diciéndole al que gobierna que se han recibido los que yo digo.

–¿Y cómo le voy a decir eso?

–Yo le doy los nombres de los viejos.

–No puedo hacer eso.

–¿Entonces?...

–¿Y entonces qué?...

–Haremos lo que usted dice.

–Eso es –le contesté.

Y para mis adentros dije: Era lo único que me faltaba, que este bárbaro me hiciera instrumento suyo.

No me contestó.

–¿Y, no tiene otra cosa que decirme? –le pregunté.

–Sí, pero lo dejaremos para más tarde –me contestó.

–¿Tendremos tiempo?

–Sí, hemos de tener.

Me quedé callado a mi vez.

En los tres fogones del toldo cocinaban.

–Vamos a almorzar –me dijo, y pidió en su lengua que nos sirvieran.

No le contesté.

Trajeron platos y cubiertos y pusieron una olla de puchero de vaca entre él y yo.

Me sirvió un platazo.

Comí y callé.

Hacía largo rato que comíamos sin mirarnos ni hablarnos, cuando se presentó un indio, que le habló en araucano con suma vivacidad, y a quien le contestó de igual manera.

Nada entendí; sólo percibí varias veces las palabras: indio Blanco.

Me dio curiosidad.

Pero me dominé; nada pregunté.

En indio se fue.

Continuamos en silencio.

—Es el indio Blanco —me dijo.

—¿Y qué hay? —repuse.

—Anda hablando de usted; dice que le va a salir a la cruzada.

¿Si será una composición de lugar para asustarme y hacerme suspender el viaje?, reflexioné, preguntándole:

—¿Y qué piensa hacerme?

—Matarlo —me contestó sonriéndose.

—¡Matarme, eh!

—Así dice él.

—Pues dígale que nos veremos las caras.

—Le he mandado decir que se deje de andar *maloqueando;* que si no le gustan las paces, por qué se ha vuelto de Chile; que ya le hice prevenir el otro día que anduviera derecho.

Y como me dijera todo esto con aire de verdad, pintándose en su fisonomía cierta prevención contra el indio Blanco, le dije en tono amistoso:

—Gracias, hermano.

Seguimos callados.

No me miraba, tenía la vista fija en un zoquete de carne que pelaba con los dedos; me pareció que quería que yo hablara, que le pidiera algo y resolví no hacerlo.

Volvió el que había ido con el mensaje para el indio Blanco, habló unas pocas palabras y se marchó.

—Dice el indio Blanco que se va para el Toai —me dijo.

—¿Para el Toai?

—Sí, y dice que va a buscar ovejas a la provincia de Buenos Aires, porque están a muy buen precio en Chile.

—¡Pícaro! —exclamé.

—¡Es muy pícaro! —exclamó él.

Seguimos callados.

Al rato me dijo:

—¿A qué horas es la marcha?

—A las cuatro —le contesté.

Seguimos callados.

Por fin me dijo:

—Y dígame, hermano, usted ¿qué me encarga?

—¿Qué le encargo?

—¡Sí!

—Que se acuerde en todo tiempo de su compadre.

Y esto diciendo me levanté y salí del toldo.

Ordené que todo el mundo se aprestara a marchar, y me fui a decirles adiós a algunos conocidos que moraban en toldos vecinos.

A la hora estuve de vuelta; mi gente estaba pronta, no faltaba sino que arrimaran las tropillas y ensillar.

Hacía un día hermosísimo; íbamos a tener una tarde deliciosa.

Muchos se preparaban para acompañarme.

El desgraciado Macías veía los preparativos recostado en un horcón de mi rancho y su tétrica fisonomía revelaba el sufrimiento de la desesperación.

Me acerqué a él y le dije:

—¡Ten confianza en Dios!

—¡En Dios! —murmuró.

—¡Sí, en Dios! le repetí, lanzándole una mirada, en la que debió leer este pensamiento: El que desespera de Dios no merece la libertad; y entré en el rancho de Ayala. Me había ofrecido entregarme un niño cautivo que tenía. Era un hijo del comandante Araya, vecino de la Cruz Alta. El pobrecito lo sabía, veía que yo marchaba por momentos, que nada le decía de prepararse, y sentado en el fogón de mis soldados lloraba desconsolado. Partía el corazón verle.

Ayala me dijo, que no tenía inconveniente en cumplirme su promesa: pero que tenía que avisárselo a Mariano Rosas.

—Y qué, ¿no está prevenido desde el otro día? —le pregunté.

—Sí, sí está.

—¿Y entonces?

—Puede haber cambiado de opinión.

—Bueno, vaya, pues; háblele para que se apronte el niño.

Salió, y volvió diciéndome que era necesario pagar en prendas de plata doscientos pesos bolivianos.

—¿Y qué prendas han de ser? —le pregunté a Ayala.

—Estribos —me contestó.

Mandé en el acto al capitán Rivadavia que se los comprara a uno de los pulperos que había llevado el padre Burela, ofreciéndole en pago una letra sobre Mendoza.

Mientras tanto, el pobre cautivo se aprestaba para la marcha con infantil alegría.

Volvió el capitán Rivadavia con los estribos, se los di a Ayala y éste fue a llevárselos a Mariano Rosas.

Volvió cabizbajo.

¡Qué mundo aquél! ¡El cacique había vuelto a cambiar de parecer! Ya no quería sólo estribos; quería cien pesos en prendas y cien en plata.

Se buscaron los cien pesos y se hallaron.

Le entregué todo a Ayala, se lo llevó a Mariano Rosas; al punto estuvo de regreso, contestándome todo cortado que el *general* había mudado una vez más de parecer.

Me dio un acceso de cólera; vociferé cuanto se me vino a la boca, apostrofándolo a Mariano e insultándolo, hasta que cediendo a los ruegos de Ayala, que parecía muy contrariado, me calmé un poco.

Para hacerme callar del todo, me dijo en voz baja:

—No me comprometa, mire que estamos rodeados de espías.

Y esto diciendo me señaló unos indios rotosos y mugrientos en quienes nadie reparaba, que estaban por allí acurrucados y echados de barriga, en el suelo, como animales.

Con el alma adolorida e irritado de mi impotencia, entré en mi rancho, llamé al hijito de Araya, y con paternal estudio le preparé a recibir el terrible desengaño.

¡Qué contento estaba!

¡Qué mustio y lloroso quedó!

¡Qué fugaces son las horas de la felicidad!

Lo abracé, lo acaricié, le rogué por sus padres que tuviera valor; le ofrecí rescatarlo pronto, ofrecimiento que cumplí, y hasta que no le vi resignado a su suerte, no me separé de él.

Al salir de mi rancho, Macías me dijo:

—¿Qué te parece?

—¡Dios es grande! —le contesté.

Suspiró, y exclamó como dudando de la omnipotencia divina:

—¡Dios!...

Yo me dirigí al toldo de Mariano Rosas.

La hora de partir se acercaba.

Camilo Arias me hizo una seña misteriosa.

LXII

Astucia y resolución de Camilo Arias. Última tentativa para sacar a Macías. Un indio entre dos cristianos. Confitemini Domino. *Frialdad a la salida. La palabra amigo en Leubucó y en otras partes. El camino de Carrilobo.* Horrible! most horrible! *Todavía el negro del acordeón. Felicidad pasajera de Macías.*

Ya he dicho que Camilo Arias conocía la lengua de los indios y que éstos lo ignoraban. Algo había oído, cuando espiaba la ocasión de hacerme una seña. Mis órdenes no habían variado; conmigo no tenía que hablar sino en casos urgentes y graves.

¿Qué habrá?, me dije, el entrar en el toldo de Mariano Rosas; me detuve, y diciéndole a éste:

–Ahora vuelvo –y haciendo como que buscaba en mis bolsillos un objeto extraviado, di media vuelta, salí y me dirigí a mi rancho.

El astuto vigilante Camilo agachó la cabeza, fijó la vista en tierra, caminó distraído y sin rumbo, al parecer, y por medio de una maniobra casual para quien no ha estado en autos, al mismo tiempo que yo entraba en mi rancho, él se recostaba en sus pajizas paredes y por uno de sus resquicios me decía:

–Hay novedad, señor.

–Entra –le contesté, llamando a varios oficiales y asistentes para que no se notara su entrada.

Entraron unos y otros, les di ciertas órdenes, se retiraron y así que estuvimos solos con Camilo, le pregunté:

–¿Qué hay?

–Acabo de oírles, en el corral, una conversación a unos indios –me contestó.

–¿Qué decían?

–Que nos iban a salir a la cruzada.

–¿Por dónde?

–Por los montes de la Jarilla.

–¿Y qué más decían?

–Que a mí me tenían mucha gana; que yo he muerto muchos indios, que a un capitanejo le he dado un sablazo en la cara, que todavía tiene la cicatriz, que a otro lo hice prisionero y se lo llevaron a Córdoba.

–¿Nada más decían?

–Sí, señor; decían más; que usted me ha traído a mí por burlarse de ellos.

–¿Y saben que me voy hoy?

–Sí, señor, y que va a dormir en el toldo de Ramón.

Me decía esto, cuando una voz que yo no podía oír sin experimentar una conmoción nerviosa, dijo desde la puerta del rancho sin asomarse:

–Con el permiso de su mercé.

No necesitaba dar vuelta y mirar, para ver quién era. No sonaba el acordeón; pero él estaba ahí, con sus notas paradas.

Sin darme tiempo para contestarle y entrando, añadió:

–Dice el general que por qué no va.

–Dile que ya voy –contesté.

Salió el negro, le pregunté a Camilo que si los indios esos que habían estado hablando estaban ahí, me contestó que sí; le despedí y pasé al toldo de Mariano Rosas.

Lo que los indios decían de Camilo era cierto.

Varias veces, siendo soldado raso, midió sus armas con los indios, mató algunos, hirió a un capitanejo muy mentado y a otro lo tomó prisionero.

Yo estuve por no llevarle conmigo.

Pero tenía tanta confianza en él, me era tan útil en el campo, por su instinto admirable, que prescindí de los antecedentes referidos y lo agregué a mi comitiva.

Por supuesto que para acabar de probar el temple de su alma, antes de darle la orden de aprontarse para marchar, le pregunté si no tenía recelo de ir conmigo a los indios, a lo cual me contestó:

–Señor, donde usted vaya voy yo.

–¿Y si los indios te conocen? –le observé.

–Señor –repuso–, yo no los he peleado a traición.

Entré en el toldo de Mariano Rosas.

Estaba con visitas.

Todos eran indios conocidos, excepto uno en cuya cara se veía una herida longitudinal que si hubiera sido más oblicua, le deja sin narices.

Mariano Rosas me recibió con más afabilidad que nunca, y después de preguntarme si ya estaba pronto, me dijo, señalando al indio de la herida:

–¿Lo conoce, hermano?

–No –le contesté.

–Ese sablazo se lo ha dado Camilo Arias –agregó.

–Eso tiene andar en guerra –repuse.

–Es verdad, hermano –me contestó.

Oyendo una contestación tan razonable, le referí lo que acababa de decirme Camilo Arias.

No me contestó.

Habló con las visitas, levantando mucho la voz, les despidió con un ademán, y no bien habían salido del toldo, me dijo:

–No tenga cuidado, hermano, nadie lo ha de incomodar en su viaje, ahora estamos de paces.

–Así lo espero.

Y sin darle tiempo a hablar, agregué:

–Hermano, mis caballos están prontos, Deseo me diga qué se le ofrece.

Me hizo una porción de preguntas relativas al tratado; me anunció, en prenda de amistad, una invasión de Calfucurá a la frontera norte de Buenos Aires por la Mula Colorada, me hizo varios encargos, y terminó pidiéndome, que las partidas corredoras de campo de mi frontera no avanzaran tanto al sur, como tenían costumbre de hacerlo, fundándose en que eso alarmaba mucho a los indios, porque los que salían a *boleadas,* cruzaban siempre sus rastros y venían llenos de temores.

Satisfice sus preguntas sobre el tratado, le ofrecí llenar sus encargos, le prometí que las partidas corredoras de campo harían el servicio de otro modo, y me quedé estudiosamente distraído con la mirada fija en el suelo.

–¿Se va contento, hermano?

En lugar de contestarle, lo miré como diciéndole, ¿y me lo pregunta usted?

–Yo he hecho todo cuanto he podido por servirle y porque lo pasara bien –me dijo.

–Así será; pero yo le he pedido una cosa y me la ha negado –le contesté.

–¿Qué cosa, hermano?

–¿Para qué se lo he de decir?

–Dígamelo, hermano.

–Me voy sin Macías, y usted sabe que es un compromiso para mí.

–¡Macías! ¡Macías! ¿Y para qué quiere ese *dotor,* hermano? –exclamó.

–Ya se lo he dicho a usted; Macías no es un cautivo. Usted está obligado por el tratado a dejarlo en libertad, él quiere irse y usted no lo deja salir.

Se quedó pensativo...

Yo lo observaba de reojo.

Llamó...

Vino un indio.

–Ayala –le dijo, y el indio salió. Permanecimos en silencio.

Vino Ayala.

Mariano Rosas le habló así. Repito sus palabras casi textualmente:

–Coronel, mi hermano quiere sacarlo al *dotor,* yo pensaba dejarlo dos años más para que pagase lo que ha hecho contra ustedes, que son hombres buenos y fieles.

Ayala no contestó, sus ojos se encontraron con los míos.

–Coronel –le dije–, Macías es un pobre hombre, ¿qué ganan ustedes con que esté aquí? Sean ustedes generosos, si él no ha correspondido como debía a la hospitalidad que le han dispensado, perdónenlo, tengan ustedes presente que no es un cautivo, que el tratado le obliga a mi hermano a dejarlo en libertad y que reteniéndolo me comprometen a mí, lo comprometen a él y comprometen la paz, que tanto nos ha costado arreglar.

Ayala no contestó, se encogió de hombros.

Mariano Rosas lo miró con aire consultivo y le dijo:

—Resuelva coronel.

No le di lugar a que contestase y le dije:

—Amigo, piense usted que ese hombre no está aquí por su gusto, y que si ustedes se oponen a que salga, quedará justificado cuanto ha escrito en las cartas que mi hermano me ha hecho leer.

Ayala lo miró a Mariano Rosas como diciéndole: resuelva usted.

Viendo que vacilaba en contestar, me levanté, y estirándole la mano, le dije:

—Hermano, ya me voy.

—Aguárdese un momento —me contestó, y dirigiéndose a Ayala, le dijo:

—¿Y qué hacemos?

—¡Adiós! ¡Adiós! hermano, ya me voy —volví a decirle.

—Que se lo lleve —contestó Ayala.

—Bueno, hermano —dijo Mariano Rosas, y se puso de pie, me estrechó la mano y me abrazó reiterando sus seguridades de amistad.

Salí del toldo.

Mi gente estaba pronta, Macías perplejo, fluctuando entre la esperanza y la desesperación.

—¡Ensillen! —grité.

—Y... —me preguntó Macías, brillando sus ojos con esa expresión lánguida que destellan, cuando el convencimiento le dice al prisionero: ¡Todo es en vano!

Y el instinto de la libertad: ¡Todavía puede ser, valor!

Me acordé del salmo de Fray Luis de León, *Confitemini Domino,* y le contesté:

Cantemos juntamente,
cuán bueno es Dios con todos, cuán clemente.
Canten los libertados,
los que libró el Señor del poderío
del áspero enemigo...

—¿De veras? —me preguntó enternecido.

—De veras —contesté; y diciéndole en voz baja: disimula tu alegría, le grité a Camilo Arias:

—¡Un caballo para el doctor Macías!

Entré al rancho de Ayala, me despedí de Hilarión Nicolai y de algunas infelices cautivas, y un momento después estaba a caballo.

Los que me habían ofrecido acompañarme, viendo que Mariano Rosas no se movía, se quedaron con los caballos de la rienda; ni siquiera se atrevieron a disculparse.

La entrada había sido festejada con cohetes, descargas de fusilería, cornetas y vítores; la salida era el reverso de la medalla: me echaban, por decirlo así, con cajas destempladas.

Sólo un hombre me dijo adiós, con cariño, sin ocultarse de nadie, ni recelo: Camargo.

Aquel bandido tenía el corazón grande.

El cacique se mostraba indiferente; los amigos habían desaparecido.

En Leubucó, lo mismo que en otras partes, la palabra amigo ya se sabe lo que significa.

Amigo, le decimos a un postillón, te doy un escudo si me haces llegar en una hora a Versalles, dice el Conde de Segur, hablando de la amistad. Amigo, le decía un transeúnte a un pillo, iréis al cuerpo de guardia si hacéis ruido. Amigo, le dice un juez al malvado, saldréis en libertad si no hay pruebas contra vos; si las hay, os ahorcarán.

Con razón dicen los árabes, que para hacer de un hombre un amigo, se necesita comer junto con él una fanega de sal.

Mariano Rosas estaba en su enramada, mirándome con indiferencia, recostado en un horcón.

Me acerqué a él, y dándole la mano, le dije por última vez:

–¡Adiós, hermano!

Me puse en marcha. El camino por donde había caído a Leubucó venía del norte. Para pasar por las tolderías de Carrilobo y visitar a Ramón, tenía que tomar otro rumbo. Mariano Rosas no me ofreció baquiano. Partí, pues, sólo confiado en el olfato de perro perdiguero de Camilo Arias. Sólo me acompañaba el capitán Rivadavia, que regresaría de la Verde, para permanecer en Tierra Adentro hasta que llegasen las primeras raciones estipuladas en el tratado de paz.

¿Qué había determinado la mudanza de Mariano Rosas después de tantas protestas de amistad? Lo ignoro aún. Galopábamos por un campo arenoso; yo iba adelante, Camilo Arias a mi lado, mi gente desparramada.

Era la tarde, el sol declinaba, en lontananza divisábamos un monte, cruzábamos una sucesión de médanos; tendía de vez en cuando la vista atrás, Leubucó se alejaba poco a poco, me parecía un sueño.

Llegamos a una aguadita, donde Camargo tenía su *puesto*. Hallé allí un compadre, el indio Manuel López, educado en Córdoba, que sabe leer y escribir. Eché pie a tierra para esperar que llegara toda mi gente y marchar unidos; íbamos a entrar en el monte y la noche se acercaba.

Sucesivamente se me incorporaron los que se habían quedado atrás. Viendo que faltaba Macías, pregunté por él. Ahí viene, me contestaron. Efectivamente, a poca distancia se veía el polvo de un jinete. Llegó éste. Yo conversaba con Manuel López mirando en otra dirección. Al sentir sujetar un caballo, di vuelta, y creyendo ver a Macías, vi... ¡Horrible visión! *¡Horrible, most horrible!* al negro del acordeón. Quiso hacer sonar su abominable instrumento. Se lo impedí.

¿Que venía a hacer?

Después lo sabremos.

Esperé a Macías un rato.

No apareció.

–Lo han de haber hecho quedar –me dijo el capitán Rivadavia–; yo por eso le dije, cuando usted se puso en marcha, viéndolo que perdía el tiempo en despedidas: Siga, amigo, con el coronel.

Estábamos en un bajo hondo; mandé dos hombres al galope a ver si divisaban algunos polvos. Partieron, y cuando ya iba a oscurecer, volvieron diciéndome que nada se veía.

No era posible esperar más.

Hice algunas prevenciones sobre el orden de la marcha por el monte, porque la noche estaría muy oscura, y partimos.

¡Qué poco había durado la felicidad de Macías!

LXIII

A orillas de un monte. Un barómetro humano. En marcha con antorchas.
Ecos extraños. Conjeturas. Un chañar convertido en lámpara. Aparición
de Macías. Inspiración del gaucho. Alrededores del toldo de Villarreal.
Una cena. Cumplo mi palabra.

Al llegar a la orilla del monte, la oscuridad de la noche era completa. No nos veíamos a corta distancia. Seguíamos un camino enmarañado, cuyos surcos profundos y tortuosos comenzaban a abrirse como un gran abanico desplegado.

Hicimos alto; reconocimos la senda que debíamos tomar y combinamos un plan de señales para el caso de que alguien se extraviara en la espesura.

Era lo más factible.

Soplaba un viento fresco *de abajo,* grupos inmensos de pardas nubes recorrían rápidamente el espacio, flotando como fantasmas informes por el piélago incoloro del vacío; los relámpagos brillaban como saetas de fuego lanzadas del cielo a la tierra; el trueno rugía imponente y sus sordas detonaciones, haciendo temblar al suelo, llegaron hasta nosotros como el estampido de lejanas descargas de cañón.

La tempestad era inminente.

Ya caían algunas gotas de agua; el viento silbaba, giraba, calmaba, volvía a soplar y remolineaba, azotando con ímpetu fragoroso el bosque umbrío.

Las tropillas se movían circularmente, de un lado a otro, y el metálico cencerro mezclaba sus vibraciones con las armonías del viento.

Yo vacilaba entre seguir la marcha y campar.

Llamé a Camilo Arias y le pregunté:

–¿Qué te parece, lloverá?

Miró el cielo, siguió el curso de las nubes, le tomó el olor al viento, y me contestó:

–Si calma el viento, lloverá; si no, no.

–¿Entonces, seguiremos?

–Me parece mejor; en el monte sufrirán menos los animales, porque si llueve caerá piedra.

–¿Y no se perderán algunos caballos?

–No se han de mover, los tendremos a ronda cerrada en alguna abra.

–¿Y has tomado la senda?

–Sí, señor.

–¿Estás cierto?

–¡Cómo no!

–¿No te parece prudente que llevemos luces de señal?

–Sería bueno, señor...

–Bien, pues; que hagan pronto unos manojos de paja y sebo.

Se retiró, volvió un momento después y me avisó que todo estaba pronto.

Nuestros paisanos hacen ciertas cosas con una rapidez admirable.

Las señales consistían en antorchas de pasto seco, atadas en la punta de unos palos largos.

–¡En marcha! –grité–, y cuidado con apartarse de la senda; marchen en hilera; si alguno se separa y se extravía, dé dos silbidos; se le contestará con palmadas; ¡sigan la luz!

Y esto diciendo me puse detrás de Camilo, que hacía de faro ambulante.

Desfilábamos; el huracán bramaba, tronchando los árboles; las baterías eléctricas fulminaban la negra esfera, con rápidas intermitencias, el rayo serpenteaba horizontalmente, de arriba abajo, en líneas rectas y oblicuas, descubriendo entre sombras y luz algunas remotas estrellas; el bronco trueno, en incesante repercusión, conmovía la masa aérea impalpable y el alma de los nocturnos caminantes se replegaba sobrecogida sobre sí misma, como cuando signos materiales visibles le auguran un peligro cercano.

Oyóse un eco semejante al que saldría de las entrañas de la tierra si los que descansan en eternal reposo exhalaran gemidos desgarradores de profunda desesperación.

Se repitió varias veces.

Unas veces parecía venir de atrás, otras de delante, ya de la izquierda, ya de la derecha.

El camino daba interminables vueltas, buscando el terreno menos guadaloso y evitando los lugares más tupidos.

–Es una voz de hombre –me dijo Camilo.

–¿Se habrá perdido alguien?

–Silbaría, señor.

–¿Y entonces? ¿Será algún indio?

–Puede ser que se haya encontrado con algún tigre. ¡Le tienen tanto miedo!

El viento iba amainando; gruesas gotas de agua caían ya.

–Va a llover, señor –me dijo Camilo.

–Hagamos alto aquí.

Estábamos en un pequeño descampado.

Cesó el viento del todo, chocáronse dos nubes que seguían opuestas direcciones y simultáneamente se desplomó la lluvia, apagando las antorchas.

–¡Pronto! ¡Pronto!, que maneen las madrinas; todo el mundo de ronda –grité.

El agua caía a torrentes, nos veíamos unos a otros al fulgor de los relámpagos, las tropillas estaban quietas, no faltaba nadie.

El eco misterioso se oía de vez en cuando, ora se acercaba, ora se alejaba.

Al fin pudieron percibirlo todos.

–No es voz de indio –dijo Camilo.

–¿Y qué es? –le pregunté.

Su oído era como su vista, jamás le engañaba. No me contestó, permaneció atento. Resonó el eco, ahogándolo un trueno.

–¿Qué es? –le pregunté.

–Déjeme, señor, un poco —me dijo.

No se oía nada.

En medio de la luz del rayo, del trueno bramador y del ruido monótono del agua, estábamos envueltos en un profundo silencio.

Volvióse a oír el eco.

–Gritan –dijo Camilo.

–¿Qué cosa?

–Gritan no más, señor.

–¿Pero qué gritan?

–Gritan ¡eeeeeh!

–¿Será alguno que va arriando animales?

–No me parece, señor.

–¡Escucha! ¡Escucha!

El agua disminuía y el viento soplaba con fuerza de nuevo. El cielo se despejaba, las nubes se rarificaban, el rayo y el trueno se alejaban, refrescaba, y un aire más puro y balsámico, dilatando los pulmones, anunciaba la bonanza.

Cesó la lluvia, se serenó el cielo, brillaron las estrellas, la luna asomó su rostro bello y el eco del que gritaba se oyó perceptiblemente.

–Es un cristiano –dijo Camilo.

–Contéstenle.

–¡Aaaaah! –hicieron varios a un tiempo.

–Yo... –pareció oírse otra vez.

No había duda, era un cristiano extraviado en el bosque, quién sabe desde cuándo, que oía el cencerro de las madrinas y desesperado pedía ayuda.

–¿Quién es? –gritaron unos.

–Por acá –otros.

Y en eso estábamos, sin poder percibir más que el eco de las últimas sílabas de lo que nos contestaban.

–Ha de ser algún cautivo que se ha escapado, y como oye cencerro, calcula que somos nosotros –dijo el capitán Rivadavia.

–Es verdad que ellos no usan cencerro –le contesté, pareciéndome justísima su conjetura.

Los gritos misteriosos no resonaban ya.

Mandé silbar; lo hicieron varios a una.

No contestaron.

Estábamos con el oído atento, cuando los resplandores de una llamarada brillaron de improviso, iluminando el cuadro que formábamos alrededor de un espinillo formidable y coposo.

El ingenioso Camilo, a fuerza de sebo y paja, de soplar y soplar, había conseguido hacer fuego en la horquilla que formaba la extremidad del tronco de un carcomido chañar, medio carbonizado.

La luz debía verse de bastante lejos a pesar de los árboles.

Varios a un tiempo gritaron:

–¡Aaaaah !

Una voz contestó algo que no se pudo comprender bien. Continuamos telegrafiando de esa manera; el improvisado fanal ardía y los ecos de mi gente se perdían por la selva.

De repente se oyó una voz que a varios nos pareció conocida.

–Es el doctor Macías –dijo Camilo.

Efectivamente era su voz, u otra tan parecida a la suya que se confundían.

–¡Pronto! ¡Pronto! Salgan unos cuantos y hagan señas –ordené, previniendo no perdieran de vista el fuego.

La voz seguía oyéndose.

–Es el doctor, señor –volvió a afirmar Camilo, añadiendo–: y viene con el caballo muy pesado.

–¿Y en qué conoces, hombre?

–Si se oyen ya hasta los rebencazos que le da; oiga, señor, oiga.

Mi oído no era de tísico como el suyo.

–¡Macías! ¡Macías! –grité.

–¡Lucio! ¡Lucio! –me contestaron.

Era él.

–¡Por acá! ¡Por acá! –gritaban los hombres que acababa de destacar.

Macías se presentó, como nosotros, hecho una sopa.

–¿Y qué es esto? –le pregunté.

–Me quedé atrás por despedirme de algunos conocidos; cuando salí de Leubucó, ustedes iban como a una legua, se divisaba muy bien el polvo, y no quise apurar mi caballo; subía yo al último médano, y ustedes llegaban a la orilla del monte; calculé mal el tiempo, oscureció y me perdí.

–¿Y de qué conocidos tenías que despedirte?

–De algunos indios que más de una vez me dieron de comer.

–¿Y de Mariano Rosas también te despediste?

–Por supuesto, no me ha tratado tan mal.

El esclavo no conoce su condición sino cuando respira la atmósfera de la libertad, pensé y me dispuse a seguir la marcha.

En Carrilobo me esperaban con una cena en el toldo de Villarreal.

–Señor –me dijo Camilo–, el caballo del doctor está *pesadón*.

–Que lo muden.

Un instante después caminábamos.

Salimos del bosque y entramos en un campo quebrado y pastoso.

Las martinetas se alzaban a cada paso espantando los caballos con el zumbido de su vuelo inopinado y rápido. El cielo estaba limpio y sereno. La luna y las estrellas brillaban como luces de diamante; de la borrasca no quedaban más indicios que unos nubarrones lejanos.

Lo mismo que luciérnagas en negra noche se divisaron unos fuegos.

A esa hora y en el desierto, era sumamente extraño.

El gaucho argentino tiene la inspiración de todos los fenómenos del campo.

De noche y de día es un elemento.

–Esos fuegos han de ser en un toldo; los vemos por la puerta o por alguna rotura de las paredes –dijo Camilo.

–¿Y en qué conoces? –le pregunté.

–En que la llama no se mueve porque no tiene viento.

Así conversábamos cuando nuestros caballos se detuvieron de improviso.

Habíamos llegado al borde de una zanja.

Observamos atentamente el terreno; teníamos al frente un gran sembrado de maíz.

–Aquí es el toldo de Villarreal –dijo el capitán Rivadavia.

Se oyen ladridos de perros –dijeron otros.

Costeamos la zanja, en la dirección que indicó el capitán Rivadavia y dimos con otro sembrado de zapallos y sandías; nos costó hallar la rastrillada que conducía al toldo; pero guiados por los ladridos de los perros y por los fuegos, saliendo de un sembrado y entrando en otro, la hallamos al fin.

Llegamos al toldo.

Villarreal, su mujer y su hermana nos esperaban.

Eran las diez y media.

Nos recibieron con el mayor cariño.

Yo no quería detenerme por lo avanzado de la hora.

Me instaron mucho y tuve que ceder.

Entramos en el toldo, que era grande y cómodo, de techo y paredes pintarrajeadas.

Ardían en él tres grandes fogones.

–Señor –me dijo la mujer de Villarreal–, lo hemos esperado hasta hace un momento con unos corderos asados, pero viendo que era tan tarde y que no llegaba, creímos que ya no sería hasta mañana y acaban de comérselos los muchachos, que *ahora se están divirtiendo;* no han quedado más que los fiambres y la mazamorra; ¡siéntese! ¡siéntese! Estén ustedes como en su casa.

Nos sentamos alrededor de uno de los fogones, y mientras nos secábamos y comíamos, mandé mudar caballos.

Yo no tenía hambre, en cambio Lemlenyi, Rodríguez, Rivadavia, Ozarowski y los franciscanos parecían animados de un entusiasmo gastronómico.

Trajeron unas cuantas gallinas cocidas y una hermosa olla de mazamorra muy bien preparada, tortas hechas al rescoldo y zapallo asado.

En un extremo del toldo se oía el ruido de la chusma ebria; casi todos los nichos estaban vacíos; en el que estaba detrás de mí dormía una vieja.

Tenía la cabeza apoyaba en un brazo arrugado y flaco como el de un esqueleto y descubría un seno cartilaginoso que daba asco.

La cena empezó.

La mujer de Villarreal, viendo que yo no comía, me hizo una seña, se levantó y salió.

Salí tras de ella, y una vez afuera me dijo, con aire confidencial y brillándole los ojos como sólo les brillan a las mujeres cuando un pensamiento picaresco cruza por su imaginación:

–Carmen lo espera.

–¿Y dónde está mi comadre?

–Allí.

Me indicaba un toldo vecino.

Llamé a un soldado para que me acompañara; lo confieso, tenía miedo de los perros, y mientras mis compañeros llenaban el precioso hueco del estómago fui a hacer la visita prometida.

El hombre debe tener palabra con las mujeres, aunque ellas suelen ser tan pérfidas y tan malas; las cosas han de tener algún fin.

LXIV

Con quién vivía mi comadre Carmen. Una despedida igual a todas. Yo habría hecho iguales a todas las mujeres. Grupo asqueroso. ¡Adiós! Una faja pampa. Arrepentimiento. Trepando un médano. Desparramo. Perdidos. El Brasil puede alguna vez salvar a los argentinos. Llegamos al toldo de Ramón.

Mi comadre Carmen vivía con su madre, su hija y un indio viejo, entre gallinas y perros.

Me esperaba, los demás dormían.

Conversamos de lo que nos interesaba y a la media hora nos separamos para siempre, quizá.

Yo había cumplido mi promesa de visitarla, antes de salir de Tierra Adentro; ella la suya, comunicándome ciertas intrigas contra mí, que por una casualidad había descubierto.

Nuestra despedida fue como todas las despedidas, triste.

Me dirigí al toldo de Villarreal, pensando en lo que es la mujer.

Me acordaba de lo que me habían hecho gozar y exclamaba interiormente: ¡son adorables!

Me acordaba de lo que me habían hecho sufrir y exclamaba: ¡son infames!

Estudiándolas y analizándolas, las hallaba físicamente perfectas; espiritualmente me parecían monstruosas. ¡Qué cabellos, qué ojos, qué boca, qué tez, qué gentileza tienen algunas!

Son hermosas como Niobe, dignas del amor de un dios olímpico.

Cualquier mortal daría cien vidas por ellas si cien vidas tuviera.

Y muriendo, todavía encontraría dulce la muerte después de tan supremo bien.

¡Pero qué corazón tienen!

Son inconmovibles como las rocas, frías como el hielo, volubles como el viento, olvidadizas como la mentira.

¡Qué feas, que desairadas son otras!

Nadie repara en ellas.

Pero acercáos a su lado, oídlas, tratadlas.

¡Qué alma tienen!

Son buenas como la caridad, dulces como los querubines, puras como las auras del Elíseo.

Se puede vivir al lado de ellas y amar la vida.

¡Ah!, ellas nos hacen comprender que hay una belleza cuyos encantos el tiempo no destruye, la belleza moral.

¿Por qué han de ser tan lindas y tan malas: por qué tanta donosura, al lado de tanta perfidia a veces?

¿Por qué esos rostros angélicos y esos corazones satánicos?

¿Por qué han de ser tan repelentes y tan buenas; por qué tanta seducción oculta, al lado de tanta exterioridad desagradable?

¿Por qué esas caras defectuosas y esos corazones que son un dechado?

¿Por qué ha hecho Dios cosas tan contradictorias, como una mujer adorable y mala?

Si su poder es tan grande, ¿por qué lo que más amamos ha de ser, como esas flores venenosas de ricos matices, susceptibles de fascinarnos con su mirada y de intoxicarnos con su aliento maldito?

¡Qué! ¿No bastaba que hubiera hombres malos?

¿Para completar el infierno de este mundo, había acaso necesidad de que las mujeres fueran demonios?

Yo habría hecho iguales a todas las mujeres.

¿Las rosas no exhalan todas el mismo suavísimo perfume?

Las cosas bellas, deberían serlo en todo y por todo.

Soliloqueando así iba yo, cuando un murmullo humano, parecido a un gruñido de perros, llamó mi atención. Me detuve, estaba a dos pasos del toldo de Villarreal; puse el oído, oí hablar confusamente en araucano, miré en esa dirección y vi el espectáculo más repugnante.

Un candil de grasa de potro, hecho en un hoyo, ardía en el suelo; un tufo rojizo era toda la luz que despedía. Bajo la enramada del toldo, la chusma viciosa y corrompida saboreaba con irritante desenfreno los restos aguardentosos de una saturnal que había empezado al amanecer. Hombres y mujeres, jóvenes y viejos, todos estaban mezclados y revueltos unos con otros; desgreñados los cerdudos cabellos, rotas las sucias camisas, sueltos los grasientos pilquenes; medio vestidos los unos, desnudos los otros, sin pudor las hembras, sin vergüenza los machos, echando blanca babaza éstos, vomitando aquéllas; sucias y pintadas las caras, chispeantes de lubricidad los ojos de los que aún no habían perdido el conocimiento, lánguida la mirada de los que el mareo iba postrando ya; hediendo, gruñendo, vociferando, maldiciendo, riendo, llorando, acostados unos sobre otros, despachurrados, encogidos, estirados, parecían un grupo de reptiles asquerosos.

Sentí humillación y horror, viendo a la humanidad en aquel estado y entré en el toldo.

Mi gente estaba pronta.

Sólo Villarreal, su mujer y su cuñada, no estaban ebrios.

Me esperaban con agua caliente y todo preparado para cebarme un mate de café.

Tuve, pues, que sentarme un rato.

No siéndole posible acompañarme a Villarreal hasta el toldo de Ramón, ni darme quien lo hiciera, porque toda su chusma estaba *achumada,* lo que hacía que él no pudiese dejar sola su familia, llamé a Camilo Arias, y mientras yo tomaba unos mates, le hice que se informara del camino.

Villarreal, como indio ladino, dio todas las señas del campo que debíamos cruzar; advirtió las rastrilladas que debían dejarse a la derecha o a la izquierda, los bañados guadalosos que debían excusarse; los médanos que debían rodearse, los que debían cruzarse trepando por ellos; los toldos y los sembrados que quedaban cerca de la morada del cacique.

Una vez enterado Camilo de todo, me despedí de Villarreal y su familia.

Nos abrazaron a todos con cariño, rogando a Dios, en lengua castellana, que tuviéramos feliz viaje, y nos acompañaron hasta el palenque, pidiéndonos, como lo hubieran hecho las gentes mejor criadas, mil disculpas por la pobrísima hospitalidad que nos habían dispensado.

Como la noche estaba tan hermosa, y no teníamos ningún monte que atravesar, mandé echar las tropillas por delante para que los animales montados marcharan más ganosos.

Le previne a Camilo que cada diez minutos hiciera alto para que no nos fuéramos a extraviar, por no oír los cencerros; ¡en marcha!, grité y partieron todos.

Yo me detuve un instante a encender un cigarro.

Encendiéndolo estaba, cuando una sombra se acercó a mi lado.

Reconocí una mujer.

–Aquí vengo a traerle esto –me dijo, poniendo en mis manos un pequeño envoltorio de papel.

–¿Y qué es eso? –le pregunté.

–Es un recuerdo.

–¿Un recuerdo?

–Sí, una faja pampa, bordada por mí.

–Gracias, ¿por qué se ha incomodado?

Dio un suspiro y con acento conmovido y tono de reproche amable, exclamó:

–¡Incomodado!

–¡Adiós! –le dije, recogiendo mi caballo.

–¡Adiós! ¡Adiós! –dijeron Villarreal y su mujer.

–¡Adiós! ¡Adiós! –repuse yo, y partí al galope, murmurando:

–Saben querer desinteresadamente y olvidar también.

No son ni ángeles, ni demonios.

Pero participan de las dos naturalezas a la vez. Cuando son buenas, no hay nada comparable a ellas; cuando son malas, son execrables.

Y, con todos sus defectos, sus contradicciones y sus veleidades, la existencia sin ellas sería como una peregrinación nocturna por una tierra de hielo y bajo un cielo sin luz.

Sí, todos exclaman tarde o temprano, después de tantos arranques frenéticos:

Yes! my adored, yet most unkind!
Though thou wilt never love again,
To me't is doubly sweet to find
Remembrance of that love remain.
Yes! 't is a glorious thought to me
Nor longer shall my soul repine,
Whate'er thou art or e'er shall be,
That thou hast been dearly, solely, mine.[64]

El cencerro de las tropillas me servía de guía; mi caballo iba brioso, lo que le oía y rumbeaba al fin para la querencia.

Llegué al pie de un médano bastante elevado y me encontré con Camilo Arias que me esperaba.

Oyendo el cencerro y no viendo las tropillas, se me ocurrió que alguna novedad había.

–¿Qué hay? –le pregunté.

–Nada, señor –me contestó–, por precaución lo he esperado aquí; vamos a cruzar este médano, tiene muchas caídas y es muy fácil perderse.

–¡Bueno, adelante! ¡Vamos! Es mucho más de media noche; no perdamos tiempo –le dije.

Trepó al médano y lo seguí. Los caballos hacían esfuerzos supremos para repecharlo, se enterraban hasta los ijares en la blanda y deleznable arena; pero subían poco a poco. Llegamos al borde de la cresta, y cuando yo creía trasmontar el obstáculo, me hallé con una hondonada profunda, de cuyo fondo manaba puro y cristalino un espejo de agua. Las tropillas bebían reflejándose en él, y la luna, desde un cielo limpio y azul, iluminaba el agreste y poético paisaje.

Seguimos andando, subimos y bajamos.

De repente, a pesar de las precauciones tomadas, Camilo Arias me dijo:

–Señor, estamos perdidos.

–¡Alto! ¡Alto! –grité, y contestándole a Camilo:

–Busca la senda, pues.

Echamos pie a tierra y esperamos.

Un momento después volvió el ecuestre piloto diciendo:

–Por allí va.

Marchamos.

La noche se iba toldando: parecía querer llover al entrarse la luna.

Caímos a un bañado salitroso, y siendo tantos los rastros que lo cruzaban y los arbustos espinosos de que estaba cubierto, las tropillas se desparramaron.

Era una confusión, de todos lados sonaban cencerros y se oían los silbidos de los tropilleros *repunteando* los caballos menos amadrinados.

Nosotros mismos tuvimos que diseminarnos; las sendas eran muy tortuosas y los caballos no se seguían.

El salitral blanqueaba como la mansa superficie de un lago helado; crujía estrepitosamente bajo los cascos de los cien caballos que lo cruzaban, hundiéndose aquí en el guadal, empinándose allí en las carquesias que tanto abundan en las pampas, espantándose de repente de los fuegos fatuos que como una fosforescencia errante corrían acá y allá.

La noche se encapotaba; la luna declinaba con sombría majestad por entre anchas fajas jaspeadas y las estrellas apenas alumbraban, al través del velo acuoso que cubría los cielos.

Crucé el bañado.

Camilo Arias no se había separado de mí.

Algunos habían pasado ya y esperaban en la orilla; otros estaban acabando de pasar.

Con las tropillas sucedía lo mismo, no estaban reunidas aún.

Esperé un rato, y mientras tanto se buscó en vano el camino.

Viendo que no lo hallaban y que el capitán Rivadavia y otros no parecían, mandé quemar el campo, no se pudo por la humedad y falta de sebo; se dieron voces, nadie contestó; silbamos. Silencio profundo.

Destaqué tres descubridores; a las cansadas volvieron dos, sin haber visto ni oído nada.

Faltaba el otro, y contestó de ahí cerca; hacía un rato que giraba perdido a nuestro alrededor.

La lluvia amenazaba volver a desplomarse por momentos.

–Marchemos al rumbo –le dije a Camilo–, hasta que lleguemos a un campo más alto que éste; los demás jinetes y caballos los hallaremos de día.

Marchamos.

Y marchando íbamos cuando ladraron perros.

–Allí hay un toldo –dijo Camilo.

Miré la dirección que me indicaba; no vi sino tinieblas.

–Pues hagamos alto aquí y que vayan a averiguar dónde queda el de Ramón –le contesté.

Despachó una pareja de jinetes.

Volvieron diciendo que íbamos mal; que el camino quedaba a la izquierda, es decir, al poniente, y que el toldo de Ramón estaba muy cerca, que en cuanto cruzáramos una cañada lo veríamos.

Cambiamos de rumbo y seguimos la marcha en la dirección indicada, y al poco andar, caímos a un campo bajo, húmedo y guadaloso.

–Aquí debe ser la cañada –dijo Camilo–, ya debemos estar cerca.

Entre los extraviados iba un perro mío llamado *Brasil,* que después de haber hecho la campaña del Paraguay en el Batallón 12 de línea, me acompañaba valientemente en aquella excursión.

Brasil era un sabueso criollo inteligentísimo, mezcla de galgo y de podenco de presa, fuerte, guapo, ligero, listo, gran cazador de peludos y mulitas, de gamos y avestruces, y enemigo declarado de los zorros, únicos con quienes no siempre salía bien.

Todos lo querían, lo acariciaban y lo cuidaban.

Los soldados conocían sus ladridos lo mismo que mi voz.

Cruzábamos la cañada, cuando se oyeron unos ecos perrunos.

–¡Ese es *Brasil!* –dijeron varios a la vez.

–Ahí ha de estar el capitán Rivadavia –dijo Camilo Arias.

Con efecto, guiados por los ladridos de *Brasil,* no tardamos en reunirnos con él.

Faltaban, sin embargo, algunos.

El capitán Rivadavia, con los que lo seguían, después de haber buscado inútilmente su incorporación a mí, resolvió esperar allí y hacía un buen rato que me esperaba.

Seguimos la marcha, y al entrar en unos *vizcacherales,* Camilo Arias me observó que debíamos estar muy cerca de algún toldo.

Las vizcachas auguran siempre una población cercana.

Corriéndolas *Brasil,* husmeó un rastro de jinetes y caballos.

–Por allí debe ir Rufino Pereyra –que era uno de mis asistentes de confianza que faltaba–, con su tropilla, –dijo Camilo al oírlo.

Un momento después oyéronse con más fuerza los ladridos de *Brasil* y de otros de su jaez.

A no dudarlo, íbamos a llegar al toldo de Ramón o a otro.

Seguimos la dirección de los ladridos, y al llegar a un gran corral, apareció Rufino Pereyra con su tropilla.

La madrina había perdido el cencerro en el *carquejal* del bañado salitroso.

Estábamos en donde queríamos.

Me aproximé al toldo.

Salió un indio, me dijo que Ramón había estado en pie, con toda la familia, esperándome hasta media noche con la cena pronta; que no se levantaba porque estaba medio indispuesto, que me apeara, que aquélla era mi casa, que me acomodase como gustara.

Eché, pues, pie a tierra, me instalé en un espacioso galpón, donde Ramón tenía la *fragua* de su platería, se acomodaron los caballos, se recogieron de la huerta zapallos y choclos en abundancia, se hizo fuego; cenamos y nos acostamos a dormir alegres y contentos, como si hubiéramos llegado al palacio de un príncipe y estuviéramos haciendo noche en él.

¡Cuán cierto es que el arte de la felicidad consiste en saber conformar los deseos a los medios y en desear solamente los placeres posibles!

LXV

El sueño no tiene amo. El toldo de Ramón nada dejaba que desear. Una fragua primitiva. Diálogo entre la civilización y la barbarie. Tengo que humillarme. Se presenta Ramón. Doña Fermina Zárate. Una lección de filosofía práctica. Petrona Jofré y los cordones de nuestro padre San Francisco. Veinte yeguas, sesenta pesos, un poncho y cinco chiripaes por una mujer. Rasgo generoso de Crisóstomo. El hombre ni es un ángel ni una bestia.

Un proverbio negro dice: El sueño no tiene amo.

Todos dormimos perfectamente bien.

El cansancio nos hizo hallar deliciosa la morada del cacique Ramón.

Cuando yo me desperté eran las ocho de la mañana; mis compañeros roncaban aún con una expansión pulmonar envidiable.

Llamé un asistente, pedí mate y me quedé un rato más en cama gozando del placer de no hacer nada, placer tan combatido y censurado cuanto generalmente codiciado.

Según un amigo, pensador no vulgar y egregio poeta, no hacer nada es descansar. Así él sostiene que el día es hecho para eso y la noche para dormir.

¡Lástima que un mortal de gustos tan patriarcales, que sería dichoso con muy poca cosa, se vea condenado como tanto hijo de vecino, a la dura ley del trabajo, cuando innumerables prójimos desperdician lo superfluo y aun lo necesario!

¡Qué hacer! El mundo está organizado así y el Eclesiastés, que sabe más que mi amigo y yo juntos, dice:

> *El insensato tiene los brazos cruzados y se consume, diciendo:*
> *Lleno el hueco de una mano, con reposo, vale más que las dos*
> *llenas con trabajo y mortificación de espíritu.*

Con la luz del día examiné el lecho en que había dormido tan cómodamente, como en elástica cama *a la Balzac* provista de sus correspondientes accesorios, almohadones de finísimas plumas y sedosos cobertores. Eran unos cueros de potro mal estaqueados y unas pieles de carnero, la cabecera un mortero cubierto con mis cojinillos.

En seguida tendí la vista a mi alrededor.

En Tierra Adentro yo no había pernoctado bajo techumbre mejor.

El toldo del cacique Ramón superaba a todos los demás.

Mi alojamiento era un galpón de madera y paja, de doce varas de largo por cuatro de ancho y tres de alto. Estaba perfectamente aseado.

En un costado, se veía la fragua y al lado una mesa de madera tosca y un yunque de fierro.

Ya he dicho que Ramón es platero y que este arte es común entre los indios.

Ellos trabajan espuelas, estribos, cabezadas, pretales, aros, pulseras, prendedores y otros adornos femeninos y masculinos, como sortijas y yesqueros.

Funden la plata, la purifican en el crisol, la ligan, la baten a martillo, dándole la forma que quieren y la cincelan.

En la *chafalonía* prefieren el gusto chileno; porque con Chile tienen comercio y es de allí de donde llevan toda clase de prendas, que cambalachean por ganado vacuno, lanar y caballar.

La fragua consistía en un paralelepípedo de adobe crudo.

Tenía dos fuelles y se conocía que el día anterior habían trabajado; las cenizas estaban tibias aún.

En un saco de cuero había carbón de leña y sobre la mesa se veían varios instrumentos cortantes, martillos y limas rotas.

Los fuelles llamaron sobremanera mi atención por su extraña estructura.

Antes de examinar su construcción entablé un diálogo conmigo mismo.

–A ver –me dije–, representante orgulloso de la civilización y del progreso moderno en la pampa, ¿cómo harías tú un fuelle?

–¿Un fuelle?

–Sí, un fuelle, ¿no se llama así por la Academia Española "un instrumento para recoger viento y volverlo a dar"? –aunque habría sido más comprensible y digno de ella decir: "Un instrumento construido según ciertos principios de física, para recoger aire por medio de una válvula, y volverle a despedir con más o menos violencia, a voluntad del que lo maneje, por un cañón colocado a su extremo".

–Entiendo, entiendo.

–Y bien, si entiendes, dime, ¿cómo lo harías?

–¿Cómo lo haría?

–¡Sí, hombre, por Dios! Parece que te hubiera puesto un problema insoluble.

–No digo eso.

–¿Entonces?

–Es que...

–¡Ah! Es que eres un pobre diablo, un fatuo del siglo XIX, un erudito a la violeta, un insensato que no quieres confesar tu falta de ingenio.

–¿Yo?...

–Sí, tú, has entrado en el miserable toldo de un indio a quien un millón de veces has calificado de bárbaro, cuyo exterminio has preconizado en todos los tonos, en nombre de tu decantada y clemente civilización, te ves derrotado y no quieres confesar tu ignorancia.

–¿Mi ignorancia?

–Tu ignorancia, sí.

–¿Quieres acaso que me humille?

–Sí, humíllate y aprende una vez más que el mundo no se estudia en los libros.

Incliné la frente, me acerqué a la fragua, cogí el manubrio de ambos fuelles, los que estaban colocados en la misma línea horizontal, tiré, aflojé y se levantó una nube de ceniza.

Eran feos; pero surtían el efecto necesario, despidiendo una corriente de aire bastante fuerte para inflamar el carbón encendido.

Todo era, obra del mismo Ramón; invento exclusivo suyo.

Con una panza de vaca seca y sobada había hecho una manga de una vara de largo y un pie de diámetro; con tientos la había plegado, formándole tres grandes buches con comunicación; en un extremo había colocado la mitad del cañón de una carabina y en el otro un tarugo de palo labrado con el cuchillo; el cañón estaba embutido en la fragua y sujeto con ataduras a un piquete. Naturalmente, tirando y apretando aquel aparato hasta aplastar los buches, el aire entraba y salía produciendo el mismo efecto que cualquier otro fuelle.

Pensaba el tiempo que habría empleado yo con todos los recursos de la civilización, si por necesidad o afición a las artes liberales mi hubiese propuesto hacer un fuelle; se me ocurría que quizá habría tenido que darme por derrotado, cuando un cautivo, blanco y rubio, de doce a catorce años, entró en el galpón y después de saludarme con el mayor respeto tratándome de usía, me dijo:

–Dice el cacique Ramón que si se le puede ver ya; ¿que cómo ha pasado la noche?

Le contesté que estaba a su disposición, que podía verme en el acto, si quería, y que había dormido muy bien. Salió el cautivo, y un momento después se presentó Ramón, vestido como un paisano prolijo, aseado que daba gusto verle; sus manos acostumbradas al trabajo, parecían las de un caballero, tenía las uñas irreprochablemente limpias, ni cortas ni largas y redondeadas con igualdad.

No estuvo ceremonioso.

Al contrario, me trató como un antiguo conocido, me repitió que aquélla era mi casa, que dispusiera de él, me anunció que ya me iban a traer el almuerzo, que más tarde me presentaría a su familia, y me dejó solo.

En seguida volvió, se sentó y trajeron el almuerzo.

Era lo consabido, puchero con zapallo, choclos, asado, etc.

Todo estaba hecho con el mayor esmero: hacía mucho tiempo que yo no veía un caldo más rico.

Durante el almuerzo hablamos de agricultura y de ganadería.

El indio era entendido en todo.

Sus corrales eran grandes y bien hechos, sus sementeras vastas, sus ganados mansos como ninguno.

Es fama que Ramón ama mucho a los cristianos; lo cierto es que en su tribu es donde hay más.

Una de sus mujeres, en la que tiene tres hijos, es nada menos que doña Fermina Zárate, de la Villa de la Carlota. La cautivaron siendo joven, tendría veinte años; ahora ya es vieja.

¡Allí estaba la pobre!

Delante de ella, Ramón me dijo:

–La señora es muy buena, me ha acompañado muchos años, yo le estoy muy agradecido, por eso le he dicho ya que puede salir cuando quiera volverse a su tierra, donde está su familia.

Doña Fermina lo miró con una expresión indefinible, con una mezcla de cariño y de horror, de un modo que sólo una mujer observadora y penetrante habría podido comprender, y contestó:

–Señor, Ramón es buen hombre. ¡Ojalá todos fueran como él! Menos sufrirían las cautivas. Yo, ¡para qué me he de quejar! Dios sabrá lo que ha hecho.

Y esto diciendo se echó a llorar sin recatarse.

Ramón dijo:

–Es muy buena la señora –se levantó, salió y me dejó solo con ella.

Doña Fermina Zárate no tiene nada de notable en su fisonomía; es un tipo de mujer como hay muchos, aunque su frente y sus ojos revelan cierta conformidad paciente con los decretos providenciales.

Está menos vieja de lo que ella se cree.

–¿Y por qué no se viene usted conmigo, señora? –le dije.

–¡Ah! Señor –me contestó con amargura–, ¿y qué voy a hacer yo entre los cristianos?

–Para reunirse con su familia. Ya la conozco, está en la Carlota, todos se acuerdan de usted con gran cariño y la lloran mucho.

–¿Y mis hijos, señor?

–Sus hijos...

–Ramón me deja salir a mí; porque realmente no es mal hombre; a mí al menos me ha tratado bien, después que fui madre. Pero mis hijos, mis hijos no quiere que los lleve.

No me resolví a decirle: Déjelos usted; son el fruto de la violencia.

¡Eran sus hijos!

Ella prosiguió:

–Además, señor, ¿qué vida sería la mía entre los cristianos después de tantos años que falto de mi pueblo? Yo era joven y buenamoza cuando me cautivaron. Y ahora ya ve, estoy vieja. Parezco cristiana, porque Ramón me permite vestirme como ellas, pero vivo como india; y francamente, me parece que soy más india que cristiana, aunque creo en Dios, como que todos los días le encomiendo mis hijos y mi familia.

–¿A pesar de estar usted cautiva cree en Dios?

–¿Y Él qué culpa tiene de que me agarraran los indios? La culpa la tendrán los cristianos que no saben cuidar sus mujeres ni sus hijos.

No contesté; tan alta filosofía en boca de aquella mujer, la concubina jubilada de aquel bárbaro, me humilló más que el soliloquio a propósito del fuelle.

Una mujer joven y hermosa, demacrada, sucia y andrajosa se presentó diciendo con tonada cordobesa:

–¿Usted será, mi señor, el coronel Mansilla?

–Yo soy, hija, ¿qué quiere usted?

–Vengo a pedirle que me haga el favor de hacer que los padrecitos me den a besar el cordón de nuestro padre San Francisco.

–Pues no, con mucho gusto –y esto diciendo llamé a los santos varones.

Vinieron.

Al verlos entrar, la desdichada Petrona Jofré se postró de hinojos ante ellos y con efusión ferviente tomó los cordones del padre Marcos, después los del padre Moisés y los besó repetidas veces.

Los buenos franciscanos, viéndola tan angustiosa, la exhortaron, la acariciaron paternalmente y consiguieron tranquilizarla, aunque no del todo.

Sollozaba como una criatura.

Partía el corazón verla y oírla.

Calmóse poco a poco y nos relató la breve y tocante historia de sus dolores.

Doña Fermina confirmaba todas sus referencias.

La vida de aquella desdichada de la Cañada Honda, mujer de Cruz Bustos, era una verdadera vía crucis.

La tenía un indio malísimo llamado Carrapí.

Estaba frenéticamente enamorado de ella, y ella resistía con heroísmo a su lujuria.

De ahí su martirio.

—Primero me he de dejar matar, o lo he de matar yo, que hacer lo que el indio quiere —decía con expresión enérgica y salvaje.

Doña Fermina meneaba la cabeza y exclamaba:

—¡Vea qué vida, señor!

Yo estaba desesperado.

¿Qué otro efecto puede producir la simpatía impotente?

Nada podía hacer por aquella desdichada, nada tenía que darle.

No me quedaba sino lo puesto.

Ni pañuelo de manos llevaba ya.

Doña Fermina me contó que Carrapí no quería venderla para que la sacaran, y que un cristiano, por caridad, la andaba por comprar.

El indio pedía por ella veinte yeguas, sesenta pesos bolivianos, un poncho de paño y cinco chiripaes colorados.

—¿Y quién es ese cristiano? —le pregunté.

—Crisóstomo —me contestó.

—¿Crisóstomo?...

—Sí, señor, Crisóstomo.

Crisóstomo era el hombre aquel que en Calcumuleu hubo de pasar a caballo por entre los franciscanos; que tanto me exasperó; que me dio de comer después y me relató su interesante historia.

Está visto, los malvados también tienen corazón.

Bien dice Pascal:

El hombre no es un ángel ni una bestia.

Es un ser indefinible: hace el mal por placer y goza con el bien.

En medio de todo es consolador.

LXVI

La familia del cacique Ramón. Spañol. Una invasión. Despacho al capitán Rivadavia. Cuestión de amor propio. Buen sentido de un indio. En Carrilobo soplaba mejor viento que en Leubucó. Suenan los cencerros. Atíncar (véase bórax). El hombre civilizado nunca acaba de aprender. Me despido. Cómo doman los bárbaros. ¡Ultimos hurrahs!

Me invitaron a pasar al toldo de Ramón.

Dejé a doña Fermina Zárate y a Petrona Jofré con los franciscanos y entré en él.

La familia del cacique constaba de cinco concubinas, de distintas edades, una cristiana y cuatro indias; de siete hijos varones y de tres hijas mujeres, dos de ellas púberas ya.

Estas últimas y la concubina que hacía cabeza, se habían vestido de gala para recibirme.

No hay indio ranquel más rico que Ramón, como que es estanciero, labrador y platero.

Su familia gasta lujo.

Ostentaban hermosos prendedores de pecho, zarcillos, pulseras y collares, todo de plata maciza y pura, hecho a martillo y cincelado por Ramón; mantas, fajas y pilquenes de ricos tejidos pampas.

Las dos hijas mayores se llamaban, Comeñé, la primera, que quiere decir *ojos lindos*, de *come*, lindo, y de *ñe*, ojos; Pichicaiun la segunda, que quiere decir *boca chica*, de *pichicai*, chico, y de *un*, boca.

Se habían pintado con carmín los labios, las mejillas y las uñas de las manos; se habían sombreado los párpados y puesto muchos lunarcitos negros.

Tanto Pichicaiun, como Comeñé, tenían nombres muy apropiados; la una se distinguía por una boca pequeñita lindísima; la otra por unos grandes ojos negros llenos de fuego. Ambas estaban en la plenitud del desarrollo físico, y en cualquier parte un hombre de buen gusto las hubiera mirado largo rato con placer.

Me recibieron con graciosa timidez.

Me senté, Ramón se puso a mi lado, su mujer principal y sus hijas enfrente.

Las dos chinitas sabían que eran bonitas; coqueteaban como lo hubieran hecho dos cristianas.

Ramón es muy conversador; no me dejaba conversar con él; el lenguaraz trabucaba sus razones y las mías.

¡Qué maldita condición tienen nuestras caras compañeras!

Con su permiso diré, que son como los gatos: antes de matar la presa juegan con ella.

376

–¡Spañol! ¡Spañol! –gritó Ramón. El cautivo blanco y rubio se presentó, recibió órdenes, se marchó y volvió trayendo cubiertos y platos.

Sirvieron la comida.

Yo acababa de almorzar. Pero no podía rehusar el convite que se me hacía. Me habría desacreditado.

Comí, pues.

El cautivo no le quitaba los ojos a Ramón; éste lo manejaba con la vista.

–¿Cómo te llamas? –le pregunté, creyendo que las palabras ¡Spañol! ¡Spañol! tenían una significación araucana.

–Spañol –me contestó.

–¿Spañol? –repetí yo, mirando a Mora y a Ramón alternativamente.

–Sí, señor, Spañol –me dijo Mora–, así los llaman a algunos cautivos.

–Spañol –afirmó Ramón, que había entendido mi pregunta.

–¿Pero qué nombre tenías en tu tierra? –le pregunté al cautivo.

–No sé, se me ha olvidado; era muy chico cuando me trajeron –repuso.

–¿De dónde eres?

–No sé.

–¡Cómo no has de saber! ¿Te han prohibido que digas tu verdadero nombre y el lugar en donde te cautivaron?

–No, señor.

–Si no ha de saber nada, señor –dijo Mora–; por eso le llaman Spañol, hasta que sea más grande y le den nombre de indio.

–¿Y esa es la costumbre?

–Sí, señor.

Pregúntele a Ramón ¿qué quiere decir Spañol?

Ramón contestó:

–Spañol, quiere decir de otra tierra.

En esto estábamos, cuando el capitán Rivadavia se me presentó, y hablándome al oído, me dijo:

Que Crisóstomo acababa de llegar de Leubucó y que a su salida se decía allí que había habido invasión por San Luis.

Le pedí permiso a Ramón para retirarme, comunicándole la ocurrencia; me retiré, y un momento después el capitán Rivadavia se separaba de mí con una carta bastante fuerte para Mariano Rosas.

Le exigía en ella el castigo de los invasores apoyándome en el tratado de paz y le decía que en la Verde esperaba su contestación; que a la tarde estaría allí.

Ramón vino a hablar conmigo y me manifestó su disgusto por el hecho; me dijo que había de ser Wenchenao, calificándolo de *gaucho* ladrón y me preguntó que a qué hora pensaba ponerme en marcha.

Le dije que en cuanto medio quisiera ladear el sol, estilo gauchesco, que vale tanto como después de las doce.

Me hizo presente que entonces había tiempo de carnear una res gorda y unas ovejas para que llevara carne fresca.

Le expresé que no se incomodara, y me hizo entender que no era incomodidad sino deber y que extrañaba mucho que Mariano Rosas me hubiera dejado salir de Leubucó sin darme carne.

En efecto, de allí habíamos salido con una mano atrás y otra adelante, resueltos a comernos las mulas.

Yo me había hecho el firme propósito de no pedir qué comer a nadie.

Era una cuestión de orgullo bien entendida en una tierra donde los alimentos no se compran; donde el que tiene necesidad *pide con vuelta*.

Trajeron una vaca gorda y dos ovejas, mandé a mi gente a carnearlas y entramos con Ramón a la platería.

El indio me habló así:

–Yo soy amigo de los cristianos, porque me gusta el trabajo; yo deseo vivir en paz, porque tengo qué perder; yo quiero saber si esta paz durará y si me podré ir con mi indiada al Cuero, que es mejor campo que éste.

Le contesté:

Que me alegraba mucho de oírlo discurrir así; que eso probaba que era un hombre de juicio.

Añadió:

–Yo conozco la razón; ¿usted cree que no me gustaría a mí vivir como Coliqueo?[65] ¡Pero cuando van los otros!

¡Están muy asustadizos! Es preciso que pase mucho tiempo para que le tomen gusto a la paz.

Yo repuse:

–¿Entonces usted cree que es mejor vivir juntos y no desparramados?

–Ya lo creo –me contestó–, viviendo así tan lejos unos de otros, todos son perjuicios, no hay comercio.

Llegaron algunas visitas. Tuve que recibirlas. Entre ellas venía el padre de Ramón, un indio valetudinario y setentón. Me contó su vida, sus servicios, me ponderó sus méritos con un cinismo comparable solamente al de un hombre civilizado; me dijo que había abdicado en su hijo el gobierno de la tribu, porque Ramón era como él, me hizo mil ofertas, mil protestas de amistad y por último me pidió un chaquetón de paño forrado en bayeta.

Me avisaron que la carneada estaba hecha; mandé arrimar las tropillas y le previne a Ramón que ya pensaba marcharme, a lo cual contestó que yo era dueño de mi voluntad; que cómo había de ser, si no podía hacerle una visita más larga y que iba a tener el gusto de acompañarme con algunos amigos hasta por ahí.

Le di las gracias por su fineza, le manifesté que para qué quería incomodarse, que no hiciera ceremonia, y me respondió que no había incomodidad en cumplir con un deber, que quizá no nos volveríamos a ver.

Yo no tenía qué replicar.

Pensé un momento para mis adentros, que en Carrilobo soplaba un viento mucho mejor que en Leubucó, como que Ramón no tenía a su lado cristianos que lo adularan; que era el indio más radical en sus costumbres, el que me había recibido más a la usanza ranquelina, era el que se manifestaba a mi regreso más caballeroso y cumplido; y acabé por hacerme esta pregunta: ¿El contacto de la civilización será corruptor de la buena fe primitiva?

Sentí el cencerro de las tropillas que llegaban, mandé ensillar y le dije a Ramón:

—Bueno, amigo, ¿qué tiene que encargarme?

—Necesito algunas cosas para la platería —me contestó.

—Yo se las mandaré —y esto diciendo saqué mi libro de memorias para apuntar en él los encargos, añadiendo—: ¿qué son?

—Un yunque.

—Bueno.

—Un martillo.

—Bueno.

—Unas tenazas.

—Bueno.

—Un torno.

—Bueno.

—Una lima fina.

—Bueno.

—Un alicate.

—Bueno.

—Un crisol.

—Bueno.

—Un bruñidor.

—Bueno.

—Piedra lápiz.

—Bueno.

—Atíncar.

Ramón había ido enumerando las palabras anteriores, sin necesidad de lenguaraz, pronunciándolas correctamente.

Al oírle decir atíncar, le pregunté.

—¿Atíncar?

—Sí, atíncar —repuso.

–Dígame el nombre en lengua de cristiano.

–Así es, atíncar.

Iba a decirle: ése será el nombre en araucano; pero me acordé de las lecciones que acababa de recibir, de mi humillación en presencia del fuelle, de mi humillación ante doña Fermina, discurriendo como un filósofo consumado y en lugar de hacerlo, le pregunté:

–¿Está usted cierto?

–Cierto, atíncar es, así le llaman los chilenos –y esto diciendo se levantó, se acercó a la fragua, metió la mano en un saquito de cuero que estaba al lado de la horqueta de una tijera del techo, y desenvolviéndolo y pasándomelo, me dijo:

–Esto es atíncar.

Era una sustancia blanquecina, amarga, como la sal

Apunté *atíncar,* convencido de que la palabra no era castellana.

En cuanto llegué al río Cuarto, uno de mis primeros cuidados fue tomar el diccionario.

La palabra *atíncar* trotaba por mi imaginación. *Atíncar* hallé en la página 82, masculino, véase: *bórax.*

–¡Alabado sea Dios! –exclamé. Yo sabía lo que era bórax; sabía que era una sal que se encuentra en disolución en ciertos lagos: sabía que en metalurgia se la empleaba como fundente, como reactivo y como soldadura. ¡Loado sea Dios!, volví a exclamar, que así castiga sin palo ni piedra.

Tanto que declamamos sobre nuestra sabiduría, tanto que leemos y estudiamos, ¿y para qué?

Para despreciar a un pobre indio, llamándole bárbaro, salvaje; para pedir su exterminio, porque su sangre, su raza, sus instintos, sus aptitudes no son susceptibles de asimilarse con nuestra civilización empírica, que se dice humanitaria, recta y justiciera, aunque hace morir a hierro al que a hierro mata, y se ensangrienta por cuestión de amor propio, de avaricia, de engrandecimiento, de orgullo, que para todo nos presenta en nombre del derecho el filo de una espada, en una palabra, que mantiene la pena del talión, porque si yo mato me matan; que en definitiva, lo que más respeta es la fuerza, desde que cualquier Breno de las batallas o del dinero es capaz de hacer inclinar de su lado la balanza de la justicia.

¡Ah! Mientras tanto, el bárbaro, el salvaje, el indio ése, que rechazamos y despreciamos, como si todos no derivásemos de un tronco común, como si la *planta hombre* no fuese única en su especie, el día menos pensado nos prueba que somos muy altaneros, que vivimos en la ignorancia, de una vanidad descomunal, irritante, que ha penetrado en la oscuridad nebulosa de los cielos con el telescopio, que ha suprimido las distancias por medio de la electricidad y del vapor, que volará mañana, quizá, convenido; pero que no destruirá jamás, hasta *aniquilarla,* una simple partícula de la materia, ni le arrancará al hombre los secretos recónditos del corazón.

Todo estaba pronto para la marcha.

Me despedí de la familia de Ramón, cuyas hijas, apartándose de la costumbre de la tierra, nos abrazaron y nos dieron la mano, regalándoles sortijas de plata a algunos de los que me acompañaban.

En seguida marché, me acompañaban Ramón y cincuenta de los suyos al son de cornetas.

Ramón montaba un caballo bayo domado por él.

Parecía un animal vigoroso.

–Yo no soy haragán, amigo –me dijo–. Yo mismo domo mis caballos; me gusta más el modo de los indios que el de los cristianos.

–¿Y qué, doman de otro modo ustedes? –le pregunté.

–Sí –me contestó.

–¿Cómo hacen?

Nosotros no maltratamos el animal; lo atamos a un palo; tratamos de que pierda el miedo; no le damos de comer si no deja que se le acerquen; lo palmeamos de a pie; lo ensillamos y no lo montamos, hasta que se acostumbra al recado, hasta que no siente ya cosquillas; después lo enfrenamos, por eso nuestros caballos son tan briosos y tan mansos.

Los cristianos les enseñan más cosas, a trotar más lindo, nosotros los amansamos mejor.

Hasta en esto, dije para mis adentros, los bárbaros pueden darles lecciones de humanidad a los que los desprecian.

Ramón me había acompañado como una legua.

–Hasta aquí no más –le dije, haciendo alto.

–Como guste –me contestó.

Nos dimos la mano, nos abrazamos y nos separamos.

Su comitiva me saludó con un ¡hurrah!

–¡Adiós! ¡Adiós! –gritaron varios a una.

–¡Adiós! ¡Adiós! –gritaron otros.

Y ellos partieron para el sur y nosotros para el norte, envueltos en remolinos de arena que oscurecían el horizonte como negra cortina.

Mi cálculo era llegar a la Verde al ponerse el sol. Llegué a un campo pastoso, hice alto un momento; la arena nos ahogaba.

LXVII

A la vista de la Verde. Murmuraciones. Defecto de lectores y de cami-
nantes. Dos cuentos al caso. Reglas para viajar en la pampa. La mono-
tonía es capaz de hacer dormir al mejor amigo. Dos polvos. Suerte de
Brasil. Reproche de los franciscanos. ¿Tendrán alma los perros? Un obs-
táculo.

Los médanos de la Verde estaban a la vista, y es probable que, en mi caso, otro viajero no se hubiera detenido. Pero la experiencia es madre de la ciencia, yo me reía de algunos de mis oficiales que, viendo el objetivo tan cerca, murmuraban: ¿Por qué se parará aquí este hombre?

Ellos no habían recorrido como yo, cuatro partes del mundo, en buque de vela, en vapor, en ferrocarril, en carreta, a caballo, a pie, en coche, en palanquín, en elefante, en camello, en globo, en burro, en silla de manos, a lomo de mula y de hombre.

Es defecto de lectores y de caminantes apurarse demasiado.

Unos y otros debieran tener presente que la igualdad del movimiento produce en el espíritu el mismo efecto que hace en los oídos la igualdad de la entonación.

Voltaire lo ha dicho:

L'ennui naquit un jour de l'uniformité.

Lo que nos sucede cuando oímos leer en alta voz con excesiva rapidez olvidando la marcha más o menos mesurada del autor, la fuerza, energía o pasión del pensamiento, nos sucede también viajando en ferrocarril.

La velocidad de la locomoción no hace efecto porque es continua.

Siempre que oigo leer en alta voz muy aprisa, me acuerdo de un cuento y cuando recorro a caballo las pampas argentinas me acuerdo de otro.

En una comedia de Sedaine, no estoy cierto si en *Rose et Colas,* hay una escena muy larga entre dos aldeanos, y cuentan las crónicas que los actores a fin de terminar cuanto antes el ensayo, se apuraban demasiado, y que no por eso la escena parecía más corta.

Consultando al autor a ver si se prestaba a hacer algunas supresiones, contestó:

Díganla más despacio y harán que parezca más corta.

Sedaine tuvo, a no dudarlo, presente el dicho de otro poeta francés como él:

Dans tout ce que tu lis, hâte-toi lentement.

Pues lo mismo sucede cuando se recorre un país a todo galope; todo parece lejos y nada se ve bien, se llega al término de la jornada abrumado de cansancio y sin haber disfrutado de los agradables espectáculos de la naturaleza.

Y eso es cuando se llega, que a veces se queda uno en el camino.

Era tarde, poníase el sol, un viajero ecuestre galopaba a toda brida por lo campos.

Encontróse con un gaucho y le preguntó:

–¿A qué hora llegaré a tal parte?

–Si sigue al galope –le contestó–, llegará mañana; si marcha al trotecito llegará *lueguito* no más.

–¿Y cuántas leguas hay?

–Así como dos.

–¿Y cómo es eso; si está tan cerca, cómo he de tardar más, andando más ligero?

–¡Oh! –contestó el paisano, echándole una mirada de compasión al caballo de su interlocutor–; es que si lo sigue apurando al *mancarrón, ahorita* no más se le va a aplastar.

Lo cual, oído por el viajero, hizo que, recogiendo la rienda, se pusiera al trote.

La aplicación de mis máximas, viajando en todas estaciones, de día y de noche, con buen y mal tiempo, por las vastas soledades del desierto, me ha dado siempre el mejor resultado.

He llegado a donde me proponía el día anunciado de antemano, sin dejar caballos cansados en el camino y sin fatigar física ni moralmente a los que me acompañaban.

Mi regla era inalterable.

Partía al trote, galopaba un cuarto de hora, sujetaba, seguía al tranco cinco minutos, trotaba en seguida otros cinco, galopaba luego otro cuarto de hora, y por último hacía alto, echaba pie a tierra, descansaba cinco minutos y dejaba descansar los caballos prosiguiendo después la marcha con la misma inflexible regularidad, toda vez que el terreno lo permitía.

Los maturrangos que me seguían se quejaban de que cambiara tanto el aire de la marcha y de las continuas paradas, primero, por falta de reflexión; segundo, porque a ellos una vez que el cuerpo se les calienta, lo que menos les incomoda es el galope. Pero los caballos, más jueces en la materia que los que los montan, estoy cierto que en su interior decían, cada vez que oían la voz de *alto* y la orden de *saquen los frenos:* ¡bendito sea este coronel!

Lo repito, viajando sucede lo mismo que leyendo. Las lecturas más largas son esas en las que no hay alteración ni en la cadencia ni en la dicción.

El autor de la tragedia de *Leónidas* había invitado varios de sus amigos para leerles una nueva composición.

Nadie se hizo esperar.

A la hora convenida doce jueces selectos, entre los que había algunos académicos, se hallaban reunidos ocupando cómodos sillones, y en frente de ellos, con una mesa por delante, el poeta.

La lectura empezó leyendo el mismo autor, que poseía el arte de hacer magníficos versos; pero que no sabía leer.

Leía con una voz sepulcral monótona e invariable.

Durante la primera media hora la amistad soportó el suplicio, aplaudiendo los dos primeros actos.

Terminaba el tercero, y como el autor no oyese la más leve muestra de aprobación, levantó la vista del manuscrito, y echando una mirada a su alrededor, encontró que el auditorio dormía profundamente.

Comprendiendo lo que había pasado, apaga las luces, y en lugar de continuar leyendo, se pone a declamar a oscuras el resto de la tragedia que sabía de memoria.

La lectura en alta voz y la declamación son dos artes diferentes.

Todos se despiertan exclamando: ¡Bravo! ¡Bravo!

El autor no se detiene, sus amigos creen que aquello es un sueño, que están ciegos, porque abren los ojos y nada ven, vuelven en sí después de un momento de espanto y la escena termina con esta enseñanza útil:

La monotonía es capaz de hacer dormir a los mejores amigos.

¿Mis oficiales no pensaban en nada de esto al censurar mi parada a la vista de los médanos de la Verde, como no pensaron en ocasiones anteriores qué habría sido de los pobres caballos y de nosotros mismos, si hubiéramos marchado en alas de la impaciencia siempre al galope?

Habríamos tardado más en llegar a Leubucó, más en salir de allí, más en volver al punto de partida y el trayecto lo hubiéramos hecho entre el sueño y la fatiga.

Que se acuerden de lo que les pasó, yendo de la Verde al fuerte "Sarmiento" y cuando en cumplimiento de mis órdenes tuvieron que hacer la marcha al trote, y nada más que al trote.

Todos querían galopar o *tranquear*.

Los franciscanos clamaban al cielo.

La consigna era al trote y al trote se marchaba y las distancias parecían más largas y las horas eternas y todos se dormían y se llevaban los árboles por delante e interiormente exclamaban: ¡Malhaya el coronel!

El coronel tuvo, sin embargo, sus razones para dar esas órdenes, razones que no son del caso y que respondían a un sentimiento de prudencia previsora.

La parada no se efectuó únicamente por alterar la monotonía de la marcha; por hacer descansar los caballos. La diplomacia tuvo en ello gran parte.

Yo tenía motivos para retardar mi arribo a la Verde, en donde no quería detenerme, sino encontrarme, en todo caso, con el capitán Rivadavia, o con algún embajador de Mariano Rosas.

Cuando después de haber medido las distancias con el compás de la imaginación, el reloj me dijo que era hora de proseguir la marcha, mandé poner los frenos y cinchar.

Al tiempo de movernos descubriéronse a retaguardia dos polvos siguiendo la misma dirección de la rastrillada, siendo más pequeño el que estaba más cerca de nosotros, que el que remolineaba más lejos.

–Es uno que corre un avestruz –decían éstos–; es uno que corre una gama, decían aquellos; no es nada de eso, decía Camilo Arias, es un indio que corre una cosa que no es animal del campo.

Mis oficiales y yo observábamos haciendo conjeturas, y hasta los franciscanos que se iban haciendo gauchos, metían su cuchara calculando qué serían los tales polvos.

Ya estábamos a caballo.

Yo trepidaba; quería seguir y salir de dudas.

Camilo Arias, cuya mirada taladraba el espacio, por decirlo así, hasta tocar los objetos, dijo entonces con su aire de seguridad habitual:

–Es un indio que corre un perro.

–Ha de ser *Brasil* que se ha de haber escapado –exclamaron varios a una.

Y los dos franciscanos:

–¡Pobrecito! ¡Cuánto me alegro!

Y esto diciendo me miraron como reprochándome una vez más lo que había hecho en Carrilobo.

Mi pecado no era grande, empero.

Estábamos conversando con Ramón en su toldo, cuando el valiente *Brasil* –hablo del perro–, vino mansamente a echarse a mi lado, mirándome como quien dice: ¿Cuándo nos vamos de esta tierra?, meneando al mismo tiempo la cola como un plumero, como cuando con una sonrisa afable o con una palmada cariñosa queremos neutralizar el efecto de una frase picante.

No sé si lo he dicho, que *Brasil,* a más de ser muy guapo, era un can gordo y macizo, de reluciente pelo color oro muy amarillo.

Pero sí recuerdo haber dicho estando allá por las tierras de mi compadre Baigorrita que los perros de los indios pasan verdaderamente una vida de perros. Siempre hambrientos, se les ven las costillas, tal es su flacura; parece que no tuvieran carne ni sangre; diríase al verlos, que son habitantes fósiles de las remotas épocas antediluvianas, en que sólo vivían disecados por una temperatura plutoniana los enroscados ammonitas y los alados y cartilaginosos pterodáctilos de largo pescuezo y magna cabeza.

Ramón enamoróse de la magnificencia de *Brasil,* cuya gordura contrastaba con la estiquez de sus perros, lo mismo que un prisionero paraguayo con un morrudo soldado riograndés.

–¡Qué perro tan gordo, hermano –me dijo–, y qué lindo!, y los míos ¡qué flacos!

–No les darás de comer, hermano –le contesté.

–¡Pues no!

–¿Y qué les das de comer?

–Lo que sobra.

Lo que sobra, dije yo para mis adentros. Y sabiendo que los indios se comen hasta las sangre humeante de la res, pensé: Yo no quisiera estar en el pellejo de estos perros, recordando que alguna vez había tenido envidia de ciertos perritos de larga lana y lúbricos ojos, que algunas damas de copete y otras que no lo son, adoran con locura, durmiendo hasta con ellos, tal es el progreso humanitario del siglo XIX; progreso que si sigue puede hacer que en el año 2000 un perro se llame *Monsieur Bijou, Míster Pinch o el señor don Barcino.*

Y dirigiéndome a mi interlocutor, repuse:

–Eso no basta.

Ramón contestó:

–Es que son *maulas* estos míos. Usted podía regalarme el suyo para que encartara aquí.

¿Qué le había de decir?

–Está bueno, hermano –le contesté–, tómelo; pero hágalo atar ahora mismo, porque de lo contrario no ha de parar en el toldo, se ha de ir conmigo.

Ramón llamó, y al punto se presentaron tres cautivos

Habóles en su lengua; quisieron ponerle un dogal al cuello con un lazo que por allí estaba, mas fue en vano.

Brasil mostraba sus aguzados y blancos colmillos, gruñía, se encrespaba, encogiendo nerviosamente la cola y los tímidos cautivos no se atrevían a violentarlo.

Me parecía que los desgraciados comprendían mejor que yo la libertad, y que no era por cobardía sino por un sentimiento de amor confuso y vago que respetaban al orgulloso mastín.

Tuve yo mismo que ser el verdugo de mi fiel compañero.

Brasil me miró cuando me levanté a tomar el lazo, echóse patas arriba, mostrándome el pecho como diciéndome: mátame si quieres.

Al atarle la soga en el pescuezo me miré en la niña de sus ojos, que parecían cristalizados.

Y me vi horrible, y a no ser la palabra empeñada, me habría creído infame.

Brasil se dejó atar humildemente a un palo.

Intentó ladrar y le hice callar con una mirada severa y un ademán de silencio.

Al abandonar el toldo de Ramón entré en él a despedirme de su familia.

El movimiento que reinaba, dijo claramente al instinto del animal que su libertad había concluido; viéndome salir sin él, prorrumpió en alaridos que desgarraban el corazón.

¡Quién sabe cuánto tiempo ladró!

Probablemente no se cansó de ladrar y Ramón, cansado de sus lamentaciones, lo soltó viéndonos ya lejos.

Brasil se dijo probablemente también, viéndose suelto:

Ils vont, Véspace est grand[66]*;* pero yo los alcanzaré, y se lanzó en pos de nosotros huyendo de aquella tierra donde los de su especie le habían hecho perder la buena opinión que tuviera de la humanidad.

Los dos polvos avanzaban sobre nosotros con celeridad.

Teníamos la vista clavada en ellos.

De repente, la nube más cercana se condensó y Camilo Arias gritó:

–¡Ahí lo bolean!

Lo confieso, persuadido de que era *Brasil* que venía hacia nosotros, las palabras de Camilo me hicieron el mismo efecto que me habría hecho en un campo de batalla ver caer prisionero a un compañero de peligros y de glorias.

Los buenos franciscanos estaban pálidos; mis oficiales y los soldados, tristes.

El mal no tenía remedio.

–Vamos –dije, y partí al galope.

–¿Y qué, lo dejamos? –exclamaron los franciscanos.

–Vamos, vamos –contesté; y una idea fijó mi mente, mortificándome largo rato.

¿Por qué, me preguntaba, pensando en la suerte de *Brasil,* no ha de tener alma como yo un ser sensible, que siente el hambre, la sed, el calor y el frío; en dos palabras: el dolor y el placer sensual como yo?

Y pensando en esto procuraba explicarme la razón filosófica de por qué se dice:

Ese hombre es muy perro, y nunca cuando un perro es bravo o malo:

Ese perro es muy hombre.

¿No somos nosotros los opresores de todo cuanto respira inclusive nuestra propia raza?

¿La moral será algún día una ciencia exacta?

¿A dónde iremos a parar, si la anatomía comparada, la filosofía, la frenología, la biología, en fin, llegan a hacer progresos tan extraordinarios, como la física o la química los hacen todos los días, tanto que ya no va habiendo en el mundo material nada recóndito para el hombre?

¿Qué le falta descubrir?

Por medio de la electricidad, de la óptica y del vapor ha penetrado ya en las entrañas de la tierra y en los abismos del mar hasta insondables profundidades; ha descubierto en los cielos remotos e invisibles luminares y su palabra recorre millares de leguas con mágica y pasmosa rapidez.

Soñando en esas cosas iba distraído, cuando mi caballo se detuvo en presencia de un obstáculo, no sintiendo ni el rebenque ni la espuela.

Estábamos al pie de los médanos de la Verde.

LXVIII

Otra vez en la Verde. Últimos ofrecimientos de Mariano Rosas. Más o menos todo el mundo es como Leubucó. Augurios de la naturaleza. Presentimientos. Resuelvo separarme de mis compañeros. Impresiones. ¡Adiós! Un fantasma. Laguna del Bagual. Encuentro nocturno. Un cielo al revés. Agustinillo. Miseria del hombre.

El lector conoce ya la Verde, en cuya hoya profunda y circular mana fresca, abundante y límpida el agua dulce, y donde todos los que entran o salen, por los caminos del Cuero y del Bagual se detienen para abrevar sus cabalgaduras y guarecerse durante algunas horas bajo el tupido ramaje de los algarrobos, o de los chañares y espinillos, que, hermosean el plano inclinado que en abruptas caídas conduce hasta el borde de la laguna, cubierto de verdes juncos, de amarillentas espadañas y filosas totoras de semicilíndricas hojas, entre las cuales los sapos y las ranas celebran escondidos, en eterno y monótono coro, la paz inalterable de aquellas regiones solitarias y calladas...

Allí hay sombra, fresca gramilla y perfumado trébol, durante las horas en que el sol vibra implacable sus rayos sobre la tierra; refugio durante las noches tempestuosas en que las aguas se desploman a torrentes del cielo, leña siempre para encender el alegre fogón.

Yo coronaba con mi gente las crestas arenosas del médano, al mismo tiempo que en una dirección que formaba con la mía un ángulo recto, aparecía un pequeño grupo de jinetes viniendo de Leubucó.

Debe ser, dije para mis adentros, la contestación del capitán Rivadavia, y picando mi caballo, descendí rápidamente por la cuesta, recibiendo pocos instantes después una carta suya, pues, en efecto, los que venían eran mensajeros de aquel fiel y valiente servidor.

Mariano Rosas había escuchado mi reclamo diplomático, y, a fuer de hombre versado en los negocios públicos, me ofrecía, en cumplimiento del tratado de paz, perseguir, aprehender y castigar a los que, según mis noticias, habían andado *maloqueando* por San Luis, mientras yo tenía mis conferencias a campo raso con los notables de Baigorrita, de Mariano y de Ramón.

Promesas no ayudan a pagar; pero sirven siempre para salir del paso, y los indios, incansables cuando se trata de pedir, no se andan con escrúpulos cuando se trata de prometer.

Más o menos el mundo anda así en todas partes, y los individuos, lo mismo que la naciones, encuentran todos los días en el arsenal de las perfidias humanas, pretextos y razones para faltar a la fe pública empeñada; y las muchedumbres en uno y otro hemisferio, se dejan llevar constantemente de la narices por los ambiciosos que las engañan y alucinan para explotarlas y dominarlas.

Ayer era Napoleón III erigido en campeón de las nacionalidades, triunfador en Magenta y Solferino, en nombre de la *Federación Italiana;* hoy es Bismarck en nombre del *germanismo* al grito de la *galofobia;* mañana será otro Pedro el Grande en nombre del *panslavismo,* valiéndose de la turbulencia moscovita, de la ignorancia de los siervos y del fanatismo religioso.

En América hemos tenido a Rosas, a Monagas, a López.

Todos ellos supieron encontrar la palabra misteriosa y magnética para fascinar al pueblo.

La libertad y la fraternidad universal siguen mientras tanto siendo una bella utopía, una santa aspiración del alma, y de *hegemonía* en *hegemonía,* dominados hoy por los unos, mañana por los otros, el hombre individual y el hombre colectivo caminan por rumbos distintos quién sabe adónde...

La perfección y la perfectibilidad parecen ser dos grandes quimeras. Rodamos a la ventura, y la mentira es la única verdad de que estamos en posesión.

Parece que Dios hubiera querido ponerle una gran barrera a la conciencia humana, para detenerla siempre que se atreve a penetrar en los tenebrosos limbos del mundo moral.

El sol se ponía majestuosamente, el horizonte estaba limpio y despejado; terso el cielo azul; sólo una que otra nube esmaltada con los colores del arco iris y suspendida a inmensas alturas, se descubría en la gigantesca bóveda; soplaba una brisa ricamente oxigenada, blanda y fresca; las espadañas se columpiaban graciosamente sobre su tallo flexible reflejándose en las claras aguas de la laguna, hasta humedecer en ellas sus albos penachos, como voluptuosas náyades de bella y blanca faz que al borde de la fuente empaparan las puntas de sus sueltos cabellos, mirándose distraídas y enamoradas de sí mismas en el espejo líquido y sereno.

El cielo y la tierra con sus indicios seguros, auguraban una noche apacible y un día tan hermoso como el que acababa de transcurrir.

Convenía, pues, aprovechar los pocos momentos de luz que quedaban.

No sé qué vago y falso presentimiento oprimía angustiosamente mi pecho.

¿Era que iba a separarme de mis compañeros, de los que en aquella extraña peregrinación habían compartido conmigo todas las privaciones, todas las fatigas, todos los azares de que nos vimos rodeados, y que unas veces dominé con la paciencia, otras con la audacia y el desprecio de la vida?

¿O que habiendo pasado el peligro la imaginación se abismaba en sí misma, absorta en la contemplación de sus propios fantasmas?

¿No os ha sucedido alguna vez después de uno de esos trances heroicos, en que se ve de cerca la muerte con ánimo sereno, sentir algo como un estremecimiento, y tener miedo de lo que ha pasado?

¿No os ha sucedido alguna vez, luchar brazo a brazo con la muerte, vencer y experimentar en seguida, después que la crisis ha pasado completamente, un sacudimiento nervioso, que es como si un eco interior os dijese: Parece imposible?

¿No habéis corrido alguna vez a salvar un objeto querido al borde del precipicio, salvarlo instintivamente, y mirándolo sano y salvo, algo como un desvanecimiento de cabeza, no os ha hecho comprender que la existencia es un bien supremo, a pesar de las espinas que nos hincan y lastiman en las asperezas de la jornada?

¿No habéis estado alguna vez horas enteras a la cabecera de un doliente amado, dominado por la idea de la vida, mecido por los halagos de la esperanza, y al verlo convaleciente, lívido el rostro, brillante la mirada, no os ha hecho el efecto del espectro de la muerte, y recién entonces habéis comprendido el terrible arcano que se encierra entre el ser y el no ser?

Entonces comprenderéis las impresiones de mi alma, tan distintas en aquel momento de lo que habían sido antes, en ese mismo lugar, cuando resuelto a todo, sin previo aviso y desarmado, me dirigí al corazón de las tolderías seguido de un puñado de hombres animosos.

En el fondo del médano había ya como un crepúsculo, mientras que en sus crestas reverberaban todavía los últimos rayos solares. Bandadas interminables de aves acuáticas; que se retiraban a su nidos lejanos, cruzaban por sobre nuestras cabezas, batiendo las alas con estrépito en sus evoluciones caprichosas, y nuestras cabalgaduras, después de haberse refrescado, *chapaleaban* el agua de la orilla de la laguna, se revolcaban, mordían acá y allá las más incitantes matas de pasto y relinchaban mirando en dirección al norte, con las orejas tiesas y fijas como la flecha de un cuadrante que marcara el punto de dirección, cuando llamando a los buenos franciscanos y a mis oficiales les comuniqué que había resuelto separarme de ellos.

El sentimiento de la disciplina no mata los grandes afectos, es mentira; pero hace que el hombre, reprimiéndose; se acostumbre a disimular todas sus impresiones, hasta las más tiernas y honrosas.

Cuántas veces a causa de eso no pasan por seres sin corazón los que se hallan sujetos a las terribles leyes de la obediencia pasiva, a esas leyes que en todas partes mantienen divorciado al soldado con el ciudadano, que contra el espíritu del siglo permanecen estacionarias, como monumentos inamovibles de esclavitud, sin que la marea generosa que agita al mundo civilizado desde la caída del imperio romano, las haya conmovido, y que, por eso mismo, hacen al soldado tanto más grande, cuanto mayor es la servidumbre que le oprime.

Al recibir aquellos la orden de formar dos grupos, de los cuales el más numeroso seguiría por el camino conocido del Cuero, y el más pequeño, encabezado por mí, tomaría el desconocido de la laguna del Bagual, algo como un tinte de tristeza vagó por sus fisonomías.

Nadie replicó, todos corrieron a disponer lo referente a la marcha nocturna. Pero yo comprendí que más de un corazón sentía vivamente separarse de mí; no sólo por esa simpatía secreta, que como vínculo une a los hombres, sea cual fuere su posición respectiva, sino por ese amor a lo desconocido y esa inclinación genial al combate y a la lucha, propia de las criaturas varoniles, que hace apetecible la vida, cuando ella no se consume monótonamente en la molicie y los placeres.

Cumplidas mis órdenes y escritas las instrucciones correspondientes en una hoja del libro de memorias del mayor Lemlenyi, se formaron los dos grupos determinados.

Me despedí de éste, de los franciscanos, de Ozarowski, de todos en fin; repetí, como lo hubiera hecho un viejo regañón y fastidioso, varias veces la misma cosa, monté a caballo y eché a andar seguido de los cuatro compañeros que componían mi grupo.

El de Lemlenyi me precedía.

Los caballos que montábamos estaban frescos, de modo que trepamos sin dificultad a la cresta del médano, por la gran rastrillada del norte.

Una vez allí, volvimos a decirnos adiós.

Lemlenyi y los suyos tomaron el ramal de la derecha, yo tomé el de la izquierda, que seguía el rumbo del poniente, y gritando todavía una vez más: –¡Cuidado con galopar!– le hice comprender a mi caballo con una presión nerviosa de las piernas en los ijares, que debía tomar un aire de marcha más vivo.

El entendido animal tomó el trote; mis dos tropillas pasaron adelante y el tan-tan metálico del cencerro, vibrando sonoro en medio del profundo silencio de la pampa, animaba hasta los mismos jinetes haciéndonos el efecto de un precursor seguro.

Relinchos fortísimos iban y venían de un grupo a otro, como si los animales se dijeran: ¿Por qué nos han separado?

Yo y los míos dimos vuelta varias veces, hasta que la distancia y las nubes de polvo, hicieron invisibles a los que trotaban sin interrupción al norte, a fin de poder hacer su primera parada en Loncouaca, aguada abundante y permanente, buena para apaciguar la sed del hombre y de los animales.

Probablemente, ellos hicieron lo mismo que nosotros, varias veces mirarían atrás a ver si nos descubrían.

¡Valientes compañeros! Réstame aún decir antes de perderlos de vista del todo, que hicieron su travesía con felicidad, cumpliendo mis órdenes estrictamente, con bastante hambre y trotando consecutivamente dos días y dos noches, hasta llegar al fuerte "Sarmiento"

Los franciscanos sacudidos por el trote casi se deshicieron; a pesar de su mansedumbre lo calificaban de infernal, repitiendo más de una vez durante el trayecto: ¿Por qué no galopamos un poquito?

Mis oficiales contestaban: Primero, porque la orden es que la marcha se haga al trote; segundo, porque si galopamos no llegaremos en dos días.

El padre Marcos alegaba que su caballo era superior.

Los oficiales le decían por hacerlo rabiar un poco —cosa a la que creo no se opone la Orden de Ntro. R. P. San Francisco: también era superior el moro que maltrató usted la vez pasada.

Aquella marcha ha dejado recuerdos imperecederos en la memoria de los que la hicieron; y no hay ninguno de ellos que no esté de acuerdo con la teoría que he desarrollado en mi carta anterior, a propósito de las hablillas que tuvieron lugar cuando hice alto a la vista de la Verde.

Las sombras de la noche iban envolviendo poco a poco el espacio, los accidentes del terreno desaparecían entre las tinieblas, flotábamos en un piélago oscuro como el de la primera noche del Génesis —como dicen en la tierra—, estaba toldado, las estrellas no podían enviarnos su luz a través de los opacos nubarrones que a manera de inmensa sábana mortuoria, se habían extendido por el cielo.

Hacía algunas horas que trotábamos y galopábamos.

Un punto negro, más negro que la negra noche, aparecía a corta distancia, en las mismas derecceras de la rastrillada, alzándose como un fantasma colosal, y un ruido que no se oye sino en la pampa, a la orilla de las lagunas, cuando la creación duerme, íbase haciendo cada vez más perceptible.

Era que íbamos a llegar a la laguna del Bagual.

El fantasma ése era un médano cubierto de arbustos, el ruido peculiar, el cuchicheo nocturno de las aves, que murmuran sus inocentes amores, salvándose del inclemente rocío entre las pajas.

La laguna del Bagual es por este camino un punto estratégico como lo es por el otro la Verde: se seca rara vez, siendo fácil hacer brotar el agua por medio de jagüeles, y no tiene nada de notable, presentando la forma común de los abrevaderos pampeanos, la de una honda taza.

Cuando el desertor o el bandido que se refugia entre los indios, sediento y cansado, zumbándole aún en los oídos el galopar de la partida que lo persigue, llega a la laguna del Bagual, recién suspira con libertad, recién se apea, recién se tiende tranquilo a dormir el sueño inquieto del fugitivo.

Saliendo de las tolderías sucede lo contrario; allí se detiene el malón organizado, grande o chico, el indio gaucho que, sólo o acompañado, sale a *trabajar* de su cuenta y riesgo, el cautivo que huye con riesgo de la vida.

Una vez en los médanos del Bagual, el que entra ya no mira para atrás, el que sale sólo mira adelante.

El Bagual es un verdadero Rubicón, no tanto por la distancia, que hay de allí a las tolderías, cuanto por su situación topográfica.

Es que por el camino del Bagual, entrando o saliendo, jamás se carece de agua, de ese agua que es el más formidable enemigo del caminante y de su valiente caballo, en el desierto de las pampas argentinas.

Al sud, avanzando hacia las tolderías, Ranquilco y el Médano Colorado ofrecen seguras aguadas y pasto, quedando sobre el mismo camino.

Era temprano aún, había galopado bien, y no teniendo por qué apurarme, seguí la marcha a ver si llegaba a *Agustinillo* antes de salir la luna. Galopábamos cruzando las sendas tortuosas de un monte espeso, cuando distinguimos cinco bultos a derecha e izquierda del camino.

–¿Qué es eso? –le pregunté a Camilo.

–Son caballos –me contestó.

–Pues arriemos con ellos –agregué.

Y esto diciendo formamos un ala y arrebatamos del campo los cinco animales, incorporándolos a las tropillas.

¿A quién pertenecían?...

Aquella noche comprendí la tendencia irresistible de nuestros gauchos a apropiarse lo que encuentran en su camino, murmurando interiormente el aforismo de Proudhon: "La propiedad es un robo".

Mora dijo:

–Han de ser de los indios.

Yo contesté:

–El que roba a un ladrón tiene cien días de perdón.

Contentos con el hallazgo nos reíamos a carcajadas, resonando nuestros ecos por la espesura...

De repente oyéronse unos silbidos, que llamando mi atención, me hicieron recogerle las riendas al caballo y cambiar el aire de la marcha.

Los silbidos seguían saliendo de diferentes direcciones.

–Han de ser indios –me dijo Mora.

–¿Qué indios? –le pregunté.

—Los de la *Jarilla*.

—¿Y por qué silban?

—Nos han de haber sentido y no saben lo que es.

Mora me inspiraba confianza, hice alto; pero temiendo una celada, me dispuse a la lucha, haciendo que mis cuatro compañeros echaran pie a tierra. Son más que nosotros, me dije, pie a tierra somos más fuertes, y si no vienen con mala intención, se acercarán a reconocernos.

Efectivamente, apenas nos desmontamos, aparecieron siete indios armados de lanzas.

La luna asomaba en aquel mismo momento como un filete de plata luminoso, por entre un montón de nubes.

—Háblales en la lengua —le dije a Mora.

Mora obedeció dirigiéndoles algunas palabras.

Los indios avanzaron cautelosamente soslayando los caballos.

Camilo Arias con ese instinto admirable que tenía dijo:

—Están con miedo.

—Háblales otra vez —le dije a Mora.

Obedeció éste, habló nuevamente, y los indios se acercaron a tranco con las lanzas enristradas, haciendo alto a unos veinte metros.

—¿Con permiso de quién pasando? —dijeron.

—¿Con permiso de quién andando por acá? —les contesté.

—¿Ese quién siendo? —repusieron.

—Coronel Mansilla, *peñi* —agregué.

Y esto oyendo los indios recogieron sus lanzas y se acercaron a nosotros confiadamente.

Nos saludamos, nos dimos las manos, conversamos un rato, les devolvimos los cinco caballos que les acabábamos de *robar*, pues eran de ellos, les dimos algunos tragos de anís, toda la yerba, azúcar y cigarros que pudimos; mi ayudante Demetrio Rodríguez les dio su poncho viendo que uno de ellos estaba casi desnudo y por último nos dijimos adiós, separándonos como los mejores amigos del mundo.

—¿Qué indios son éstos? —le pregunté a Mora.

—Son indios de la Jarilla —me contestó.

—¿Y ése que no hablaba, que estaba bien vestido y se tapaba la cara, quién sería?

—Ese es Ancañao.

Ancañao era un indio gaucho que estando yo en Buenos Aires, había hecho una correría muy atrevida por mi frontera, llegando hasta la laguna del Tala de los Puntanos, donde tomó e hirió malamente a un cabo del Regimiento 7º de Caballería, que llevaba comunicaciones para el río Cuarto. En esas pláticas íbamos cuando la luna, rompiendo al fin los celajes que se oponían a que brillara con todo su esplendor, derramó su luz sobre la blanca sabana de un vasto salitral, de cuya superficie refulgente y plateada se alzaron innumerables luces, como si la tierra estuviera sembrada de brillantes y zafiros.

Era un espectáculo hermosísimo; la luna, las estrellas y hasta las mismas opacas nubes, se retrataban en aquel espejo inmóvil, haciendo el efecto de un cielo al revés.

Las huellas de la última invasión que por allí había pasado, estaban aún impresas en el suelo cristalino.

Hice alto un momento, probé la sal y era excelente. Los indios que viven más cerca de allí, la recogen en grandes cantidades y hacen uso de ella para cocinar, sin someterla a ninguna preparación previa.

Seguimos la marcha; un rato después estábamos en Agustinillo, campados al borde de una linda laguna y al abrigo de grandes chañares.

Hice tender mi cama, porque hacía fresco, lo más cerca posible del fogón, y mientras preparaban un asado, estando mis miembros fatigados y hallándonos completamente fuera de peligro, traté de echar un sueño.

¡Imposible dormir!

Mi mente, predispuesta a la meditación, no se dejaba subyugar por la materia.

Pensaba en las escenas extraordinarias que algunos días antes eran un ideal, gozaba en la contemplación de ellas, y me decía en ese lenguaje mudo y grave con que nos habla la voz del espíritu en sus horas de reconcentración: la miseria del hombre consiste en ver frustradas sus miras y en vivir de conjeturas; porque la realidad es el supremo bien y la belleza suprema.

En efecto, entre el ideal soñado y el ideal realizado, hay un mundo de goces, que sólo pueden apreciar como es debido, los que, habiendo anhelado fuertemente, han conseguido después de grandes padecimientos y dolores lo que se proponían.

¿La virtud y la felicidad son acaso otra cosa que la ciencia de lo real?

Platón, lo ha dicho hablando de lo *bello:*

"El alma que no ha percibido nunca la verdad, no puede revestir la forma humana".

¡Pues, como el sabio, felicitémonos de que la verdad sea tan saludable, y de abrigar la esperanza de descubrir algún día la sustancia *efectiva* de todo, para que todo no sea símbolo y sueño!

EPÍLOGO

¿No nos ordenan la religión y la humanidad aliviar a los pacientes?
¿No son hermanos todos los hombres? ¿No deben compartirse los bie-
nes y los males que deben a su autor común? ¿Es lícito mostrarse inexo-
rable y sin piedad con alguno de sus semejantes?

Comte

El destino de la naturaleza organizada es la perfectibilidad y ¿quién
puede asignarle límites? Al hombre le toca dominar el caos, desparra-
mar en todas partes, durante la vida, las simientes de la ciencia y de la
poesía, a fin de que los climas, los cereales, los animales y los hombres se
suavicen, y para que los gérmenes del amor y del bien se multipliquen.

Emerson

El sol no comenzaba aún a disipar el cristalino rocío, que una noche serena
había depositado sobre la agreste alfombra de la pampa, y ya galopábamos aprovechando la fresca de una lindísima mañana de abril.

Era necesario hacerlo así para no pasar otra noche en el camino.

Yo no tenía que contemplar tanto las cabalgaduras, como los que habían
seguido por el camino del Cuero. El itinerario del Bagual está sembrado de
hermosas lagunas, de agua permanente; en sus bañados vastísimos, hay siempre
excelente pasto y en las profundas sinuosidades de un terreno quebrado y mon-
tuoso, sombra y leña.

Dichas lagunas, saliendo de Agustinillo hasta llegar frente a la Villa de Mercedes, sobre el río Quinto son: Overamanca, el Chañar, Loncomatro, la Seña;
aquí se abren dos caminos, uno para el 3 de Febrero y otro para las Totoritas, las
Acollaradas, el Corralito, el Machomuerto, Santiago Pozo, la Hallada, el Tala, el
Bajohondo, el Guanaco, Sallape, Pozo de los avestruces y Pozo escondido.

Todas ellas presentan más o menos la misma fisonomía.

Aquellos campos desiertos e inhabitados, tienen un porvenir grandioso, y
con la solemne majestad de su silencio, piden brazos y trabajo.

¿Cuándo brillará para ellas esa aurora color de rosa?

–¡Cuándo!

¡Ay! Cuando los ranqueles hayan sido exterminados o reducidos, cristianizados y civilizados.

¿Y cuántos son los ranqueles, de cuya vida, usos y costumbres he procurado
dar una ligera idea en el transcurso de las páginas antecedentes?

De ocho a diez mil almas, inclusive unos seiscientos u ochocientos cautivos
cristianos de ambos sexos, niños, adultos, jóvenes y viejos.

¿En qué me fundo para decirlo?

En ciertas observaciones oculares, en datos que he recogido y en un cálculo estadístico muy sencillo.

Las tres tribus de Mariano Rosas, de Baigorrita y de Ramón, que constituyen la gran familia ranquelina, cuentan los tres caciques principales susodichos, dos caciques menores, Epumer y Yanquetruz y sesenta capitanejos, cuyos nombres son:

Caniupán, Melideo, Relmo, Manghin, Chuwailau, Caiunao, Ignal, Tripailao, Millalaf, Quintunao, Nillacaóe, Peñaloza, Ancañao, Millanao, Pancho, Carrinamón, Cristo, Naupai, Antegher, Nagüel, Lefín, Quentreú, Jacinto, Tuquinao, Tropa, Wachulco, Tapaio, Caoimuta, Quinchao, Epuequé, Yanque, Anteleu, Licán, Millaqueo, Painé, Mariqueo, Caiupán, José, Manqué, Manuel, Achauentrú, Güeral, Islaí, Mulatu, Lebín, Guinal, Chañilao, Estanislao, Wiliner, Palfuleo, Cainecal, coronel, Cuiqueo, Frangol, Yancaqueo, Yancaó, Gabriel, Buta y Paulo.

Cada uno de estos capitanejos acaudilla diez, quince, veinte, veinticinco y hasta treinta *indios de pelea*.

Por indio de pelea se entiende, el varón sano y robusto, de diez y seis hasta cincuenta años.

Tomando por término medio, que cada caudillo, cacique, o capitanejo pueda poner en armas veinte indios, resultarían *mil trescientos*.

Efectivamente, esta cifra está en concordancia con lo que parece fuera de duda, a saber: que Mariano Rosas y Ramón tienen cerca de seiscientos indios de pelea y Baigorrita un poco más.

Esas ocho o diez mil almas ocupan una zona de tierra próximamente de dos mil leguas cuadradas, entre los 63° y 66° de latitud Sur; y los 35° y 27° le longitud Este, cuyos límites naturales pueden determinarse así:

Al norte, la laguna del Cuero; al sud, la punta del río Salado; al oeste, este mismo río, y el este, la pampa.

En este vasto perímetro se hallan diseminados unos cuatrocientos o seiscientos toldos.

Cada toldo constituye una familia, que no baja nunca de diez personas, y no hay toldo en el que no se encuentre un cautivo o cautiva grande o chico.

Según este dato resultaría una población de cuatro a seis mil almas.

Pero nótese que el cálculo se basa en el mínimum de personas que forma la familia.

De consiguiente, suponiendo que el punto de partida de cuatrocientos o seiscientos toldos fuese exagerado, siempre resultaría una población más o menos de cuatro a seis mil almas, desde que la cifra de diez personas por familia, es reducida.

Todos los toldos que yo he visto tenían de veinte personas arriba.

Ahora, siendo un principio estadístico, que cada diez mil almas suministran, sin esfuerzo, mil útiles para el servicio de las armas resulta que la cifra de mil trescientos indios de pelea es una hipótesis racional para determinar la población de los ranqueles.

Sea de esto lo que fuere, la triste realidad es que los indios están ahí amenazando constantemente la propiedad, el hogar y la vida de los cristianos.

¿Y qué han hecho éstos, qué han hecho los gobiernos, qué ha hecho la civilización en bien de una raza desheredada, que roba, mata y destruye, forzada a ello por la dura ley de necesidad?

¿Qué ha hecho?...

Oigamos discurrir a los bárbaros.

Conversando un día con Mariano Rosas, yo hablé así:

–Hermano, los cristianos han hecho hasta ahora lo que han podido, y harán en adelante cuanto puedan, por los indios.

Su contestación fue con visible expresión de ironía:

–Hermano, cuando los cristianos han podido nos han muerto; y si mañana pueden matarnos a todos, nos matarán. Nos han enseñado a usar ponchos finos, a tomar mate, a fumar, a comer azúcar, a beber vino, a usar bota fuerte. Pero no nos han enseñado ni a trabajar, ni nos han hecho conocer a su Dios. Y entonces, hermano, ¿qué servicios les debemos?

Yo habría deseado que Sócrates hubiese estado dentro de mí en aquel momento a ver qué contestaba con toda su sabiduría.

Por mi parte, hice acto de conciencia y callé...

Hasta entonces había cumplido con mi deber, en mi humilde esfera, según lo entendía.

Pero mi conducta personal ni podía ni debía ser un argumento contra las humillantes objeciones del bárbaro.

No me cansaré de repetirlo:

No hay peor mal que la civilización sin clemencia.

Es el gran reproche que un historiador famoso le ha dirigido a su propio país, censurando su política en la India como conquistador...

Los ranqueles derivan de los araucanos, con los que mantienen relaciones de parentesco y amistad.

Tienen la frente algo estrecha, los juanetes salientes, la nariz corta y achatada, la boca grande, los labios gruesos, los ojos sensiblemente deprimidos en el ángulo externo, los cabellos abundantes y cerdosos, la barba y el bigote ralos, los órganos del oído y la vista más desarrollados que los nuestros, la tez cobriza, a veces blancoamarillenta, la talla mediana, las espaldas anchas, los miembros fornidos.

Pero estos caracteres físicos van desapareciendo a medida que se cruzan con nuestra raza, ganando en estatura, en elegancia de formas, en blancura y hasta en sagacidad y actividad.

En una palabra, los ranqueles son una raza sólida, sana, bien constituida, sin esa persistencia *semítica*, que aleja a otras razas de toda tendencia a cruzarse y mezclarse, como lo prueba su predilección por nuestras mujeres, en las que hallan más belleza que en las indias, observación que podría inducir a sostener que el sentimiento estético es universal.

Conversando con un indio, cambiamos estas palabras:

–¿Qué te gusta más, una china o una cristiana?

–Una cristiana, pues.

–¿Y por qué?

–Ese cristiana, más blanco, más alto, más pelo fino, ese cristiana más lindo...

La conquista pacífica de los ranqueles, cuya fisonomía física y moral conocemos ya, para absorberlos y refundirlos, por decirlo así, en el molde criollo, ¿sería un bien o un mal?

En el día parece ser un punto fuera de disputa, que la fusión de las razas mejora las condiciones de la humanidad.

Cuando nuestros primeros padres los españoles llegaron a América, ¿qué mujeres traían?

¿El gobierno de la metrópoli hizo con sus colonias lo que los gobiernos de Francia e Inglaterra hicieron con las suyas?

¿Mandó a ellas cargamentos de prostitutas?

¿No tuvieron los conquistadores que casarse con mujeres indígenas, entroncando recién entre sí, pasada la primera generación?

Y entonces, si es así, todos los americanos tenemos sangre de indio en las venas, ¿por qué ese grito constante de exterminio contra los bárbaros?

Los hechos que se han observado sobre la constitución física y las facultades intelectuales y morales de ciertas razas, son demasiado aislados para sacar de ellos consecuencias generales, cuando se trata de condenar poblaciones enteras a la *muerte* o la *barbarie*.

¿Quién puede decir cuál es el punto donde se ha de detener una raza por efecto de su propia naturaleza?

¿Cuál es el orden de verdades al alcance de ciertas razas, vedadas para otras?

¿Cuál es la clase de operaciones practicables para los órganos de tal pueblo, que no conseguirá jamás practicar otro?

¿Cuáles son las virtudes propias de tal o cual organización?

¿La frenología ha pronunciado acaso su última palabra?

¿Entre las razas reputadas más perfectibles, no se hallan naciones tan bárbaras, tan esclavas y viciosas como en las demás?

Nos horrorizamos que entre los ranqueles se vendan las mujeres, y de que nos traigan terribles malones para cautivar y apropiarse las nuestras.

¿Y entre los hebreos, en tiempos de los patriarcas, el esposo no le pagaba al padre el *mohar* o precio de la hija?

¿Y entre los árabes la viuda no constituía parte de la herencia o de los bienes que dejaba el difunto?

¿Y en Roma, no existía el *coemptio,* es decir, la compra y el *usus,* o sea la posesión de la mujer?

¿Y en Germania, como lo muestra la Ley Sajona, no existían el *mundium,* y costumbres análogas?

¿Y los visigodos, no tenían las *arras,* especie de precio nupcial, que reemplazaba la compra pura y simple, recordando la vieja usanza?

¿Y los francos, no pagaban el valor de las esposas a los padres, que éstos dividían con aquéllas?

Si hay algo imposible de determinar, es el grado de civilización a que llegará cada raza; y si hay alguna teoría calculada para justificar el despotismo, es la teoría de la fatalidad histórica.

Las calamidades que afligen a la humanidad, nacen de los odios de razas, de las preocupaciones inveteradas, de la falta de benevolencia y de amor.

Por eso el medio más eficaz de extinguir la antipatía que suele observarse entre ciertas razas en los países donde los privilegios han creado dos clases sociales, una de opresores y otra de oprimidos, *es la justicia.*

Pero esta palabra seguirá siendo un nombre vano, mientras al lado de la declaración de que todos los hombres son iguales, se produzca el hecho irritante, de que los mismos servicios y las mismas virtudes no merecen las mismas recompensas, que los mismos vicios y los mismos delitos no son igualmente castigados.

Por más que galopé tuve que dormir otra noche en el camino.

Al día siguiente, temprano, llegaba a orillas del río Quinto.

Había andado doscientas cincuenta leguas, había visto un mundo desconocido y había soñado...

Las galas de abril embellecían el verde panorama de la Villa de Mercedes, donde los esbeltos álamos y los melancólicos sauces llorones crecen frondosos a millares. El día estaba en calma, mi alma alegre.

Reímos sin inquietud cuando debiéramos estar taciturnos o gemir.

¡Somos unos insensatos!

Y cuando tenemos un momento lúcido es para exclamar amargamente: iay!...

Yo amo, sin embargo, el dolor y hasta el remordimiento, porque me devuelve la conciencia de mí mismo.

NOTAS

[1] El saludo está dirigido a Santiago Arcos (hijo) quien se encontraba en ese momento en España. Había compartido viajes por Europa con Mansilla y fue autor, además, de un opúsculo, *Cuestiones de indios,* publicado en 1860, donde propugnaba que los indios fueran llevados por la fuerza más allá del río Negro.

[2] En 1869, bajo la presidencia de Sarmiento se había llevado a cabo un avance sobre la línea de frontera de los indios. Mansilla estuvo a cargo de ampliar la frontera en Córdoba.

[3] Alusión al tratado de paz celebrado entre Mansilla y Mariano Rosas el 5 de febrero de 1870 y por propia iniciativa de aquél. Luego el gobierno establecería modificaciones al tratado. Mansilla haría pública su oposición a estos cambios, escribiendo sus diferencias en varios periódicos porteños. Evidentemente este episodio aumentó la enemistad entre Sarmiento y Mansilla.

[4] Se refiere a la "Guerra de la Triple Alianza" en la que se enfrentaron las fuerzas de Argentina, Uruguay y Brasil con el Paraguay (1865-1869).

[5] *Orión* era el seudónimo usado habitualmente por Héctor Varela, director de *La Tribuna,* donde se publicó por primera vez *Una excursión a los indios ranqueles.*

[6] Cita de *La cautiva* de Esteban Echeverría.

[7] Mansilla se refiere al Ferrocarril Central Argentino que había sido proyectado en 1854 para unir Córdoba con el Litoral y que comenzó a ser construido en 1863 por una compañía inglesa. Ya en 1870 llegaba a la ciudad de Córdoba.

[8] Emilio Mitre inició una expedición en 1858 que fue un total fracaso.

[9] Cita de *La cautiva* de Esteban Echeverría.

[10] Referencia a las epidemias de cólera y fiebre amarilla que atacaron al país entre 1867 y 1871. En la epidemia de fiebre amarilla murieron el padre y el hijo mayor de Mansilla.

[11] El sol brillante estaba extinguido, y las estrellas / se perdían oscureciéndose en el eterno espacio" (Lord Byron, *Oscuridad).*

[12] "Morir, dormir.../Dormir, tal vez soñar" (Shakespeare, *Hamlet).*

[13] "Todo lo probó; la gloria / después extremos peligros / la fuga y la victoria / la realeza y el triste exilio / dos veces en el polvo / dos veces sobre el altar" (Manzoni, Alejandro, *Cinque Maggio).*

[14] "Abandonad toda esperanza". Cartel a las puertas del infierno según *La Divina Comedia* de Dante Alighieri.

[15] "De los Alpes a las pirámides / del Manzanares al Rhin / ... / De un mar al otro" (Manzoni, Alejandro, *Cinque Maggio).*

[16] "Sin una esperanza en la vida."

[17] El sacerdote Moisés Vicente Burela fue encargado oficialmente en 1870 para negociar con los indios el rescate de cautivos.

[18] Alusión al general de Napoleón, conde Pierre de Cambronna, quien intimado a rendirse por los ingleses en Waterloo contestó simplemente: *¡merde!*

[19] Campaña de los federales iniciada en 1866 en la que participaron Felipe Saa, Juan Saa y otros. Al ser derrotados los Saa huyeron a Chile.

[20] "¡Un caballo! ¡Un caballo! ¡Mi reino por un caballo!" Cita de *Ricardo III* de William Shakespeare.

[21] "Señora sus bellos ojos me hacen morir de amor"; "Sus bellos ojos, señora, me hacen morir de amor"; "De amor, señora, sus bellos ojos me hacen morir"; "Me hacen morir de amor sus bellos ojos, señora" (Moliére, *El burgués gentilhombre).*

[22] Se refiere al poeta Carlos Guido y Spano (1817-1918), hijo del militar Tomás Guido (1788-1866).

[23] Alusión a Héctor Varela, hijo de Florencio, uno de los más fervorosos antirrosistas en el exilio montevideano, poeta y periodista.

[24] Mariano Varela era uno de los hermanos de Héctor y participaba en la redacción de *La Tribuna*.

[25] "Lo que la mujer quiere, Dios lo quiere".

[26] Se alude aquí a la pieza teatral *El burlador de Sevilla* y el *Convidado de piedra*, de Tirso de Molina, que retoma el mito de Don Juan. En la escena a que se refiere Mansilla, la estatua del Comendador de Calatrava, que había sido asesinado por Don Juan, lo toma de la mano y lo conduce al infierno.

[27] Se trata de José Hernández, cuyo periódico *El Río de La Plata* había sido clausurado por el gobierno de Sarmiento. *Cué* significa "que fue" en guaraní.

[28] "El placer de un vaso de vino con usted."

[29] "Hay una marea en los asuntos de los hombres que si se la toma en la crecida, conduce hacia la fortuna" (de Shakespeare, *Julio César*).

[30] "Aparecen los estandartes del rey del infierno".

[31] Nuestros paisanos le llaman así a la mujer, y viceversa. [N. del A.]

[32] En griego: fatalidad. [N. del A.]

[33] "También yo soy pintor".

[34] Referencia familiar a Bartolomé Mitre.

[35] Referencia a la famosa calvicie de Sarmiento.

[36] Néstor Roqueplan, periodista de origen francés que escribió en varias publicaciones argentinas.

[37] Cita de *La cautiva* de Esteban Echeverría.

[38] "Y cae, como un cuerpo muerto cae". Cita de *La Divina Comedia* de Dante Alighieri. Las referencias al infierno de Dante, tanto como la descripción del negro y de algunos indios como figuras diabólicas, permite también una lectura de la excursión como un descenso a los infiernos, en el cual los lenguaraces harían de módicos Virgilios.

[39] Seudónimos de los poetas gauchescos Hilario Ascasubi (1807-1875) y Estanislao del Campo (1834-1880) respectivamente.

[40] "La música es de todos los alborotos el más soportable".

[41] Mi madre conserva entre sus papeles, empastado en gró de aguas blanco, un *Método para aprender la guitarra*, escrito por mí a los doce años. [N. del A.]

[42] Alusión a Orellie Antoine de Toumens, un abogado francés que se proclamó rey de Araucania. Fue capturado por las autoridades chilenas en 1862, declarado demente y enviado de vuelta a su país. De allí volvería en 1869, con planes de encabezar un levantamiento de los indios que fracasa volviendo a Francia en 1870. Cuatro años más tarde intenta nuevamente volver a la Patagonia pero es detenido en Buenos Aires, donde muere en 1879. No puede desatenderse la serie de fantasías imperiales que en el texto de Mansilla provoca la reciente presencia del "rey Aurelio" como se lo llamaba en tono de burla.

[43] Calfucurá fue uno de los caciques más poderosos de esa época, aliado de los ranqueles de Mariano Rosas. Su mención en las negociaciones de Mansilla subraya su poderío.

[44] *Daniel*, V 25: "Mené mené, thekel upharsín". Las palabras descifradas por el poeta ante el rey. La expresión popular apunta a la decisión Divina de poner fin a su reinado.

[45] Se refiere a Agustín Ravelo, un militar rosista.

[46] La había sacado de oído oyéndosela tocar en la guitarra a un desertor. [N. del A.]

[47] Esta carta será mejor que no la lean las señoras. [N. del A.]

[48] Con permiso de los que pretenden que los gustos se pueden discutir.[N. del A.]

[49] Cuenta Mansilla en *Entre nos* sus experiencias con la frenología, una "ciencia" muy en boga en la primera mitad del siglo XIX creada por el fisiólogo alemán Francisco Gall. La frenología estudiaba la forma del cráneo, en la teoría de que cada facultad cerebral se desarrollaba de acuerdo al espacio que ocupaba en la caja craneana. Esta adscripción de Mansilla a la frenología puede leerse como una capacidad de lectura de las superficies visibles, y la posibilidad de interpretar a partir de establecer relaciones entre las cosas que se ven.

[50] "Tuve un sueño que no fue del todo un sueño" (Lord Byron, *Oscuridad*).

[51] La *n* se agrega, porque es más agradable al oído decir *picunche* que *picuche*. [N. del A.]

[52] Las palabras que tienen acento circunflejo, son *nasales* y las que tienen diéresis *guturales*. [N. del A.]

[53] "Aquí yace Pirón, que no fue nada, / ni siquiera académico."

[54] "No hay nada más hermoso que la verdad."

[55] Mitre, *Todo o nada*. Rawson, *Hermanos unidos y libres*. Quintana, *¡Siempre derecho!* Alsina, *¡Recuerden!* Argerich, *Libertad*. Gutiérrez, José María, *Odio y amo*. Avellaneda, *¿Dormir? ¿Soñar?* Varela, Mariano, *Que se avergüence quien piense mal*. Vélez Sársfield, *¡El oro!* Gorostiaga, *Bastante*. Elizalde, *Jamás, siempre*. Gainza, *Vine, vi, vencí*. López Jordán, *Morimos*. Sarmiento, *Abandonad toda esperanza*.

[56] Lord Byron, *Oscuridad*.

[57] Obra de Tomás de Kempis (1380-1471).

[58] La última escena / que pone fin a esta extraña historia llena de acontecimientos / es una segunda infancia más olvidadiza / sin dientes, sin ojos, sin gusto, sin nada (Shakespeare, *Como gustéis*).

[59] Referencia al protagonista de una novela de Louis Reybaud, *Jerome Paturot á la recherche d'une position sociale* (1843).

[60] Béranger, *Mon habit*.

[61] Seme fiel, oh pobre hábito al que amo / Juntos nos volvemos viejos / Desde hace diez años soy yo quien te cepilla / Y Sócrates no lo hubiera hecho mejor / Aunque la suerte sea tu delgada tela / Libraré nuevos combates / Imítame: resiste con filosofía / Mi viejo amigo, no nos separemos.

[62] "Mis días llegaron a las hojas amarillentas / Las flores y los frutos del amor ya se han ido."

[63] Alusión al poema *Nenia* de Carlos Guido y Spano escrito con motivo de la guerra del Paraguay.

[64] Sí, amiga adorada aunque inconstante, en vano no me amarás ya: es para mí un consuelo saber que el recuerdo de nuestro amor no se borrará de tu corazón. Sí, será para mí un triunfo, y ahogaré las penas de mi alma pensando que, seas lo que seas, te vuelvas lo que te vuelvas, tú *has sido mía y sólo mía*. [N. del A.]

[65] Coliqueo, indio amigo establecido con su tribu entre los departamentos de Junín y 25 de Mayo, provincia de Buenos Aires. [N. del A.]

[65] "Ellos van, el espacio es grande" (cita de Víctor Hugo en *La cautiva* de Esteban Echeverría).

Esta edición se terminó de imprimir en los talleres gráficos
G y G, Udaondo 2646, Lanús Oeste,
Provincia de Buenos Aires durante el mes de Julio de 2012